海事司法文库 6

丛书总主编 ◎ 霍 敏

合规指引与风险防治

海上事故、救助打捞卷

海事审判典型案例应用导则建设项目

吴锦标 马 奔 ◎ 主编

人民法院出版社

图书在版编目（CIP）数据

合规指引与风险防治．海上事故、救助打捞卷／吴锦标，马奔主编．－－北京：人民法院出版社，2024.6
（海事司法文库／霍敏总主编）
ISBN 978-7-5109-4169-6

Ⅰ．①合⋯ Ⅱ．①吴⋯ ②马⋯ Ⅲ．①海事处理－海事法规－案例－中国 Ⅳ．①D993.5

中国国家版本馆CIP数据核字(2024)第106983号

合规指引与风险防治——海上事故、救助打捞卷

吴锦标 马 奔 主编

策划编辑	李安尼 赵芳慧
责任编辑	刘晓宁 张 怡
封面设计	尹苗苗
出版发行	人民法院出版社
地 址	北京市东城区东交民巷27号（100745）
电 话	（010）67550572（责任编辑） 67550558（发行部查询）
	65223677（读者服务部）
客服QQ	2092078039
网 址	http://www.courtbook.com.cn
E-mail	courtpress@sohu.com
印 刷	三河市国英印务有限公司
经 销	新华书店
开 本	787毫米×1092毫米 1/16
字 数	435千字
印 张	25.5
版 次	2024年6月第1版 2024年6月第1次印刷
书 号	ISBN 978-7-5109-4169-6
定 价	85.00元

版权所有 侵权必究

海事司法文库
编辑委员会

名誉主任　霍　敏
主　　任　程德智　耿　涛
执行主任　吴锦标　马　奔
副 主 任　宋俊文　欧阳明程　张冬青　段恒宋
委　　员　（按姓氏笔画）
　　　　　于文斌　王爱玲　牛　萌　曲　直　吕延铭
　　　　　刘小娜　李　华　李培合　李雪莲　杨　丹
　　　　　张　波　张　勇　张先立　陈　永　秦　涛
　　　　　郭俊莉　郭彦滨　曹照勇　薛明友　薛稳山

海事司法文库
"合规指引与风险防治"课题组

主　编　吴锦标（青岛海事法院）
　　　　马　奔（山东大学）
统　稿　李　宁（山东法官培训学院）
　　　　牛　萌（青岛海事法院）

编写人　（按姓氏笔画）

于　昊	于文斌	万贵良	马维东	王　欣
王　浩	王小玫	王可可	王妍娥	王晓斐
王爱玲	王睿琦	牛　萌	田　琨	匡　浩
匡普宇	毕德强	曲燕军	吕延铭	吕晨昊
庄　敏	庄雪莉	刘　坤	刘　昭	刘小娜
刘文文	刘振华	孙　鹏	孙学燕	孙恬静
李　宁	李　华	李　军	李亚男	李俊锋
李培合	李雪莲	杨　俊	杨雨涵	杨振楠
杨紫琼	肖秀雯	余晓龙	宋　萍	宋仪倩
宋俊文	张　波	张　勇	张　静	张先立
陈　超	范峻恺	林　丹	周　洁	周黛娜
孟政宪	赵忆雪	查璎娟	段琪祺	娄雅灵
秦　涛	袁子丰	原浩洋	徐雨均	郭郑超
郭俊莉	郭彦滨	曹照勇	崔婷婷	梁晓晓
葛晓琳	韩　军	曾兆薇	褚　茜	樊羽萌
薛明友	薛稳山			

序

建设海洋强国，是以习近平同志为核心的党中央着眼国家发展大局提出的时代使命。山东是海洋大省，海洋资源丰度指数居全国前列。2024年5月，习近平总书记视察山东时指出，"要发挥海洋资源丰富的得天独厚优势，经略海洋、向海图强，打造世界级海洋港口群，打造现代海洋经济发展高地"，[①]为山东进一步推进海洋强省建设指明了前进方向、提供了根本遵循。

近年来，在山东省委的坚强领导和最高人民法院的有力指导下，山东法院坚持以习近平新时代中国特色社会主义思想为指导，统筹推进国内法治和涉外法治，依法平等保护中外当事人合法权益，不断提升涉外商事海事司法公信力，形成了一批国际广泛认可、社会影响深远的涉外商事海事典型案例。司法案例是最鲜活的法律体现，是最生动的法治教科书。《海事司法文库·合规指引与风险防治》系列丛书深挖海事精品案件规则价值，将海事司法案例规则予以提炼、整理并集结、编纂成册，为涉外涉海纠纷解决、企业经营风险防范化解等提供司法依据。

海事司法文库编纂是山东法院深入践行习近平法治思想，服务保障高水平对外开放的生动实践。当今世界正经历百年未有之大变局，国际规则体系正在加速重构，制度型开放成为新一轮高水平对外开放的核心指向。海事司法文库广泛收录涉及全球82个国家和地区的案例，提炼裁判要旨800余条，

[①]《习近平在山东考察时强调 以进一步全面深化改革为动力 奋力谱写中国式现代化山东篇章》，载《人民日报》2024年5月25日，第1版。

主动对接国际高标准经贸规则，统筹国内法治和涉外法治，强化国际法与国内法的有效衔接，实现规则标准"软联通"，为持续营造市场化法治化国际化一流营商环境提供有力司法保障。

海事司法文库编纂是山东法院深入践行"抓前端、治未病"理念，积极参与社会治理的生动实践。司法案例是全社会共同的"法治产品"。"一个案例胜过一打文件"，这生动、深刻阐释了案例的重要功能。海事司法文库将具有参考示范意义的海事案例予以梳理公布，有利于充分发挥司法裁判的评价、指引、教育功能，有利于引导各类涉海主体学习法律、运用法律，增强法治意识、明晰行为边界，合法有序参与海洋活动，防范规避风险，推动企业更好地"走出去""引进来"。

海事司法文库编纂是山东法院加强府院联动，推动司法与行政良性互动、优势互补、效能叠加的生动实践。在法治轨道上推进海洋强省建设是一项系统工程，需要政府和法院同向发力、同频共振。山东高院联合省政府召开全省府院联动第一次协调会议，推动省政府出台建立县级以上府院联动联席会议制度的意见，有效衔接依法行政和公正司法，促进法治政府建设水平和司法工作水平"双提高"。海事司法文库编纂工作得益于青岛市政府的大力支持，是青岛海事法院四十年来司法智慧的结晶，也是山东法院充分运用府院联动工作机制的重要成果。

希望本丛书能够为企业健康发展提供法治支撑，为行业规则制定提供有益参考，为山东经济繁荣提供司法助力。下一步，山东法院将深入学习贯彻习近平总书记视察山东重要讲话精神，坚定扛牢"走在前、挑大梁"的使命担当，坚持依法履职、公正司法，努力为打造高水平对外开放新高地贡献司法智慧，为谱写中国式现代化山东篇章供给司法动能。

霍敏
2024.6

前 言

习近平总书记指出:"加强涉外法治建设既是以中国式现代化全面推进强国建设、民族复兴伟业的长远所需,也是推进高水平对外开放、应对外部风险挑战的当务之急。"① 当前,我国正处在实现中华民族伟大复兴的关键时期,世界百年未有之大变局加速演进,必须更好发挥法治固根本、稳预期、利长远的保障作用。海事司法作为涉外法治、海洋法治的重要载体,是对接全球资源、加速要素循环、推动法治交流的重要手段,在新时代担负着维护国家海洋权益、规范海洋经济秩序、推动全球海洋治理朝着更加公正合理方向发展的职责使命。

作为国家设立的专司涉外、涉海审判的司法机关,青岛海事法院依法适用国内法、国际公约及条约、国际惯例开展审判工作,每年审理大量涉外、涉海案件,案件数量、种类覆盖全球 80 多个国家和地区,全球视野是海事司法的重要基础。作为中国特色社会主义法治体系的重要组成部分,海事司法具有审理案件全球性、适用法律全球性、司法协作全球性、裁决效力全球性的司法特性,是统筹国内法治与涉外法治,展示中国特色社会主义司法制度优越性的重要窗口。当前,海运贸易量占全球贸易总量的 90% 以上,历史和实践充分证明,经济强国必定是海洋强国、航运强国,海事法院通过发挥职能作用,切实调整规范了以港口、航运、贸易、金融行业为主的法律关系,

---

① 《习近平在中共中央政治局第十次集体学习时强调 加强涉外法制建设 营造有利法治条件和外部环境》,载《人民日报》2023 年 11 月 29 日,第 1 版。

海洋意识是海事司法的核心和关键。当前，国际航运中心东移已成为不争的事实，海事司法更加应该突出中心视阈，围绕全球海洋治理、海洋经济、海洋科技、海洋法治以及海洋生态环境利用和保护，结合引领型现代海洋城市、国际航运中心建设，努力打造国际海事争议解决优选地。深入践行司法为民理念，贯彻人类命运共同体、海洋命运共同体理念，平等保护中外当事人合法权益，在涉外、涉海案件中释放中国特色涉外法治理念、主张和成功实践，彰显厚生境界。

当前，国际竞争越来越体现为制度之争、规则之争。海事司法因其独特的涉外性、涉海性，审判工作中既要适用我国法律，也要适用外国法、国际公约、条约和国际惯例，由此而形成的裁判规则天然具有国际规则属性，在对接高标准国际经贸规则，稳步扩大规则、规制、管理、标准等制度型开放方面发挥着重要的法治引领、法治保障作用。市场经济本质上是法治经济，法治资源的有效运用必然带动涉外、涉海资源的高度富集与科学配置，船舶扣押与拍卖、海事强制令等海事司法专属职能作为反制部分国家"长臂管辖"和经济制裁措施的重要工具，是海事司法发挥涉外涉海资源配置功能的重要途径。海事司法坚持"条约信守"原则，适用国际条约承认与执行外国仲裁裁决，适用双边司法协助条约承认与执行外国法院判决。与此对应，海事司法的裁判结果在国际社会也能够得到广泛的承认与执行，这是海事司法发挥全球海洋争端解决机制功能的重要方面。海事法院的每一起涉外案件都涵盖诸多涉外法律关系，是涉外法治人才培养与发挥作用的重要实践基地。

"一个案例胜过一打文件。"为深入贯彻落实习近平总书记视察山东重要讲话重要指示精神，坚持依法履职、突出规则引领，为涉外涉海纠纷解决、企业经营风险防范化解提供司法依据、标准供给、国际经贸规则参考和研究资料，我们组织开展《海事司法文库·合规指引与风险防治》系列丛书编纂工作。编辑委员会由山东省高级人民法院党组书记、院长、二级大法官霍敏担任名誉主任、总主编，青岛市委常委、政法委书记程德智，青岛市委常委、副市长耿涛担任编委会主任，青岛海事法院党组书记、院长、一级高级法官吴锦标，山东大学政治学与公共管理学院院长、教授、博士生导师马奔担任主编。本丛书旨在深入挖掘海事司法案例在服务高质量发展和高水平对外开放方面的制度性优势，助力打造市场化、法治化、国际化一流营商环境，着力为中国式现代化山东实践贡献海洋法治力量。

海事司法文库"合规指引与风险防治"课题组
2024 年 5 月

目 录

海上事故

船舶爆燃

001 1. "某富强"轮海事债权确权诉讼系列案件
——海事事故引发大型系列案件确权诉讼裁判规则
关键词：民事　海事赔偿责任限制基金　海事债权确权诉讼

019 2. 广州合某物流有限公司诉被告威海市海某客运有限公司、东港市宏某物流有限公司、丹东泰某镁业有限公司、天津鹏某再生资源回收利用有限公司、无锡中某应用材料有限公司、威海某开发区管理委员会、胡某某海事侵权纠纷案
——同一事故中多名责任人的侵权责任认定
关键词：民事　海事赔偿责任限制基金　侵权责任　行政性行为

028 3. 山东某发展有限公司与被告威海市海某客运有限公司海事侵权责任纠纷确权诉讼案
——海事事故造成港口损失范围及能否在基金中优先受偿的认定
关键词：民事　海事债权确权　侵权　司法确认

船舶碰撞

033 4. 荣成龙某渔业有限公司诉泰某企业股份有限公司、中国某保险（集团）股份有限公司船舶碰撞损害责任纠纷案
——船舶碰撞损害纠纷中的责任认定和诉讼时效
关键词：民事　船舶碰撞　责任认定　诉讼时效

044　　5. 凌某华、芜湖市运某航运有限公司诉艾某海运公司船舶碰撞损害责任纠纷案
　　　　——船舶实际所有人及船舶碰撞损害责任认定
　　　　　　关键词：民事　船舶碰撞　碰撞责任赔偿数额认定

055　　6. 李某某与杨浦永某海运有限公司船舶碰撞损害责任纠纷案
　　　　——航船与锚泊船均负责任的船舶碰撞中过失责任及财产损失赔偿认定
　　　　　　关键词：民事　船舶碰撞　责任比例　财产赔偿

063　　7. 宁波绪某海运有限公司、中国太某洋财产保险股份有限公司宁波分公司诉兴某海运株式会社船舶碰撞损害责任纠纷案
　　　　——两船均有过错时责任主体认定及责任比例分配
　　　　　　关键词：民事　船舶碰撞　责任主体　责任比例　损失数额认定

069　　8. 兴某海运株式会社诉宁波绪某海运有限公司船舶碰撞损害责任纠纷案
　　　　——船舶碰撞后"就近维修"义务的审查
　　　　　　关键词：民事　船舶碰撞　责任比例　损失数额认定　船舶永久修理费

076　　9. 深圳市深某远洋实业有限公司诉芜湖市晨某船务有限公司船舶碰撞损害责任纠纷案
　　　　——直航船与让路船船舶碰撞责任比例的认定思路
　　　　　　关键词：民事　船舶碰撞　互有过失　责任比例　确权之诉

084　　10. 某航运公司诉某国际贸易有限公司船舶碰撞损害责任纠纷案
　　　　——造成船舶碰撞紧迫局面的当事人责任认定
　　　　　　关键词：民事　船舶碰撞　海上货物运输　过错责任　紧迫局面

088　　11. 宋某某诉某航运有限公司船舶碰撞损害责任纠纷案
　　　　——船舶碰撞均有过错时责任比例的认定
　　　　　　关键词：民事　船舶碰撞　互有过失

094　　12. 福州某船务有限公司诉某商船株式会社船舶碰撞损害责任纠纷案
　　　　——锚泊船的船舶碰撞责任及海事赔偿责任限制
　　　　　　关键词：民事　船舶碰撞　海事赔偿责任限制制度

105　　13. 金某船务有限公司诉延某海运公司、扶某航运有限公司船舶碰撞损害责任纠纷案
　　　　——未实施"转向避让"的船舶责任认定
　　　　　　关键词：民事　船舶碰撞　损害赔偿

| 111 | 14. 王某花诉可某船务私人有限公司船舶碰撞损害责任纠纷案
——船舶优先权人向现船舶所有人主张碰撞逃逸赔偿
关键词：民事　船舶碰撞　船舶优先权　肇事逃逸　过往船只的排他性与唯一性认定　航行数据分析 |

| 124 | 15. 某航运公司与某海运股份有限公司船舶碰撞损害责任纠纷案
——碰撞事故损害赔偿的范围
关键词：民事　船舶碰撞　碰撞责任　赔偿比例 |

| 130 | 16.（日本）某海上火灾保险株式会社诉青岛某船舶货物运输有限公司、青岛某实业有限公司船舶碰撞损害责任纠纷案
——保险代位求偿权的行使及船舶所有人和经营人的责任
关键词：民事　船舶碰撞　保险人　代位求偿权 |

| 140 | 17. 荣成市礼某渔业总公司诉烟台顺某船务有限公司船舶碰撞损害责任纠纷案
——两船互有过失碰撞的责任认定
关键词：民事　船舶碰撞　互有过失 |

| 146 | 18. 季某、陈某、石某诉浙江省岱山县某海运公司船舶碰撞损害责任纠纷案
——船舶碰撞中肇事船舶确认及赔偿责任的认定
关键词：民事　船舶碰撞　肇事船舶　人身损害　赔偿 |

| 151 | 19. 陈某某诉乐清市某船舶修造厂、荣成某水产有限公司船舶碰撞损害责任纠纷案
——船舶碰撞责任方并不当然承担货物灭失损害责任
关键词：民事　船舶碰撞　货物灭失　操作不当 |

| 157 | 20. 某财产保险股份有限公司诉青岛某实业有限公司船舶碰撞损害责任纠纷案
——船舶碰撞事故责任承担的认定
关键词：民事　船舶碰撞　保险合同　赔偿权转移 |

| 161 | 21. 山东省某海运公司诉交通部某航道局船舶碰撞损害责任纠纷案
——准确判定船舶沉没的主要原因
关键词：民事　船舶碰撞　责任认定　过失程度　碰撞责任比例 |

| 166 | 22. 山东省某海运公司诉上海某开发公司船舶碰撞损害责任纠纷案
——船舶互见时格局的认定与碰撞责任的划分
关键词：民事　船舶碰撞　船舶互见　碰撞的紧迫局面　碰撞危险　碰撞责任 |

船舶触碰

171 23. 某股份有限公司矿石码头分公司诉王某某等船舶触碰损害责任纠纷案
——船舶触碰损害责任赔偿主体的认定
关键词：民事　船舶触碰　保险人　光船租赁　船舶实际经营人

177 24. 胡某某等诉中国某股份有限公司某分公司海洋采油厂等船舶触碰损害责任纠纷案
——海事事故是否发生的事实认定及责任分担的判定
关键词：民事　船舶触碰　船舶登记　管理义务　责任分担

184 25. 山东省某研究所诉青岛中某船舶餐饮娱乐有限公司、第三人某局某分局船舶触碰损害责任纠纷案
——妨害海域使用权建造海上设施的行为性质及责任承担认定
关键词：民事　船舶触碰　海域使用权　合法权益

189 26. 青岛某油港公司诉汉莎—康某公司、汉莎—特某公司及普某有限公司码头输油臂船舶触碰损害责任纠纷及三被告反诉原告船舶触碰损害责任纠纷案
——卸货过程中的损害赔偿责任认定
关键词：民事　船舶触碰　输油臂损害　卸货　损害赔偿

197 27. 山东省某港务管理局诉利比里亚某公司、巴基斯坦某公司船舶触碰损害责任纠纷案
——引航员引航拖轮配合失误造成港口门机损害责任判定
关键词：民事　船舶触碰　港口门机　引航员　过失　拖轮损害赔偿责任

船舶损坏水下设施

202 28. 某青岛公司诉某航运公司、北某星航运公司船舶损坏水下设施损害责任纠纷案
——海底光缆损害的损失认定
关键词：民事　船舶损坏、水下设施损害责任　海底光缆损害

206 29. 烟台某集团有限公司诉某国际船务有限公司船舶损坏空中设施、水下设施损害责任纠纷案
——船舶损坏水下设施的赔偿主体认定
关键词：民事　船舶损坏、水下设施损害责任　海事赔偿责任限制权利

| 213 | 30. 中国邮某电信总局诉欧洲绿某石航运公司船舶损坏水下设施损害责任纠纷案 |

——造成海底光缆损毁的主体应承担损害赔偿责任

　　关键词：民事　船舶损坏、水下设施损害责任　光缆中断　侵权行为　赔偿主体

海事赔偿责任限制基金

| 217 | 31. 威海市海某客运有限公司申请设立海事赔偿责任限制基金案 |

——基金设立审查与责任限制审查标准之区分

　　关键词：民事　海事赔偿责任限制基金　基金设立审查

| 224 | 32. 申请人海某海运公司与异议人利某有限公司申请设立海事赔偿责任限制基金案 |

——因船舶碰撞设立赔偿责任限制基金的范围

　　关键词：民事　海事赔偿责任限制基金

| 228 | 33. 交通部广州某管理局申请设立海事赔偿责任限制基金案 |

——海事赔偿责任限制成立条件及限制性债权的落实

　　关键词：民事　海事赔偿责任限制基金　主观过错　限制性债权

救助打捞

海难救助

| 234 | 34. 东营市鑫某物流有限责任公司诉东莞市丰某海运有限公司海难救助合同纠纷案 |

——船载货方作为受益方向救助方承担海难救助报酬后有权向船方主张侵权损害赔偿

　　关键词：民事　海难救助　救助报酬　侵权责任

| 238 | 35. 青岛远某渔业有限公司诉信某海事有限责任公司海难救助合同纠纷案 |

——海难救助行为的认定

　　关键词：民事　海难救助　救助报酬

| 248 | 36. 威海市升某海运有限责任公司诉威海市海某客运有限公司、渤某轮渡集团股份有限公司、中国人某财产保险股份有限公司烟台市分公司海难救助合同纠纷案
——海难救助报酬的认定标准
关键词：民事　海难救助　获救价值　救助费用　危险程度 |

| 254 | 37. 于某某诉王某松等海难救助合同纠纷案
——海难救助合同的成立及救助报酬的承担人认定
关键词：民事　海难救助　合同当事人确定　救助报酬 |

| 259 | 38. 烟台某局诉安平县泊某金属丝网有限公司、长沙欧某蜜国际贸易有限公司、韩国 S××× 有限公司海难救助合同纠纷案
——国际货物买卖合同的货物风险转移认定
关键词：民事　海难救助　货物运输　风险转移　海难救助费用 |

| 268 | 39. 东莞市丰某海运有限公司诉东营市鑫某物流有限责任公司海难救助合同纠纷案
——姐妹船救助中的"救助方"包括救助船舶本身
关键词：民事　海难救助　姐妹船救助　救助方 |

| 274 | 40. 浙江军某海洋工程有限公司与青岛华某船务有限公司海难救助合同纠纷案
——海难救助与打捞的关系审查
关键词：民事　海难救助　特别补偿　打捞合同　危难之中无效果，无报酬　诉的选择 |

| 280 | 41. 烟台某局诉顺某船务有限公司海难救助合同纠纷案
——救助费用及特别补偿金额认定
关键词：民事　海难救助　救助报酬　比例承担　特别补偿 |

| 286 | 42. 烟台顺某海洋工程服务有限责任公司诉河北远某运输股份有限公司等海难救助合同纠纷案
——如何区分合同救助与雇佣救助
关键词：民事　海难救助　合同救助　获救价值　救助报酬 |

| 295 | 43. 烟台海事局诉宁波港某海运有限公司海难救助合同纠纷案
——从事或者控制救助作业的国家主管机关的权利与义务的认定
关键词：民事　海难救助　国家主管机关　救助款项 |

303　44. 某海上救助打捞局诉大连恒某船务代理有限公司海难救助合同纠纷案
　　——当事人对海难救助报酬无约定情形下海难救助报酬应综合海难救助危险等确定
　　　关键词：民事　海难救助　当事人无约定　损失填平原则　救助报酬

311　45. 莱州市安某船运代理有限公司诉某海运有限公司海难救助合同纠纷案
　　——诉讼费与律师费不属于救助报酬
　　　关键词：民事　海难救助　救助报酬

318　46. 山东省龙某港务管理局诉松某航运有限公司、三某物产油轮有限公司海难救助合同纠纷案
　　——救助行为的性质认定
　　　关键词：民事　海难救助　救助报酬

326　47. 某港务局轮驳公司诉C×××海难救助合同纠纷案
　　——拖轮费用的计算
　　　关键词：民事　海难救助　确权诉讼　效果报酬　救助鼓励　船舶优先权　债权分配　优先受偿顺序

331　48. 青岛某公司诉大连金某船务有限公司、大连某实业总公司海难救助合同纠纷案
　　——财产附带人命救助的法律关系认定
　　　关键词：民事　海难救助　人命救助　财产救助

336　49. 交通部某海上救助打捞局诉洪都拉斯某企业公司、香港保某国际有限公司海难救助合同纠纷案
　　——海难救助中，在获救后的船舶已无获救价值情况下救助报酬的支付可能性与标准规则
　　　关键词：民事　海难救助　救助合同　救助报酬　获救价值　特别补偿

342　50. 中国某保险公司诉拉脱维亚某公司海难救助合同纠纷案
　　——载货不合理致船舶搁浅产生的救助费等赔偿责任认定
　　　关键词：民事　海难救助　载货量确定　救助费用追偿

海上打捞

351 51. 青岛某海洋工程有限公司诉被告蕲春县某水运公司、孙某、万某某、李某某、王某某沉船海上打捞合同纠纷案
——沉船打捞合同的签订主体及打捞费用支付方的认定
关键词：民事　打捞合同

361 52. 某海上救助打捞局诉山东省某航运公司、某交通局海上打捞合同纠纷案
——强制打捞清除沉船的费用负担
关键词：民事　打捞合同　沉船打捞　救助　打捞费用　出借账户

共同海损

373 53. 敏某公司诉中某宁波集团股份有限公司、中国某财产保险股份有限公司宁波市分公司共同海损纠纷案
——共同海损中的过失认定与共损分担
关键词：民事　共同海损　海上货物运输　共损理算报告　共损分担

383 54. 黄石市某船务有限责任公司、武汉市某有限责任公司诉丹东某对外贸易有限公司共同海损纠纷案
——共同海损成立及理算与共同海损分摊的认定
关键词：民事　共同海损　理算　分摊

389 后　记

海上事故

船舶爆燃

1. "某富强"轮海事债权确权诉讼系列案件
——海事事故引发大型系列案件确权诉讼裁判规则

【合规提示】

本系列案件系因"某富强"轮发生火灾事故、船东申请设立海事赔偿责任限制基金、1050名债权人债权登记后提起的889件海事债权确权诉讼系列案件,作为债权人的受损方与作为债务人的船东就船东是否赔偿及赔偿金额产生争议。对于与发生自燃的硅泥有关的生产者、销售者、运输者而言,要关注硅泥虽然不是危险品,但其不稳定性随着含碱量的增加而增加,从而增加自燃危险,因此无论是生产、销售或运输过程,要时时监控硅泥品质,确保其处于较为稳定的状态,否则将引发严重后果。对于现场应急救援指挥部而言,要区分陆地救援与海上救援特别是船舶救援的不同特点及应采取的不同措施,须听取相关领域专家意见,本次事故中应听取船长建议,采取窒息灭火法更符合救援实际;贸然开舱的错误救援方法造成事故扩大、使国家和人民群众遭受更大损失。对于事故受损方的车主、货主、物流公司而言,应积极了解《海商法》《海事诉讼特别程序法》等对海事赔偿责任限制、基金设立、债权登记、确权诉讼的特别规定,按照指引依法维护自身权益;同时应当注意平时对单据等的收集,事故中要及时固定证据。对于保险公司而言,在重大事故发生时,应积极履行社会职能,尽快对购买保险的车辆、货物等予以理赔,再行代位索赔损失。对于船东而言,对所有上船的人员、货物、车辆进行合法合规的严格检查，以确保船舶及船载人员的生命及财产安全；一旦发生事故，要及时处置，控制损失，面对损失索赔，依法及时设立海事赔偿责任限制基金，降低自身损失；但当事故造成较大社会影响时，为了社会稳定，船东也需积极承担社会责任，弥补受损者的损失。

【案件信息】

1. 裁判文书字号

（2021）鲁72民初955号、（2021）鲁72民初821号、（2021）鲁72民初978号、（2021）鲁72民初1455号、（2021）鲁72民初991号、（2021）鲁72民初1477号、（2021）鲁72民初1179号、（2021）鲁72民初1132号、（2021）鲁72民初1695号、（2021）鲁72民初1703号、（2021）鲁72民初902号；鲁民终1389号等

2. 当事人

原告：889名债权人

被告：威海市海某客运有限公司

3. 关键词

民事　海事赔偿责任限制基金　海事债权确权诉讼

【裁判要旨】

大型系列案件的办理，要以"司法为民"为宗旨，以维护社会稳定大局和充分保护人民群众合法利益为出发点，整体筹划、分类施策、以终为始、应时创新、稳步推进，努力达到"案结事了、政通人和"的司法要求，让人民群众在案件中真正感受到司法温度。

【基本案情】

2021年4月19日，"某富强"轮载客677人、载车162辆（挂车95辆）及1659件货物、物品等，由威海驶往大连途中发生火灾后返航威海港。4月20日，在救援过程中"某富强"轮发生燃爆。事故造成"某富强"轮及所载车辆、货物、物品等财产损失，未造成人员伤亡。中华人民共和国海事局于2021年11月16日发布《威海"4.19""某富强"轮调查报告》，认定本起事故是"某富强"轮航行途中，三甲舱"辽FL××37（辽F××07挂）"车辆

载运的货物硅泥自燃引发的火灾事故。船舶返港后，因为应急措施不当，导致事故升级、损失扩大。天津鹏某再生资源回收利用有限公司、胡某豪、丹东泰某镁业有限公司、东港市宏某物流有限公司（以下简称宏某物流）、无锡中某应用材料有限公司、威海市海某客运有限公司（以下简称海某公司）对事故的发生负有责任。现场应急救援指挥部未认真组织核实火场实际情况，未充分探火，贸然开舱，对事故升级、损失扩大负有重要责任。

2021年5月7日，"某富强"轮船东海某公司向青岛海事法院申请设立海事赔偿责任限制基金。青岛海事法院于当日受理，并于5月13、14、15日在《人民法院报》发布公告，公告期内66名法人及自然人提出异议，1050名债权人进行债权登记。889名债权人在法定期限内提起确权诉讼。

889件案件中，保险案件96件，其中车保险案件82件，货物保险案件14件；车损案件142件；货损案件584件；涉大巴乘客案件8件；物流公司为索赔主体案件56件。另有特殊案件3件，分别为山东威海港某有限公司（以下简称威海港公司）起诉港口设施损害赔偿案、威海威某航运有限公司（以下简称威某航运）起诉泊位受损案以及车损案件中起火车所有人宏某物流确权诉讼案。各类案件各有特点，审理重点、难点各不相同，青岛海事法院对此系列案件统筹部署、分类施策、平稳审结。

一、五大类案件

（一）车保险案件

在"某富强"轮889件案件中，原告泰山某保险股份有限公司威海中心支公司等涉及车辆保险的案件共计82件。此类案件系受损车主投保了车辆损失险，本案事故发生后，被保险人向其投保的保险公司申请理赔。保险公司作出相应理赔后，被保险人出具权益转让书，由保险公司申请债权登记并成为海事债权确权纠纷案件的主体。

以（2021）鲁72民初955号原告为泰山某保险股份有限公司威海中心支公司一案为例。"某富强"轮火灾事故造成原告承保的案外人刘某国所有的鲁K××712号车辆全损，原告向刘某国理赔保险金285 000元，刘某国依法向原告进行了权益转让。原告请求确认其债权。海某公司的主要抗辩意见为：第一，本次火灾事故系因辽FL××37车载货物自燃引起与被告无关，被告在本案中不应承担责任。第二，即使被告承担责任，被告也依据《海商法》《关于不满300总吨船舶及沿海运输、沿海作业船舶海事赔偿限额的规定》

《中华人民共和国港口间海上旅客运输赔偿责任限额规定》等法律法规享有赔偿责任限制权利。第三，涉案车辆价值以保险公估价值为准。

此类案件中，原告提交的主要证据为威海市消防救援支队关于"某富强"轮有关情况的说明、客运联网售票信息系统打印表、车辆受损照片、机动车保险抄单、保单复印件、车辆所有权证、理赔申请书、被保险人就车辆的损失向原告提出理赔申请、电子支付凭证、权益转让书等。

青岛海事法院经审理查明保险关系及保险责任限额、赔付金额。并判决确认原告债权；上述债权为可限制责任的债权，依法自被告海某公司设立的"某富强"轮海事赔偿责任限制基金中分配。

（二）货物保险案件

在"某富强"轮889件案件中，原告中国某财产保险股份有限公司晋中市中心支公司等涉及货物保险的案件共计14件。此类案件系货主投保了货物运输保险，本案事故发生后，被保险人向其投保的保险公司申请理赔。保险公司作出相应理赔后，被保险人出具权益转让书，由保险公司申请债权登记并成为海事债权确权纠纷案件的主体。

以（2021）鲁72民初821号原告为中国某财产保险股份有限公司晋中市中心支公司一案为例。泰州市大某物流有限公司在原告处投保货物运输保险，其委托他方运输的货物因火灾事故造成损失，原告依赔偿限额予以赔付后取得代位求偿权。原告请求确认债权金额。针对此类案件，被告海某公司的主要抗辩意见为：第一，本次火灾事故系因辽FL××37所载货物自燃引起，与被告无关，被告在本案中不应承担责任。第二，即使被告承担责任，被告也依《海商法》《关于不满300总吨船舶及沿海运输、沿海作业船舶海事赔偿限额的规定》《中华人民共和国港口间海上旅客运输赔偿责任限额规定》等法律法规享有赔偿责任限制的权利。第三，原告和相应货方与被告无合同关系，即使原告按侵权法律关系对被告提起诉讼，被告也只应按照火灾事故责任比例承担责任。

此类案件中，原告提交的主要证据为保险单、公估报告、保险赔款付款凭证、权益转让书等。

青岛海事法院经审理查明保险关系及保险责任限额、赔付金额。并判决确认原告债权；上述债权为可限制责任的债权，依法自被告海某公司设立的"某富强"轮海事赔偿责任限制基金中分配。

（三）车损案件

在"某富强"轮889件案件中，原告王某波等涉及车辆损失的案件共计142件，占比15.97%。从车型来看，主要分为货车及客车两种。从损失类型来看，主要分为以下两种：一是主张车辆自身价值损失及车载物品损失；二是车辆自身价值因投保了车辆损失险，已由保险公司理赔，仅主张车载物品损失。

1.货车。

①包含车辆价值。此类案件通常为受损车主未投保车辆损失险，事故发生后，其作为原告就车辆及车载物品的损失申请债权登记并成为海事债权确权纠纷案件的主体。亦存在个别受损车主虽投保了车辆损失险，但事故发生后未向保险公司申请理赔，其作为原告就车辆及车载物品的损失申请债权登记并成为海事债权确权纠纷案件的主体的情形〔（2021）鲁72民初1749号辛某民案〕。

以（2021）鲁72民初978号原告为王某波一案为例。"某富强"轮火灾事故，导致原告所有的辽FL××16、辽F××01挂车辆及财产损毁价值。请求确认原告债权。针对此类案件，被告海某公司的主要抗辩意见为：a.本次火灾事故系因辽FL××37车载货物自燃引起与答辩人无关。b.答辩人在本案中故不应承担责任，即使答辩人承担责任答辩人也依据《海商法》《关于不满300总吨船舶及沿海运输、沿海作业船舶海事赔偿限额的规定》《中华人民共和国港口间海上旅客运输赔偿责任限额规定》等法律法规享有赔偿责任限制权利。c.原告的实际损失应当以公估机构悦某保险公估有限公司的公估报告认定为限。

此类案件中，原告提交的主要证据为购车发票、购置税发票、行驶证、机动车登记证书、车载物品购买发票等。

青岛海事法院综合原告提交的证据及公安机关作出的辽FL××16一车一档溯源报告查明主车及挂车的车型、注册日期、强制报废期、整备质量及未投保机动车损失保险的事实。原告请求赔付项目如下：a.牵引车：包括车辆价值、购置税、保险费用、保险差价、轮胎、钢圈、住车空调、安装费、挂牌费用、营运证费用、车内装饰费用、倒车影像及工时费、GPS及工时费、导航、被褥；b.挂车：包括车辆价值、购置税、车桥、弓片及工时费、水罐、工具箱、轮胎、钢圈及工时费、上牌费、转向灯；c.作业工具，包括棉被、垫板、绳子绷带；d."某富强"轮船票；e.本次运费。被告提交提供悦之保险公估有限公司公估报告，证明涉案牵引车、挂车合理价值。原告提交的车辆登记信息及保险情况与公安机关第一时间作出的辽FL××16、辽F××01挂溯源报告相印证。

青岛海事法院对各项损失作出认定。判决确认原告债权；上述债权为可限制责任的债权，依法自被告海某公司设立的"某富强"轮海事赔偿责任限制基金中分配。

②不含车辆自身价值。以（2021）鲁72民初1455号原告为刘某剑一案为例，原告的诉讼请求为依法确认原告对被告享有债权155 223.52元，后将其中的营运损失由60 000元变更为1200 00元。针对此类案件，被告海某公司的主要抗辩意见如前所述。

此类案件中，原告提交的主要证据为挂靠协议、行驶证、车辆购置税发票、车载物品及轮胎购买凭证等。

经审理查明，综合原告提交的证据及公安机关作出的辽PC××16一车一档溯源报告查明车辆的车厢型、注册日期、强制报废期、整备质量。原告请求赔付项目包括购置税、营运损失、轮胎、作业工具包括篷布、车上用品包括油箱加热器、保险费、车票、客票、柴油、随车物品手机、现金。原告为辽PC××16车辆实际所有人，火灾事故造成其财产损失。

青岛海事法院考虑车辆及设施、工具、物品的使用折旧，对原告损失数额作出认定。判决确认原告债权金额；上述债权为可限制责任的债权，依法自被告海某公司设立的"某富强"轮海事赔偿责任限制基金中分配。

2.私家轿车。以（2021）鲁72民初991号原告为李某源一案为例。"某富强"轮火灾事故造成原告李某源的汽车以及家人随行行李以及证件财物被烧毁。原告请求确认债权金额。针对此类案件，被告海某公司的主要抗辩意见除前述外，增加原告与被告无合同关系，即使被告应当承担责任，也依据导致涉案事故的过错比例承担相应的责任；原告方并未证明涉案车辆装载于"某富强"轮，被告对于涉案车辆是否在事故发生时在船并已受损，并不知情。

此类案件中，原告提交的主要证据为机动车登记本、行驶证、保险单、二手车交易单据、车上物品购买凭证等。

后该案在审理过程中，原被告就损失数额达成一致，原被告共同确认原告所属的车辆及物品因"某富强"轮火灾事故造成损失及损失数额。青岛海事法院判决确认原告的债权为双方确认金额；上述债权为可限制责任的债权，依法自被告海某公司设立的"某富强"轮海事赔偿责任限制基金中分配。

（四）货物损失案件

在"某富强"轮889件案件中，原告南京飞某活塞环股份有限公司等涉及货物损失的案件共计584件，占比65.7%。货物损失主要分为有销售合同、无销售合同两种情形。在有销售合同的案件中，又分为销售价格中约定含增值税、销售价格中未约定增值税等两种情形。

1. 有销售合同。

①原告为卖方且约定销售价格含13%的增值税。以（2021）鲁72民初1477号原告为南京飞某活塞环股份有限公司一案为例。原告请求确认债权数额。"某富强"轮火灾事故造成货物受损。请求确认原告债权金额。针对此类案件，被告海某公司的主要抗辩意见除前述外，增加根据国家海事局所出具的事故报告，被告并不承担本次事故的主要责任。

此类案件中，原告提交的主要证据为采购合同、买卖合同、销售提货清单、送货单、订单、货物运输合同、装箱单等。

青岛海事法院查明货物价值及价格中含增值税13%。判决确认原告债权为人民币726 087.36元货物价值扣除增值税后的金额；上述债权为可限制责任的债权，依法自被告海某公司设立的"某富强"轮海事赔偿责任限制基金中分配。

②原告为卖方，合同中未涉及增值税问题。以（2021）鲁72民初1179号原告为某跨境电子商务有限公司一案为例。此类案件除增值税问题外，与上述①案例同。

2. 无销售合同。此类案件在"某富强"轮889件案件中，占比较大，其中以买方或卖方在广州小商品市场进行供需交易后通过物流经威海至大连航线发往东北各地、买方或卖方在威海进行海鲜产品交易后经威海至大连航线发往东北各地等两种情形为主。此类案件的特点为买卖双方多为当面或线上交易，通常采用电子支付方式，无销售合同，书证较少，部分案件仅有出库单、购货清单等证据证明原告的实际损失。

以（2021）鲁72民初1132号原告为李某斌一案为例。此类案件中，原告提交的主要证据为出库单、销货清单、微信转账记录、托运单等。青岛海事法院综合认定货物价值；对于原告主张的住宿费、路费等损失不予支持。后作出判决，同前项目。

（五）大巴乘客损失案件

大巴乘客索赔随身物品案件共8件。索赔主张也基本相同，主要分为两部分：原告主张损失：（1）随身携带物品：包括平板电脑、各种衣物、箱包、药品、护肤品、防雨具；（2）旅行中购买物品：珠宝玉器、竹炭纤维产品及老年健步鞋、灵芝粉保健产品、黄山烧饼、床垫等。原告主张的损失清单与公安机关溯源报告中旅游公司提交的损失清单一致。部分可以提供购物小票、吊牌等证据，大部分无法提供证据，特别是随身物品更是无法证明其购买时的价值。

海某公司的答辩意见主要为三点：除之前的两点外，增加第三点，原告并未提交证据证明其所主张的物品在船受损。而且根据相关法律规定对于旅客自带行李，被告所应承担的责任不应超过800元。

8件案件中，有3件在作出判决前原告与海某公司达成和解撤诉，5件最终作出判决。

二、威海港公司索赔案件

原告威海港提出诉讼请求：（1）确认原告对被告享有损失人民币12 750 907.92元的债权（该数额为计算至2021年7月12日）；（2）确认原告对被告享有自2021年7月13日至原告客运业务恢复之日止的收益损失的债权（按原计算标准计算）；（3）确认原告诉讼请求第（1）、（2）项中的债权在被告所设海事赔偿责任限制基金中优先受偿。事实与理由："某富强"轮爆燃造成威海港码头客运1号泊位、2号泊位及相关设施设备受损、国内客运业务至起诉时未能恢复。截至2021年7月12日，原告的损失额为12 750 907.92元。

被告海某公司辩称：（1）原告与被告不存在合同关系，被告只能以侵权法律关系起诉被告。被告码头受损系因"某富强"轮爆燃所致，而爆燃系由于现场应急指挥部贸然开舱所致，与被告无关，被告不应承担责任。退一步讲，根据国家海事局报告，涉案事故的发生系因多方过错所导致，被告应根据涉案事故的过错程度承担相应责任。且应依《海商法》《关于不满300总吨船舶及沿海运输、沿海作业船舶海事赔偿限额的决定》等法律法规享有赔偿责任限制的权利。（2）原告诉称的损失包括直接损失和间接损失。①关于客滚连接桥受损等直接损失：本次事故后，原告已将事故造成的全部损失向中华联某保险公司报案，经保险公司核赔后，中华联某保险公司已向原告赔偿，且在基金中登记并提起确权诉讼，因此原告方在本案中已无直接损失；②关于营运收入等间接损失：首先，原告码头不能正常营运的原因，系因原告作为事故发生相关单位，未落实事故隐患整改相关要求、未经相关部门监督检查验收通过所致，与被告无关。其次，客滚连接桥的修复期间，均被以上政府部门不允许擅自恢复客滚运输业务期间所覆盖，在以上期间内，原告无法恢复生产，不可能产生营运收入。再次原告索赔的间接损失分三部分：集装箱损失、拖驳损失、客运损失。原告的1号、2号泊位经营国内客滚运输业务，事故发生时被告船舶停泊于2号泊位，爆燃事故最多会对该两个泊位的生产经营产生影响。原告的拖驳业务及集装箱业务均发生在1号、2号泊位以外的泊位，这些泊位的经营损失，包括集装箱损失、拖驳损失，与爆燃事故无关。客运损失中，通过1号、2号泊位运营的客滚船舶仅有答辩人两条船和中海的两条船，损失只应计算中海的两条船的损失。（3）根据《海商法》第210条第4款规定，就港口工程、港池、航道和助航设施损害提出的赔偿请求，应当较第2款中的其他赔偿请求优先受偿。本案中，原告的码头没有损失，客滚连接桥、登船梯、房间门窗玻璃、检测评估费用、间接损失等的索赔，均不在上述规定的港口工程、港池、航道和助航设施范围之内，依法不享有优先受偿权，原告无权在本案中主张优先受偿权利。

2021年4月19日，被告海某公司所属"某富强"轮由威海驶往大连途中突发火灾险情，"某富强"轮随后返回威海港并停靠于原告威海港公司所属泊位。4月20日，在威海市政府组织的应急救援行动过程中"某富强"轮发生爆燃，爆燃导致原告威海港公司码头设施受损。

2021年6月24日，被告海某公司就涉案事故所造成的损失向青岛海事法院申请设立海事赔偿责任限制基金。原告威海港公司在法院规定时间内向青岛海事法院申请债权登记，并提起海事债权确权诉讼。

青岛海事法院一审初步认为：

1. 本案原告的请求权基础系侵权责任。根据本案已查明事实，原告损失系因"某富强"轮火灾事故造成，因救援不当引发的爆燃事故与火灾事故为同一事故不能割裂；被告应承担侵权赔偿责任；国家海事局《海事事故调查报告》中的其他责任方均为火灾事故发生前端各环节所涉主体，与原告诉称的涉案损失没有直接因果关系，对原告的损失不应承担赔偿责任。

2. 关于原告诉称的直接损失和间接损失。（1）关于客滚连接桥受损等直接损失。事故后原告已将事故造成的全部损失向中华联某保险公司报案，保险公司向原告赔偿后，已在基金中登记并提起确权诉讼，因此原告方还需举证证明本案索赔损失与保险公司赔付金额之间的关系。（2）关于营运收入等间接损失。原告系事故发生相关单位，因未落实事故隐患整改相关要求，威海市交通运输局要求原告不得擅自恢复客滚运输业务，对损失产生存在过错；集装箱损失和拖驳损失发生在1、2号码头之外，与事故无直接因果关系；被告对1、2号码头损失计算的抗辩意见有一定合理性。

3. 关于原告的债权能否在基金中优先受偿，被告认为客滚连接桥、房间门窗玻璃、检测评估费用、间接损失等的索赔，均不在上述规定的港口工程、港池、航道和助航设施范围之内，依法不享有优先受偿权。该抗辩意见合理。

考虑到因涉案爆炸事故确实存在码头设施受损情况，被告作为航运企业在涉案事故中也存在严重经济损失，同时考虑到涉案事故中受损群体大多为个人车主货主，损失金额超过基金数额。青岛海事法院向原被告双方释明法律观点，积极促成原、被告双方在被告所设的海事赔偿责任限制基金之外和解解决本案。如此一来，首先，可以促成原告尽快得到赔款以恢复生产；其次，被告可以大幅减少赔偿金额，减轻经济压力；最后，双方在基金外和解不占用基金份额，可以使因涉案事故而遭受损失的车主货主等弱势群体最大程度地获得赔偿。

经青岛海事法院同原被告多次沟通后，双方达成了和解意见，原告威海港公司主动撤回了本案诉讼。本院于2021年12月28日作出（2021）鲁72民初1695号民事裁定书，裁定准许原告威海港公司撤回起诉。

三、威某航运索赔案

威某航运向本院提出诉讼请求：（1）确认原告对被告享有13 362 448.90元人民币的债权。（2）债权登记费、诉讼费用由被告承担。事实与理由如下：威某航运注册地位于山东省威海市，是一家经营中韩客货班轮运输的中韩合资企业，经营航线包括威海—仁川客货班轮航线，该航线每周运营3个往返航班，运输船舶为总吨30 322的客货滚装船"新某桥7"轮，运送能力载客724名，载集装箱335Teu。因"某富强"轮火灾事故当晚靠泊于威海港客运码头2号泊位，威某航运的船舶"新某桥7"轮于4月20日早由韩国仁川驶来威海靠泊于相邻的5号泊位。后"某富强"轮爆燃迫使正在进行集装箱装卸作业的"新某桥7"轮紧急出港避航。4月20日至5月9日,受事故船舶影响,"新某桥7"轮无法按船期进、出威海港,期间曾绕航龙眼港、青岛港,共有9个往返航班受到了影响。由于不能按船期在经营航线上正常运营,大批进、出境货物取消了订舱或流失,造成了海运费收入和原告文登集装箱分公司场站运营收入的减少,绕航龙眼港和青岛港造成了燃油费用和调用相关设备及集装箱费用的增加,"某富强"轮火灾事故给原告造成的经济损失包括出境海运费损失、入境海运费损失、增加的燃油费、文登场站损失及其他损失(包括运往西霞口、青岛的托盘、叉车、滑梯等设备及运送进出口重箱产生的费用)。损失合计折合人民币13 362 448.9元。威某航运享有从海事赔偿责任限制基金中受偿的权利。

本案诉讼中,海某公司未答辩。

青岛海事法院"某富强"轮系列案件审判团队于本案庭审前进行了多次合议、分析、研判,最终认为威某航运在本案中的诉讼请求如下:请求海某公司赔偿的是其因涉案事故产生的纯经济利益损失,并非事故导致的直接损失,不属于可参与基金分配的损失范围,基于此合议庭与威某航运充分沟通后,威某航运撤回了对海某公司的起诉。本院于2021年12月13日作出(2021)鲁72民初1703号民事裁定书,裁定准许威某航运撤回起诉。

四、宏某物流索赔案

"某富强"轮火灾事故是由该轮三甲舱一辆货车载运的硅泥发生自燃而引发。该车由牵引车"辽FL××37"和挂车"辽F××07挂"组成,所有人为宏某物流。青岛海事法院查明辽宁丹东泰某镁业有限公司通过天津鹏某再生资源回收利用有限公司购买硅泥,并装上该车运输。该主车及挂车车型、整备质量、准牵引总质量、车辆注册日期,经营范围为道路普通货物运输,货物专用运输(集装箱)。该车在事故中受损。

宏某物流请求确认海事债权。海某公司辩称除前述前两项外,增加第三项,根据涉案事故调查报告,宏某物流在办理货物运输时未依法表明货物性质、应急处置措施等情况,其对事故的发生存在过错。

青岛海事法院认定硅泥自燃造成该车损失,按照车损案件认定其损失,并作出判决。

五、孙某恒请求海某公司不能限制责任经二审判决案

本案归类应为车损案,因原告孙某恒依据《海商法》第209条及《最高人民法院关于审理海事赔偿责任限制相关纠纷案件的若干规定》第10条的规定提出确认海某公司无权享受海事赔偿责任限制的请求,而涉案判决可以上诉。

青岛海事法院认为,根据《海商法》第209条"经证明,引起赔偿请求的损失是由于责任人的故意或者明知可能造成损失而轻率地作为或者不作为造成的,责任人无权依照本章规定限制赔偿责任"的规定,事故调查报告认定海某公司承担责任是因其海阳办事处没有建立规章制度,从该点不能证明本案的损失是海某公司故意或者明知可能造成损失而轻率地作为或者不作为;孙某恒也没有提交相应证据予以证明,其该项主张没有事实依据、证据不足,不予支持。其他事项按照车损案件进行判决。

孙某恒不服一审判决提出上诉。山东省高级人民法院于2022年6月29日作出(2022)鲁民终1389号民事判决书,作出判决:驳回上诉,维持原判。

【裁判说理】

争议焦点:各类型案件裁判规则如何确定。

青岛海事法院认为:

一、五类案件之共性法律问题

(一)涉案基础法律关系之界定

本系列案件中,海某公司的抗辩思路一分为二:(1)买了船票登轮的车和散货的车主和货主与海某公司之间成立运输合同的,海某公司没有完成对车和散货的运输,构成违约,海某公司应对车和散货的损失承担全部赔偿责任。(2)装载于车上的货没有直接购买船票,货主与海某公司之间不成立运输合同关系,货主向海某公司索赔货损无权依据违约责任提起,只能依据侵权关系主张。并且海某公司还进一步主张,涉案事故并非海某公司的过错行为造成,其应按照责任比例承担责任。

针对该抗辩产生以下两个问题:第一,本系列案件(除争议较大的个别案件外)拟采取表格式判决,判决说理部分简明扼要。针对海某公司这一抗辩,是否在判决中界定基础法律关系?第二,如明确侵权法律关系,是否需

要等待海事事故调查报告以确定过错责任与责任比例?

上述两个问题,青岛海事法院意见如下:第一,不界定基础法律关系。首先,本系列案件为海事债权确权纠纷案件,依据的是《海商法》第十一章"海事赔偿责任限制"、《海事诉讼特别程序法》第九章"设立海事赔偿责任限制基金程序"、《最高人民法院关于适用〈中华人民共和国海事诉讼特别程序法〉若干问题的解释》以及《最高人民法院关于审理海事赔偿责任限制相关纠纷案件的若干规定》关于海事赔偿责任限制、海事赔偿责任限制基金程序、确权诉讼程序等提起的特别程序案件。在相关规定中没有区分违约或侵权的基础法律关系,其立法思路是只要是事故造成的损失就可以限制责任。其次,如果界定基础法律关系,依据侵权关系提起索赔的,海某公司需要按照侵权责任比例承担赔偿责任。与船舶碰撞案件会先确定两船责任比例不同,本案为单船事故,没有确定责任比例的基础案件,所有的确权诉讼都做一个责任比例判定显然不现实,并且如果判定责任则应当把所有责任相关方追加进诉讼中,这又与基于设立基金提起确权诉讼以求在基金中受偿的初衷及程序设置不符。最后,有消息透露海事事故调查报告可能认定海某公司对事故不负责任,则海某公司可能最终不承担责任。这样会涉及已经设立的基金如何处理,所有确权诉讼是否需要终结,这与基金设立及确权诉讼程序设立初衷也不相符。第二,基于上述分析,不再整体等待海事事故调查报告的作出。对于案件事实清楚、争议不大的先行作出判决。

(二)涉案证据证明效力之认证

系列案件中,证据主要分为三大类:

1.溯源报告。涉案事故发生后,当地公安机关第一时间对船上所有涉事的车主、货主、买方、卖方、物流、司机等作了调查,形成了询问笔录,同时收集了当事方提交的证据材料(这些证据与原告诉讼中提交的证据基本一致),形成了最终的一车一档溯源报告。

2.海某公司的评估报告。海某公司在本系列案件诉讼中委托上海悦某公估保险公司,针对每一票货、每一辆车的损失数额作出了公估。大部分的估损数额特别是货值与原告起诉的数额相差悬殊,少部分主要是车价值与原告起诉金额相差不大。报告内容简单,估损依据基本为同类商品的电商平台公示价格,报告结论说服力不强,且有数量、计算等错误,评估人员不能出庭接受质询。

3. 原告提交的证据。因系列案件的原告多为个人或个人成立的小型物流/贸易公司，加之事故的突发性，原告在诉讼中提交的证据基本都存在瑕疵。经梳理，下列几类证据存在认证困难，且在各类案件中均涉及：（1）原告提交的电子证据（微信聊天记录、微信或支付宝转账记录、银行电子凭证等）。本批系列案件中，约570件为律师代理案件，诉讼中律师代表原告提交的电子类证据基本不能出示原始载体，证据形式为聊天记录、转账记录、银行电子凭证的截图打印件。而这些证据往往是证据链中的关键一环，如何认定这类证据的证明效力成为审查关键。如果对证据形式与证明效力不予认定，则原告的证据无法形成完整证据链，其诉讼请求将难以被支持。（2）原告提交的《证明》《情况说明》类证据。本系列案件中，部分货主作为原告在购买或销售货物时，因交易形式简易、随意，大多没有发票、交易凭证；部分车主索赔车辆损失时，挂车未办理过户，登记车主不是原告；部分物流公司作为原告的系先行赔付后受让债权提起诉讼。他们为了本案诉讼，提交了交易关联方出具的《证明》《情况说明》类证据，用以证明他们已付款、未付款、对货物或车辆的所有权情况等事实。但这些《证明》《情况说明》的出具方均无法按照民事诉讼法及证据规定的规定出庭接受质询，且有的《证明》《情况说明》形式上也不符合法律规定，但这些《证明》《情况说明》类证据又是证据链中的关键一环。（3）原告提交的复印件证据。各类案件中，原告均提交了用以证明重要事实（例如货值、货权）的复印件证据，有的案件全部证据为复印件。如果对这类证据的证明效力不予认定，将导致原告的证据链条断裂，诉请难以成立。

关于上述证据效力的问题，青岛海事法院认为，为妥善处理本系列案件，拟按照以下原则认定：（1）关于溯源报告的证据效力。因溯源报告系事故发生后公安机关第一时间对相关人员进行调查后形成的，为事故后由国家机关调取的第一手资料，具有较高客观性，在没有出现明显矛盾点的情况下，可作为定案依据。（2）关于海某公估报告的证据效力。因其估损依据不充分，公估人不出庭接受质询，部分结论明显不合理，故对其证明效力不予采信，但在部分案件中可以作为价值参考。（3）关于原告存在形式瑕疵的证据的效力。如能与原告提供的其他证据或溯源报告相互印证，可以对其证明效力予以认定。

二、损失认定规则

（一）车保险案件损失认定

在保险公司车损代位求偿案件中，对损失价值依照保单的机动车损失保险责任限额予以认定。根据《最高人民法院关于审理海上保险纠纷案件若干问题的规定》第14条的规定，对保险赔付本身不作审查。

（二）货保险案件损失认定

在保险公司货损代位求偿案件中，对损失价值按照货损案件价值认定标准予以认定；对不超出货损价值赔付的诉讼请求，予以全部支持。

（三）货损案件损失认定

1. 对有买卖关系的货物损失，按照前述证据认定原则，形成证据链的、溯源金额与起诉金额一致的，原则上支持原告请求。对没有买卖关系的货物损失，原告诉请与溯源报告中笔录记载一致，原告提交的材料存于溯源报告中的，原则上支持原告请求。

2. 对买家索赔的案件，不扣除增值税；对卖家索赔的案件，若合同价款为含税价并明确税款比例的，扣除增值税。

（四）车损案件损失认定

1. 车本身价值认定。对有保险的车的价值，依照保险单机动车损失保险责任限额确定。保险足额赔付的，车主关于车本身损失的索赔不予支持；保险公司扣除免赔额的，车主请求以免赔额为限。对挂车等没有保险的车的价值，在以付款证明确定原始价值的基础上，根据报废年限计算折旧得出剩余营运年限的价值，以剩余营运年限的价值加报废后残值认定挂车的价值。

2. 车载附属设施价值认定。考虑到运输车辆都会配备附属设施的客观实际，参照提供收据案件的设施价值并考虑折旧后，平衡各案原告主张的价值，最后确定一个价值范围，各案根据不同情况酌定。

3. 轮胎钢圈价值认定。考虑到挂车一两年更换轮胎和钢圈的客观实际，参照提供发票案件的轮胎钢圈的价值并考虑折旧后，平衡各案原告主张的价值，最后确定一个价值范围，各案根据不同情况酌定。

4. 车辆生产工具价值认定。考虑到运输车辆都会配备生产工具的客观实际，平衡各案原告主张的价值，最后确定一个价值范围，各案根据不同情况酌定。

5. 其他物品价值认定。手机、衣物、棉被等日常必备生活用品，以市场普通价格酌定。货币、金银、珠宝、有价证券等现金与贵重物品，依照《水路旅客运输规则》第66条、第143条的规定，不予赔偿。

6. 运输车辆营运损失认定。考虑给车主购买车辆的时间，参照船舶的停运损失，确定为2个月，底舱车可适当延长至4至6个月；主张时间短于2个月的，按照其主张。

7. 当次运费损失，应当支持。运费中成本占比及金额无法核算的，不予扣除；同时主张船票损失的，因船票为运费中所含成本，船票损失属重复主张、不予支持。

8. 私家车替代交通费用认定。替代期间参照运输车辆的停运期间，确定为2个月；主张低于2个月的依照其主张。替代费用以咨询当地租车公司同类车辆租金为单位时间替代费用。能提供替代费用票据的，依证据认定规则确定是否支持其主张。

9. 购置税是否支持。原告作为新车车主支付车价同时支付的购置税，予以支持，并以车辆年限予以折算；对原告购买二手车的购置税，不予支持。

（五）行李及随身物品价值认定

在大巴乘客的行李索赔案件以及车主放置于车内的随身物品的索赔案件中，对有证据证明行李价值的，依证据判定损失数额；对没有证据证明行李价值的，参照《中华人民共和国港口间海上旅客运输赔偿责任限额规定》对行李价值进行兜底，给予最低赔偿。

（六）物流公司主张如何支持

在物流公司索赔案件中，就物流公司赔偿货主后受让债权对货值进行索赔的情形，依货损案件认定原则进行认定。对作为登记车主主张运费损失的物流公司，依照当次运费损失确定。对主张运费损失的中间物流公司，因其在事故中没有财、物损失，其主张的运费为纯经济损失，不予支持。

（七）关于利息问题

鉴于确权诉讼最终要在基金中进行分配，债权数额应当在判决中给予确定，为统一裁判尺度，对原告主张的利息均不予支持。

【法官后语】

"某富强"轮发生火灾并引发爆燃事故，短时间内产生巨大社会影响。事故引发海事赔偿责任限制基金案，1050件债权登记案及889件确权诉讼案，成为青岛海事法院成立以来涉基金案件数量最多、当事人跨地域最广、所涉法律问题最繁杂的系列案件。青岛海事法院成立"某富强"轮工作专班，统一指挥、集中办理，系列案件按既定方案有序平稳办结。案件处置过程中，形成多项创新举措，首次建立府院联动工作机制，并成为以司法方式有效处置突发事件的典范。

【相关法条】

1.《中华人民共和国海商法》(1993年7月1日)

第二百零四条　船舶所有人、救助人，对本法第二百零七条所列海事赔偿请求，可以依照本章规定限制赔偿责任。

前款所称的船舶所有人，包括船舶承租人和船舶经营人。

第二百零七条　下列海事赔偿请求，除本法第二百零八条和第二百零九条另有规定外，无论赔偿责任的基础有何不同，责任人均可以依照本章规定限制赔偿责任：

（一）在船上发生的或者与船舶营运、救助作业直接相关的人身伤亡或者财产的灭失、损坏，包括对港口工程、港池、航道和助航设施造成的损坏，以及由此引起的相应损失的赔偿请求；

（二）海上货物运输因迟延交付或者旅客及其行李运输因迟延到达造成损失的赔偿请求；

（三）与船舶营运或者救助作业直接相关的，侵犯非合同权利的行为造成其他损失的赔偿请求；

（四）责任人以外的其他人，为避免或者减少责任人依照本章规定可以限制赔偿责任的损失而采取措施的赔偿请求，以及因此项措施造成进一步损失的赔偿请求。

前款所列赔偿请求，无论提出的方式有何不同，均可以限制赔偿责任。但是，第（四）项涉及责任人以合同约定支付的报酬，责任人的支付责任不得援用本条赔偿责任限制的规定。

2.《中华人民共和国海事诉讼特别程序法》(2000年7月1日施行)

第一百一十六条　债权人提供其他海事请求证据的，应当在办理债权登记以后，在受理债权登记的海事法院提起确权诉讼。当事人之间有仲裁协议的，应当及时申请仲裁。

海事法院对确权诉讼作出的判决、裁定具有法律效力，当事人不得提起上诉。

3.《中华人民共和国民事诉讼法》(2017年7月1日修正)(一审)

第一百四十五条　宣判前，原告申请撤诉的，是否准许，由人民法院裁定。

人民法院裁定不准许撤诉的，原告经传票传唤，无正当理由拒不到庭的，可以缺席判决。

对应新法：

《中华人民共和国民事诉讼法》(2023年9月1日修正)

第一百四十八条　宣判前，原告申请撤诉的，是否准许，由人民法院裁定。

人民法院裁定不准许撤诉的，原告经传票传唤，无正当理由拒不到庭的，可以缺席判决。

4.《中华人民共和国民事诉讼法》(2021年12月24日修正)(二审)

第一百七十七条第一款第一项　第二审人民法院对上诉案件，经过审理，按照下列情形，分别处理：

（一）原判决、裁定认定事实清楚，适用法律正确的，以判决、裁定方式驳回上诉，维持原判决、裁定。

对应新法：

《中华人民共和国民事诉讼法》(2023年9月1日修正)

第一百七十七条　第二审人民法院对上诉案件，经过审理，按照下列情形，分别处理：

（一）原判决、裁定认定事实清楚，适用法律正确的，以判决、裁定方式驳回上诉，维持原判决、裁定；

承办人：吴锦标　李　伟　宋俊文　于喜富
　　　　郭俊莉　王妍娥　王小玫　匡　浩
编写人：于喜富　郭俊莉　王妍娥　王小玫　匡　浩　王可可

2. 广州合某物流有限公司诉被告威海市海某客运有限公司、东港市宏某物流有限公司、丹东泰某镁业有限公司、天津鹏某再生资源回收利用有限公司、无锡中某应用材料有限公司、威海某开发区管理委员会、胡某某海事侵权纠纷案

——同一事故中多名责任人的侵权责任认定

【合规提示】

本案系陆运承运人赔偿因"某富强"轮火灾事故货物受损的货主后，根据海事局作出的海事事故调查报告，向所有责任人追偿的案件。因涉案货物损失系船舶火灾直接造成，故即使海事事故调查报告认定多名责任人对事故负有责任，对责任人以外的受损方而言，仅事故船舶的所有人承担责任。当船舶所有人根据《海商法》设立海事赔偿责任限制基金，与事故有关的债权人都应在公告期内进行债权登记，否则将无法在基金中受偿；因船东责任限制在基金范围内，未登记的债权人也无法在基金外得到船东赔偿。

【案件信息】

1. 裁判文书字号

（2022）鲁72民初1440号、（2023）鲁民终1108号

2. 当事人

原告：广州合某物流有限公司

被告：威海市海某客运有限公司、东港市宏某物流有限公司、丹东晶某新材料有限公司（曾用名丹东泰某镁业有限公司）、天津鹏某再生资源回收利用有限公司、无锡中某应用材料有限公司、威海某开发区管理委员会、胡某某

3. 关键词

民事　海事赔偿责任限制基金　侵权责任　行政性行为

【裁判要旨】

1. 行政性行为不应在民事案件中予以审查，其组建者或权利义务承继者亦不应承担民事赔偿责任。

2. 未在公告期内就海事赔偿责任限制基金进行债权登记并参与分配，应自行承担相应的法律后果。

【基本案情】

原告广州合某物流有限公司（以下简称合某公司）提出诉请，请求判令：（1）各被告共同赔偿原告人民币25万元；（2）赔偿利息损失770.83元（自2022年7月1日起按全国银行间同业拆借中心公布的贷款市场报价利率计算，截至2022年7月31日暂计为770.83元）；（3）承担诉讼费。原告第二次庭审后明确其以侵权提起本案诉讼；各被告承担责任的依据为无锡中某应用材料有限公司（以下简称中某公司）作为硅泥生产者、天津鹏某再生资源回收利用有限公司（以下简称鹏某公司，胡某某）作为硅泥运输者、丹东晶某新材料有限公司（以下简称晶某公司）作为硅泥所有人均应承担硅泥存在产品质量缺陷的无过错责任，东港市宏某物流有限公司（以下简称宏某公司）作为硅泥托运人未尽到告知义务、威海市海某客运有限公司（以下简称海某公司）未尽到安全保障义务均应承担过错责任，威海某开发区管理委员会（以下简称威海某管委会，即救援指挥部）承担损失扩大的过错责任；七被告为共同侵权，依据《民法典》第1168条对外应承担连带赔偿责任。事实和理由如下：2021年4月19日，海某公司所属滚装客船"某富强"轮在由威海港驶往大连港途中发生火灾事故，导致合某公司承运的货物全部毁损灭失。因上述事故，货主广东智某机器人科技有限公司（以下简称智某公司）向海某公司索赔一半损失437 221.55元［青岛海事法院（2021）鲁72民初1109号］；剩余一半损失向其第一承运人广州展某物流服务有限公司（以下简称展某公司）索赔，得到部分货损赔偿387 089元；展某公司赔偿后又向合某公司索赔，经广州铁路运输法院调解［（2022）粤7101民初393号］，合某公司赔偿展某公司损失25万元。根据海事局2021年11月出具的《威海"4·19""某富强"轮火灾事故调查报告》，报告认定鹏某公司、胡某某、泰某公司、宏某公司、中某公司、海某公司对事故发生负有责任。现场应急救援指挥部（威海某管委会）未认真组织核实火场实际情况、未充分探火，贸然开舱，对事故升级、损失扩大负有重要责任。现原告向事故责任方提出索赔要求，要求被告各方共同赔偿人民币25万元，望法院判如所请。

被告海某客运公司答辩称：（1）海某公司就涉案事故造成的损失有权享受海事赔偿责任限制，已在青岛海事法院设立海事赔偿责任限制基金，与涉案事故相关的索赔均应在基金框架内提出，合某公司在基金外对海某公司提出索赔缺乏法律依据。（2）智某公司已进行债权登记并在基金中受偿，该公司无权再向海某公司提起任何索赔，合某公司索赔实际来源于该公司，故其也无权再就智某公司的损失向海某公司索赔。（3）就海某公司设立的以上基金，合某公司经债权登记并起诉后又撤回起诉，应视为放弃在基金中受偿。在基金分配完毕且无余额的情况下，合某公司又向海某公司提出索赔，于法无据。（4）海某公司对涉案事故不存在过错，合某公司基于侵权法律关系起诉海某公司，缺乏法律依据。应驳回其对海某公司的诉请。

被告宏某公司答辩称：不同意合某公司的诉讼请求，调查报告认定宏某公司有责任是错误的。报告认定宏某公司未依法履行货物运输职责；日常安全管理不到位；宏某公司涉嫌违反《民法典》第825条有关规定的理由不成立：（1）托运人泰某公司有义务主动告知承运人宏某公司货物运输的必要事项，报告却认为宏某公司应主动向托运人泰某公司了解上述事项，这明显加重了承运人的义务，属于适用法律错误。（2）硅泥属于普通货物，不属于危险品，宏某公司已尽到合理注意义务，案涉事故的发生并非由于宏某公司管理不善造成，而是由于货物自身属性原因所致，因此宏某公司不具有过错。（3）宏某公司如实向海某公司海阳办事处告知承运货物是硅泥，并接受了威港国际安检，安检员对货样进行检查后确认不是危险品并出具安检单，已履行了《民法典》第825条规定的如实申报义务。（4）宏某公司日常安全管理是否到位与本案无任何因果关系。宏某公司对事故发生没有任何过错，不应当承担责任。

被告晶某公司（原丹东泰某镁业有限公司）答辩称：（1）合某公司不具有本案诉讼主体资格。其与泰某公司之间不具有合同法律关系和侵权法律关系，也不存在其他法律上的权利义务关系，起诉要求泰某公司承担赔偿责任不存在责任基础且法律关系不清，合某公司无权起诉。（2）合某公司与展某公司之间的关系与本案无关，其向展某公司赔偿的基础、依据不明，与泰某公司无关，与本案无关。且合某公司根据海事局2021年11月出具的《威海"4·19""某富强"轮火灾事故调查报告》要求泰某公司承担赔偿责任无事实及法律依据。（3）合某公司在诉状中称，货主已就货物损失向海某公司提出索赔，基于一事不再理原则，合某公司已无权再就相关货物损失提起诉讼。（4）合某公司关于利息的主张没有法律依据。（5）合某公司要求泰某公司承担产品质量缺陷责任没有事实和法律依据，合某公司没有提交证据证明硅泥有产品缺陷，泰某公司既不是硅泥的生产者也不是硅泥的销售者，不应承担产品质量缺陷责任。请法院依法驳回原告要求泰某公司承担责任的全部诉讼请求。

被告鹏某公司、胡某某共同答辩称：（1）鹏某公司及胡某某已经完成货物交付一个多月，根据合同约定，之后的风险应当由泰某公司承担。（2）鹏某公司及胡某某不存在过错，且无法律上的关系。（3）事故调查报告认为鹏某公司及胡某某没有尽到义务，主要包括配备相关消防设施和告知硅泥的化学特性，但根据鹏某公司及胡某某提供的证据材料，配备消防设施既非法定义务也非合同义务，至于告知硅泥的化学特性，泰某公司作为专业的资源回收再利用公司，应当明知硅泥的化学特性，且在事故发生前940吨硅泥已运输至仓库中。鹏某公司及胡某某有没有告知不是本案发生的间接原因，没有关联性。（4）鹏某公司及胡某某不承担无过错责任，合某公司没有提交证据证明硅泥有产品缺陷。请求驳回合某公司的诉讼请求。

被告中某公司答辩称：（1）根据青岛海事法院出具的（2021）鲁72民初1109号民事判决书，智某公司已债权登记并在基金中受偿，合某公司不存在就智某公司的损失向中某公司索赔的事实与理由。（2）中某公司对合某公司的损失不存在过错，不存在侵权行为，不存在因果关系。（3）虽然事故报告认定硅泥自燃是事故的直接原因，但是并没有认定自燃的硅泥是中某公司生产。中某公司不承担产品质量缺陷责任。（4）事故报告认定中某公司负有责任的依据为《固体废物污染环境防治法》，且未认定中某公司与本次事故具有直接因果关系，虽报告认定中某公司应承担责任，但对应承担何种责任并未予以认定，中某公司认为应仅限于依据《固体废物污染环境防治法》产生的行政责任。请求依法驳回原告对中某公司的诉请。

被告威海某管委会答辩称：（1）合某公司无权再提起海事债权确权诉讼。根据青岛海事法院（2021）鲁72民初1412号民事裁定书查明的事实与裁定内容，海某公司在青岛海事法院设立海事赔偿责任限制基金后，合某公司已提起海事债权确认诉讼，后撤回起诉，视为放弃债权。（2）威海某管委会作为本案被告主体不适格。市区一体现场应急救援指挥部作为临时机构，现已不复存在，威海某管委会并非"市区一体现场应急救援指挥部"的承继者。合某公司主张威海某管委会是承继者但未提供证据予以证明。（3）合某公司请求海事赔偿于法无据。根据青岛海事法院（2021）鲁72民初1109号民事判决书查明的事实与判决内容，海某公司设立海事赔偿责任限制基金后，智某公司作为货主已申请债权登记并提起海事债权确认诉讼且已受偿完毕。任何人均不能就同一货物损失向任何一方要求海事赔偿责任，本次事故的海事赔偿责任范围以海某公司设立的海事赔偿责任限制基金为限。（4）我方不认可调查报告中对于临时指挥部的责任认定，该认定与事实不符，临时指挥部是政府承担责任的体现，不存在民事侵权责任。

2021年4月5日，案外人广东某餐饮有限公司与智某公司签订《设备购销合同》，约定向智某公司购买汉堡机等设备共计604万元。智某公司委托案外人展某公司承运，展某公司委托本案原告合某公司运输，合某公司出具《委托运输单》。2021年4月19日，海某公司所属的滚装客船"某富强"轮在由威海港驶往某连港途中发生火灾事故，导致合某公司承运的货物全部毁损灭失。

展某公司于2021年5月14日赔偿智某公司387 089元。2022年3月24日，展某公司向广州铁路运输法院提起诉讼，请求合某公司及其法定代表人刘某赔偿其赔付智某公司的387 089元。广州铁路运输法院出具（2022）粤7101民初393号民事调解书，确认合某公司、刘某应向展某公司支付25万元款项及诉讼费。后合某公司向展某公司履行完毕。

"某富强"轮发生火灾事故后，该轮船东海某公司向青岛海事法院申请设立海事赔偿责任限制基金。青岛海事法院刊登公告，告知相关债权人在60日的公告期内进行债权登记。合某公司向本院申请债权登记，登记金额80 084.92元，并于8月20日向本院提起确权诉讼，后于12月15日提出撤诉申请，青岛海事法院裁定予以准许。智某公司于2021年8月10日向青岛海事法院提起海事债权确权诉讼，主张货物损失874 443.1元，后变更诉讼请求为被告赔偿其总损失中的437 221.55元。本院于2021年12月21日作出（2021）鲁72民初1109号民事判决书，确认智某公司对海某公司的海事债权为437 221.55元。海某公司设立的基金已依法进行分配，没有余额。

就该事故，中华人民共和国海事局于2021年11月作出《事故调查报告》，载明："辽FL×××（辽F×××挂）所载硅泥自燃是起火的直接原因，未经充分探火、贸然开舱是发生爆燃、火势蔓延、损失扩大的直接原因。间接原因为硅泥在特定条件下具有一定的危险性，货物销售方（胡某某）和托运人（泰某公司）未履行告知义务，未将硅泥的特性、运输要求、应急处置措施等告知相关方，导致承运人（宏某公司）和其驾驶人员对其危险性和理化特性缺乏认知，在发生火灾或自燃时，不能采取恰当而有效的扑救方式控制火势……"

《事故调查报告》同时查明各方存在问题为中某公司未建立污染环境防治制度，对硅泥流向和信息不掌握等，涉嫌违反《固体废物污染环境防治法》；鹏某公司违规向胡某某出借营业执照和公章，由胡某某以该公司名义与中某公司签订硅泥销售合同、与泰某公司签订合作协议，分别购买、销售硅泥，且未将硅泥运输、利用情况告知生产单位中某公司等，涉嫌违反《公司登记管理条例》和《固体废物污染环境防治法》；泰某公司未尽到货物运输和处置告知义务，擅自跨省运输硅泥，不了解硅泥危险特性等，涉嫌违反《民法典》第825条规定、《安全生产法》、《固体废物污染环境防治法》等；宏某公司未履行货物运输职责，未向托运人了解货物特性，日常管理不到位等，涉嫌违反《民法典》第825条规定；海某公司海阳办事处未履行安检职责，涉嫌违反《船舶安全营运和防止污染管理规则》；胡某某违规借用资质、未告知购买单位硅泥特性等，涉嫌触犯《刑法》。

2021年11月16日，中华人民共和国海事局作出的《海上交通事故责任认定书》（海安全责〔2021〕1号）认定："鹏某公司、胡某某、泰某公司、宏某公司、中某公司、海某公司对事故的发生负有责任。现场应急救援指挥部未认真组织核实火场实际情况，未充分探火，贸然开舱，对事故升级、损失扩大负有重要责任……"

青岛海事法院于2023年6月27日作出（2022）鲁72民初1440号民事判决书，判决：驳回原告合某公司的全部诉讼请求。判决作出后，原告不服该判决，上诉于山东省高级人民法院。山东省高级人民法院经开庭审理后于2023年9月6日作出（2023）鲁民终1108号民事判决书，判决驳回上诉，维持原判。

【裁判说理】

争议焦点：（1）合某公司主体是否适格；（2）七被告是否应对合某公司承担赔偿责任。

青岛海事法院一审认为：

一、合某公司主体是否适格

合某公司提起本案诉讼，系因智某公司托运的货物在涉案火灾事故中灭失，接受智某公司货物运输委托的展某公司向智某公司赔付部分损失，接受展某公司货物运输委托的合某公司向展某公司进行赔付。所以合某公司在事实上享有就涉案货物损失向相关方追偿的权利，合某公司可以提起本案侵权之诉，原告主体适格。

二、七被告是否应对合某公司承担赔偿责任

第一，威海某管委会是否应当承担赔偿责任。合某公司以侵权法律关系提起本案诉讼，系民事侵权之诉。虽然《事故调查报告》认定救援指挥部未经充分探火、贸然开舱是发生爆燃、火势蔓延、损失扩大的直接原因，但依据《突发事件应对法》第7条、第48条等法律规定，救援指挥部系在一定时期内行使赋予的行政管理职能的临时机构，其作出的对突发事件的应急处置与救援行为系履行政府职责的行政性行为，不应在民事案件中予以审查，其组建者或权利义务承继者亦不应承担民事赔偿责任。而且，救援指挥部系临时组建，事故后未继续存续，合某公司未举证证明威海某管委会为该救援指挥部的成立者或权利义务承继者。因此，合某公司主张威海某管委会承担民事赔偿责任的诉讼请求没有法律依据，不能成立。

第二，其他六被告是否应当承担赔偿责任。首先，救援指挥部的救援行为系行政性行为，在民事案件中不予审查，相应主体亦不应承担民事赔偿责任。其次，中某公司、鹏某公司、胡某某、晶某公司、宏某公司及海某公司六被告不构成共同侵权，没有承担连带赔偿责任的事实与法律依据。再次，中某公司、鹏某公司、胡某某、晶某公司、宏某公司五被告与涉案货物损失的发生没有直接因果关系，不应分别承担赔偿责任。最后，合某公司请求海某公司承担侵权赔偿责任主张正当，但海某公司的责任依法限定在海事赔偿责任限制基金范围内，合某公司申请债权登记后又撤诉，视为没有在基金中进行债权登记并参与分配，应自行承担相应的法律后果。合某公司请求七被告承担赔偿责任的诉讼请求没有事实和法律依据，应予驳回。

青岛海事法院以判决方式结案，判决驳回原告合某公司的诉讼请求。本院一审后，被告提出上诉。二审法院维持一审判决。

【法官后语】

本案系广受社会关注的"某富强"轮火灾事故系列案的衍生案件。本案的典型意义在于：一方面，运用"侵权责任就近原则"界定了多个主体的侵权责任分担：一是政府临时组建部门的救援行为系履行政府职责的行政性行为，不应在民事案件中予以审查；二是多个侵权主体没有共同实施对涉案货物的侵权行为，也未分别实施侵权行为造成涉案货物的同一损害后果，不满足共同侵权的构成要件，不构成《民法典》第1168条及其他规定的共同侵权，不应承担连带赔偿责任。另一方面，依据《海商法》的相关规定，明确了承运人的责任依法限定在海事赔偿责任限制基金范围内，权利人应在基金中进行债权登记，否则将无权在基金中参与分配。

青岛海事法院通过对本案的审理，明确了火灾事故中海事赔偿责任限制基金设立相关法律适用问题，确立了海事赔偿限制责任基金框架下确权诉讼之外衍生的追偿案件的裁判标准，为后续案件的裁判及相关当事人作出是否追偿的决定提供依据，起到了很好的示范作用。本案的裁判结果有助于引导"某富强"轮火灾事故系列案中的相关当事人正确理解《海商法》《海事诉讼特别程序法》，依法保护相关当事人的合法权益。

【相关法条】

1.《中华人民共和国民法典》（2021年1月1日施行）

第一千一百六十八条　二人以上共同实施侵权行为，造成他人损害的，应当承担连带责任。

2.《中华人民共和国海商法》（1993年7月1日施行）

第二百零四条　船舶所有人、救助人，对本法第二百零七条所列海事赔偿请求，可以依照本章规定限制赔偿责任。

前款所称的船舶所有人，包括船舶承租人和船舶经营人。

第二百一十二条　本法第二百一十条和第二百一十一条规定的赔偿限额，适用于特定场合发生的事故引起的，向船舶所有人、救助人本人和他们对其行为、过失负有责任的人员提出的请求的总额。

3.《中华人民共和国民事诉讼法》（2021年12月24日修正）

第六十七条 当事人对自己提出的主张，有责任提供证据。

当事人及其诉讼代理人因客观原因不能自行收集的证据，或者人民法院认为审理案件需要的证据，人民法院应当调查收集。

人民法院应当按照法定程序，全面地、客观地审查核实证据。

对应新法：

《中华人民共和国民事诉讼法》（2023年9月1日修正）

第六十七条 当事人对自己提出的主张，有责任提供证据。

当事人及其诉讼代理人因客观原因不能自行收集的证据，或者人民法院认为审理案件需要的证据，人民法院应当调查收集。

人民法院应当按照法定程序，全面地、客观地审查核实证据。

4.《中华人民共和国突发事件应对法》（2007年11月1日施行）

第七条 县级人民政府对本行政区域内突发事件的应对工作负责；涉及两个以上行政区域的，由有关行政区域共同的上一级人民政府负责，或者由各有关行政区域的上一级人民政府共同负责。

突发事件发生后，发生地县级人民政府应当立即采取措施控制事态发展，组织开展应急救援和处置工作，并立即向上一级人民政府报告，必要时可以越级上报。

突发事件发生地县级人民政府不能消除或者不能有效控制突发事件引起的严重社会危害的，应当及时向上级人民政府报告。上级人民政府应当及时采取措施，统一领导应急处置工作。

法律、行政法规规定由国务院有关部门对突发事件的应对工作负责的，从其规定；地方人民政府应当积极配合并提供必要的支持。

第四十八条 突发事件发生后，履行统一领导职责或者组织处置突发事件的人民政府应当针对其性质、特点和危害程度，立即组织有关部门，调动应急救援队伍和社会力量，依照本章的规定和有关法律、法规、规章的规定采取应急处置措施。

承办人：郭俊莉

编写人：万贵良

3. 山东某发展有限公司与被告威海市海某客运有限公司海事侵权责任纠纷确权诉讼案
——海事事故造成港口损失范围及能否在基金中优先受偿的认定

【合规提示】

本案系一起港口经营人诉客滚运输承运人纠纷案件，双方对是否存在侵权以及损失数额产生争议。对于客滚运输承运人而言，应当落实安全生产主体责任，对托运车辆及货物情况如实申报；对于港口经营人而言，应当严格履行车辆及车载货物的安检责任，严防安全事故发生。

【案件信息】

1. 裁判文书字号

（2021）鲁72民初1695号

2. 当事人

原告：山东某发展有限公司

被告：威海市海某客运有限公司

3. 关键词

民事　海事债权确权　侵权　司法确认

【裁判要旨】

1. 因船舶火灾事故造成港口码头损失，船舶所有人应承担侵权赔偿责任。

2. 因海事事故造成港口损失包括直接损失和收益损失。两项损失均须与事故有直接因果关系。

3. 港口损失中仅与《海商法》第210条第1款第4项规定的"港口工程、港池、航道和助航设施的损害"有关的债权才能在基金中优先受偿，其他损失则不能。

【基本案情】

原告提出诉讼请求：(1)确认原告对被告享有人民币 12 750 907.92 元的债权（计算至 2021 年 7 月 12 日）；(2)确认原告对被告享有自 2021 年 7 月 13 日起至原告客运业务恢复之日止的收益损失的债权（按原计算标准计算）；(3)确认原告诉讼请求第 1 项、第 2 项中的债权在被告所设海事赔偿责任限制基金中优先受偿。事实与理由：2021 年 4 月 19 日，被告所属"某富强"轮由威海至大连航程中第三甲板汽车舱冒烟，随后返航威海，并在停泊威海港码头期间于 4 月 20 日发生爆燃，爆燃造成威海港码头客运 1 号泊位、2 号泊位及相关设施设备受损、国内客运业务至起诉时未能恢复。截至 2021 年 7 月 12 日，原告的损失额为 12 750 907.92 元。被告已就本次事故引起的非人身伤亡赔偿请求在青岛海事法院设立海事赔偿责任限制基金，原告在法定期限内向青岛海事法院申请债权登记并经青岛海事法院裁定准许。因原告提出的赔偿请求依《海商法》之规定应在被告设立的海事赔偿责任限制基金中优先受偿，现为维护原告自身合法权益，依法提起海事确权诉讼。

被告辩称：(1)原告与被告不存在合同关系，原告只能以侵权法律关系起诉被告。原告码头受损系因"某富强"轮爆燃所致，而爆燃系由于现场应急指挥人员贸然开舱所致，与被告无关，被告不应承担责任。退一步讲，根据国家海事局报告，涉案事故的发生系由多方过错所导致，被告应根据涉案事故的过错程度承担相应责任。且被告应依《海商法》《关于不满 300 总吨船舶及沿海运输、沿海作业船舶海事赔偿限额的决定》等法律法规享有赔偿责任限制的权利。(2)原告诉称的损失包括如下几类：第一，关于客滚连接桥受损的损失。本次事故后，原告已将事故造成的全部损失向中华联合保险公司报案，经保险公司核赔后，中华联合保险公司已向原告赔偿，且在基金中登记并提起确权诉讼，因此原告方在本案中已无此类损失。第二，关于营运收入的损失。首先，原告码头不能正常营运的原因，系由原告作为事故发生相关单位，未落实事故隐患整改相关要求、未经相关部门监督检查验收通过所致，与被告无关。其次，客滚连接桥的修复期间，均被以上政府部门不允许擅自恢复客滚运输业务期间所覆盖，在以上期间内，原告无法恢复生产，不可能产生营运收入。第三，关于集装箱损失、拖驳损失、客运损失。原告的 1 号、2 号泊位经营国内客滚运输业务，事故发生时被告船舶停泊于 2 号泊位，爆燃事故最多会对该两个泊位的生产经营产生影响。原告的拖驳业务及集装箱业务均发生在1号、2号泊位以外的泊位，这些泊位的经营损失，包括集装箱损失、拖驳损失，与爆燃事故无关。客运损失中，通过1号、2号泊位运营的客滚船舶仅有被告的两条船和中海的两条船，损失只应计算中海的两条船的损失。（3）根据《海商法》第210条第1款第4项的规定，就港口工程、港池、航道和助航设施损害提出的赔偿请求，应当较《海商法》第210条第1款第2项规定的其他赔偿请求优先受偿。本案中，原告的码头没有损失，客滚连接桥、登船梯、房间门窗玻璃、检测评估费用、间接损失等的赔偿请求，均不在上述规定的港口工程、港池、航道和助航设施赔偿请求范围之内，依法不享有优先受偿权，原告无权在本案中主张优先受偿权利。

法院查明：

2021年4月19日，被告所属"某富强"轮由威海驶往大连途中突发火灾险情，"某富强"轮随后返回威海港并停靠于原告所属泊位。4月20日，在威海市政府组织的应急救援行动过程中"某富强"轮发生爆燃，爆燃导致原告码头设施受损。

2021年6月24日，被告就涉案事故所造成的损失向青岛海事法院申请设立海事赔偿责任限制基金。原告在法院规定时间内向青岛海事法院申请债权登记，并提起海事债权确权诉讼。

【裁判说理】

争议焦点：（1）就涉案爆炸事故给原告造成的损失，被告应否承担责任；（2）原告因涉案爆炸事故而导致的损失数额如何认定；（3）原告的债权能否在基金中优先受偿。

青岛海事法院认为：

一、本案原告的请求权基础系侵权责任

根据本案已查明事实，原告损失系由"某富强"轮火灾事故造成，因救援不当引发的爆燃事故与火灾事故为同一事故不能割裂；被告应承担侵权赔偿责任；国家海事局《海事事故调查报告》中的其他责任方均为火灾事故发生前端各环节所涉主体，与原告诉称的涉案损失没有直接因果关系，对原告的损失不应承担赔偿责任。

二、关于原告诉称的直接损失和间接损失

1. 关于客滚连接桥受损等直接损失。事故发生以后，原告已就事故造成的全部损失向中华联合保险公司报案，保险公司向原告赔偿后，已在基金中登记并提起确权诉讼，因此原告方还需举证证明本案索赔损失与保险公司赔付金额之间的关系。

2. 关于营运收入等间接损失。原告系事故发生相关单位，因未落实事故隐患整改相关要求，威海市交通运输局要求原告不得擅自恢复客滚运输业务，对损失产生存在过错；集装箱损失和拖驳损失发生在1号、2号码头之外，与事故无直接因果关系；被告对1号、2号码头损失计算的抗辩意见有一定合理性。

3. 关于原告的债权能否在基金中优先受偿，被告认为客滚连接桥、房间门窗玻璃、检测评估费用、间接损失等的索赔，均不在上述规定的港口工程、港池、航道和助航设施范围之内，依法不享有优先受偿权。该抗辩意见合理。

考虑到因涉案爆炸事故码头设施确实存在受损情况，被告作为航运企业在涉案事故中也存在严重经济损失，同时考虑到涉案事故中受损群体大多为个人车主、货主，损失金额超过基金数额。青岛海事法院向原告、被告双方释明法律观点，积极促成原告、被告双方在被告所设的海事赔偿责任限制基金之外和解解决本案。这样做首先可以促成原告尽快得到赔款以恢复生产；其次，被告可以大幅减少赔偿金额，减轻经济压力；最后，双方在基金外和解不占用基金份额，可以使因涉案事故而遭受损失的车主、货主等弱势群体最大限度获得赔偿。

经青岛海事法院与原告、被告多次沟通后，双方达成了和解意见，原告主动撤回了本案诉讼。

【法官后语】

本案在"某富强"轮海事赔偿责任限制基金项下系列确权诉讼案件中属于标的额较大的案件之一，案情复杂，争议较大，仅原告一方的证据材料便多达两箱。青岛海事法院经两次开庭后，迅速总结了本案的争议焦点，并就争议焦点形成了法律意见。

经青岛海事法院多次在原告、被告间开展调解工作，及时释明本案的法律观点以及后续影响，最终双方当事人消除对立情绪，就赔偿金额达成一致，原告主动向法院撤回了起诉。

本案的处理结果不仅关乎原告、被告双方权益，而且与其余在基金项下登记债权的人存在重大利害关系。本案的调解成功充分体现了人民法院在审判工作中遵循"司法为民""人民至上"的理念，将法理与情理相融，保障原告、被告双方权益的同时，也兼顾其他弱势群体的利益，达到了很好的政治效果、法律效果和社会效果。

【相关法条】

1.《中华人民共和国民事诉讼法》（2017年6月27日修正）

第一百四十五条　宣判前，原告申请撤诉的，是否准许，由人民法院裁定。

人民法院裁定不准许撤诉的，原告经传票传唤，无正当理由拒不到庭的，可以缺席判决。

对应新法：

《中华人民共和国民事诉讼法》（2023年9月1日修正）

第一百四十八条　宣判前，原告申请撤诉的，是否准许，由人民法院裁定。

人民法院裁定不准许撤诉的，原告经传票传唤，无正当理由拒不到庭的，可以缺席判决。

2.《中华人民共和国民法典》（2021年1月1日施行）

第一千一百六十五条第一款　行为人因过错侵害他人民事权益造成损害的，应当承担侵权责任。

承办人：郭俊莉
编写人：郭俊莉

船舶碰撞

4. 荣成龙某渔业有限公司诉泰某企业股份有限公司、中国某保险（集团）股份有限公司船舶碰撞损害责任纠纷案

——船舶碰撞损害纠纷中的责任认定和诉讼时效

【合规提示】

本案系一起原告与两被告之间的船舶碰撞损害责任纠纷案，该类案件通常时间跨度长，所涉人员众多，可能衍生其他事由纠纷，是否超过法定的诉讼时效，以及是否有引起诉讼中断的情形成为必须解决的问题。根据《海商法》第261条和第267条的规定，原告必须自碰撞事故发生之日起的两年之内提起诉讼，请求人申请扣船的，时效自申请扣船之日起重新计算。同时时效中断仅限于请求人提起诉讼、提交仲裁（无撤回起诉、撤回仲裁或者起诉被裁定驳回的情形）或者被请求人同意履行义务三种情形，超过诉讼时效将丧失胜诉权。

【案件信息】

1. 裁判文书字号

（2022）鲁72民初1448号、（2023）鲁民终1109号

2. 当事人

原告：荣成龙某渔业有限公司

被告：泰某企业股份有限公司、中国某保险（集团）股份有限公司

3. 关键词

民事　船舶碰撞　责任认定　诉讼时效

【裁判要旨】

1. 根据《海商法》第169条的规定，互有过失责任的船舶碰撞，各船过失程度的认定，决定了船舶所有人等责任主体的责任承担份额。关于过失构成及其比例分配，需要根据《民法典》和船舶碰撞相关国际公约的规定，结合行政主管部门对碰撞事故的调查报告和庭审查明事实情况，予以综合认定。

2. 根据《海商法》的规定，有关船舶碰撞的请求权，诉讼时效期间为两年，自碰撞事故发生之日起计算。互有过失的碰撞中超比例赔偿船舶追偿的，诉讼时效期间为一年，自其连带支付损害赔偿之日起计算。船舶碰撞事故可能衍生出的海滩救助、共同海损和油污损害等纠纷，也都有特定的时效期间。

【基本案情】

"鲁荣渔58××2"轮，船舶所有人为龙某公司；"D×××"轮，船舶所有人为泰某公司。2017年11月28日，"D×××"轮与"鲁荣渔58××2"轮发生碰撞事故，2017年12月8日，龙某公司申请韩国光州地方法院顺天法庭扣押了"D×××"轮。2017年12月11日，龙某公司与泰某公司签署《协议书》，一致同意泰某公司通过中某保公司向龙某公司出具人民币1000万元担保函，作为龙某公司在涉案船舶碰撞事故中遭受的所有损失的担保。

2018年2月25日，威海海事局出具《"威海11·28""D×××"轮与"鲁荣渔58××2"船碰撞事故调查报告》。10月31日，威海海事局又出具《水上交通事故责任认定书》。事故调查组认定，"鲁荣渔58××2"船应对本起事故承担主要责任，"D×××"轮承担次要责任。

龙某公司提交黄某造船有限公司出具的《鲁荣渔58××2#船工程修理项目结算单》载明，进出坞费、修换拆装加固绞车3排多台等共计34项，合计人民币4 868 810元。该结算单未载明日期。

2018年4月9日，青岛富某保险公估有限公司代表泰某公司，对"鲁荣渔58××2"号渔船受损及修理进行了检验，并出具《检验报告》。根据该检验报告并且结合修理项目结算单，山东大洋海事司法鉴定所于2020年4月7日出具《"D×××"轮与"鲁荣渔58××2"轮宣称的碰撞责任及损失鉴定报告》，鉴定报告认为，通过责任分析和责任分担，"D×××"轮应承担34%的总碰撞责任，"鲁荣渔58××2"号渔船应承担66%的总碰撞责任；"鲁荣渔58××2"号渔船总修理费用、服务费和渔期损失费共计1 753 820.14元。

2019年11月19日，龙某公司向泰某公司出具《债权转让通知书》，载明龙某公司与王某文于2019年11月1日签订了《债权转让协议书》，龙某公司将因船舶碰撞事故向泰某公司索赔权益全部转让给王某文。2020年1月16日，本院受理王某文以受让人的身份对泰某公司提起的船舶碰撞纠纷诉讼，2020年3月24日，王某文提出撤诉申请，本院作出民事裁定书，准许王某文撤回对泰某公司的起诉。2020年7月27日，龙某公司与王某文签订《解除债权转让协议》，双方一致同意解除于2019年11月1日达成的债权转让协议，王某文将该债权返还给龙某公司。

龙某公司提交其法定代表人田某松与徐某龙律师于2022年1月14日和2022年1月20日两段谈话录音，主要内容为双方商谈赔偿问题，田某松称其来找过徐某龙律师四次，期间在法院也探讨过时效问题，并且田某松还被关押不到两年的时间，基于上述原因，并没有超过诉讼时效；双方就碰撞事故赔偿问题进行谈判，未达成一致意见。

原告龙某公司提出诉讼请求：（1）判令泰某公司赔偿龙某公司船舶修理费4 868 810元，渔汛损失6 000 000元，船舶贬值损失8 368 384元，合计19 237 194元的65%即12 504 176.10元及利息损失；（2）判令中某保公司在1000万元范围内连带赔付龙某公司的上述损失；（3）诉讼费用由被告承担。

被告泰某公司辩称：一是龙某公司对泰某公司享有的任何债权已经转让，无权就已经转让的债权向泰某公司主张权利，应驳回其起诉。二是龙某公司的起诉已经超过法定诉讼时效期间，依法丧失胜诉权，应驳回其全部诉讼请求。三是龙某公司所属的"鲁荣渔58××2"号渔船可能获得赔偿款已被法院依法冻结，泰某公司不得向龙某公司支付任何款项。四是"鲁荣渔58××2"号渔船在碰撞事故中至少应承担66%的碰撞责任。五是龙某公司的索赔没有依据，就涉案碰撞事故，泰某公司向龙某公司支付的金额不应超过人民币216 298.85元。六是中某保公司不是本案的适格被告，应驳回龙某公司对中某保公司的诉讼请求。被告中某保公司的答辩意见同泰某公司的答辩意见。

【裁判说理】

争议焦点：（1）龙某公司将因船舶碰撞事故向泰某公司索赔权益全部转让给王某文是否合法，龙某公司是否为适格原告；（2）两船碰撞的责任比例如何认定，是否应当以威海海事局出具的水上交通事故责任认定书结论为准；（3）龙某公司因船舶碰撞事故发生的各项费用损失是否成立及相应金额；（4）龙某公司的起诉是否超过诉讼时效；（5）中某保公司是否应承担赔偿责任。

青岛海事法院认为：

一、龙某公司将因船舶碰撞事故向泰某公司索赔权益全部转让给王某文是否合法，龙某公司是否为适格原告

《合同法》第79条规定："债权人可以将合同的权利全部或者部分转让给第三人，但有下列情形之一的除外：（一）根据合同性质不得转让；（二）按照当事人约定不得转让；（三）依照法律规定不得转让。"该法第80条规定："债权人转让权利的，应当通知债务人。未经通知，该转让对债务人不发生效力。债权人转让权利的通知不得撤销，但经受让人同意的除外。"根据上述法律规定，债权转让是债权人将其对债务人享有的债权全部或者部分转让给第三人，第三人受让债权人转让的债权后，取代原债权人成为新的债权人，原债务人向受让人履行合同义务。本案中，龙某公司与案外人王某文签订债权转让协议，将涉案碰撞事故导致龙某公司产生船舶修理费4 868 810元、船舶营业损失约为612万元索赔权益全部转让给王某文，该债权转让协议是当事人的真实意思表示，不违反法律和行政法规的禁止性规定，合法有效，泰某公司委托代理人于2019年12月2日收到债权转让通知书，即案外人王某文受让龙某公司转让的债权后，取代龙某公司成为新的债权人，即泰某公司自2019年12月2日起应向受让人王某文履行赔偿义务。

本案在审理过程中，龙某公司于第一次庭审后提交龙某公司与王某文于2020年7月27日签订的《解除债权转让协议》，双方一致同意解除于2019年11月1日达成的债权转让协议，王某文将该债权（保险赔偿款以及向D×××轮船东所有的索赔权益）返还给龙某公司，由龙某公司继续享有有关涉案两船的所有债权。泰某公司以从未收到过解除债权转让通知为由而抗辩称该解除债权转让协议对其不应发生效力，但未提交相关证据推翻上述解

除债权转让协议,并且龙某公司委托诉讼代理人杨某军律师于2023年5月22日将上述解除债权转让协议发送至本案证据交换微信群中,泰某公司委托诉讼代理人徐某龙律师于2023年6月15日对该解除债权转让协议向本院出具书面质证意见,视为泰某公司于2023年6月15日收到龙某公司与王某文于2020年7月27日签订的解除债权转让协议。

本院认为,龙某公司与王某文签订的解除债权转让协议约定解除转让的标的并非依合同性质不得转让的权利,对债务人的权利不产生实质影响,协议本身也无违反法律禁止性规定的情形,故债权转让协议依法成立并有效。泰某公司通过本案证据交换及质证程序,应当知晓解除债权转让的事实,从而该解除债权转让协议对泰某公司发生效力,故龙某公司在本案中依据解除债权转让协议享有索赔的权利,是本案适格原告。

二、两船碰撞的责任比例如何认定,是否应当以威海海事局出具的事故调查报告和水上交通事故责任认定书结论为准

根据《1972年国际海上避碰规则》(以下简称《避碰规则》)第1条的规定,涉案船舶均属于该规则的适用范围。威海海事局出具的事故调查报告和水上交通事故责任认定中关于涉案船舶碰撞的责任认定符合《避碰规则》的规定,报告作出的责任认定结论并无不当。《最高人民法院关于适用〈中华人民共和国民事诉讼法〉的解释》第114条规定,国家机关或者其他依法具有社会管理职能的组织,在其职权范围内制作的文书所记载的事项推定为真实,但有相反证据足以推翻的除外。必要时,人民法院可以要求制作文书的机关或者组织对文书的真实性予以说明。龙某公司未提供证据推翻公文书证中的记载,其提交的对调查报告提出的异议及重新认定事故责任申请书,仅为其单方陈述意见,不足以推翻公文书认定的事实,故本院对龙某公司该主张不予支持。本案两船碰撞责任比例的认定,应当以威海海事局出具的事故调查报告和水上交通事故责任认定书结论为准,即"鲁荣渔58××2"船应对本起事故承担主要责任,"D×××"轮承担次要责任。关于两船碰撞的责任比例,山东大洋海事司法鉴定所通过责任分析和责任分担出具鉴定报告结论为"D×××"轮应承担34%的总碰撞责任,"鲁荣渔58××2"号渔船应承担66%的总碰撞责任,该结论的作出程序合法,依据充分,且与威海海事局的认定结论相符,本院对山东大洋海事司法鉴定所作出的碰撞责任比例予以认定。

三、龙某公司因船舶碰撞事故发生的各项费用损失是否成立及相应金额

龙某公司提交"鲁荣渔58××2"号渔船修理项目结算单欲证明"鲁荣渔58××2"号渔船遭受碰撞后的维修项目及费用,但是该结算单并未载明修理时间及结算单的出具时间,无法证明结算单记载的修理项目与涉案船舶碰撞事故的关联性;且该结算单经与青岛富某保险公估有限公司对"鲁荣渔58××2"号渔船受损及修理出具《检验报告》相比对,结算单所载明的"修换拆装加固绞车3排多台"等部分项目并未体现在《检验报告》中,故本院对龙某公司提交的结算单所载的维修项目及费用不予认定。

龙某公司提交多份捕捞收入证明,欲证明碰撞事故发生时与"鲁荣渔58××2"号渔船相当的渔船在同时期海上作业的收入情况。经审查,龙某公司自行出具的《捕捞收入证明》应认定为其单方陈述;荣成渔业协会出具的《捕捞收入证明》落款显示的出具方为荣成渔业协会,但仅有"刘某"个人签字和手印,无荣成渔业协会盖章,无证据证明"刘某"的身份以及与荣成渔业协会的关系,且"刘某"未出庭作证;东港金某渔业有限公司出具的两份《捕捞收入证明》盖有公章和"田某星"签字,"田某星"未出庭作证。《最高人民法院关于适用〈中华人民共和国民事诉讼法〉的解释》第115条规定,单位向人民法院提出的证明材料,应当由单位负责人及制作证明材料的人员签名或者盖章,并加盖单位印章。人民法院就单位出具的证明材料,可以向单位及制作证明材料的人员进行调查核实。必要时,可以要求制作证明材料的人员出庭作证。单位及制作证明材料的人员拒绝人民法院调查核实,或者制作证明材料的人员无正当理由拒绝出庭作证的,该证明材料不得作为认定案件事实的根据。本院认为,根据上述法律规定,"刘某""田某星"均未出庭作证,且证明中所提及的渔船,其船舶大小、载重、捕捞区域、作业方式、作业时间、收入情况等因素与"鲁荣渔58××2"号渔船是否相当、是否具有可比性均无证据予以证明,根据《最高人民法院关于审理船舶碰撞和触碰案件财产损害赔偿的规定》第10条的规定,渔汛损失属于船舶碰撞案件中渔船船东的举证责任范围,龙某公司应提供证据证明"鲁荣渔58××2"事发前三年的平均净收益,其提交的上述证据均不能作为认定渔汛损失的依据,本院不予认定。

青岛富某保险公估有限公司对"鲁荣渔58××2"号渔船受损及修理进行了检验并出具《检验报告》,列明"鲁荣渔58××2"号渔船的船损项目、

修理项目等，山东大洋海事司法鉴定所根据青岛富某保险公估有限公司出具的检验报告并且结合修理项目结算单，通过责任分析和责任分担，得出"鲁荣渔58××2"号渔船总修理费用和服务费1 121 320.14元，渔期损失费为632 500元，共计1 753 820.14元。根据该评估数额结合焦点二认定的碰撞责任比例，泰某公司就"鲁荣渔58××2"号渔船在碰撞事故中的损失的赔偿责任不应超过596 298.85元，再扣除泰某公司已经支付的现金担保38万元，最终应付金额不应超过216 298.85元。

四、龙某公司的起诉是否超过诉讼时效

泰某公司抗辩称龙某公司的起诉已经超过法定诉讼时效期间。龙某公司主张本案未超过诉讼时效，理由如下：（1）其与王某文于2020年7月27日解除债权转让协议之日至2022年4月17日起诉之日未超过两年的诉讼时效；（2）其法定代表人田某松因承担刑事责任被依法限制人身自由，未及时参与事故调查及维权追偿；（3）通过谈话录音可证明田某松与泰某公司代理人进行多次谈判，但未达成一致意见，龙某公司从未放弃主张权利。

《海商法》第261条规定，有关船舶碰撞的请求权，时效期间为两年，自碰撞事故发生之日起计算；本法第169条第3款规定的追偿请求权，时效期间为1年，自当事人连带支付损害赔偿之日起计算。《海商法》第267条规定，时效因请求人提起诉讼、提交仲裁或者被请求人同意履行义务而中断。但是，请求人撤回起诉、撤回仲裁或者起诉被裁定驳回的，时效不中断。请求人申请扣船的，时效自申请扣船之日起中断。自中断时起，时效期间重新计算。本案船舶碰撞事故发生于2017年11月28日，龙某公司于2017年12月8日在韩国申请扣船，故时效自2017年12月8日起中断，自2017年12月8日韩国扣船之日起计算，两年的诉讼时效于2019年12月8日届满。

关于龙某公司主张的时效中断的理由，本院认定如下：（1）王某文以受让人身份在诉讼时效届满之前提起涉本案船舶碰撞纠纷诉讼，但在诉讼过程中撤回起诉被裁定予以准许，根据上述法律规定，请求人撤回起诉的，时效并不中断；龙某公司主张以2020年7月27日《解除债权转让协议》的时间作为诉讼时效重新计算的起算点，本院认为，《海商法》关于船舶碰撞赔偿时效条款中"有关船舶碰撞的请求权"指因船舶碰撞而产生的人身或财产损害赔偿请求权，是对船舶碰撞请求权这项权利的时效期间及其起算点的规定，该权利的转让或返还对时效不产生影响，故龙某公司主张解除债权转让作为诉讼时效重新计算的起算点,没有法律依据,本院不予支持。(2)田某松个人被限制人身自由,并不影响龙某公司作诉讼主体为提起诉讼主张权利,该事实不构成龙某公司诉讼时效中断的理由。(3)田某松就赔偿事宜多次与泰某公司代理人进行谈判,未达成一致意见,龙某公司未提交证据证明泰某公司同意履行义务,故双方谈判同样不构成《海商法》规定的时效中断的情形。

综上,本案诉讼时效于 2019 年 12 月 8 日届满,龙某公司于 2022 年 4 月 17 日提起诉讼,已经超过两年的诉讼时效。

五、中某保公司是否应承担赔偿责任

本院认为,涉案担保函由中某保公司出具,保证向龙某公司支付两类文书确定的应由泰某公司支付的任何款项,包括龙某公司与泰某公司之间的书面协议、有管辖权的法院作出的生效判决书,该担保函也载明了担保的最高金额。

依据《最高人民法院关于审理独立保函纠纷案件若干问题的规定》第 1 条、第 3 条的规定,该担保函符合独立保函的特征,龙某公司作为受益人,只需向中某保公司提交赔偿协议、生效判决书中任一文书单据,中某保公司即应当承担付款义务,其只负责审查单据是否符合保函设置的条件,并不参与到基础法律争议中去。现龙某公司尚未提交担保函要求的文件单据,故其要求中某保公司在本案中承担连带担保责任的诉讼请求缺乏事实和法律依据,本院不予支持。

本案经山东省高级人民法院二审后,维持原判。

【法官后语】

1.在海上航运中,船舶安全不仅关乎财产安全、人身安全和航道安全,亦对国际货物贸易秩序的稳定具有重要影响。同时,鉴于船舶本身的重资产、高流动、多主体、国际化特征,船舶碰撞案件的审理通常会成为一系列财产、人身、合同、污染、保险、金融纠纷案件的核心,其对碰撞责任的认定是其他相关案件审理认定的基础。作为侵权行为的特殊表现形式,船舶碰撞侵权兼具一般侵权基本法律特征和特殊侵权特别法律规范的双重特点。《民法典》侵权责任编、《海商法》和船舶碰撞相关国际公约,共同构成了调整船舶碰撞侵权法律关系的规范体系,其中《海商法》作为特别法,具有优先适用的法律效力。根据《民法典》侵权责任编关于过失相抵当事人过错大小认定的一般规则,危险回避能力、注意义务、行为危险性及责任标准衡量是认定侵权事故当事人责任比例的基本要素。关于船舶碰撞责任认定的标准,法院可以直接采信威海海事局出具的调查报告或结论。

本案中,"鲁荣渔58××2"号渔船作为让路船,在交叉相遇避让责任方面存在严重过失,"D×××"轮作为直航船,其过失包括瞭望疏忽、未正确判断碰撞危险。结合行政主管部门对碰撞事故的调查报告和庭审查明事实情况,"鲁荣渔58××2"船应对本起事故承担主要责任,"D×××"轮承担次要责任。

2. 在船舶碰撞损害责任纠纷案件审理中,与船舶碰撞有关的法定时效属于特殊规则。《海商法》规定的诉讼时效期间及起算都限于具体海事请求权,既是与国际公约保持一致,也是基于对海上特殊风险和海事纠纷的专业性考虑,不能任意作类推解释,将属于《海商法》规定的海事请求权适用《民法典》普通诉讼时效期间的规定。诉讼时效的中止、中断也有特殊的《海商法》规定,这些与《民法典》规定不同的规则,是立法有意为之。

本案中,船舶碰撞事故发生于2017年11月28日,龙某公司于2017年12月8日在韩国申请扣船,故时效自2017年12月8日起中断,自2017年12月8日韩国扣船之日起计算,两年的诉讼时效于2019年12月8日届满,且没有诉讼中断的情形。

【相关法条】

1.《中华人民共和国合同法》(2021年1月1日废止)

第七十九条 债权人可以将合同的权利全部或者部分转让给第三人,但有下列情形之一的除外:

(一)根据合同性质不得转让;

(二)按照当事人约定不得转让;

(三)依照法律规定不得转让。

第八十条 债权人转让权利的,应当通知债务人。未经通知,该转让对债务人不发生效力。

债权人转让权利的通知不得撤销,但经受让人同意的除外。

对应新法：

《中华人民共和国民法典》（2021年1月1日施行）

第五百四十五条　债权人可以将债权的全部或者部分转让给第三人，但是有下列情形之一的除外：

（一）根据债权性质不得转让；

（二）按照当事人约定不得转让；

（三）依照法律规定不得转让。

当事人约定非金钱债权不得转让的，不得对抗善意第三人。当事人约定金钱债权不得转让的，不得对抗第三人。

第五百四十六条　债权人转让债权，未通知债务人的，该转让对债务人不发生效力。

债权转让的通知不得撤销，但是经受让人同意的除外。

2.《中华人民共和国海商法》（1993年7月1日施行）

第二百六十一条　有关船舶碰撞的请求权，时效期间为二年，自碰撞事故发生之日起计算；本法第一百六十九条第三款规定的追偿请求权，时效期间为一年，自当事人连带支付损害赔偿之日起计算。

第二百六十七条　时效因请求人提起诉讼、提交仲裁或者被请求人同意履行义务而中断。但是，请求人撤回起诉、撤回仲裁或者起诉被裁定驳回的，时效不中断。

请求人申请扣船的，时效自申请扣船之日起中断。

自中断时起，时效期间重新计算。

3.《最高人民法院关于审理船舶碰撞和触碰案件财产损害赔偿的规定》（2020年12月29日修正）

十、船期损失的计算：

期限：船舶全损的，以找到替代船所需的合理期间为限，但最长不得超过两个月；船舶部分损害的修船期限，以实际修复所需的合理期间为限，其中包括联系、住坞、验船等所需的合理时间；渔业船舶，按上述期限扣除休渔期为限，或者以一个渔汛期为限。

船期损失，一般以船舶碰撞前后各两个航次的平均净盈利计算；无前后各两个航次可参照的，以其他相应航次的平均净盈利计算。

渔船渔汛损失，以该渔船前3年的同期渔汛平均净收益计算，或者以本年内同期同类渔船的平均净收益计算。计算渔汛损失时，应当考虑到碰撞渔船在对船捕鱼作业或者围网灯光捕鱼作业中的作用等因素。

4.《最高人民法院关于审理独立保函纠纷案件若干问题的规定》（2020年12月29日修正）

第一条 本规定所称的独立保函，是指银行或非银行金融机构作为开立人，以书面形式向受益人出具的，同意在受益人请求付款并提交符合保函要求的单据时，向其支付特定款项或在保函最高金额内付款的承诺。

前款所称的单据，是指独立保函载明的受益人应提交的付款请求书、违约声明、第三方签发的文件、法院判决、仲裁裁决、汇票、发票等表明发生付款到期事件的书面文件。

独立保函可以依保函申请人的申请而开立，也可以依另一金融机构的指示而开立。开立人依指示开立独立保函的，可以要求指示人向其开立用以保障追偿权的独立保函。

第三条 保函具有下列情形之一，当事人主张保函性质为独立保函的，人民法院应予支持，但保函未载明据以付款的单据和最高金额的除外：

（一）保函载明见索即付；

（二）保函载明适用国际商会《见索即付保函统一规则》等独立保函交易示范规则；

（三）根据保函文本内容，开立人的付款义务独立于基础交易关系及保函申请法律关系，其仅承担相符交单的付款责任。

当事人以独立保函记载了对应的基础交易为由，主张该保函性质为一般保证或连带保证的，人民法院不予支持。

当事人主张独立保函适用民法典关于一般保证或连带保证规定的，人民法院不予支持。

5.《最高人民法院关于适用〈中华人民共和国民事诉讼法〉的解释》（2022年4月1日修正）

第一百一十四条 国家机关或者其他依法具有社会管理职能的组织，在其职权范围内制作的文书所记载的事项推定为真实，但有相反证据足以推翻的除外。必要时，人民法院可以要求制作文书的机关或者组织对文书的真实性予以说明。

第一百一十五条 单位向人民法院提出的证明材料，应当由单位负责人及制作证明材料的人员签名或者盖章,并加盖单位印章。人民法院就单位出具的证明材料,可以向单位及制作证明材料的人员进行调查核实。必要时,可以要求制作证明材料的人员出庭作证。

单位及制作证明材料的人员拒绝人民法院调查核实,或者制作证明材料的人员无正当理由拒绝出庭作证的,该证明材料不得作为认定案件事实的根据。

第一百一十九条 人民法院在证人出庭作证前应当告知其如实作证的义务以及作伪证的法律后果,并责令其签署保证书,但无民事行为能力人和限制民事行为能力人除外。

证人签署保证书适用本解释关于当事人签署保证书的规定。

6.《最高人民法院关于适用〈中华人民共和国民法典〉时间效力的若干规定》(2021年1月1日施行)

第一条第二款 民法典施行前的法律事实引起的民事纠纷案件,适用当时的法律、司法解释的规定,但是法律、司法解释另有规定的除外。

第三条 民法典施行前的法律事实引起的民事纠纷案件,当时的法律、司法解释没有规定而民法典有规定的,可以适用民法典的规定,但是明显减损当事人合法权益、增加当事人法定义务或者背离当事人合理预期的除外。

承办人:张 波
编写人:孙学燕

5. 凌某华、芜湖市运某航运有限公司诉艾某海运公司船舶碰撞损害责任纠纷案
——船舶实际所有人及船舶碰撞损害责任认定

【合规提示】

本案系一起船舶碰撞损害责任纠纷案,双方当事人对碰撞事故的责任分担比例存在争议。船舶碰撞损害赔偿责任实行过失责任原则,表明船舶碰撞

事故只有在因过失原因引起时，当事人才承担损害赔偿责任，对非过失行为，如不可抗力或意外事故导致的碰撞事故所造成的损害，当事人不承担赔偿责任。航行船舶应遵守《1972年国际海上避碰规则》(以下简称《避碰规则》)以及《内河船舶最低安全配员标准》，安全、谨慎航行，避免碰撞事故发生。

【案件信息】

1. 裁判文书字号

（2020）鲁72民初529号、（2022）鲁民终328号

2. 当事人

原告（反诉被告）：凌某华、芜湖市运某航运有限公司

被告（反诉原告）：艾某海运公司

3. 关键词

民事　船舶碰撞　碰撞责任赔偿数额认定

【裁判要旨】

1. 本案是两艘在航机动船在能见度良好的开阔水域发生的碰撞事故，应适用《避碰规则》的规定。《避碰规则》是船舶在海上航行的交通规则，也是确定船舶在航行中有无过失的根据。在航海者之间，历来存在一些公认的航行习惯以避免船舶相遇时发生碰撞。我国于1980年加入了1972年《国际海上避碰规则公约》，自1980年4月1日起实施这一公约的附件《避碰规则》，同时废止1960年规则。

2.《最高人民法院关于审理船舶碰撞和触碰案件财产损害赔偿的规定》第3条第2、3项规定："（二）船舶部分损害的赔偿包括：合理的船舶临时修理费、永久修理费及辅助费用、维持费用，但应满足下列条件：船舶应就近修理，除非请求人能证明在其他地方修理更能减少损失和节省费用，或者有其他合理的理由。如果船舶经临时修理可继续营运，请求人有责任进行临时修理；船舶碰撞部位的修理，同请求人为保证船舶适航，或者因另外事故所进行的修理，或者与船舶例行的检修一起进行时，赔偿仅限于修理本次船舶碰撞的受损部位所需的费用和损失。（三）船舶损害赔偿还包括：合理的救助费，沉船的勘查、打捞和清除费用，设置沉船标志费用；拖航费用，本航次的租金或者运费损失，共同海损分摊；合理的船期损失；其他合理的费用。"

【基本案情】

本诉原告凌某华、芜湖市运某航运有限公司向本院提出诉讼请求：（1）判令被告艾某海运公司赔偿原告凌某华、芜湖市运某航运有限公司经济损失及相应利息；（2）确认原告凌某华、芜湖市运某航运有限公司就上述第1项债权对被告艾某海运公司所有的"A×××"轮享有船舶优先权，从被告艾某海运公司就涉案事故设立的海事赔偿责任限制基金中优先受偿；（3）判令被告艾某海运公司承担本案的诉讼费以及债权登记费1000元。

反诉原告艾某海运公司向本院提出诉讼请求：（1）请求判令反诉被告凌某华、芜湖市运某航运有限公司连带支付反诉原告人民币38 944 136元及利息；（2）本案诉讼费由反诉被告凌某华、芜湖市运某航运有限公司承担。

2019年6月30日0225时许，艾某海运公司所属的新加坡籍集装箱船"A×××"轮自韩国驶往大连途中，与芜湖市运某航运有限公司所属的中国籍散货船"运某1688"轮发生碰撞，事故造成"A×××"轮船艏受损，"运某1688"轮沉没。碰撞事故发生后，威海海事局对碰撞事故进行了全面调查，并在调查后出具了碰撞事故调查报告。

本起事故是两艘在航机动船在能见度良好的开阔水域发生的碰撞事故，适用《避碰规则》的规定。

直接原因如下：（1）两船在交叉相遇局面下相互驶近致有构成碰撞危险时，"A×××"轮未能按照《避碰规则》要求保持正规瞭望、对碰撞危险作出充分的估计和判断、履行让路船责任及早采取适当的避碰行动，致使两船进入紧迫局面；进入紧迫局面之后"A×××"轮仍未按照《避碰规则》要求采取大幅度行动进行避让，而是使用自动舵对来船进行连续的小角度避让。在整个避让过程中，"A×××"轮连续的不符合《避碰规则》要求的行动是导致碰撞事故发生的直接原因。（2）在两船进入紧迫局面后，"运某1688"轮发觉"A×××"轮显然没有遵照《避碰规则》要求采取有效避让行动时，未能按照《避碰规则》要求采取正确的、最有助于避碰的措施是导致事故发生的直接原因。

间接原因如下：（1）"运某1688"轮实际控制人凌某华、船舶所有人芜湖市运某航运有限公司安全意识淡薄，未依规定为"运某1688"轮配备足够的符合要求的适任船员，未履行船舶安全管理主体责任，安排内河船舶非法从事海上运输是导致事故发生的间接原因。(2)在整个避让过程中，"A×××"轮与"运某1688"轮之间未能建立有效沟通。

【裁判说理】

争议焦点：(1)关于原告凌某华的诉讼主体资格问题；(2)各方当事人对碰撞事故的责任分担比例；(3)原被告损失的认定。

青岛海事法院认为：

一、原告凌某华是否为适格诉讼主体

关于"运某1688"轮船舶的所有权问题，《海商法》第9条明确规定："船舶所有权的取得、转让和消灭，应当向船舶登记机关登记；未经登记的，不得对抗第三人。"涉案"运某1688"轮曾用名"金某08"轮，"金某08"轮曾用名"江某华丽壹号"，为原告凌某华于2018年11月15日从陈某处购买，购买时船舶名称为"江某华丽壹号"轮。根据船舶所有权登记证书记载，该轮现登记船舶所有权人为原告芜湖市运某航运有限公司，但根据2019年4月11日原告芜湖市运某航运有限公司与原告凌某华签订的《船舶实际产权确认协议书》，"运某1688"轮船舶的实际产权由原告凌某华所有，原告芜湖市运某航运有限公司对此亦予以认可。并且根据庭审查明的事实，涉案船舶的营运主要由原告凌某华负责，原告芜湖市运某航运有限公司为"运某1688"轮登记所有人。庭审中，被告确认对原告的主体问题无异议，原告凌某华作为涉案船舶的实际所有人，诉讼主体适格。

二、各方当事人对碰撞事故的责任分担比例

在涉案事故中，"A×××"轮瞭望疏忽，未能使用适合当时环境及其情况下的一切有效手段保持连续、不间断的系统观察，未对当时的局面和碰撞危险作出充分的估计，违反了《避碰规则》第5条、第7条的规定。自2时7分时起该轮航速一直保持在15节以上，碰撞前航速为15.9节，且直至两船发生碰撞也未采取减速、倒车等避让措施，未能在任何时候使用安全航速，以便能采取适当而有效的避碰行动，并能在适合当时环境和情况的距离内把船停住，违反了《避碰规则》第6条的规定。而在两船构成交叉相遇局面后，"A×××"轮亦未及早采取大幅度的避让行动，宽裕地让清他船，其行为违反了《避碰规则》第16条的规定。在两船相距约2海里时，"A×××"轮使用自动舵连续小角度右转向试图对"运某1688"轮进行避让，其行为违反了《避碰规则》第 8 条的规定。

"运某 1688"轮在两船进入紧迫局面后，发觉"A×××"轮显然没有遵照《避碰规则》要求采取有效避让行动，且通过甚高频呼叫"A×××"轮而未能建立起有效沟通的情况下，未能按照《避碰规则》要求采取正确的、最有助于避碰的措施，而是对来船采取了大幅度左转向的避让措施，违反了《避碰规则》第 17 条的规定。自 2 时 7 分时起该轮航速一直保持在 6~7 节，直至两船发生碰撞也未采取减速、倒车等避让措施，未能在任何时候使用安全航速，以便能采取适当而有效的避碰行动，并能在适合当时环境和情况的距离内把船停住，违反了《避碰规则》第 6 条的规定。并且"运某 1688"轮未配备足够的符合要求的适任船员，违反了《内河船舶最低安全配员标准》第 3 条的规定。

威海海事局出具的《水上交通事故结论书》认定，"A×××"轮负本次事故的主要责任，"运某 1688"轮负次要责任。庭审中，被告主张原告应承担碰撞事故的主要责任，对此，本院认为，《最高人民法院关于审理船舶碰撞纠纷案件若干问题的规定》第 11 条规定，船舶碰撞事故发生后，主管机关依法进行调查取得并经过事故当事人和有关人员确认的碰撞事实调查材料，可以作为人民法院认定案件事实的证据，但有相反证据足以推翻的除外。而本案中，威海海事局作为海事行政主管机关，其在职权范围内依法作出责任认定书，被告虽对其内容有异议但未提交充分证据证明其主张，应当承担举证不能的法律后果。本案中，根据海事局交通事故结论书及本案查明事实，综合考虑两轮对造成本案船舶碰撞的过失程度，本院认定"A×××"轮存在违反《避碰规则》的情形，对事故发生负主要责任，酌定承担 75% 的责任；"运某 1688"轮存在违反《内河船舶最低安全配员标准》《避碰规则》及超航区从事海上运输的情形，对事故发生负次要责任，酌定承担 25% 的责任。

原被告分别作为"运某 1688"轮、"A×××"轮的船舶所有人，根据《海商法》第 169 条第 1 款关于"船舶发生碰撞，碰撞的船舶互有过失的，各船按照过失程度的比例负赔偿责任；过失程度相当或者过失程度的比例无法判定的，平均负赔偿责任"的规定和《最高人民法院关于审理船舶碰撞纠纷案件若干问题的规定》第 4 条关于"船舶碰撞产生的赔偿责任由船舶所有人承担，碰撞船舶在光船租赁期间并经依法登记的，由光船承租人承担"的规定，综合双方行为违法的程度、过失的轻重和行为对损害后果原因力大小造成的碰撞事故的后果，原告应对本案船舶碰撞事故承担25%的过失赔偿责任，被告应对本案船舶碰撞事故承担75%的过失赔偿责任。

三、原被告损失的认定

对于原告主张的"运某1688"轮船舶及其他各项损失，认定如下：根据本院委托青岛某保险公估有限公司作出的船舶价值评估报告，"运某1688"轮2019年6月沉没时的船舶价值为1 370 000元。"运某1688"轮船期损失为1 722 000元。"运某1688"轮船员工资、遣返费共计276 000元。

对于被告损失的认定："A×××"轮因碰撞事故导致的船舶修理费、租金等损失共计6 193 619.54美元，折合人民币42 560 076元。

依据《海商法》第207条、第215条的规定，本诉认定金额与反诉认定金额应当相互抵销，赔偿限额仅适用于本诉与反诉请求金额之间的差额。故本诉原告财产损失与费用金额为11 773 500元，反诉原告即被告财产损失与费用金额为9 736 034元，差额为2 037 466元。

综上，判决如下：一、被告艾某海运公司应于本判决生效之日起10日内赔偿原告凌某华、芜湖市运某航运有限公司船舶碰撞损失合计人民币2 037 466元及利息（以259 323元为基数，自2019年6月30日起至2019年8月19日按照中国人民银行同期同档次贷款基准利率计算，自2019年8月20日起至判决确定的应付之日止按同期全国银行间同业拆借中心公布的贷款市场报价利率计算；以1 778 143元为基数，自2019年9月1日起至判决确定的应付之日止按同期全国银行间同业拆借中心公布的贷款市场报价利率计算）。二、上述第一项判决所涉款项在被告艾某海运公司设立的（2019）鲁72民特260号海事赔偿责任限制基金中受偿。三、驳回本诉原告凌某华、芜湖市运某航运有限公司的其他诉讼请求。四、驳回反诉原告艾某海运公司的其他反诉请求。

青岛海事法院判决后，被告不服上诉于山东省高级人民法院。

争议焦点：（1）双方对船舶碰撞应承担的责任比例问题；（2）双方各自的损失数额问题。

山东省高级人民法院认为：

一、双方对船舶碰撞应承担的责任比例问题

本案中，威海海事局作为主管机关，有权对发生在其管辖海域内的船舶碰撞事故开展调查，判明责任。涉案船舶碰撞事故发生后，威海海事局对碰撞事故进行了全面调查，并出具了碰撞事故调查报告。该事故调查报告应作为认定本案事实的依据。原审判决根据该事故调查报告查明的碰撞事实及原因，结合双方当事人提交的证据，认定"A×××"轮对碰撞事故承担75%责任，"运某1688"轮对碰撞事故承担25%责任，并无不当。

经庭审与当事人确认，凌某华、芜湖市运某航运有限公司上诉主张艾某海运公司应对本次事故承担80%责任，但并无充分证据予以证明。艾某海运公司上诉主张碰撞责任比例应双方各自承担50%，与事故调查报告认定的主次责任相佐，且并无相反证据足以推翻事故调查报告的结论；艾某海运公司上诉还主张凌某华、芜湖市运某航运有限公司违反联合国安理会决议非法营运及涉嫌走私犯罪等，亦未提交证据予以证明。因此，凌某华、芜湖市运某航运有限公司及艾某海运公司分别针对碰撞事故应承担的责任比例问题提出的上诉理由，均不予支持。

二、双方各自的损失数额问题

关于凌某华、芜湖市运某航运有限公司的损失，"运某1688"轮因碰撞事故沉没，一审法院依据《最高人民法院关于审理船舶碰撞和触碰案件财产损害赔偿的规定》，确认"运某1688"轮全损，具有事实和法律依据。一审法院委托大某公估公司作为鉴定机构，对"运某1688"轮作为内河船的市场价值及船期损失进行了评估，大某公估公司具备相关鉴定资质，其所作的评估结论符合客观实际。凌某华、芜湖市运某航运有限公司虽有异议，但未提交有效证据予以推翻，且对于"运某1688"轮超航区航行、配员不足的海上运输违法行为，其对可能发生的危险和造成的危害应当有一定预见，一审法院综合考虑该船舶全损的情况，依据鉴定报告及补充说明作出的认定，并无不当。对于物料备件损失、船员个人生活必需品、船上生活用品及处理事故必要的合理费用等，凌某华、芜湖市运某航运有限公司举证不足，不能证明其合理性和实际支出，一审法院未予认定和支持，并无不当。

"A×××"轮因碰撞事故导致船舶受损，依据《最高人民法院关于审理船舶碰撞和触碰案件财产损害赔偿的规定》第3条第2项规定，"船舶部分损害的赔偿包括：合理的船舶临时修理费、永久修理费及辅助费用、维持费用，但应满足下列条件：船舶应就近修理，除非请求人能证明在其他地方修理更能减少损失和节省费用，或者有其他合理的理由。如果船舶经临时修理可继续营运，请求人有责任进行临时修理；船舶碰撞部位的修理，同请求人为保证船舶适航，或者因另外事故所进行的修理，或者与船舶例行的检修一起进行时，赔偿仅限于修理本次船舶碰撞的受损部位所需的费用和损失"。该条第3项规定，"船舶损害赔偿还包括：合理的救助费，沉船的勘查、打捞和清除费用，设置沉船标志费用；拖航费用，本航次的租金或者运费损失，共同海损分摊；合理的船期损失；其他合理的费用"。一审法院依据融某达公估公司和华某评估公司出具的评估报告，认定艾某海运公司的损失，并无不当。凌某华、芜湖市运某航运有限公司上诉主张对艾某海运公司的损失认定明显过高，但没有提供有效证据推翻专业机构作出的认定。对于艾某海运公司主张的鉴定费用，鉴定费本身不属于诉讼费用范畴，且艾某海运公司未提交鉴定费发票等证据，一审法院未予认定，亦无不当。

一审法院对艾某海运公司损失的计算方法错误，本院予以纠正。由此，根据《海商法》第207条、第215条规定，本诉认定金额与反诉认定金额应当相互抵销，赔偿限额适用于本诉与反诉请求金额之间的差额，凌某华、芜湖市运某航运有限公司的损失金额为人民币11 773 500元，艾某海运公司的损失金额为人民币10 640 019元，因此，艾某海运公司应赔偿凌某华、芜湖市运某航运有限公司的损失为11 773 500元 −10 640 019元 =1 133 481元。其中，船舶价值损失为1 133 481×（10 275 000÷11 773 500）≈989 215元，其他各项损失为1 133 481−989 215=144 266元。利息的计算基数应据此作相应调整。

最终山东省高级人民法院二审判决：一、维持一审判决第三项；二、撤销一审判决第二项；三、变更一审判决第一项为：艾某海运公司于本判决生效之日起10日内赔偿凌某华、芜湖市运某航运有限公司船舶碰撞损失合计人民币1133481元暨利息；四、上述第三项判决所涉款项在艾某海运公司设立的（2019）鲁72民特260号海事赔偿责任限制基金中受偿；五、驳回艾某海运公司的其他反诉请求。

【法官后语】

船舶碰撞损害赔偿责任实行过失责任原则，表明船舶碰撞事故只有因过失原因引起的，当事人才承担损害赔偿责任，对非过失行为，如不可抗力或意外事故导致的碰撞事故所造成的损害，当事人不承担赔偿责任。因此，船舶碰撞损害赔偿责任实行过失责任原则，既维护了船舶碰撞受害人的利益，又为海上航运主体自身的经营与发展提供了一个自由的空间，使其在法律上避免了动辄得咎，从而保证了自由竞争的海上航运经营秩序，有利于维护和促进海上航运事业的发展。

在船舶碰撞造成损害结果的情况下，谁有过失，就由谁来承担赔偿责任。如果碰撞当事双方均有过失，过失责任原则便依据碰撞双方过失程度的不同，确定各自的过失比例，从而决定各方应承担的责任份额，将损害在碰撞双方之间按过失比例进行分配。以此作为法律价值判断标准，有利于协调碰撞双方之间的利益冲突，保证公平正义的实现。

【相关法条】

1.《中华人民共和国海商法》（1993年7月1日施行）

第二百零四条 船舶所有人、救助人，对本法第二百零七条所列海事赔偿请求，可以依照本章规定限制赔偿责任。

前款所称的船舶所有人，包括船舶承租人和船舶经营人。

第二百零七条 下列海事赔偿请求，除本法第二百零八条和第二百零九条另有规定外，无论赔偿责任的基础有何不同，责任人均可以依照本章规定限制赔偿责任：

（一）在船上发生的或者与船舶营运、救助作业直接相关的人身伤亡或者财产的灭失、损坏，包括对港口工程、港池、航道和助航设施造成的损坏，以及由此引起的相应损失的赔偿请求；

（二）海上货物运输因迟延交付或者旅客及其行李运输因迟延到达造成损失的赔偿请求；

（三）与船舶营运或者救助作业直接相关的，侵犯非合同权利的行为造成其他损失的赔偿请求；

（四）责任人以外的其他人，为避免或者减少责任人依照本章规定可以限制赔偿责任的损失而采取措施的赔偿请求，以及因此项措施造成进一步损失的赔偿请求。

前款所列赔偿请求，无论提出的方式有何不同，均可以限制赔偿责任。但是，第（四）项涉及责任人以合同约定支付的报酬，责任人的支付责任不得援用本条赔偿责任限制的规定。

第二百一十条 除本法第二百一十一条另有规定外，海事赔偿责任限制，依照下列规定计算赔偿限额：

（一）关于人身伤亡的赔偿请求

1. 总吨位 300 吨至 500 吨的船舶，赔偿限额为 333000 计算单位；

2. 总吨位超过 500 吨的船舶，500 吨以下部分适用本项第 1 目的规定，500 吨以上的部分，应当增加下列数额：

501 吨至 3000 吨的部分，每吨增加 500 计算单位；

3001 吨至 30000 吨的部分，每吨增加 333 计算单位；

30001 吨至 70000 吨的部分，每吨增加 250 计算单位；

超过 70000 吨的部分，每吨增加 167 计算单位。

（二）关于非人身伤亡的赔偿请求

1. 总吨位 300 吨至 500 吨的船舶，赔偿限额为 167000 计算单位；

2. 总吨位超过 500 吨的船舶，500 吨以下部分适用本项第 1 目的规定，500 吨以上的部分，应当增加下列数额：

501 吨至 30000 吨的部分，每吨增加 167 计算单位；

30001 吨至 70000 吨的部分，每吨增加 125 计算单位；

超过 70000 吨的部分，每吨增加 83 计算单位。

（三）依照第（一）项规定的限额，不足以支付全部人身伤亡的赔偿请求的，其差额应当与非人身伤亡的赔偿请求并列，从第（二）项数额中按照比例受偿。

（四）在不影响第（三）项关于人身伤亡赔偿请求的情况下，就港口工程、港池、航道和助航设施的损害提出的赔偿请求，应当较第（二）项中的其他赔偿请求优先受偿。

（五）不以船舶进行救助作业或者在被救船舶上进行救助作业的救助人，其责任限额按照总吨位为 1500 吨的船舶计算。

总吨位不满 300 吨的船舶，从事中华人民共和国港口之间的运输的船舶，以及从事沿海作业的船舶，其赔偿限额由国务院交通主管部门制定，报国务院批准后施行。

第二百一十三条　责任人要求依照本法规定限制赔偿责任的，可以在有管辖权的法院设立责任限制基金。基金数额分别为本法第二百一十条、第二百一十一条规定的限额，加上自责任产生之日起至基金设立之日止的相应利息。

第二百一十五条　享受本章规定的责任限制的人，就同一事故向请求人提出反请求的，双方的请求金额应当相互抵消，本章规定的赔偿限额仅适用于两个请求金额之间的差额。

2.《最高人民法院关于审理船舶碰撞纠纷案件若干问题的规定》（2008年5月19日公布）

第四条　船舶碰撞产生的赔偿责任由船舶所有人承担，碰撞船舶在光船租赁期间并经依法登记的，由光船承租人承担。

对应新法：

《最高人民法院关于审理船舶碰撞纠纷案件若干问题的规定》（2020年12月29日修正）

第四条　船舶碰撞产生的赔偿责任由船舶所有人承担，碰撞船舶在光船租赁期间并经依法登记的，由光船承租人承担。

3.《最高人民法院关于审理海事赔偿责任限制相关纠纷案件的若干规定》（2010年8月27公布）

第十一条　债权人依据海事诉讼特别程序法第一百一十六条第一款的规定提起确权诉讼后，需要判定碰撞船舶过失程度比例的，案件的审理不适用海事诉讼特别程序法规定的确权诉讼程序，当事人对海事法院作出的判决、裁定可以依法提起上诉。

对应新法：

《最高人民法院关于审理海事赔偿责任限制相关纠纷案件的若干规定》（2020年12月29日修正）

第十一条　债权人依据海事诉讼特别程序法第一百一十六条第一款的规定提起确权诉讼后，需要判定碰撞船舶过失程度比例的，案件的审理不适用海事诉讼特别程序法规定的确权诉讼程序，当事人对海事法院作出的判决、裁定可以依法提起上诉。

承办人：孙　鹏
编写人：原浩洋

6. 李某某与杨浦永某海运有限公司船舶碰撞损害责任纠纷案
——航船与锚泊船均负责任的船舶碰撞中过失责任及财产损失赔偿认定

【合规提示】

本案属于航船与锚泊船的船舶碰撞责任纠纷，在航机动船轮在瞭望、航路选择、安全航速和避碰行动方面负有积极注意义务。锚泊船在工作灯甲板照明和 AIS 开启方面负有基本避险义务。当两轮对上述航行及锚泊安全义务的违背共同导致船舶碰撞事故发生时，应综合考量危险回避能力更强、注意义务更重、过失行为危险性更高等因素，判定承担的过失比例也更高。因此，无论是在航船还是锚泊船，都应当遵守《1972 年国际海上避碰规则》(以下简称《避碰规则》)相关规定，避免碰撞事故发生。

【案件信息】

1. 裁判文书字号

（2018）鲁 72 民初 1043 号

2. 当事人

原告：李某某

被告：杨浦永某海运有限公司

3. 关键词

民事　船舶碰撞　责任比例　财产赔偿

【裁判要旨】

1. 关于船舶碰撞的责任认定，本案中"Y"轮作为在航机动船，其操纵性能优于锚泊状态的"无证渔船"，其危险回避能力更强、注意义务更重、过失行为危险性更高、责任标准衡量更为严格。"Y"轮未依据良好船艺和海员通常做法主动采取避碰行动，在此方面"Y"轮过失大于"无证渔船"，应当承担碰撞侵权事故的主要责任。

2.关于船舶碰撞的财产损失认定，根据《海商法》第169条第2款、《最高人民法院关于审理船舶碰撞和触碰案件财产损害赔偿的规定》第1条第1款规定，赔偿请求人对船舶碰撞财产损失的赔偿请求限于三类：第一，船舶碰撞直接造成的财产损失，如船舶价值损失、船上物品损失或船载货物损失。其中船舶价值损失的认定应当以比照船舶市价为一般原则，以船舶造价或购置价扣除折旧或残值计算方式为例外补充。第二，船舶碰撞发生后相继发生的财产损失，如救助、拖航或打捞费用损失。第三，因船舶碰撞发生的合理预期损失，如合理的船期损失等。

【基本案情】

在原告李某某诉被告杨浦永某海运有限公司船舶碰撞责任纠纷一案中，原告提出诉讼请求，要求判令：（1）被告赔偿原告船舶、船上财产损失等3 443 670元及利息；（2）被告承担案件受理费、海事请求保全费等诉讼费用以及其他因诉讼产的费用。被告当庭口头辩称：（1）根据烟台海事局调查，被告应承担主要责任，但损失比例的承担不应当超过60%；（2）原告主张的损失过高。

原告李某某与案外人签订《建造渔船体合同书》，该船建造完工后未在相关国家机关取得船舶登记手续，也没有取得《捕捞许可证》。"Y"轮登记船舶所有人、经营人均为本案被告杨浦永某海运有限公司。2018年3月28日0920时，烟台市海上搜救中心接到原告李某某电话报案，称该渔船请求救助，后经水下搜寻作业被发现。该渔船碰撞痕迹明显，碰撞事故直接导致"无证渔船"上七名船员死亡。

烟台海事局对事故进行调查后出具了《烟台"3·28""Y"轮与"无证渔船"碰撞事故调查报告》（以下简称《调查报告》）认定被告所属的"Y"轮与原告"无证渔船"发生了碰撞。《调查报告》认定两轮未保持正规瞭望，未采取有效避让措施是导致事故发生的直接原因。在未保持正规瞭望方面，两轮过失相当；事发时，"Y"轮作为在航机动船，其操纵性能优于锚泊状态的"无证渔船"，"Y"轮未依据良好船艺和海员通常做法主动采取避碰行动，在此方面"Y"轮过失大于"无证渔船"。

【裁判说理】

争议焦点：船舶碰撞责任比例划分以及原告主张的损失认定。

青岛海事法院认为：本案系因船舶碰撞引发的财产赔偿责任纠纷，烟台海事局已就碰撞事实进行了调查并出具了《调查报告》，《调查报告》是国家行政机关依职权作出的公文文书且双方当事人均表示没有异议。《调查报告》查明了碰撞事实，并对碰撞原因进行了分析，划分了碰撞责任，对其证据效力本院予以认定。

在航机动船"Y"轮与处于锚泊状态的"无证渔船"在能见度良好的开阔海域相遇，两轮均违反《避碰规则》对瞭望的规定，"Y"轮应使用适合当时环境和情况的一切可用手段判断是否存在碰撞危险，并依据良好船艺和海员通常做法及早采取避碰行动，但"Y"轮值班人员直到碰撞发生时，一直未发现位于本船前方的"无证渔船"；"无证渔船"在原告离船后，没有满足配员要求的职务船员并保持正规瞭望，无法在碰撞危险出现时，及时用灯光或声响引起他船注意，更不要说采取有效措施进行避让。因在航机动船"Y"轮操纵性能优于锚泊状态"无证渔船"，"Y"轮过失大于"无证渔船"。就本次碰撞事故，本院认定"Y"轮承担80%的碰撞责任，"无证渔船"轮承担20%的碰撞责任。

根据《最高人民法院关于审理船舶碰撞纠纷案件若干问题的规定》第4条关于船舶碰撞产生的赔偿责任由船舶所有人承担的规定，原告李某某以及被告分别作为"无证渔船"和"Y"轮船舶所有人应分别承担20%和80%的碰撞责任。《海商法》第169条第1款规定："船舶发生碰撞，碰撞的船舶互有过失的，各船按照过失程度的比例负赔偿责任；过失程度相当或者过失程度的比例无法判定的，平均负赔偿责任。"原告主张的具体财产损失依照碰撞责任比例进行确定。

原告李某某主张损失的部分证据形式虽有瑕疵，但对其损失合理部分本院仍予以认定。"无证渔船"经打捞出水，鉴于停放船厂产生费用，残体已经被冲抵了停泊费用，本院认定原告渔船因碰撞全损，并据此计算损失。

依据《最高人民法院关于审理船舶碰撞和触碰案件财产损害赔偿的规定》第3条的规定，船舶全损的赔偿包括船舶价值损失；未包括在船舶价值内的船舶上的燃料、物料、备件、供应品，渔船上的捕捞设备、网具、渔具等损失。

鉴于双方当事人均未提交同类型船舶价值的市价参考，本院认定其船舶基本价值损失部分由船体、发动机/齿轮箱和螺旋桨构成，以原始建造/购置价格 2 160 080 元为基数计算；捕捞设备损失以起网机及附属设备、绞车、油压舵泵等以购置价格 123 020 元为基数计算；船用电器、通信导航设备以购置价格 93 000 元为基数计算；发电设备以购置价格 45 800 元为基数计算；渔网损失，结合李某某接受海事部门调查时的陈述，认定损失 60 张，以原始购置价格 372 000 元为基数计算；铁锚损失认定 125 个，以原始购置价格 60 205 元为基数计算；绳具损失以原始购置价格 135 725 元为基数计算（其中 2017 年 8 月购置部分价值为 39 492 元）；鱼箱损失，认定损失 1700 个，以原始购置价格 30 600 元为基数计算；泡沫板认定损失 7 张，以原始购置价格 23 800 元为基数计算。鉴于"无证渔船"建造完工投入使用至碰撞沉没接近两年，以上损失除 2017 年 8 月购置的绳具以 4%计算 1 年折旧外，其他全部以 4%予以 2 年折旧，折算损失价值为 2 785 145 元。

船用燃油损失结合李某某接受海事部门调查时的陈述，本院认定碰撞发生时，"无证渔船"尚存油 5 吨，价值 27 500 元；机油损失认定 5 桶，价值 1700 元；液压油损失认定 1 桶，价值 2400 元。

原告李某某以上损失共计 2 816 745 元，根据碰撞责任比例，被告应承担 80%的赔偿责任，计算为 2 253 396 元。

综上，被告应赔偿原告因船舶碰撞造成的损失 2 253 396 元以及该款自碰撞之日 2018 年 3 月 28 日起算至本判决确定给付之日止的按照银行同期贷款利率计算的利息。原告其他诉请，证据不足，理由不充分，本院不予支持。

青岛海事法院以判决方式结案。

【法官后语】

作为"海上丝绸之路"的重要载体之一，船舶在国际海运物流中居于核心地位，船舶安全不仅关乎财产安全、人身安全和航道安全，亦对国际货物贸易秩序的稳定具有重要影响。同时，鉴于船舶本身的重资产、高流动、多主体、国际化特征，船舶碰撞案件的审理通常会成为一系列财产、人身、合同、污染、保险、金融纠纷案件的核心，其对碰撞责任的认定是其他相关案件审理认定的基础。关于船舶碰撞责任及比例分配的认定，人民法院应当根据民法典、海商法和船舶碰撞相关国际公约的规定,结合行政主管部门对碰撞事故的调查报告和庭审查明事实情况,真正深入到事故内部,对碰撞责任和比例分配进行予以综合认定。关于船舶碰撞的赔偿损失,应当根据恢复原状原则和直接损失赔偿原则等,对碰撞造成的直接损失、合理预见损失和其他合法的财产性权益损失进行分类考量。

【相关法条】

1.《中华人民共和国海商法》(1993年7月1日施行)

第一百六十九条 船舶发生碰撞,碰撞的船舶互有过失的,各船按照过失程度的比例负赔偿责任;过失程度相当或者过失程度的比例无法判定的,平均负赔偿责任。

互有过失的船舶,对碰撞造成的船舶以及船上货物和其他财产的损失,依照前款规定的比例负赔偿责任。碰撞造成第三人财产损失的,各船的赔偿责任均不超过其应当承担的比例。

互有过失的船舶,对造成的第三人的人身伤亡,负连带赔偿责任。一船连带支付的赔偿超过本条第一款规定的比例的,有权向其他有过失的船舶追偿。

2.《中华人民共和国民事诉讼法》(2017年6月27日修正)

第六十四条 当事人对自己提出的主张,有责任提供证据。

当事人及其诉讼代理人因客观原因不能自行收集的证据,或者人民法院认为审理案件需要的证据,人民法院应当调查收集。

人民法院应当按照法定程序,全面地、客观地审查核实证据。

对应新法:

《中华人民共和国民事诉讼法》(2023年9月1日修正)

第六十七条 当事人对自己提出的主张,有责任提供证据。

当事人及其诉讼代理人因客观原因不能自行收集的证据,或者人民法院认为审理案件需要的证据,人民法院应当调查收集。

人民法院应当按照法定程序,全面地、客观地审查核实证据。

3.《最高人民法院关于审理船舶碰撞和触碰案件财产损害赔偿的规定》(1995年8月18日公布)

一、请求人可以请求赔偿对船舶碰撞或者触碰所造成的财产损失,船舶碰撞或者触碰后相继发生的有关费用和损失，为避免或者减少损害而产生的合理费用和损失，以及预期可得利益的损失。

因请求人的过错造成的损失或者使损失扩大的部分，不予赔偿。

三、船舶损害赔偿分为全损赔偿和部分损害赔偿。

（一）船舶全损的赔偿包括：

船舶价值损失；

未包括在船舶价值内的船舶上的燃料、物料、备件、供应品，渔船上的捕捞设备、网具、渔具等损失；

船员工资、遣返费及其他合理费用。

（二）船舶部分损害的赔偿包括：合理的船舶临时修理费、永久修理费及辅助费用、维持费用，但应满足下列条件：

船舶应就近修理，除非请求人能证明在其他地方修理更能减少损失和节省费用，或者有其他合理的理由。如果船舶经临时修理可继续营运，请求人有责任进行临时修理；

船舶碰撞部位的修理，同请求人为保证船舶适航，或者因另外事故所进行的修理，或者与船舶例行的检修一起进行时，赔偿仅限于修理本次船舶碰撞的受损部位所需的费用和损失。

（三）船舶损害赔偿还包括：

合理的救助费，沉船的勘查、打捞和清除费用，设置沉船标志费用；

拖航费用，本航次的租金或者运费损失，共同海损分摊；

合理的船期损失；

其他合理的费用。

八、船舶价值损失的计算，以船舶碰撞发生地当时类似船舶的市价确定；碰撞发生地无类似船舶市价的，以船舶船籍港类似船舶的市价确定，或者以其他地区类似船舶市价的平均价确定；没有市价的，以原船舶的造价或者购置价，扣除折旧（折旧率按年 4—10%）计算；折旧后没有价值的按残值计算。

船舶被打捞后尚有残值的，船舶价值应扣除残值。

九、船上财产损失的计算：

（一）货物灭失的，按照货物的实际价值，即以货物装船时的价值加运费加请求人已支付的货物保险费计算，扣除可节省的费用；

（二）货物损坏的，以修复所需的费用，或者以货物的实际价值扣除残值和可节省的费用计算；

（三）由于船舶碰撞在约定的时间内迟延交付所产生的损失，按迟延交付货物的实际价值加预期可得利润与到岸时的市价的差价计算，但预期可得利润不得超过货物实际价值的 10%；

（四）船上捕捞的鱼货，以实际的鱼货价值计算。鱼货价值参照海事发生时当地市价，扣除可节省的费用。

（五）船上渔具、网具的种类和数量，以本次出海捕捞作业所需量扣减现存量计算，但所需量超过渔政部门规定或者许可的种类和数量的，不予认定；渔具、网具的价值，按原购置价或者原造价扣除折旧费用和残值计算；

（六）旅客行李、物品（包括自带行李）的损失，属本船旅客的损失，依照海商法的规定处理；属他船旅客的损失，可参照旅客运输合同中有关旅客行李灭失或者损坏的赔偿规定处理；

（七）船员个人生活必需品的损失，按实际损失适当予以赔偿；

（八）承运人与旅客书面约定由承运人保管的货币、金银、珠宝、有价证券或者其他贵重物品的损失，依海商法的规定处理；船员、旅客、其他人员个人携带的货币、金银、珠宝、有价证券或者其他贵重物品的损失，不予认定；

（九）船上其他财产的损失，按其实际价值计算。

对应新法：

《最高人民法院关于审理船舶碰撞和触碰案件财产损害赔偿的规定》（2020 年 12 月 29 日修正）

一、请求人可以请求赔偿对船舶碰撞或者触碰所造成的财产损失，船舶碰撞或者触碰后相继发生的有关费用和损失，为避免或者减少损害而产生的合理费用和损失，以及预期可得利益的损失。

因请求人的过错造成的损失或者使损失扩大的部分，不予赔偿。

三、船舶损害赔偿分为全损赔偿和部分损害赔偿。

（一）船舶全损的赔偿包括：

船舶价值损失；

未包括在船舶价值内的船舶上的燃料、物料、备件、供应品，渔船上的捕捞设备、网具、渔具等损失；

船员工资、遣返费及其他合理费用。

（二）船舶部分损害的赔偿包括：合理的船舶临时修理费、永久修理费及辅助费用、维持费用，但应满足下列条件：

船舶应就近修理，除非请求人能证明在其他地方修理更能减少损失和节省费用，或者有其他合理的理由。如果船舶经临时修理可继续营运，请求人有责任进行临时修理；

船舶碰撞部位的修理，同请求人为保证船舶适航，或者因另外事故所进行的修理，或者与船舶例行的检修一起进行时，赔偿仅限于修理本次船舶碰撞的受损部位所需的费用和损失。

（三）船舶损害赔偿还包括：

合理的救助费，沉船的勘查、打捞和清除费用，设置沉船标志费用；

拖航费用，本航次的租金或者运费损失，共同海损分摊；

合理的船期损失；

其他合理的费用。

八、船舶价值损失的计算，以船舶碰撞发生地当时类似船舶的市价确定；碰撞发生地无类似船舶市价的，以船舶船籍港类似船舶的市价确定，或者以其他地区类似船舶市价的平均价确定；没有市价的，以原船舶的造价或者购置价，扣除折旧（折旧率按年4—10%）计算；折旧后没有价值的按残值计算。

船舶被打捞后尚有残值的，船舶价值应扣除残值。

九、船上财产损失的计算：

（一）货物灭失的，按照货物的实际价值，即以货物装船时的价值加运费加请求人已支付的货物保险费计算，扣除可节省的费用；

（二）货物损坏的，以修复所需的费用，或者以货物的实际价值扣除残值和可节省的费用计算；

（三）由于船舶碰撞在约定的时间内迟延交付所产生的损失，按迟延交付货物的实际价值加预期可得利润与到岸时的市价的差价计算，但预期可得利润不得超过货物实际价值的10%；

（四）船上捕捞的鱼货，以实际的鱼货价值计算。鱼货价值参照海事发生时当地市价，扣除可节省的费用。

（五）船上渔具、网具的种类和数量，以本次出海捕捞作业所需量扣减现存量计算，但所需量超过渔政部门规定或者许可的种类和数量的，不予认定；渔具、网具的价值，按原购置价或者原造价扣除折旧费用和残值计算；

（六）旅客行李、物品（包括自带行李）的损失，属本船旅客的损失，依照海商法的规定处理；属他船旅客的损失，可参照旅客运输合同中有关旅客行李灭失或者损坏的赔偿规定处理；

（七）船员个人生活必需品的损失，按实际损失适当予以赔偿；

（八）承运人与旅客书面约定由承运人保管的货币、金银、珠宝、有价证券或者其他贵重物品的损失，依海商法的规定处理；船员、旅客、其他人员个人携带的货币、金银、珠宝、有价证券或者其他贵重物品的损失，不予认定；

（九）船上其他财产的损失，按其实际价值计算。

承办人：吕延铭

编写人：孙学燕

7. 宁波绪某海运有限公司、中国太某洋财产保险股份有限公司宁波分公司诉兴某海运株式会社船舶碰撞损害责任纠纷案
——两船均有过错时责任主体认定及责任比例分配

【合规提示】

本案系一起两船舶碰撞损害责任纠纷案，原告一为一方船舶的所有人，原告二为原告一船舶的保险人，被告为另一船舶的光船承租人。船舶碰撞案件的关键点在于涉案船舶的责任比例分担和责任主体问题，根据《海商法》的规定，船舶碰撞事故中，碰撞船舶互有损失的，各船舶应按照各自的过失比例负赔偿责任。法院在认定责任比例时，可以将主管机关依法进行调查取得并经过事故当事人和有关人员确认的碰撞事实调查材料作为定案依据。此

外，一般来说，船东应该对船舶碰撞造成的损失承担责任，有光船承租人的，由光租人承担责任。因此，无论是船舶的所有权人，还是光船承租人、经营人等与船舶有密切联系的主体，当船舶处于其控制之下时，其应当遵循《1972年国际海上避碰规则》等相关规定，在航行中保持正规瞭望、采取安全航速及正确的避让行动，防止事故发生。

【案件信息】

1. 裁判文书字号

（2017）鲁72民初1831号

2. 当事人

原告：宁波绪某海运有限公司、中国太某洋财产保险股份有限公司宁波分公司

被告：兴某海运株式会社

3. 关键词

民事　船舶碰撞　责任主体　责任比例　损失数额认定

【裁判要旨】

1. 根据《最高人民法院关于审理船舶碰撞纠纷案件若干问题的规定》之规定，船舶碰撞事故发生后，主管机关依法进行调查取得并经过事故当事人和有关人员确认的碰撞事实调查材料，可以作为人民法院认定案件事实的证据，但有相反证据足以推翻的除外。

2. 船舶发生碰撞，碰撞的船舶互有过失的，各船按照过失程度的比例负赔偿责任。船东应该对船舶碰撞造成的损失承担责任，有光船承租人的，由光租人承担责任。

3. 根据《海商法》之规定，保险标的发生保险责任范围内的损失是由第三人造成的，被保险人向第三人要求赔偿的权利，自保险人支付赔偿之日起，相应转移给保险人。

【基本案情】

2015年11月7日，原告宁波绪某海运有限公司（以下简称绪某公司）所属中国籍干货船"绪某16"轮在青岛港前湾航道和被告兴某海运株式会社

（以下简称兴某株式会社）所属马绍尔群岛籍集装箱船"兴某春天"轮（兴某株式会社是"兴某春天"轮的光船承租人）发生碰撞事故，碰撞导致"绪某16"轮船体、船载集装箱受损。青岛海事局《青岛"11·7""兴某春天"轮与"绪某16"轮碰撞事故调查报告》述明：

1. 直接原因。双方在青岛港前湾港航道内相向行驶，"绪某16"轮没有按《1972年国际海上避碰规则》要求尽量靠近本船右舷的航道的外缘行驶，"兴某春天"轮没有采取安全航速及正确的避让行动，导致碰撞事故的发生。

2. 责任判定。综上，双方的过失相当，对本起事故各负对等责任。

原告绪某公司、中国太某洋财产保险股份有限公司宁波分公司（以下简称宁波太保分公司）诉称，原告认为："兴某春天"轮在此次碰撞事故中存在重大过失，应承担全部碰撞责任，被告作为光船承租人应对原告遭受的经济损失承担赔偿责任。原告宁波太保分公司已依据保险单向原告绪某公司支付了保险赔偿款95万元，依法获得代位求偿权。请求法院：（1）判令被告赔偿两原告经济损失共计人民币300万元及其自起诉之日至实际付款之日按中国人民银行人民币同期贷款利率计算的利息；（2）判令被告承担本案诉讼费用及其他法律费用。

被告兴某株式会社辩称：涉案碰撞事故是由于"绪某16"轮未遵守避碰规则导致紧迫局面及碰撞危险并最终导致碰撞发生，应为碰撞事故承担全部的赔偿责任。绪某公司关于碰撞损失的证据，缺乏合理性，无法证明这些损失确实是由于本次碰撞事故所导致的，不应得到支持。

【裁判说理】

争议焦点：（1）被告是否应当对船舶碰撞事故负全部赔偿责任；（2）被告应向两原告承担的损失赔偿数额。

青岛海事法院认为：

一、被告是否应当对船舶碰撞事故负全部赔偿责任

根据《最高人民法院关于审理船舶碰撞纠纷案件若干问题的规定》规定，船舶碰撞事故发生后，主管机关依法进行调查取得并经过事故当事人和有关人员确认的碰撞事实调查材料，可以作为人民法院认定案件事实的证据，但有相反证据足以推翻的除外。青岛海事局关于本案两船碰撞责任比例的判定，符合查明的事实，没有相反证据推翻，予以认定，即两船碰撞过失程度比例

各 50%。

青岛双某船舶技术咨询有限公司关于"绪某 16"轮损失的评估和认定合理，应予采纳。

二、被告应向两原告承担的损失赔偿数额

依据《海商法》的规定，船舶发生碰撞，碰撞的船舶互有过失的，各船按照过失程度的比例负赔偿责任。船东应该对船舶碰撞造成的损失承担责任，有光船承租人的，由光租人承担责任。据此，在本案中，兴某株式会社应对"绪某 16"轮所遭受的损失承担 965 480.50 元的赔偿责任。

根据《海商法》规定，保险标的发生保险责任范围内的损失是由第三人造成的，被保险人向第三人要求赔偿的权利，自保险人支付赔偿之日起，相应转移给保险人。宁波太保分公司支付了保险赔款 95 万元，在 95 万元范围内，取得代位求偿权。因此，兴某株式会社应承担的 965 480.50 元的赔偿，其中 95 万元应支付给宁波太保分公司，其余 15 480.50 元支付给绪某公司。

两原告主张的利息损失，应以赔偿的本金数额为基数，自起诉之日（2017 年 10 月 31 日）起算至本判决确定支付之日止，以中国人民银行公布的同期贷款基准利率计算。

2019 年 11 月 22 日，青岛海事法院作出（2017）鲁 72 民初 1831 号民事判决书，判决：一、被告兴某海运株式会社自本判决生效之日起 10 日内赔偿原告宁波绪某海运有限公司 15 480.50 元及利息，利息自 2017 年 10 月 31 日起算至本判决确定支付之日止，以中国人民银行公布的同期贷款基准利率计算；二、被告兴某海运株式会社自本判决生效之日起 10 日内赔偿原告中国太某洋财产保险股份有限公司宁波分公司 950 000 元及利息，利息自 2017 年 10 月 31 日起算至本判决确定支付之日止，以中国人民银行公布的同期贷款基准利率计算；三、驳回原告宁波绪某海运有限公司的其他诉讼请求。

青岛海事法院以判决结案。

【法官后语】

船舶碰撞损害责任纠纷案件具有事故突发性强、事故影响大、案件处理专业性强、案件审理难度大、涉外案件占比高等特点。关于船舶碰撞归责原则的问题，在我国《海商法》第八章"船舶碰撞"中有所规定，其中明确船舶碰撞事故的责任承担主体为"负有责任的船舶"。该章内容参考了我国参加的《关于统一船舶碰撞若干法律规定的国际公约》制定，该公约主要源于英国的对物诉讼制度，将船舶作为承担损害赔偿责任的主体，即当船舶发生碰撞时，由有过失的船舶负赔偿责任。但我国没有对物诉讼制度，只有自然人、法人和非法人组织才可能成为民事主体。

而《最高人民法院关于审理船舶碰撞纠纷案件若干问题的规定》第4条"船舶碰撞产生的赔偿责任由船舶所有人承担，碰撞船舶在光船租赁期间并经依法登记的，由光船承租人承担"之规定补充了《海商法》关于船舶碰撞责任主体规定的空白，明确了船舶碰撞损害赔偿责任的承担主体，即船舶所有人和登记的光船承租人。没有光租的船舶，包括期租、程租和所有人通过签订运输合同直接从事运输，船员受所有人雇佣，船舶仍在所有人的占有和控制之下；但是，在光船租赁合同中，船舶所有人将没有配备船员的空船出租，其仅仅保留了船舶的所有权，由承租人配备所有船员，负责使用和经营船舶，船舶的航行安全也由光船承租人负责，即船舶的占有、管理和使用经营权都暂时转移给了承租人。在这种情况下，对外所发生的风险和责任也应当由光船承租人所承担。由于我国《船舶登记条例》对光船租赁采取的是登记对抗，因此在光租情况下如果发生船舶碰撞，碰撞船舶互有过失，只有当光船租赁关系经过依法登记时，其船舶所有人才可以不承担赔偿责任，而由该船舶的光船承租人承担赔偿责任。因此，当未光租的船舶发生碰撞事故，所有人为责任主体；光租且登记的船舶，光租人为责任主体。

但实践中，可能出现实际所有人与登记所有人不符或者船舶光租未登记的情况，依照上述法条，船舶经营人、船舶管理人、未登记的光船承租人等与船舶经营密切相关的主体均不是船舶碰撞的责任主体。船舶碰撞致损本身即为一种侵权行为，因此在碰到此类案件时，应回归侵权的基本理论，结合相关法律法规，综合考量案件当事人的责任分配问题。

【相关法条】

1.《中华人民共和国海商法》（1993年7月1日施行）

第一百六十九条 船舶发生碰撞，碰撞的船舶互有过失的，各船按照过失程度的比例负赔偿责任；过失程度相当或者过失程度的比例无法判定的，平均负赔偿责任。

互有过失的船舶，对碰撞造成的船舶以及船上货物和其他财产的损失，依照前款规定的比例负赔偿责任。碰撞造成第三人财产损失的，各船的赔偿责任均不超过其应当承担的比例。

互有过失的船舶，对造成的第三人的人身伤亡，负连带赔偿责任。一船连带支付的赔偿超过本条第一款规定的比例的，有权向其他有过失的船舶追偿。

第二百五十二条 保险标的发生保险责任范围内的损失是由第三人造成的，被保险人向第三人要求赔偿的权利，自保险人支付赔偿之日起，相应转移给保险人。

被保险人应当向保险人提供必要的文件和其所需要知道的情况，并尽力协助保险人向第三人追偿。

2.《最高人民法院关于审理船舶碰撞纠纷案件若干问题的规定》(2008年5月19日公布)

第四条 船舶碰撞产生的赔偿责任由船舶所有人承担，碰撞船舶在光船租赁期间并经依法登记的，由光船承租人承担。

第十一条 船舶碰撞事故发生后，主管机关依法进行调查取得并经过事故当事人和有关人员确认的碰撞事实调查材料，可以作为人民法院认定案件事实的证据，但有相反证据足以推翻的除外。

对应新法：

《最高人民法院关于审理船舶碰撞纠纷案件若干问题的规定》(2020年12月29日修正)

第四条 船舶碰撞产生的赔偿责任由船舶所有人承担，碰撞船舶在光船租赁期间并经依法登记的，由光船承租人承担。

第十一条 船舶碰撞事故发生后，主管机关依法进行调查取得并经过事故当事人和有关人员确认的碰撞事实调查材料，可以作为人民法院认定案件事实的证据，但有相反证据足以推翻的除外。

承办人：李旭东
编写人：刘　昭

8. 兴某海运株式会社诉宁波绪某海运有限公司船舶碰撞损害责任纠纷案
——船舶碰撞后"就近维修"义务的审查

📚【合规提示】

本案系一起两船舶碰撞损害责任纠纷案，原告为一方船舶的光船承租人，被告为另一船舶的所有人。船舶碰撞案件的关键点在于涉案船舶的责任比例分担和责任主体问题，根据《海商法》的规定，船舶碰撞事故中，碰撞船舶互有损失的，各船舶应按照各自的过失比例负赔偿责任。一般来说，船东应该对船舶碰撞造成的损失承担责任，有光船承租人的，由光租人承担责任。此外，确定船舶碰撞损害赔偿的具体范围也至关重要，根据法律规定，船舶部分损害的赔偿包括合理的船舶临时修理费、永久修理费及辅助费用、维持费用，当事人需提供证据证明上述损失，否则法院不予认可。因此，无论是船舶的所有权人，还是光船承租人、经营人等与船舶有密切联系的主体，当船舶处于其控制之下时，其应当在航行中保持正规瞭望、采取安全航速及正确的避让行动，防止事故发生；在损害发生后，应固定好各项花费的收据、发票等证据，以便为后续的诉讼活动提供依据。

📚【案件信息】

1. 裁判文书字号

（2017）鲁72民初1838号

2. 当事人

原告：兴某海运株式会社

被告：宁波绪某海运有限公司

3. 关键词

民事　船舶碰撞　责任比例　损失数额认定　船舶永久修理费

【裁判要旨】

1. 根据《最高人民法院关于审理船舶碰撞纠纷案件若干问题的规定》之规定，船舶碰撞事故发生后，主管机关依法进行调查取得并经过事故当事人和有关人员确认的碰撞事实调查材料，可以作为人民法院认定案件事实的证据，但有相反证据足以推翻的除外。

2. 船舶发生碰撞，碰撞的船舶互有过失的，各船按照过失程度的比例负赔偿责任。船东应该对船舶碰撞造成的损失承担责任。

3. 根据《最高人民法院关于审理船舶碰撞和触碰案件财产损害赔偿的规定》之规定，船舶部分损害的赔偿包括合理的船舶临时修理费、永久修理费及辅助费用、维持费用。但前提条件之一即为船舶应就近修理，除非请求人能证明在其他地方修理更能减少损失和节省费用，或者有其他合理的理由。

【基本案情】

2015年11月7日，兴某海运株式会社（以下简称兴某株式会社）光租的"兴某春天"轮与被告所有的"绪某16"轮在中国青岛港附近海域发生碰撞，本起事故造成"兴某春天"轮球鼻艏前部破损和船艏两锚链孔之间舷外板破损。"绪某16"轮左舷第二货舱后部舭龙骨末端处往上40厘米处有一破洞，夏季载重线附近有两处破洞，主甲板与舷侧列板交界处开裂变形。事故没有造成人员伤亡和水域污染。青岛海事局《青岛"11·7""兴某春天"轮与"绪某16"轮碰撞事故调查报告》述明如下：

一、直接原因

双方在青岛港前湾港航道内相向行驶，"绪某16"轮没有按《1972年国际海上避碰规则》（以下简称《避碰规则》）要求尽量靠近本船右舷的航道的外缘行驶，"兴某春天"轮没有采取安全航速及正确的避让行动，导致碰撞事故的发生。

二、责任判定

双方的过失相当，对本起事故各负对等责任。

原告兴某株式会社诉称：因本次碰撞事故，原告遭受的修理费、船期损失等各项经济损失约131万美元。原告认为上述损失是由于"绪某16"轮的过失所造成的，被告依法应当承担赔偿责任。请求法院：（1）判令被告赔偿原告经济损失暂计 1 050 000 美元及从事故发生之日起至实际赔付日止的利息；（2）判令被告承担本案诉讼费及其他与本案有关的一切费用。

被告宁波绪某海运有限公司辩称："兴某春天"轮应对碰撞事故承担至少 75% 的主要责任。理由如下：（1）"兴某春天"轮未保持正规瞭望，违反《避碰规则》第 5 条。（2）该轮未按照安全航速航行，严重违反《避碰规则》第 6 条。（3）该轮严重违反会红灯避让协议，是导致碰撞危险和紧迫局面产生的直接原因。（4）该轮没有采取任何避碰措施。

【裁判说理】

争议焦点：（1）被告是否应当对船舶碰撞事故负全部赔偿责任；（2）被告应向原告承担的损失赔偿数额。

青岛海事法院认为：

一、被告是否应当对船舶碰撞事故负全部赔偿责任

根据《最高人民法院关于审理船舶碰撞纠纷案件若干问题的规定》规定，船舶碰撞事故发生后，主管机关依法进行调查取得并经过事故当事人和有关人员确认的碰撞事实调查材料，可以作为人民法院认定案件事实的证据，但有相反证据足以推翻的除外。青岛海事局关于本案两船碰撞责任比例的判定，符合查明的事实，没有相反证据推翻，予以认定，即两船碰撞过失程度比例各 50%。

二、被告应向原告承担的损失赔偿数额

根据《最高人民法院关于审理船舶碰撞和触碰案件财产损害赔偿的规定》规定，船舶应就近修理，除非请求人能证明在其他地方修理更能减少损失和节省费用，或者有其他合理的理由。"兴某春天"轮在事故发生后，在青岛港进行临时修理后去韩国釜山港卸货，此后去木浦进行修理。根据青岛双某船舶技术咨询有限公司依据青岛港周边的实际情况，得出"兴某春天"轮可以在青岛当地立即进行永久性修理的评估鉴定意见，说明附近的北某船厂既有能力又有时间对"兴某春天"轮进行永久性修理，结合原告提供的船舶修理费用清单"兴某春天"轮去木浦进行永久性修理，不属于最高人民法院司法解释中规定的合理理由。所以，本院采纳青岛双某船舶技术咨询有限公司关于"兴某春天"轮可以在青岛当地立即进行永久性修理的评估鉴定意见。

青岛双某船舶技术咨询有限公司关于"兴某春天"轮损失的评估和认定

合理,应予采纳。

依据《海商法》的规定,船舶发生碰撞,碰撞的船舶互有过失的,各船按照过失程度的比例负赔偿责任。船东应该对船舶碰撞造成的损失承担责任。在本案中,被告应对"兴某春天"轮所遭受的损失 364 173.51 美元和人民币 360 860 元承担赔偿责任。

原告主张的利息损失,应按照赔偿的本金数额为基数,自起诉之日（2017 年 11 月 6 日）起算至本判决确定支付之日止,人民币以中国人民银行公布的同期贷款基准利率、美元以中国人民银行公布的现行小额外币存款利率水平表中的同期存款利率计算。

2019 年 11 月 22 日,青岛海事法院作出（2017）鲁 72 民初 1838 号民事判决书,判决:一、被告宁波绪某海运有限公司自本判决生效之日起 10 日内赔偿原告兴某海运株式会社 364 173.51 美元和人民币 360 860 元及利息,利息自 2017 年 11 月 6 日起算至本判决确定支付之日止,人民币以中国人民银行公布的同期贷款基准利率、美元以中国人民银行公布的现行小额外币存款利率水平表中的同期存款利率计算;二、驳回原告兴某海运株式会社的其他诉讼请求。

青岛海事法院以判决结案。

【法官后语】

关于船舶碰撞归责原则的问题,在我国《海商法》第八章"船舶碰撞"中有所规定,其中明确船舶碰撞事故的责任承担主体为"负有责任的船舶",但由于我国没有"对物诉讼"制度,因此即使《海商法》有所规定,由船舶承担损害赔偿责任也是无法实现的。而《最高人民法院关于审理船舶碰撞纠纷案件若干问题的规定》第 4 条"船舶碰撞产生的赔偿责任由船舶所有人承担,碰撞船舶在光船租赁期间并经依法登记的,由光船承租人承担"之规定补充了《海商法》关于船舶碰撞责任主体规定的空白,明确了船舶碰撞损害赔偿责任的承担主体,即船舶所有人和登记的光船承租人。

除了明确船舶碰撞事故的责任承担人之外,厘清损失赔偿原则和范围同样重要。针对船舶碰撞损害赔偿问题,结合我国现有的法律法规,需要关注以下两个方面。

一、船舶碰撞损害赔偿的基本原则

1. 恢复原状原则。恢复原状是碰撞损害赔偿的基本原则之一，在英美法中也称"完全赔偿权"。在船碰撞案件中，这是受害方追偿损害的尺度与标准。《最高人民法院关于审理船舶碰撞和触碰案件财产损害赔偿的规定》第2条明确"赔偿应当尽量达到恢复原状，不能恢复原状的折价赔偿"。

2. 直接损失赔偿原则。《最高人民法院关于审理船舶碰撞和触碰案件财产损害赔偿的规定》第1条第1款明确，赔偿请求人对船舶碰撞财产损失的赔偿请求限于三类：第一，船舶碰撞直接造成的财产损失，如船舶损失、船上物品损失或船载货物损失；第二，船舶碰撞发生后相继发生的财产损失，如救助、拖航或打捞费用损失；第三，因船舶碰撞发生的合理预期损失，如合理的船期损失等。

二、船舶碰撞损害赔偿的具体范围

对此，《最高人民法院关于审理船舶碰撞和触碰案件财产损害赔偿的规定》第3条分别列举了不同情况下船舶碰撞损害赔偿的范围。

1. 船舶全损的赔偿。包括船舶价值损失；未包括在船舶价值内的船舶上的燃料、物料、备件、供应品，渔船上的捕捞设备、网具、渔具等损失；船员工资、遣返费及其他合理费用。

2. 船舶部分损害的赔偿。包括合理的船舶临时修理费、永久修理费及辅助费用、维持费用。特别需要说明的是，上述各项费用的赔偿与否取决于法定条件是否成就。根据《最高人民法院关于审理船舶碰撞和触碰案件财产损害赔偿的规定》第3条，上述费用的赔偿应同时满足以下两个条件：第一，船舶应就近修理，除非请求人能证明在其他地方修理更能减少损失和节省费用，或者有其他合理的理由。如果船舶经临时修理可继续营运，请求人有责任进行临时修理。第二，船舶碰撞部位的修理，同请求人为保证船舶适航，或者因另外事故所进行的修理，或者与船舶例行的检修一起进行时，赔偿仅限于修理本次船舶碰撞的受损部位所需的费用和损失。回归到本案，原告向被告主张"兴某春天"轮去木浦进行永久性修理的修理费用，但法院最终以青岛双某船舶技术咨询有限公司关于"兴某春天"轮可以在青岛当地立即进行永久性修理的评估鉴定意见为由驳回了该诉请，理由即为原告在修理船舶时，没有满足"就近修理"的条件。

3. 船舶损害赔偿还包括合理的救助费，沉船的勘查、打捞和清除费用，设置沉船标志费用；拖航费用，本航次的租金或者运费损失，共同海损分摊；合理的船期损失；其他合理的费用。

本案案情并不复杂，但是其体现出的碰撞各方过失责任的认定及损害赔偿责任的认定等诸多船舶碰撞典型法律问题，具有较高的类案参考价值。

【相关法条】

1.《中华人民共和国海商法》(1993年7月1日施行)

第一百六十九条　船舶发生碰撞，碰撞的船舶互有过失的，各船按照过失程度的比例负赔偿责任；过失程度相当或者过失程度的比例无法判定的，平均负赔偿责任。

互有过失的船舶，对碰撞造成的船舶以及船上货物和其他财产的损失，依照前款规定的比例负赔偿责任。碰撞造成第三人财产损失的，各船的赔偿责任均不超过其应当承担的比例。

互有过失的船舶，对造成的第三人的人身伤亡，负连带赔偿责任。一船连带支付的赔偿超过本条第一款规定的比例的，有权向其他有过失的船舶追偿。

2.《最高人民法院关于审理船舶碰撞纠纷案件若干问题的规定》(2008年5月19日公布)

第四条　船舶碰撞产生的赔偿责任由船舶所有人承担，碰撞船舶在光船租赁期间并经依法登记的，由光船承租人承担。

第十一条　船舶碰撞事故发生后，主管机关依法进行调查取得并经过事故当事人和有关人员确认的碰撞事实调查材料，可以作为人民法院认定案件事实的证据，但有相反证据足以推翻的除外。

对应新法：

《最高人民法院关于审理船舶碰撞纠纷案件若干问题的规定》(2020年12月29日修正)

第四条　船舶碰撞产生的赔偿责任由船舶所有人承担，碰撞船舶在光船租赁期间并经依法登记的，由光船承租人承担。

第十一条　船舶碰撞事故发生后，主管机关依法进行调查取得并经过事故当事人和有关人员确认的碰撞事实调查材料，可以作为人民法院认定案件事实的证据，但有相反证据足以推翻的除外。

3.《最高人民法院关于审理船舶碰撞和触碰案件财产损害赔偿的规定》（1995年8月18日公布）

三、船舶损害赔偿分为全损赔偿和部分损害赔偿。

（一）船舶全损的赔偿包括：

船舶价值损失；

未包括在船舶价值内的船舶上的燃料、物料、备件、供应品，渔船上的捕捞设备、网具、渔具等损失；

船员工资、遣返费及其他合理费用。

（二）船舶部分损害的赔偿包括：合理的船舶临时修理费、永久修理费及辅助费用、维持费用，但应满足下列条件：

船舶应就近修理，除非请求人能证明在其他地方修理更能减少损失和节省费用，或者有其他合理的理由。如果船舶经临时修理可继续营运，请求人有责任进行临时修理；

船舶碰撞部位的修理，同请求人为保证船舶适航，或者因另外事故所进行的修理，或者与船舶例行的检修一起进行时，赔偿仅限于修理本次船舶碰撞的受损部位所需的费用和损失。

（三）船舶损害赔偿还包括：

合理的救助费，沉船的勘查、打捞和清除费用，设置沉船标志费用；

拖航费用，本航次的租金或者运费损失，共同海损分摊；

合理的船期损失；

其他合理的费用。

对应新法：

《最高人民法院关于审理船舶碰撞和触碰案件财产损害赔偿的规定》（2020年12月29日修正）

三、船舶损害赔偿分为全损赔偿和部分损害赔偿。

（一）船舶全损的赔偿包括：

船舶价值损失；

未包括在船舶价值内的船舶上的燃料、物料、备件、供应品，渔船上的捕捞设备、网具、渔具等损失；

船员工资、遣返费及其他合理费用。

（二）船舶部分损害的赔偿包括：合理的船舶临时修理费、永久修理费及辅助费用、维持费用，但应满足下列条件：

船舶应就近修理，除非请求人能证明在其他地方修理更能减少损失和节省费用，或者有其他合理的理由。如果船舶经临时修理可继续营运，请求人有责任进行临时修理；

船舶碰撞部位的修理，同请求人为保证船舶适航，或者因另外事故所进行的修理，或者与船舶例行的检修一起进行时，赔偿仅限于修理本次船舶碰撞的受损部位所需的费用和损失。

（三）船舶损害赔偿还包括：

合理的救助费，沉船的勘查、打捞和清除费用，设置沉船标志费用；

拖航费用，本航次的租金或者运费损失，共同海损分摊；

合理的船期损失；

其他合理的费用。

承办人：李旭东

编写人：刘　昭

9. 深圳市深某远洋实业有限公司诉芜湖市晨某船务有限公司船舶碰撞损害责任纠纷案
——直航船与让路船船舶碰撞责任比例的认定思路

【合规提示】

本案系一起交叉相遇局面下的船舶碰撞损害责任纠纷案件，原告为直航船，被告为让路船。《1972年国际海上避碰规则》对直航船和让路船的要求不同。当两船距离在3~6海里构成碰撞危险阶段时，作为让路船而言，应当做到"早、大、宽、清"地给直航船让行，而直航船应当保向保速。当两船的碰撞危险已经发展到了紧迫危险时，作为直航船也应采取最有助于避碰的行动，但不应对本船左舷的船采取向左转向，这是对交叉相遇中的直航船提出的特殊要求，除非当时环境不允许直航船采取除左转之外的其他措施，否则应当承担一定责任。除此之外，无论是直航船还是让路船，都应当避免船舶操纵中的过失，恪尽职守承担起瞭望、保持安全航速、保证船舶适航等义务。

【案件信息】

1. 裁判文书字号

（2014）青海法海事初字第 140 号

2. 当事人

原告：深圳市深某远洋实业有限公司

被告：芜湖市晨某船务有限公司

3. 关键词

民事　船舶碰撞　互有过失　责任比例　确权之诉

【裁判要旨】

在船舶碰撞案件中，《1972 年国际海上避碰规则》（以下简称《避碰规则》）在碰撞发生前是避碰行动的指南，在碰撞发生后是判定碰撞责任的判定依据。在判定船舶碰撞的责任比例时，具体可以按照以下思路认定：首先确认船舶会遇局面，根据不同局面确定船舶的避让义务；其次分析船舶在碰撞局面的各阶段是否采取了最有助于避碰的行动，认定船舶的避碰责任；最后考察船舶在操纵中是否还存在与事故发生相关的其他过失，从而综合考虑各自过失程度，准确认定责任比例。

【基本案情】

在原告深圳市深某远洋实业有限公司（以下简称深圳深某公司）与被告芜湖市晨某船务有限公司（以下简称芜湖晨某公司）船舶碰撞责任纠纷一案中，原告向青岛海事法院提出诉讼请求：（1）确认并判令被告根据其碰撞责任比例赔偿原告损失 1300 万元及利息；（2）判令被告承担本案的债权登记费、诉讼费用及其他相关法院费用；（3）判令应由被告承担的上述（1）、（2）的部分，如果被告对此有权享受海事赔偿责任限制，则应在被告向法院申请设立的赔偿责任限制基金中优先受偿；（4）判令被告在基金外对上述诉讼请求（1）中原告人身伤亡部分的赔偿请求进行赔偿。庭审时，原告变更诉讼请求为：（1）判令被告承担船舶碰撞事故的80%责任；（2）判令被告按海事赔偿责任限制基金全部金额优先赔偿原告的非人身伤亡损失，如果没有其他债权人登记的话，要求全部赔偿给原告；（3）判令被告承担债权登记费、诉讼费及相关的法院费用。被告辩称：（1）本案所涉事故为船舶互有过失的碰撞事故。根据《避碰规则》，"深某发717"轮应当承担主要责任。（2）对原告起诉状中所称碰撞事故造成"深某发717"轮三名船员死亡的主张不予认可，其中两船员的死亡系碰撞后采取自救措施不当所引起，其自身应当承担全部责任。（3）就本案碰撞事故被告有权享受责任限制，被告已经依法设立海事赔偿责任限制基金，即使被告对原告主张的损失承担责任，原告也只能从基金中受偿。

"深某发717"轮船舶所有人为原告深圳深某公司。"晨某668"轮船舶所有人为江苏金某租赁有限公司，船舶经营人和光船承租人均为被告芜湖市晨某公司。2013年12月26日0050时许，"晨某668"轮由广东揭东港驶往山东东营港途中，在山东石岛附近水域，与"深某发717"轮发生碰撞。事故造成"晨某668"轮船艏及球鼻艏轻微凹陷，"深某发717"轮机舱右舷部位破裂进水沉没，三名船员失踪。

船舶碰撞经过：2013年12月26日0035时许，"晨某668"轮发现"深某发717"轮位于其船艏右舷35°，随即向右微调航向。相距约0.3海里时，"晨某668"轮采取右满舵的避让措施，其后航速8节左右直至两船发生碰撞。"深某发717"轮由从石岛蚧口和兴船业码头离泊南下，0042时许，"深某发717"轮大副发现"晨某668"轮灯光，位于其左前方，船长确认后向左转向避让。0050时许，两轮发生碰撞，"晨某668"轮在碰撞事故发生后调转船头回到碰撞地点，在现场停留大约1小时后驶往石岛。事故发生后，青岛海事局作出《水上交通事故责任认定书》，认定"晨某668"轮对碰撞事故承担主要责任，"深某发717"轮对碰撞事故承担次要责任。

在涉案碰撞事故发生后，芜湖晨某公司申请设立海事赔偿责任限制基金，青岛海事法院于2014年3月6日裁定准许其申请。同年3月28日原告深圳深某公司申请债权登记，被裁定准许后，原告深圳深某公司向青岛海事法院提起了本案的确权诉讼。

【裁判说理】

争议焦点：涉案船舶碰撞责任的比例认定。

青岛海事法院认为：本案是一起船舶碰撞损害责任纠纷。从涉案事故的发生过程并结合青岛海事局调查报告附件4《"晨某668"轮与"深某发717"轮碰撞示意图》直观可见，涉案船舶为交叉相遇发生碰撞，且青岛海事局认定双方船舶均对碰撞负有责任。依照《海商法》第169条第1款"船舶发生碰撞，碰撞的船舶互有过失的，各船按照过失程度的比例负赔偿责任；过失程度相当或者过失程度的比例无法判定的，平均负赔偿责任"的规定，两船应当按照各自的过失比例承担赔偿责任。

本案中，事故发生时能见度良好，两船碰撞中的过失应当适用《避碰规则》及其修订案中船舶在互见中的行动规则予以判断。《避碰规则》第15条规定，当两艘机动船交叉相遇致有构成碰撞危险时，有他船在本船右舷的船舶应给他船让路。"深某发717"轮在碰撞前位于"晨某668"轮右舷，"晨某668"轮在交叉相遇局面中应为让路船，"深某发717"轮为直航船。则"晨某668"轮应遵守让路船行动规则的相应规定，而"深某发717"轮应遵守直航船行动规则的相应规定。从本案查明的事实来看，本案碰撞事故发生过程中，两船均有过失。

"晨某668"轮的过失具体体现在：

1.《避碰规则》第8条规定，为避免碰撞而作的航向和（或）航速的任何变动，如当时环境许可，应大得足以使他船用视觉或雷达观察时容易察觉到；应避免对航向和（或）航速作一连串的小变动；第16条规定，须给他船让路的船舶，应尽可能及早采取大幅度的行动，宽裕地让清他船。而本案中"晨某668"轮作为让路船，在避让过程中采取了一连串小角度向右避让的行动措施，未能及早运用良好船艺采取大幅度的行动以宽裕让清他船，违反了上述《避碰规则》第8条和第16条的规定。

2.《避碰规则》第6条规定，每一船舶在任何时候都应用安全航速行驶，以便能采取适当而有效的避碰行动，并能在适合当时环境和情况的距离以内把船停住。本案中，"晨某668"轮在碰撞发生前船速仍为8节左右，未以安全航速行驶，以致无法采取适用有效的避碰行动避免碰撞发生。"晨某668"轮违反了上述《避碰规则》第6条规定。

3.《避碰规则》第7条规定，如装有雷达设备并可使用的话，则应正确予以使用，包括远距离扫描，以便获得碰撞危险的早期警报，并对探测到的物标进行雷达标绘或与其相当的系统观察。而本案中，从0035时、0041时、0045时两船相距2.5海里、1海里、0.3海里"晨某668"轮采取的措施来看，其未对"深某发717"轮进行雷达标绘或相当系统的观察，也未能及早判断碰撞危险。"晨某668"轮违反了上述《避碰规则》第7条的规定。

"深某发717"轮的过失具体体现在：

1.《避碰规则》第5条规定，每一船舶应经常用视觉、听觉以及适合当时环境和情况下一切有效的手段保持正规的瞭望，以便对局面和碰撞危险作出充分的估计。本案中，在0030时前，"深某发717"轮船长一人值班，并未安排专人进行瞭望；0040时许大副上驾驶台后也未保持正规瞭望，直至碰撞发生前约10分钟尚未发现来船，以致对局面和碰撞危险根本无法作出充分估计。"深某发717"轮违反了上述《避碰规则》第5条规定。

2."深某发717"轮在直到碰撞发生前都始终保持7~8节船速，并未减速，以致无法采取适用有效的避碰行动而导致碰撞发生，"深某发717"轮同样违反了《避碰规则》第6条的规定。

3.从碰撞过程来看，"深某发717"轮未能使用包括雷达在内的一切手段及早断定是否存在碰撞危险，同样违反了《避碰规则》第7条的规定。

4.《避碰规则》第17条第1款规定，（1）两船中的一船应给另一船让路时，另一船应保持航向和航速。（2）然而，当保持航向和航速的船一经发觉规定的让路船显然没有遵照本规则各条采取适当行动时，该船即可独自采取操纵行动，以避免碰撞。第17条第3款规定，在交叉相遇的局面下，机动船按照本条第1款第（2）项采取行动以避免与另一艘机动船碰撞时，如当时环境许可，不应对在本船左舷的船采取左转向。本案中"深某发717"轮作为直航船，未能按照规定保持航向和航速，未能运用良好船艺采取有效避碰措施，反而采取了向左转向的错误行动，直接导致两船发生碰撞。"深某发717"轮违反了上述《避碰规则》第8条和第17条的规定。

综上分析，本院认为，本案中"晨某668"轮在0035时发现"深某发717"轮后，仅采取一连串小角度避让措施，而未能及早大幅度宽裕让清他船，违反了《避碰规则》第15条、第16条中作为让路船行动规则的规定，导致两船形成紧迫局面，应当承担碰撞事故的主要责任。

虽然"晨某668"轮采取的避让措施幅度较小致使紧迫局面发生；但从青岛海事局调查报告《"晨某668"轮与"深某发717"轮碰撞示意图》的趋势分析来看，如果"深某发717"轮作为直航船保持航向和航速，碰撞依然有极大机会可以避免。然而"深某发717"轮非但没有保向保速航行，反而在0042时许突然向左大幅度转向，该错误行动非但未避免碰撞的发生，反而使"晨某668"轮之前所采取的避碰行动完全归于无效。该行为违反了《避碰规则》第17条中作为直航船行动规则的规定，系导致碰撞事故发生的重要原因。

就两船碰撞责任问题，青岛海事局亦认定"晨某668"轮应承担主要责任，"深某发717"轮应承担次要责任。该结论系国家行政主管机关在进行事故调查、询问、分析、研究基础上所作出，具有较高的证明效力，且没有相反证据予以推翻，本院予以采信。关于两船的具体责任比例，从上述两船过失分析综合来看，"晨某668"轮作为让路船，其过失程度仅能认定为略大于直航船"深某发717"轮。因此，就本次碰撞事故，本院酌定"晨某668"轮承担55%的责任，"深某发717"轮承担45%的责任。

基于以上分析，对于原告提出的"晨某668"轮应当承担80%的责任的主张依据不足，本院不予支持。同样，被告关于"深某发717"轮应当承担主要责任或者至少承担对等责任的抗辩也没有事实和法律依据，本院亦不予支持。

对于原告提出的"晨某668"轮肇事逃逸的主张，从事实来看，"晨某668"轮事发后并未逃逸，而是停留约一小时后才开往石岛，并未构成肇事逃逸，且海事局对此也未予认定，本院对原告的该主张不予支持。

被告主张多次呼叫"深某发717"轮其无应答，其通信设备存在故障，故为不适航。本院认为，"深某发717"轮对呼叫无应答并不能必然说明其通信设备存在故障和不适航，且海事局对此也未予认定，故被告的主张缺乏证据支持，本院不予采信。

青岛海事法院于2017年2月17日作出民事判决书，就涉案船舶碰撞责任比例先行判决为"晨某668"轮就本案船舶碰撞事故承担55%的过失责任；驳回原告深圳深某公司就本案船舶碰撞事故责任的其他诉讼请求。

后本判决生效，原告在被告所设立的基金金额范围内受偿。

【法官后语】

在船舶发生碰撞的前后过程中各船舶采取的避碰措施是否有过失,是确定船船碰撞责任的基础与前提。而判定船舶碰撞的责任的依据是《避碰规则》。

具体而言,认定船舶碰撞责任比例的一般按照以下步骤:第一,确认船舶会遇局面为追越、对遇局面或者交叉相遇局面。船舶在航行中的避碰责任,往往与其所处的会遇局面相关。在不同会遇局面中的不同位置,决定着船舶是直航船还是让路船,或者负有同等避让义务,进一步影响着船舶依据《避碰规则》所应当采取的具体行动。第二,分析船舶在碰撞局面的各阶段所采取的避碰措施。两船互见后,伴随着船位的不断接近,相应的碰撞危险逐渐增大。根据《避碰规则》的相关规定,每个阶段的直航船和让路船都负有不同的义务。第三,考察船舶操纵中存在的其他过失。判定船舶碰撞责任比例时,除了要分析船舶是否按照《避碰规则》的要求采取最有助于避碰的行动之外,还要进一步考察船舶在操纵中是否还存在与事故发生相关的其他过失,如疏于瞭望、未保持安全航速、船舶或设备缺陷等过失,在综合考虑的基础上判定船舶碰撞责任比例。

【相关法条】

1.《中华人民共和国海商法》(1993年7月1日施行)

第一百六十九条 船舶发生碰撞,碰撞的船舶互有过失的,各船按照过失程度的比例负赔偿责任;过失程度相当或者过失程度的比例无法判定的,平均负赔偿责任。

互有过失的船舶,对碰撞造成的船舶以及船上货物和其他财产的损失,依照前款规定的比例负赔偿责任。碰撞造成第三人财产损失的,各船的赔偿责任均不超过其应当承担的比例。

互有过失的船舶,对造成的第三人的人身伤亡,负连带赔偿责任。一船连带支付的赔偿超过本条第一款规定的比例的,有权向其他有过失的船舶追偿。

2.《中华人民共和国民事诉讼法》(2012年8月31日修正)

第一百五十三条 人民法院审理案件,其中一部分事实已经清楚,可以就该部分先行判决。

对应新法：

《中华人民共和国民事诉讼法》（2023年9月1日修正）

第一百五十六条　人民法院审理案件，其中一部分事实已经清楚，可以就该部分先行判决。

3.《最高人民法院关于审理船舶碰撞纠纷案件若干问题的规定》（2008年5月19日公布）

第四条　船舶碰撞产生的赔偿责任由船舶所有人承担，碰撞船舶在光船租赁期间并经依法登记的，由光船承租人承担。

对应新法：

《最高人民法院关于审理船舶碰撞纠纷案件若干问题的规定》（2020年12月29日修正）

第四条　船舶碰撞产生的赔偿责任由船舶所有人承担，碰撞船舶在光船租赁期间并经依法登记的，由光船承租人承担。

4.《最高人民法院关于审理海事赔偿责任限制相关纠纷案件的若干规定》（2010年8月27日公布）

第十一条　债权人依据海事诉讼特别程序法第一百一十六条第一款的规定提起确权诉讼后，需要判定碰撞船舶过失程度比例的，案件的审理不适用海事诉讼特别程序法规定的确权诉讼程序，当事人对海事法院作出的判决、裁定可以依法提起上诉。

对应新法：

《最高人民法院关于审理海事赔偿责任限制相关纠纷案件的若干规定》（2020年12月29日修正）

第十一条　债权人依据海事诉讼特别程序法第一百一十六条第一款的规定提起确权诉讼后，需要判定碰撞船舶过失程度比例的，案件的审理不适用海事诉讼特别程序法规定的确权诉讼程序，当事人对海事法院作出的判决、裁定可以依法提起上诉。

承办人：郭俊莉
编写人：孙学燕

10. 某航运公司诉某国际贸易有限公司船舶碰撞损害责任纠纷案

——造成船舶碰撞紧迫局面的当事人责任认定

【合规提示】

本案系一起因两船舶碰撞而产生的船舶碰撞损害责任纠纷案,原被告对碰撞双方的过错责任比例存在争议。在判定船舶碰撞的责任比例时,首先,确认船舶会遇局面,根据不同局面确定船舶的避让义务。其次,分析船舶在碰撞局面的各阶段是否采取了最有助于避碰的行动,认定船舶的避碰责任。最后,考察船舶在操纵中是否还存在与事故发生相关的其他过失,从而综合考虑各自过失程度,准确认定责任比例。对于原被告而言,应保持正规瞭望,进行有效的联系沟通,尽到谨慎驾驶义务并尽早采取避免碰撞的行为。

【案件信息】

1. 裁判文书字号

(2013)青海法海事初字第112号

2. 当事人

原告:某航运公司

被告:某国际贸易有限公司

3. 关键词

民事　船舶碰撞　海上货物运输　过错责任　紧迫局面

【裁判要旨】

在航道中船舶碰撞事故的责任划分,应对船舶碰撞事实和避碰过失进行综合分析,其中造成紧迫局面形成一方的过失最为严重,该过失原因力最大,应当对船舶碰撞事故负主要责任,即造成紧迫局面者的责任比例应大于50%。

在此基础上，再结合碰撞事故现场各个阶段原被告双方的过失，具体划分碰撞双方的过错责任比例。

【基本案情】

2011年10月28日1805时许，原告所有的"某堡桥"轮在由青岛港开航驶往上海港的航行中与被告所有的"某日出"轮发生碰撞，两船互有损坏。

原告诉称：被告所有的"某日出"轮违规突然左转与在航道中正常行驶的"某堡桥"轮发生碰撞。中国海事局于2012年7月4日出具《青岛"10·28""某堡桥"轮与"某日出"轮碰撞事故调查报告》，该报告认定"某日出"轮应对事故承担主要责任，"某堡桥"轮承担次要责任。但海事局未就碰撞双方具体的碰撞责任比例作出认定。为确定原被告双方对碰撞事故所应承担的具体的碰撞责任比例，原告诉至法院，请求依法判决确认原被告双方在"某堡桥"轮与"某日出"轮碰撞事故中的碰撞责任比例，并按照责任比例判决被告承担本案的诉讼费用。

被告辩称：根据海事局的调查报告，本案所涉碰撞事故是由"某堡桥"轮与"某日出"轮两船过失造成，两船互有左转向行为，是造成船舶碰撞的根本原因。而且"某堡桥"轮未以安全航速航行，其在离开青岛港时的航速高达16节，该轮值班船员也未保持正规瞭望，上述两原因也是造成船舶碰撞的重要原因。虽然海事局就两轮碰撞事宜通过海事调查并出具了水上交通事故责任认定书，认定"某日出"轮承担主要责任，但是我方认为两轮对碰撞的发生负有同等责任。

"某日出"轮与"某堡桥"轮各自的通航分道内行驶。1929时许，"某日出"轮未尽到特别谨慎驾驶义务即进入第三警戒区并大幅度向左转向，准备驶往3号锚地抛锚，与"某堡桥"距离1海里。1930时许，"某堡桥"轮航速16节，其船长和大副注意到"某日出"轮显示绿灯并测得两轮的最小会遇距离0.025海里，最小会遇时间2分钟。VTS中心主动呼叫"某日出"轮无应答，错失协调避让的机会。同时值班员呼叫"某堡桥"轮，提醒注意避让其左舷船舶。"某堡桥"轮未采取避让行动。1931时许，"某堡桥"轮航速16.6节，"某日出"轮航向继续左转。两船相距约0.4海里。"某堡桥"轮船长下达"左满舵"舵令，随后，连续下达正舵、右满舵、正舵、左满舵、正舵、左满舵等舵令。1932时许，"某堡桥"轮船长命令"停车"；此时"某日出"轮船位 35°59′N、120°26′E，航向 188°，航速 6.6 节。随后，两船发生碰撞，"某堡桥"轮球鼻艏进入"某日出"轮船体。1935 时许，"某堡桥"轮船长下令"全速倒车"，随后两船分离。1942 时许，"某日出"轮沉没。

海事局认为"某日出"轮在碰撞事故中的过失大于"某堡桥"轮。因此，"某日出"轮应对本次碰撞事故承担主要责任，"某堡桥"轮承担次要责任。

【裁判说理】

争议焦点：碰撞双方的过错责任比例。

青岛海事法院认为：2011 年 10 月 28 日 1927 时之前，"某日出"轮沿进港通航分道航行，"某堡桥"轮沿出港通航分道航行，两船航向接近相反，在各自的通航分道内行驶，如保持航向，将各自从左舷通过，不构成碰撞危险；1928 时许，由于"某日出"轮在对当时的环境和情况是否存在碰撞危险未合理分析的情况下，在两船相距 1.3 海里的近距离内突然实施转向行动，两船航向逐渐转变为交叉会遇，该行动导致的直接结果是两船不能在安全距离驶过，两船构成碰撞危险并随即形成紧迫局面；1929 时至 1930 时许，两船形成紧迫局面后，双方当时值班船员均未保持正规瞭望，未根据通航的环境特点和当时面临的危险局面谨慎驾驶船舶，未及早采取一切有效手段判断船舶当时面临的碰撞危险和紧迫局面，未进行有效的联系沟通，两船出现紧迫危险；1931 时至 1932 时许，两船采取避碰措施不当，最终导致碰撞发生。由此可见，导致两船构成碰撞危险并形成紧迫局面的过错在于"某日出"轮；形成紧迫局面后，两船均未及时采取最有助于避碰的行动。形成紧迫危险后，两船的避碰措施均有不当。从两船形成紧迫局面到发生碰撞，两船均有过错。中国海事局根据对两船在整个碰撞过程中行为及过失的分析，认定"某日出"轮在该次碰撞事故中承担主要责任，"某堡桥"轮承担次要责任并无不当，本院予以采信。

青岛海事法院判决"某日出"轮应承担 70% 的过错责任，"某堡桥"轮应承担 30% 的过错责任。

【法官后语】

船舶碰撞损害责任纠纷案件具有事故突发性强、事故影响大、案件处理专业性强、案件审理难度大、涉外案件占比高等特点，而碰撞责任的划分是此类案件审理认定的基础及重点。

两船发生碰撞通常存在诸多与事故有因果关系的过失，如双方都存在瞭望疏忽、未采取有效措施避碰等。司法实务中，以导致形成碰撞危险者承担碰撞主要责任为船舶碰撞归责原则。在航道中船舶碰撞责任的划分应结合碰撞事故的各个阶段分析，根据目前的司法实践，其中造成紧迫局面形成一方的过失最为严重的，该过失原因力最大，应当对船舶碰撞事故负主要责任，即造成紧迫局面者的责任比例应大于50%。在紧迫局面形成后，两船处置得当、协调一致仍可避免碰撞，故在此阶段处置不当也有一定的原因力，但总的责任比例应小于50%；而在紧迫危险形成后，留给两船避让的时间、距离以及措施极其有限，避免碰撞的机会很小，因此这一阶段的责任比例应较上一阶段小得多。

本案中，导致两船构成碰撞危险并形成紧迫局面是由于"某日出"轮突然实施转向行动所造成的。紧迫局面形成后，双方当事值班船员均未保持正规瞭望，未根据通航的环境特点和当时面临的危险局面谨慎驾驶船舶，未及早采取一切有效手段判断船舶当时面临的碰撞危险和紧迫局面，未进行有效的联系沟通，即两船均未及时采取最有助于避碰的行动，对于紧迫危险的形成原被告双方均存在过失。综上所述，本院综合双方的过错程度、违反避碰规则的情形以及其行为对碰撞结果原因力的大小，认为"某日出"轮应承担70%的过错责任，"汉堡桥"轮应承担30%的过错责任。

【相关法条】

《中华人民共和国海商法》（1993年7月1日施行）

第一百六十九条 船舶发生碰撞，碰撞的船舶互有过失的，各船按照过失程度的比例负赔偿责任；过失程度相当或者过失程度的比例无法判定的，平均负赔偿责任。

互有过失的船舶，对碰撞造成的船舶以及船上货物和其他财产的损失，依照前款规定的比例负赔偿责任。碰撞造成第三人财产损失的，各船的赔偿责任均不超过其应当承担的比例。

互有过失的船舶,对造成的第三人的人身伤亡,负连带赔偿责任。一船连带支付的赔偿超过本条第一款规定的比例的,有权向其他有过失的船舶追偿。

承办人:张先立
编写人:查璎娟

11. 宋某某诉某航运有限公司船舶碰撞损害责任纠纷案
——船舶碰撞均有过错时责任比例的认定

【合规提示】

本案系一起船舶碰撞损害责任纠纷案,双方对船舶碰撞责任比例产生争议。无论是航运公司还是个人,在航行中都应合理制订航行计划,及时接收航行警告信息,尽量避开渔船集中作业区;利用一切有效的手段包括视觉、听觉、雷达等进行瞭望;采取安全航速,充分理解避碰规则,积极使用灯光声响信号来警示靠近船舶,尤其在夜间还应特别留意其他船舶的灯光信号,避免由于疏忽与其他船舶形成紧迫局面甚至发生碰撞。一旦发生碰撞,搜集证据证明船舶碰撞事实及相关的损失证明。

【案件信息】

1. 裁判文书字号

(2012)青海法海事初字第 65 号

2. 当事人

原告:宋某某

被告:某航运有限公司

3. 关键词

民事　船舶碰撞　互有过失

【裁判要旨】

对于船舶发生碰撞，碰撞的船舶互有过失的，根据《海商法》第169条第1款的规定，各船按照过失程度的比例负赔偿责任。互有过失的船舶，对碰撞造成的船舶以及船上货物和其他财产的损失，依照第1款规定的比例负赔偿责任。碰撞造成第三人财产损失的，各船的赔偿责任均不超过其应当承担的比例的规定。

【基本案情】

在宋某某（原告）诉某航运有限公司（被告）船舶碰撞损害责任纠纷一案中，青岛海事法院查明案件事实如下：2010年12月28日，被告所有的巴拿马籍集装箱船"C×××"轮，由青岛港驶往上海港途中，在朝连岛附近水域与原告所有的正在锚泊的"鲁某渔0319"轮发生碰撞，碰撞造成"鲁某渔0319"轮断裂沉没及笼壶捕鱼所用渔具、船上渔获物损失。青岛海事局作出《碰撞事故调查报告》认定"C×××"轮对此次事故负主要责任。

原告提出诉讼请求：判令被告赔偿原告经济损失人民币222万元及相应利息；本案诉讼费用、鉴定费用等由被告承担。

被告辩称："C×××"轮没有与"鲁某渔0319"轮发生碰撞；原告未能证明"C×××"轮碰撞过"鲁某渔0319"轮；也未能证明其为"鲁某渔0319"轮的所有权人；即使"C×××"轮与"鲁某渔0319"轮发生过碰撞，被告与原告应当平均负赔偿责任；原告不应向被告全额主张"鲁某渔0319"轮的损失，其索赔额明显超过"鲁某渔0319"轮的市场价值及法律规定的数额。

【裁判说理】

争议焦点：船舶碰撞引起的损害责任纠纷中碰撞责任比例的认定。

青岛海事法院认为：本案碰撞事故发生时，"鲁某渔0319"轮处于锚泊状态，而"C×××"轮则处于航行状态，二轮均未遵守《1972年国际海上避碰规则》（以下简称《避碰规则》）第5条关于瞭望的规定保持正规瞭望；此外，"C×××"轮还违反《避碰规则》第6条关于安全航速的规定、第8条关于避免碰撞的行动的规定，以及《78/95STCW公约》第Ⅷ章规则2第2条"任何时间都要保证在当时环境和条件情况下保持安全值班"的规定。综合考虑以上情节，认定"鲁某渔0319"轮承担本案船舶碰撞事故10%的过失责任，"C×××"轮承担本案船舶碰撞事故90%的过失责任。原告提出被告撞船后逃逸应承担全部责任，缺乏依据，不予支持。被告辩称两船平均承担碰撞责任没有事实及法律依据，故不予支持。

根据《海商法》第169条第1款关于船舶发生碰撞，碰撞的船舶互有过失的，各船按照过失程度的比例负赔偿责任，第2款关于互有过失的船舶，对碰撞造成的船舶以及船上货物和其他财产的损失，依照前款规定的比例负赔偿责任。碰撞造成第三人财产损失的，各船的赔偿责任均不超过其应当承担的比例的规定，以及《最高人民法院关于审理船舶碰撞纠纷案件若干问题的规定》第4条关于船舶碰撞产生的赔偿责任由船舶所有人承担的规定，因"C×××"轮没有损失，故被告作为"C×××"轮的所有人，应对两船碰撞造成原告的损失，按过失责任比例予以赔偿。

青岛海事法院判决原被告按两船碰撞比例承担相应的责任。

【法官后语】

船舶碰撞损害责任纠纷是海事侵权责任纠纷中常见的纠纷类型，实践中也极易引发其他纠纷。根据《海商法》的相关规定，船舶碰撞是指船舶在海上或者与海相通的可航水域发生接触造成损害的事故，同时还包括船舶因操纵不当或者不遵守航行规章，虽然实际上没有同其他船舶发生碰撞，但是使其他船舶以及船上的人员、货物或者其他财产遭受损失的等情形。实践中，船舶碰撞损害责任纠纷的案件争议焦点集中于以下几个方面：船舶是否实际发生了碰撞；碰撞船舶的责任划分；损害赔偿金额的确定；责任人能否援用海事赔偿责任限制等。

1. 船舶是否实际发生了碰撞。关于是否发生碰撞，原则上应当基于海事部门作出的事故调查报告，结合船舶事故痕迹，并考虑船舶是否存在不适航、或与其他船舶碰撞等除外情形，综合认定原告所诉碰撞是否实际发生。本案中，青岛海事局对船舶碰撞事故成立了调查组，分别对两船进行了调查和取证，经分析研究作出《碰撞事故调查报告》。青岛海事法院在《碰撞事故调查报告》基础上，并根据"谁主张，谁举证"原则，对船舶碰撞的事实进行了综合认定。

2. 碰撞责任比例的认定。根据《海商法》第 169 条第 1 款的规定，船舶发生碰撞，碰撞的船舶互有过失的，各船按照过失程度的比例负赔偿责任；过失程度相当或者过失程度的比例无法判定的，平均负赔偿责任。关于碰撞责任比例的划分，专业性较强。实践中，原则上采信海事部门作出的《海上事故调查报告》得出的关于责任划分的调查结论。因为海事部门《海上事故调查报告》，不仅合规（按照《避碰规则》和我国有关法律法规的规定），还专业（运用航海技术等专业手段）。其关于船舶碰撞前的情形及其各方过失的分析，除非当事人有强有力的相反证据，否则会被采信。本案中，青岛海事法院在青岛海事局《碰撞事故调查报告》基础上，结合原被告双方证据，综合认定二轮都存在瞭望疏忽。因此，"C×××"轮对此次事故负主要责任，"鲁某渔 0319"轮负次要责任。

3. 损害赔偿金额的确定。《最高人民法院关于审理船舶碰撞和触碰案件财产损害赔偿的规定》第 1 条规定，请求人可以请求赔偿对船舶碰撞或者触碰所造成的财产损失，船舶碰撞或者触碰后相继发生的有关费用和损失，对避免或者减少损害而产生的合理费用和损失，以及预期可得利益的损失。因请求人的过错造成的损失或者使损失扩大的部分，不予赔偿。实践中，可以主张的损失项目主要包括全损情况下的船舶价值损失、部分损害情况下的船舶修理费、船上财产的损失，及船期损失、打捞救助费等。根据"谁主张，谁举证"原则，当事人应就事故发生经过、维修支出费用、可期待利益损失等进行举证与质证。如双方对相关事实均无法完成举证，可以向法院申请鉴定。法院在船舶碰撞损害责任纠纷的具体损失认定中，通过审查当事人的举证，或根据司法鉴定评估的结果，并结合已经确认的碰撞责任比例作出责任人承担损害赔偿金额的认定。本案中，青岛海事法院综合《碰撞事故调查报告》认定以及案件事实，认定"鲁某渔 0319"轮承担本案船舶碰撞事故 10% 的过失责任，"C×××"轮承担本案船舶碰撞事故 90% 的过失责任，并按过失责任比例计算被告应赔偿原告损失的具体金额。

4. 能否援用海事赔偿责任限制。海事赔偿责任限制制度旨在保护航运主体，赔偿请求人就船舶营运过程中所造成的人身、货物、其他财产等各项损失向责任人索赔时，责任人可以申请援用海事赔偿责任限制将总的赔偿责任限制在一定限额之内。当涉事船舶因不当行为丧失责任限制时，责任人应根据实际损失承担完全的赔偿责任。在我国，责任人援用责任限制的除外情形仅限于：经证明，引起赔偿请求的损失是由于责任人的故意或者明知可能造成损失而轻率地作为或者不作为造成的。

船舶碰撞损害责任纠纷作为一种最为常见的海事侵权责任纠纷类型，近年来多见于各个海事法院，其争议焦点的认定主要涉及事实问题，案件办理难点亦集中于举证和对证据的认定。船舶碰撞事故的发生原因中以人为因素居多，包括但不限于不遵守航行规则、疏于瞭望、船速过快、船员不适格、过于自信而冒险航行等。根据我国《海商法》等相关法律规定，船舶碰撞损害赔偿责任由船舶所有人承担，船舶已经光船租赁给承租人且已办理登记的，由光租承租人承担。因此，为避免和减少船舶碰撞事故及由此引起的损失和诉累，船舶所有人和光租承租人应关注自己所有之船舶是否已建立安全规章制度和安全管理措施，是否已按国家有关规定配备、培训船员，是否在航行过程中依法办理进出港签证手续等。一旦船舶发生碰撞事故，应在保证己方船舶安全的情况下，尽力救助对方船员；并最大程度地采取防止损失扩大的措施；同时应注意保存证明损失大小的相关证据。

【相关法条】

1.《中华人民共和国海商法》（1993年7月1日施行）

第一百六十九条　船舶发生碰撞，碰撞的船舶互有过失的，各船按照过失程度的比例负赔偿责任；过失程度相当或者过失程度的比例无法判定的，平均负赔偿责任。

互有过失的船舶，对碰撞造成的船舶以及船上货物和其他财产的损失，依照前款规定的比例负赔偿责任。碰撞造成第三人财产损失的，各船的赔偿责任均不超过其应当承担的比例。

互有过失的船舶，对造成的第三人的人身伤亡，负连带赔偿责任。一船连带支付的赔偿超过本条第一款规定的比例的，有权向其他有过失的船舶追偿。

2.《中华人民共和国民事诉讼法》（2007年10月28日修正）

第三十条　因铁路、公路、水上和航空事故请求损害赔偿提起的诉讼，由事故发生地或者车辆、船舶最先到达地、航空器最先降落地或者被告住所地人民法院管辖。

对应新法：

《中华人民共和国民事诉讼法》（2023年9月1日修正）

第三十条　因铁路、公路、水上和航空事故请求损害赔偿提起的诉讼，由事故发生地或者车辆、船舶最先到达地、航空器最先降落地或者被告住所地人民法院管辖。

3.《最高人民法院关于审理船舶碰撞纠纷案件若干问题的规定》（2008年5月19日公布）

第四条　船舶碰撞产生的赔偿责任由船舶所有人承担，碰撞船舶在光船租赁期间并经依法登记的，由光船承租人承担。

对应新法：

《最高人民法院关于审理船舶碰撞纠纷案件若干问题的规定》（2020年12月29日修正）

第四条　船舶碰撞产生的赔偿责任由船舶所有人承担，碰撞船舶在光船租赁期间并经依法登记的，由光船承租人承担。

4.《最高人民法院关于审理船舶碰撞和触碰案件财产损害赔偿的规定》（1995年8月18日公布）

一、请求人可以请求赔偿对船舶碰撞或者触碰所造成的财产损失，船舶碰撞或者触碰后相继发生的有关费用和损失，为避免或者减少损害而产生的合理费用和损失，以及预期可得利益的损失。

因请求人的过错造成的损失或者使损失扩大的部分，不予赔偿。

对应新法：

《最高人民法院关于审理船舶碰撞和触碰案件财产损害赔偿的规定》（2020年12月29日修正）

一、请求人可以请求赔偿对船舶碰撞或者触碰所造成的财产损失，船舶碰撞或者触碰后相继发生的有关费用和损失，为避免或者减少损害而产生的合理费用和损失，以及预期可得利益的损失。

因请求人的过错造成的损失或者使损失扩大的部分，不予赔偿。

承办人：迟焕德

编写人：李　宁　崔婷婷

12. 福州某船务有限公司诉某商船株式会社船舶碰撞损害责任纠纷案
——锚泊船的船舶碰撞责任及海事赔偿责任限制

【合规提示】

本案系一起船舶碰撞损害责任纠纷案。锚泊船舶需按照《1972年国际海上避碰规则》（以下简称《避碰规则》）规定履行瞭望、显示号灯和避碰等义务。否则，将可能对船舶碰撞事故承担一定的碰撞责任。船东应确保船舶开航前或开航当时适航，并加强船员的管理，以免因船员驾驶船舶过失导致船舶碰撞。船员驾驶船舶过失并不当然等同于船东过失，并不必然导致船东丧失海事赔偿责任限制的权利。对漏油船舶或沉没、搁浅或被弃的遇难船舶而言，有关起浮、清除、拆毁事故船舶及船上货物或者使其无害的费用的海事请求不属于限制性债权，相关船东等责任人不享受海事赔偿责任限制，但其向碰撞对方船舶的责任人索赔时，属于限制性债权，可以依法享受海事赔偿责任限制。

【案件信息】

1. 裁判文书字号

（2009）青海法海事初字第46号

2. 当事人

原告：福州某船务有限公司

被告：某商船株式会社

3. 关键词

民事　船舶碰撞　海事赔偿责任限制制度

【裁判要旨】

1. 锚泊船舶违反《避碰规则》规定的瞭望、显示号灯和避碰等义务，应对船舶碰撞事故承担一定的碰撞责任。

2. 船员的驾驶过失并不当然等同于船舶所有人或者经营人等责任人本人的过失，并不当然导致责任人丧失限制海事赔偿责任的权利。

3. 对方船舶责任人对于漏油船舶或沉没、搁浅或被弃的遇难船舶的船舶所有人、经营人等责任人向其提出的有关起浮、清除、拆毁及船上货物或者使其无害的费用的海事请求，属于限制性债权，可以依法享受海事赔偿责任限制。

【基本案情】

2008年9月4日22时许，原告所属的中国籍货轮"吉某689"轮在青岛港临时锚地区域锚泊期间，遭遇某商船株式会社所属的韩国籍"Z×××"轮碰撞，并最终导致"吉某689"轮沉没。

事故发生后，青岛海事局对碰撞事故进行了调查，并作出《青岛"9·4""Z×××"轮与"吉某689"轮碰撞事故的调查报告》，认为：当时临时锚地里已有五艘锚泊船，"Z×××"轮驶入锚地水域正在选择锚位抛锚，在碰撞发生前航速保持在8.5节以上，以此航速航行以致发生碰撞，不能认为使用安全航速行驶，且违反了《避碰规则》第2条规定的对按船员通常做法或对当时特殊情况所要求的任何戒备上的疏忽的责任。该轮雷达置于0.75海里距离档，不能满足当时周围环境的要求，船长未用雷达瞭望，二副直到碰撞未用雷达瞭望，以致未能及时发现锚泊船和获得碰撞危险的早期警报，也未及早借助VHF等有效手段保持正规瞭望，直到碰撞前约20米，船长才发现"吉某689"轮，并直接驶向"吉某689"轮，以致未及时采取避让措施，属于瞭望疏忽。碰撞发生前该轮航速、航向一直没有明显变化，直到距离锚泊船60~70米才采取避免碰撞的行动，直接以80°~90°碰撞角度与"吉某689"轮碰撞，避让措施严重不当，甚至可以认定没来得及采取避让措施。这些疏忽和过失违反《避碰规则》第2条、第5条、第6条、第7条、第8条的规定，是导致碰撞的直接原因。根据航海经验和理论，碰撞事故发生后，进入他船船体的船舶，在未查明破洞和进水情况时，未与对方协商一致，不应盲目采取倒车分离行动，而"Z×××"轮于碰撞发生后全速倒车与"吉某

689"轮脱离，系采取措施不当，是导致"吉某689"轮沉没的主要原因之一。据此认定，"Z×××"轮作为在航船，应当对此次事故承担主要责任。"吉某689"轮从发现来船距离1.5海里直至碰撞发生，未按规定用号鸣笛放声号警告来船，且事故发生前1、2号辅机全部处于停机状态，缺乏应有的戒备，导致无法于自发现来船至碰撞发生前及时启动主机、锚机和采取相应有效措施，避免碰撞或改变碰撞角度以减少损失，违反《避碰规则》第34条第4款、第2条的规定，是导致碰撞发生的间接原因。据此认定，其作为锚泊船，存在一定疏忽，应对该事故负次要责任。

本次事故造成原告船舶价值损失人民币1000万元，船上燃料及物料等损失人民币40万元，船期损失60万元，船上货物损失人民币537 600元，以及应青岛海事局要求委托专业公司对沉没的"吉某689"轮进行水下抽油和清障打捞作业产生的费用人民币800万元。此外，在打捞实施前，为处理沉没的"吉某689"轮相关事宜，原告向青岛海事局交付了人民币50万元现金的应急支出。原告为及时支付前述打捞费用和应急支出，进行民间融资，为此支付截至起诉之日的相关利息约人民币441 000元。

原告认为，碰撞事故是由于被告所属的韩国籍"Z×××"轮的航行过错所致，被告作为该轮的船舶所有人应对本次事故承担全部赔偿责任，应当向原告赔偿前述经济损失总计人民币20 478 600元，在本案审理过程中，原告将诉讼请求的标的额变更为人民币19 269 200元。

被告某商船株式会社辩称：原告未能证明其为"吉某689"轮的船舶所有人，"吉某689"轮对于碰撞事故应当承担主要责任，原告未能有效举证证明其各项损失，根据《海商法》第207条、《最高人民法院关于审理海事赔偿责任限制相关纠纷案件的若干规定》第17条的规定，被告对原告提出的海事请求享有限制海事赔偿责任的权利。

【裁判说理】

争议焦点：（1）碰撞事故的事实以及责任；（2）原告的具体损失；（3）被告是否享受海事赔偿责任限制。

青岛海事法院认为：

一、关于碰撞事故的事实以及责任

由于本案所涉的碰撞事故的事实以及责任已经由主管机关青岛海事局

调查并作出海事调查报告和责任认定书予以认定,依照《最高人民法院关于审理船舶碰撞纠纷案件若干问题的规定》第11条的规定,"船舶碰撞事故发生后,主管机关依法进行调查取得并经过事故当事人和有关人员确认的碰撞事实调查材料,可以作为人民法院认定案件事实的证据,但有相反证据足以推翻的除外"。本案中,虽然原被告对其中认定的部分事实有异议,其提交的证据不足以推翻青岛海事局作出的海事调查报告和责任认定书认定的事实。原告提交的船长林某恢的证词,被告提交的K×××作出的船长声明,均系与原告或被告单方有利害关系的证人的证言,依照《最高人民法院关于民事诉讼证据的若干规定》第69条第2项的规定,不能单独作为认定事实的依据。原被告各自填写的海事事故调查表也系其各自的单方陈述,均无其他证据予以佐证,对方均不予认可,青岛海事法院对这些证据均不予采信。原告提交的船长林某恢、船员聂某文的调查笔录系于声明举证完毕后并在查阅有关船舶碰撞的事实证据材料后提交,被告不予质证,且作为证人未出庭作证,没有其他证据予以佐证,青岛海事法院不予采信。综上,青岛海事法院对于青岛海事局作出的海事调查报告以及责任认定书认定的事实以及责任比例予以认定。对于原被告提出的部分碰撞事实的异议不予采纳。

依照《避碰规则》第2条、第5条、第7条、第8条规定,每一船舶应经常用视觉、听觉以及适合当时环境和情况下一切有效的手段保持正规的瞭望,以便对局面和碰撞危险作出充分的估计,并应用适合当时环境和情况的一切有效手段断定是否存在碰撞危险,并应在当时环境许可的情况下,积极地、及早地进行和注意运用良好的船艺采取行动以避免碰撞。

结合青岛海事局作出海事调查报告认定的事实,青岛海事法院认为,"Z×××"轮作为在航船,瞭望疏忽、未使用安全航速、采取的避让措施不当,这些疏忽和过失违反了《避碰规则》第2条、第5条、第6条、第7条、第8条的规定,是导致碰撞的直接和主要原因。在碰撞事故发生后,在已进入对方船体的情况下,未查明破洞和进水情况亦未与对方协商一致,"Z×××"轮即全速倒车与"吉某689"轮脱离,系采取措施不当,是导致"吉某689"轮沉没的主要原因之一。据此青岛海事法院认定,"Z×××"轮应当对此次事故承担主要责任。

"吉某689"轮作为锚泊船,瞭望疏忽,未按规定用号笛鸣放声号警告来船,存在一定疏忽,违反《避碰规则》第 2 条、第 36 条的规定,是导致碰撞发生的间接原因,应对该事故负次要责任。

原被告均确认由"吉某 689"轮承担 10% 的碰撞责任,"Z×××"轮承担 90% 的碰撞责任。该责任比例与其双方在碰撞事故中的过错相当,符合当时的实际情况,青岛海事法院予以认定。

二、关于原告的具体损失

根据《最高人民法院关于审理船舶碰撞纠纷案件若干问题的规定》第 4 条的规定,船舶碰撞产生的赔偿责任由船舶所有人承担,碰撞船舶在光船租赁期间并经依法登记的,由光船承租人承担。被告某商船株式会社在碰撞事故发生时系"Z×××"轮登记的船舶所有人,应当对本案碰撞事故承担相应的赔偿责任。

依照《最高人民法院关于审理船舶碰撞和触碰案件财产损害赔偿的规定》第 1 条、第 2 条、第 3 条、第 4 条、第 7 条的规定,请求人可以请求赔偿对船舶碰撞或者触碰所造成的财产损失、船舶碰撞或者触碰后相继发生的有关费用和损失、为避免或者减少损害而产生的合理费用和损失,以及预期可得利益的损失。原告所属的"吉某 689"轮因碰撞沉没,应认定为船舶全损。因此,被告应当赔偿船舶价值损失、合理的沉船打捞和清除费用、合理的船期损失、船载货物损失、船员工资、遣返费及其他合理费用及其利息等损失。但因请求人的过错造成的损失或者使损失扩大的部分,不予赔偿。

依照《海商法》第 169 条的规定,船舶发生碰撞,碰撞的船舶互有过失的,各船按照过失程度的比例负赔偿责任,互有过失的船舶,对碰撞造成的船舶以及船上货物和其他财产的损失,依照过失程度的比例负赔偿责任。鉴于本案中"吉某 689"轮与"Z×××"对于船舶碰撞事故均具有过失,原告应承担 10% 的责任,被告应承担 90% 责任,因此,被告对于原告遭受到损失,应当承担 90% 的赔偿责任。

(一)船舶价值损失

依照《最高人民法院关于审理船舶碰撞和触碰案件财产损害赔偿的规定》第 8 条的规定,船舶价值损失的计算,以船舶碰撞发生地当时类似船舶的市价确定;碰撞发生地无类似船舶市价的,以船舶船籍港类似船舶的市价确定,或者以其他地区类似船舶市价的平均价确定;没有市价的,以原船舶的造价或者购置价,扣除折旧(折旧率按年 4%~10%)计算;折旧后没有价值的按残值计算。船舶被打捞后尚有残值的，船舶价值应扣除残值。

本案中，尽管原告提交的船舶保险单不能单独证明船舶价值，但是原告提交了《公估报告》以证明船舶的价值。《公估报告》的鉴定机构和鉴定人员均具备相应的评估资质，其根据市场询价，依据原告提交的海上船舶检验证书簿等船舶资料，参照国内同类型船舶建造的一般配置情况，采用重置价值法，对"吉某689"轮事故发生时的重置成本进行评估，并依照该轮自建成至事故发生时的船龄，按年折旧率5%计算其船舶价值，在没有证据证明存在船舶碰撞发生地当时类似船舶的市价或者船舶船籍港类似船舶的市价或其平均价的情况下，其估算方法以及估算结果并无不当。被告并未提交证据予以推翻青岛海事法院对其认定的"吉某689"轮于事故发生时的价值为人民币10 095 424元的评估意见予以采信，但其未扣除该轮残骸的残值，应予纠正。因该轮打捞的残骸为700吨，原被告对其残值均确认为人民币140万元，青岛海事法院予以确认。扣除残值后，青岛海事法院认定"吉某689"轮事故发生时的船舶价值损失为人民币8 695 424元。被告承担90%的责任即为7 825 881.60元。综上，被告应当向原告赔偿船舶价值损失人民币7 825 881.60元及从船期损失停止计算之日即2008年11月4日起至本判决确定支付之日止，按照同期银行贷款利率计算的利息。

（二）船期损失

根据《最高人民法院关于审理船舶碰撞和触碰案件财产损害赔偿的规定》第10条的规定，因船舶全损造成的船期损失的计算期限以找到替代船所需的合理期间为限，但最长不得超过两个月，而且一般应以船舶碰撞前后各两个航次的平均净盈利计算，无前后各两个航次可参照的，以其他相应航次的平均净盈利计算。本案中，原告提交的证据虽然证明事发前的其中一个航次的运费收入为人民币377 100元，事故航次的运费收入为人民币187 600元，但仅系航次经营收入，其并未提交证据证明该两航次的净盈利，青岛海事法院不予采信。鉴于被告认可"吉某689"轮的船期损失为人民币40万元，视为被告自认，原告未提出异议，亦未提交证据予以推翻。依照《最高人民法院关于民事诉讼证据的若干规定》第8条第1款的规定，青岛海事法院予以确认。被告承担90%的责任即为人民币36万元。据此，青岛海事法院认定，被告应当向原告赔偿"吉某689"轮的船期损失人民币36万元及自损失发生之日即2008年9月4日起至本判决确定支付之日止，按照同期银行贷款利率计算的利息。

（三）"吉某689"轮残骸的打捞、清除费用

原告应主管机关要求，委托有资质的打捞公司对"吉某689"轮的残骸进行打捞清除，约定的打捞费用人民币800万元，属于合理的残骸的打捞、清除费用，被告并未提交证据予以推翻，青岛海事法院予以认定。虽然依照青岛海事法院（2009）青海法海商初字第348号民事调解书，原告实际应多支付人民币48万元给打捞公司，但该费用系因原告未及时按照约定支付打捞、清除费用而产生的违约金等费用，属于原告自行扩大的损失，与碰撞事故并无直接的因果关系，因此，对该部分费用，青岛海事法院不予支持。据此，青岛海事法院认定，合理的残骸的打捞、清除费用为人民币800万元。被告按照90%的责任比例应当向原告支付"吉某689"轮残骸的打捞、清除费用人民币720万元及自该费用产生之日即2008年10月18日起至本判决确定支付之日止，按照同期银行贷款利率计算的利息。

（四）船载货物的损失

本案中，事故航次原告运载的货物随船沉没，该船载货物损失，原告应予赔偿。青岛海事法院在依法审理后作出（2009）青海法海商初字第127号民事判决认定了该船载货物损失，被告并未提交证据证明原告未出庭应诉导致了损失的扩大，因此，青岛海事法院对判决书认定的损失人民币40万元及自2008年9月8日至2009年3月23日按照人民银行同期贷款利率计算的利息予以确认。原告仅主张人民币40万元，视为放弃部分诉讼请求，并不损害他人合法权益，青岛海事法院予以确认。据此，被告按照90%的责任比例应当向原告赔偿船载货物损失人民币36万元以及自损失发生之日即2008年9月4日至本判决确定支付之日止，按照同期银行贷款利率计算的利息。

（五）船员工资及遣散费用

关于原告主张的船员工资及遣散费用人民币169 200元，鉴于被告予以认可，青岛海事法院予以确认。据此，被告按照90%的责任比例应当向原告赔偿船员工资及遣散费用人民币152 280元以及自费生之日即2008年9月4日起至本判决确定支付之日止，按照同期银行贷款利率计算的利息。

三、关于被告是否享受海事赔偿责任限制

依照《海商法》第204条、第207条的规定，船舶所有人、经营人，对于包括在船上发生的或者与船舶营运、救助作业直接相关的人身伤亡或者财

产的灭失、损坏，包括对港口工程、港池、航道和助航设施造成的损坏，以及由此引起的相应损失的赔偿请求以及与船舶营运或者救助作业直接相关的，侵犯非合同权利的行为造成其他损失的赔偿请求等在内的海事请求，可以依法限制赔偿责任。依照《海商法》第209条的规定，只有在证明引起赔偿请求的损失是由于船舶所有人或者经营人等责任人本人的故意或者明知可能造成损失而轻率地作为或者不作为造成的情况下，责任人才无权限制赔偿责任。

本案中，原告向被告主张的船舶价值损失、船期损失属于《海商法》第207条第1款第1项规定的在船上发生的或者与船舶营运直接相关的财产的灭失以及由此引起的相应损失的赔偿请求；其主张的船载货物的损失、船员工资及遣散费用均属于该法第207条第1款第3项规定的侵犯非合同权利的行为造成其他损失的赔偿请求，均属于限制性债权。虽然根据《最高人民法院关于审理船舶碰撞纠纷案件若干问题的规定》第9条与《最高人民法院关于审理海事赔偿责任限制相关纠纷案件的若干规定》第17条第1款的规定，因起浮、清除、拆毁由船舶碰撞造成的沉没、遇难、搁浅或被弃船舶及船上货物或者使其无害的费用提出的赔偿请求，责任人不能依照《海商法》第十一章的规定享受海事赔偿责任限制。但依照《最高人民法院关于审理海事赔偿责任限制相关纠纷案件的若干规定》第17条第2款的规定，由于船舶碰撞致使责任人遭受前述的索赔，责任人就因此产生的损失向对方船舶追偿时，被请求人主张依据《海商法》第207条的规定限制赔偿责任的，人民法院应予支持。本案中，原告关于"吉某689"轮残骸的打捞、清除费用的请求，系其作为责任人承担相应责任后向对方船舶的船舶所有人进行追偿，属于碰撞船舶对方船舶的船舶所有人依法可以享受海事赔偿责任限制的请求的范围。综上，原告主张的船舶价值损失、船期损失、船载货物的损失、船员工资及遣散费用以及"吉某689"轮残骸的打捞、清除费用等均属于作为对方船舶的船舶所有人被告依法可以享受海事赔偿责任限制的范围。

鉴于青岛海事局作为主管的调查机关经调查认定，事故航次"Z×××"轮的配员符合其《船员最低安全配员证书》要求，持证船员证书均有效，该轮的船舶国籍证书、国际吨位证书、国际载重线证书、货船无线电安全证书、船舶最低安全配员证书、货船设备安全证书、国际防止油污证书、国际防止空气污染证书、安全管理证书、安全管理体系符合证明等法定船舶证书齐全有效。原告并未提交证据予以推翻。因此，足以认定"Z×××"轮在事故航次适航。原告亦未举证证明"Z×××"轮当值船员的驾驶过失导致的船舶碰撞事故系由于作为船舶所有人本人的被告的故意或者明知可能造成损失而轻率地作为或者不作为造成的。被告依法就涉案的船舶碰撞事故可能引起的非人身伤亡的赔偿请求设立了海事赔偿责任限制基金。因此，被告对于原告的请求依法有权享受海事赔偿责任限制。原告关于被告无权享受责任限制的主张没有事实和法律依据，青岛海事法院不予支持。

综上，原告主张的船舶价值损失、船期损失、船载货物的损失、船员工资及遣散费用以及"吉某689"轮残骸的打捞、清除费用等均属限制性债权，被告是碰撞当事船舶的所有人，已申请享受海事责任限制，并依法设立了海事赔偿责任限制基金，没有证据证明被告存在丧失海事赔偿责任限制的情况，被告对前述海事赔偿依法享有责任限制的权利。上述赔偿应从被告设立的海事赔偿责任限制基金中支付。

青岛海事法院判决如下：一、被告某商船株式会社于本判决生效之日起10日内向原告福州某船务有限公司赔偿船舶价值损失人民币7 825 881.60元及自2008年11月4日起至本判决确定支付之日止，按照同期银行贷款利率计算的利息；二、被告某商船株式会社于本判决生效之日起10日内向原告福州某船务有限公司赔偿船期损失、船载货物损失、船员工资及遣散费用共计人民币872 280元及自2008年9月4日起至本判决确定支付之日止，按照同期银行贷款利率计算的利息；三、被告某商船株式会社于本判决生效之日起10日内向原告福州某船务有限公司赔偿"吉某689"轮残骸的打捞、清除费用人民币720万元及自2008年10月18日起至本判决确定支付之日止，按照同期银行贷款利率计算的利息；四、上述赔偿款及利息以被告某商船株式会社享受的海事赔偿责任限制所确定的原告福州某船务有限公司应获得的数额为限；五、驳回原告福州某船务有限公司的其他诉讼请求。

【法官后语】

该案是船舶碰撞纠纷案件，案情复杂，具有一定的代表意义。

在责任认定方面。一方面，锚泊船舶不能免除避碰规则规定的瞭望、显示号灯和避碰等义务，锚泊船舶违反《避碰规则》规定的瞭望、避碰等义务与碰撞事故的发生有一定因果关系，应对船舶碰撞故承担一定的碰撞责任。另一方面，受害方因自己过错导致的扩大损失不应由加害方承担赔偿责任。

在海事赔偿责任限制制度的运用方面。首先，认定因起浮、清除、拆毁由船舶碰撞造成的沉没、遇难、搁浅或被弃船舶及船上货物或者使其无害的费用向漏油船舶或沉没、搁浅或被弃的遇难船舶的船舶所有人、经营人等责任人提出的赔偿请求，不属于限制性债权，该船舶的责任人不能享受海事赔偿责任限制。但该船舶的责任人赔偿后，向对方船舶等其他责任人索赔时，则属于限制性债权，其他责任人可以依法享受海事赔偿责任限制。其次，认定只有船舶所有人或者经营人等责任人本人故意或者明知可能造成损失而轻率地作为或者不作为造成损失的情况下，责任人才无权限制赔偿责任，船员的驾驶过失并不当然等同于船舶所有人或者经营人等责任人本人的过失，并不当然导致责任人丧失限制其赔偿责任的权利。

【相关法条】

1.《中华人民共和国海商法》（1993年7月1日施行）

第一百六十九条 船舶发生碰撞，碰撞的船舶互有过失的，各船按照过失程度的比例负赔偿责任；过失程度相当或者过失程度的比例无法判定的，平均负赔偿责任。

互有过失的船舶，对碰撞造成的船舶以及船上货物和其他财产的损失，依照前款规定的比例负赔偿责任。碰撞造成第三人财产损失的，各船的赔偿责任均不超过其应当承担的比例。

互有过失的船舶，对造成的第三人的人身伤亡，负连带赔偿责任。一船连带支付的赔偿超过本条第一款规定的比例的，有权向其他有过失的船舶追偿。

第二百零四条 船舶所有人、救助人，对本法第二百零七条所列海事赔偿请求，可以依照本章规定限制赔偿责任。

前款所称的船舶所有人，包括船舶承租人和船舶经营人。

第二百零七条 下列海事赔偿请求，除本法第二百零八条和第二百零九条另有规定外，无论赔偿责任的基础有何不同，责任人均可以依照本章规定限制赔偿责任：

（一）在船上发生的或者与船舶营运、救助作业直接相关的人身伤亡或者财产的灭失、损坏，包括对港口工程、港池、航道和助航设施造成的损坏，以及由此引起的相应损失的赔偿请求；

（二）海上货物运输因迟延交付或者旅客及其行李运输因迟延到达造成损失的赔偿请求；

（三）与船舶营运或者救助作业直接相关的，侵犯非合同权利的行为造成其他损失的赔偿请求；

（四）责任人以外的其他人，为避免或者减少责任人依照本章规定可以限制赔偿责任的损失而采取措施的赔偿请求，以及因此项措施造成进一步损失的赔偿请求。

前款所列赔偿请求，无论提出的方式有何不同，均可以限制赔偿责任。但是，第（四）项涉及责任人以合同约定支付的报酬，责任人的支付责任不得援用本条赔偿责任限制的规定。

2.《最高人民法院关于审理海事赔偿责任限制相关纠纷案件的若干规定》（2010年8月27公布）

第十七条　海商法第二百零七条规定的可以限制赔偿责任的海事赔偿请求不包括因沉没、遇难、搁浅或者被弃船舶的起浮、清除、拆毁或者使之无害提起的索赔，或者因船上货物的清除、拆毁或者使之无害提起的索赔。

由于船舶碰撞致使责任人遭受前款规定的索赔，责任人就因此产生的损失向对方船舶追偿时，被请求人主张依据海商法第二百零七条的规定限制赔偿责任的，人民法院应予支持。

第十八条　海商法第二百零九条规定的"责任人"是指海事事故的责任人本人。

第十九条　海事请求人以发生海事事故的船舶不适航为由主张责任人无权限制赔偿责任，但不能证明引起赔偿请求的损失是由于责任人本人的故意或者明知可能造成损失而轻率地作为或者不作为造成的，人民法院不予支持。

对应新法：

《最高人民法院关于审理海事赔偿责任限制相关纠纷案件的若干规定》（2020年12月29日修正）

第十七条　海商法第二百零七条规定的可以限制赔偿责任的海事赔偿请求不包括因沉没、遇难、搁浅或者被弃船舶的起浮、清除、拆毁或者使之无害提起的索赔，或者因船上货物的清除、拆毁或者使之无害提起的索赔。

由于船舶碰撞致使责任人遭受前款规定的索赔，责任人就因此产生的损失向对方船舶追偿时，被请求人主张依据海商法第二百零七条的规定限制赔偿责任的，人民法院应予支持。

第十八条 海商法第二百零九条规定的"责任人"是指海事事故的责任人本人。

第十九条 海事请求人以发生海事事故的船舶不适航为由主张责任人无权限制赔偿责任，但不能证明引起赔偿请求的损失是由于责任人本人的故意或者明知可能造成损失而轻率地作为或者不作为造成的，人民法院不予支持。

承办人：张 波

编写人：张 波 杨雨涵

13. 金某船务有限公司诉延某海运公司、扶某航运有限公司船舶碰撞损害责任纠纷案
——未实施"转向避让"的船舶责任认定

【合规提示】

本案系一起因疏于瞭望等原因发生船舶碰撞损害责任纠纷的案件，双方对碰撞责任比例产生争议。就船舶所有人、管理人而言，应在航行中合理制订航行计划，及时接收航行警告信息；利用一切有效的手段包括视觉、听觉、雷达等进行瞭望；采取安全航速，充分理解避碰规则，积极使用灯光声响信号来警示靠近船舶，尤其在夜间还应特别留意其他船舶的灯光信号，避免由于疏忽与其他船舶形成紧迫局面甚至发生碰撞。

【案件信息】

1. 裁判文书字号

（2007）青海法海事初字第 405 号

2. 当事人

原告：金某船务有限公司

被告：延某海运公司、扶某航运有限公司
3. 关键词
民事　船舶碰撞　损害赔偿

【裁判要旨】

1. 涉外船舶碰撞的责任分担应在船舶碰撞事实和避碰过失的认定基础上，结合我国海商法中关于船舶碰撞民事责任的规则原则综合认定。在具体认定中，首先，对于船舶碰撞的发生，未能避免紧迫局面是主因，在形成紧迫局面后避碰措施不当是次因。依据船舶碰撞归责原则，导致形成紧迫局面者应当承担主要碰撞责任。其次，《内河避碰规则》第19条第4款特别作出了"变向"避让的规定，准许转向避让，适用于紧迫局面形成之前。对于紧迫局面形成后的具体避碰行动，《内河避碰规则》第19条第5款规定"禁止首先转向避碰"，应当以"变速"避让为主。在紧迫局面形成之后，"变速"避让的权重应当相当于或不低于"变向"避让的权重。在此基础上，再依据原被告过失具体划分不同责任权重下的责任承担。

2. 船舶碰撞产生的赔偿责任由船舶所有人承担，碰撞船舶在光船租赁期间并经依法登记的，由光船承租人承担。如无证据证明一方是船舶所有人或光船承租人，则该方不承担赔偿责任。

【基本案情】

在金某船务有限公司（原告）诉延某海运公司（第一被告）、扶某航运有限公司（第二被告）船舶碰撞损害赔偿纠纷案中，青岛海事法院查明案件事实如下：2007年5月12日，在我国渤海湾口的老铁山水道南，原告所有的"金某"轮与第一被告所有的"金某瑰"轮发生碰撞，"金某"轮的球鼻艏插入"金某瑰"轮船体后，受"金某瑰"轮的拖带合力作用而增速。"金某"轮在大窑湾货轮锚地抛锚。"金某瑰"轮在碰撞后随即在附近海域沉没。碰撞事故发生后，"金某"轮的船舶管理人鲁某航运有限公司于2007年5月21日与大连船舶重工集团有限公司签订了修理合同，对"金某"轮的碰撞受损部位球鼻艏进行修理，共产生修理费用人民币659 766元。山东大洋海事司法鉴定所对"金某"轮和"金某瑰"轮双方船舶的碰撞责任比例出具的鉴定报告认为，对于两船碰撞的发生，"金某"轮和"金某瑰"轮均负有责任。其中，

"金某"轮承担55%的碰撞责任,"金某瑰"轮承担45%的碰撞责任。

原告提出诉讼请求:判令两被告连带赔偿所遭受的各项损失共计30万美元及其利息,并连带承担本案的全部诉讼费用、财产保全费用、证据保全费用及其他法律费用。

两被告辩称:(1)原告主张的"金某"轮船舶修理费数额过高,合理的船舶修理费应为人民币586 248元。首先,修理服务费中的供电单价2.5元/千瓦时明显偏高,工业用电的合理价格应该在1.0元/千瓦时左右。其次,修理工程费中的"球鼻艏勘验设计费"属于不合理收费项目。根据中国某工业公司的船舶修理价格表,"勘验设计费"不属于收费项目,更换损坏的球鼻艏也不需要进行设计,以船舶图纸为依据进行更换。根据荣某保险公估公司的评估报告,"金某"轮合理的修理费应为586 248元。(2)被告有权就原告提出的索赔享受责任限制。根据《海商法》第207条第1项规定,在船上发生的或者与船舶营运、救助作业直接相关的人身伤亡或者财产的灭失、损坏,包括对港口工程、港池、航道和助航设施造成的损坏,以及由此引起的相应损失的赔偿请求,责任人可以限制赔偿责任。(3)第一被告因碰撞事故遭受的各项损失总额暂计4 296 059.46美元,原告因碰撞事故遭受的合理损失应在被告遭受的损失数额中抵消。

第二被告单独辩称:被告系涉案船舶"金某瑰"轮的管理人,不应承担涉案碰撞事故责任。《最高人民法院关于审理船舶碰撞纠纷案件若干问题的规定》第4条规定:"船舶碰撞产生的赔偿责任由船舶所有人承担,碰撞船舶在光船租赁期间并经依法登记的,由光船承租人承担。"根据该条规定,应当依法承担涉案碰撞事故赔偿责任的主体应该是"金某瑰"轮的船舶所有人,或者是依法登记的船舶光船租船人。"金某瑰"轮的船舶所有人是延某海运公司,扶某航运有限公司既不是船舶所有人,也不是光船租船人,其身份是船舶管理人。

【裁判说理】

争议焦点:(1)"金某"轮与"金某瑰"轮双方的碰撞责任比例。(2)原告金某船务有限公司损失的金额。(3)被告延某海运公司与被告扶某航运有限公司是否应当承担连带赔偿责任。

青岛海事法院认为:

一、关于"金某"轮与"金某瑰"轮双方的碰撞责任比例

结合山东大洋海事司法鉴定所的技术鉴定报告,两船雾中航行时,没有按照《内河避碰规则》的要求,保持正规瞭望和使用安全航速;发现来船后没有运用适合当时环境和情况的一切有效手段判断会遇局面和碰撞危险;在排除碰撞危险之前没有依据《内河避碰规则》第8条和第19条的规定运用良好船艺及早地、大幅度地采取转向和减速等避碰行动,任凭两船进入紧迫局面。这是两船碰撞的主要原因。在进入紧迫局面之后,两船违反《内河避碰规则》第19条的规定,未及时减速、停车和停船且在未查核避让效果的情况下盲目转向,最终导致碰撞。这是两船碰撞的次要原因。对于两船碰撞的发生,"金某"轮和"金某瑰"轮均负有责任。其中,"金某"轮承担55%的碰撞责任,"金某瑰"轮承担45%的碰撞责任。

二、关于原告损失的金额

原告主张的修理费人民币659 776元均有修船合同书、修理完工结算单、修理费付款申请书及发票等证据予以证实,在被告未能提交其他的证据予以否定的情况下,对该修理费数额予以确认。原被告双方应按照碰撞责任比例对该费用进行分摊,因"金某瑰"轮一方承担45%的碰撞责任,故应赔偿原告人民币296 899.2元,其余部分由原告自己负担。

对于原告主张的船期损失193 200美元,因原告未能提交充分的证据予以证明,对该笔费用不予支持。

三、关于被告延某海运公司与被告扶某航运有限公司是否应当承担连带赔偿责任

《最高人民法院关于审理船舶碰撞纠纷案件若干问题的规定》第4条规定:"船舶碰撞产生的赔偿责任由船舶所有人承担,碰撞船舶在光船租赁期间并经依法登记的,由光船承租人承担。"原被告双方一致确认被告延某海运公司为"金某瑰"轮的船舶所有人,原告亦无证据证明被告扶某航运有限公司为"金某瑰"轮的光船承租人,因此,原告要求被告扶某航运有限公司与被告延某海运公司承担连带赔偿责任的诉讼请求证据不足、理由不充分,不予支持,本案被告一方的赔偿责任应由被告延某海运公司承担。

综上所述,被告延某海运公司作为"金某瑰"轮的船舶所有人应当依法按其45%的碰撞责任赔偿原告经济损失共计人民币296 899.2元,被告就原告提出的赔偿请求申请享受责任限制,本案中没有证据证明被告存在丧失享

受海事赔偿责任限制权利的情况，根据《海商法》第207条的规定，原告的赔偿请求属限制性债权，被告有权依照《海商法》的有关规定限制其赔偿责任。

青岛海事法院以判决方式结案。

【法官后语】

作为"海上丝绸之路"的重要载体之一，船舶在国际海运物流中居于核心地位，船舶安全不仅关乎财产安全、人身安全和航道安全，亦对国际货物贸易秩序的稳定具有重要影响。同时，鉴于船舶本身的重资产、高流动、多主体、国际化特征，船舶碰撞案件的审理通常会成为一系列财产、人身、合同、污染、保险、金融纠纷案件的核心，其对碰撞责任的认定，是其他相关案件审理认定的基础。

根据《海商法》第169条的规定，互有过失责任的船舶碰撞，各船过失程度的认定，决定了船舶所有人等责任主体的责任承担份额。关于过失构成及其比例分配，需要结合海事局对碰撞事故的调查结论和庭审查明的事实情况，予以综合认定。本案中，对于船舶碰撞的发生，未能避免紧迫局面是主因，在形成紧迫局面后避碰措施不当是次因。依据船舶碰撞归责原则，导致形成紧迫局面者承担碰撞的主要责任。基于此，将导致紧迫局面形成的主要责任的权重确定为占总碰撞责任的60%；在紧迫局面形成后，具体避碰行动不当者承担碰撞的次要责任，将其权重确定为占总碰撞责任的40%。对于紧迫局面形成后的40%的总碰撞责任，变速不当和变向不当的责任权重应当各为总碰撞责任的20%。在上述基础之上，再划分两船在不同责任权重下的责任分担。本案中，在权重确定后，对于放任形成紧迫局面过失责任、紧迫局面形成后航速控制过失责任以及航向控制过失责任的分担，主要考量为以下三个方面：

1. 放任形成紧迫局面过失责任的分担。对于紧迫局面的形成，"金某"轮和"金某瑰"轮均负有同等的预防和避免义务，但均采取了放任的态度，两船责任相当，各承担60%的总碰撞责任的一半，即各承担30%的总碰撞责任。

2. 紧迫局面形成后航速控制过失责任的分担。对于"变速"避让的过失，两船在碰撞时仍有较高的航速，均存在很严重的过失，这是责任的基本和主要部分。从局部上看,"金某"轮在减速的绝对量和相对量上均比"金某瑰"轮大,而在碰撞时的剩余航速上,"金某瑰"轮的要比"金某"轮的低,但"金某瑰"轮的船重较大,相对惯量较大。综合平衡,两船的"变速"过失相当,各应当承担10%的责任。

3.紧迫局面形成后航向控制过失责任的分担。"金某瑰"轮的右转和"金某"轮的"左转"都是在紧迫局面形成后的转向,均违反了《内河避碰规则》第19条第5款的"禁止首先转向避碰"的规定,均是碰撞原因链中的一环,均是致因因素,缺少任何一方的转向过失,碰撞都不会发生。这是航向控制过失责任的基础部分;就此基础部分,两船的过失责任对等并相当。该基础部分应占航向控制过失责任的一半(总碰撞责任的10%),"金某"轮承担5%,"金某瑰"轮承担5%。对于航向控制过失责任中的另一半(总碰撞责任的10%),属于航向控制过失责任中的特殊部分,这就是"金某"轮在应当能够发现"金某瑰"轮已经右转的情况下盲目左转的过失责任。该特殊部分的过失责任(总碰撞责任的10%)全部由"金某"轮独立承担。

综上,对于两船碰撞的发生,"金某"轮和"金某瑰"轮均负有责任。其中,"金某"轮承担55%的碰撞责任,"金某瑰"轮承担45%的碰撞责任。

【相关法条】

《中华人民共和国海商法》(1993年7月1日施行)

第一百六十九条 船舶发生碰撞,碰撞的船舶互有过失的,各船按照过失程度的比例负赔偿责任;过失程度相当或者过失程度的比例无法判定的,平均负赔偿责任。

互有过失的船舶,对碰撞造成的船舶以及船上货物和其他财产的损失,依照前款规定的比例负赔偿责任。碰撞造成第三人财产损失的,各船的赔偿责任均不超过其应当承担的比例。

互有过失的船舶,对造成的第三人的人身伤亡,负连带赔偿责任。一船连带支付的赔偿超过本条第一款规定的比例的,有权向其他有过失的船舶追偿。

第二百零七条 下列海事赔偿请求,除本法第二百零八条和第二百零九条另有规定外,无论赔偿责任的基础有何不同,责任人均可以依照本章规定限制赔偿责任:

（一）在船上发生的或者与船舶营运、救助作业直接相关的人身伤亡或者财产的灭失、损坏，包括对港口工程、港池、航道和助航设施造成的损坏，以及由此引起的相应损失的赔偿请求；

（二）海上货物运输因迟延交付或者旅客及其行李运输因迟延到达造成损失的赔偿请求；

（三）与船舶营运或者救助作业直接相关的，侵犯非合同权利的行为造成其他损失的赔偿请求；

（四）责任人以外的其他人，为避免或者减少责任人依照本章规定可以限制赔偿责任的损失而采取措施的赔偿请求，以及因此项措施造成进一步损失的赔偿请求。

前款所列赔偿请求，无论提出的方式有何不同，均可以限制赔偿责任。但是，第（四）项涉及责任人以合同约定支付的报酬，责任人的支付责任不得援用本条赔偿责任限制的规定。

承办人：刘明高

编写人：崔婷婷

14. 王某花诉可某船务私人有限公司船舶碰撞损害责任纠纷案
——船舶优先权人向现船舶所有人主张碰撞逃逸赔偿

【合规提示】

本案系船东购得的船舶负有船舶碰撞的船舶优先权之债，导致船舶进入中国境内后被权利人起诉并申请扣押当事船舶以主张船舶优先权的船舶碰撞损害责任纠纷案件。（1）购买船舶前应对该船所负有的债务了解清楚，避免因船舶优先权之债被追责。（2）对法律规定范围内可享有船舶优先权主张权利，当是一年以内发生的船舶优先权，且应当"通过法院扣押产生优先权的船舶行使"。（3）因海上航行的风险，产生了"船舶发生碰撞，当事船舶的船长在不严重危及本船和船上人员安全的情况下，对于相碰的船舶和船上人员必须尽力施救"的通行规则及立法规定。船舶碰撞发生后，肇事船舶一定要在不严重危及本船和船上人员安全的情况下，履行其尽力施救等法定义务，不得无故逃逸。（4）海上避碰规则的遵守是每个船舶都应当严格遵守的航行义务。

【案件信息】

1. 裁判文书字号

（2006）青海法日海事初字第16号、（2007）鲁民四终字第44号

2. 当事人

原告：王某花

被告：可某船务私人有限公司

3. 关键词

民事　船舶碰撞　船舶优先权　肇事逃逸　过往船只的排他性与唯一性认定　航行数据分析

【裁判要旨】

1. 因船舶碰撞事故发生后肇事船舶驶离现场，认定碰撞事实及碰撞责任时，需要根据一系列间接证据及海图作业，作出排他且唯一碰撞可能，从而得出科学的分析结论；再根据行政法规规定判定肇事逃逸的责任承担。

2. 因船舶碰撞之债系法定的船舶优先权之债，享有船舶优先权人对其一年以内的优先权之债扣押产生优先权的当事船舶并主张权利。被告作为新船东，仍需对船舶优先权之债承担责任。

【基本案情】

"鲁崂渔03×8"船（以下简称"03×8"船）是木质捕捞渔船，1997年1月18日建成，属原告王某花所有并经依法登记取得全套证书。2005年10月26日0330时左右，"03×8"船在36°57′N、120°38′E附近海域因碰撞事故沉没。2006年9月22日被注销。

巴拿马籍"胜某"轮的船舶所有人为G×××。2006年1月10日以

1500万美元转让给被告可某船务私人有限公司（以下简称可某公司），船舶登记变更为巴基斯坦籍"可某"轮。2005年11月30日，巴基斯坦国家航运公司自行分别在《DAYLY JAND》《DAILY DAWN》上刊登了可某公司的买船公告，公示了"可某"轮为可某公司所有。该公告称：可某公司（巴基斯坦航某集团公司成员）取得一艘散装货船，将该轮命名并登记为"可某"轮，挂巴基斯坦旗。

2005年10月24日1224时，"胜某"轮靠泊青岛港67泊位卸货。10月25日2316时，"胜某"轮离泊开航。大约10月26日0000时到达引航站海域，引航员下船，该轮驶往韩国。

10月25日下午1300时左右，"03×8"船由青岛崂山区沙子口渔港开航到92渔区9小区收购渔货。当晚2230时开始返航沙子口渔港，返航航向328°，航速约9节，当时海上北风4~5级，海面轻浪，视距良好。船长康某钿在驾驶室值班，大管轮在机舱值班。26日凌晨约0108时，"03×8"船在35°57′N、120°38′E处被一艘向东南航行的货船撞击。碰撞事故发生后，肇事船驶离现场，渔船船员没有识别出船号，但发现肇事船船体很大，像座"大山"。"03×8"船被撞击后，左舷前舱上方撞出一洞，大拉被撞断，船体多处裂缝并严重漏水，船长康某钿立即组织船员进行自救，在排水无效的情况下，通过对讲机向他船求救。0230时，"鲁崂渔06×8"船、"鲁崂渔08×8"船先后赶到现场营救。虽采取排水、堵漏等措施，但因船体破损严重，进水太多，排水无效，0330时左右"03×8"船在35°57′N、120°42′E附近海域沉没。船上六名船员被"鲁崂渔08×8"船救起，并于0500时到达沙子口渔港。随后原告将本次碰撞事故向中华人民共和国崂山渔港监督和中华人民共和国青岛海事局报告，上述机关对事故进行了调查。

进出青岛港船舶动态记录及引航站的证明：2005年10月25日2200时至10月26日0100时，共有两艘船舶从青岛港驶出。其中："丰某号"2005年10月25日2230时由青岛港16区离港，出港后向南航行驶往浙江椒江港，该船载重不足1000吨，属于小型船舶。"胜某"轮2005年10月25日2316时驶离前湾港，约26日0000时到达引航站，沿主航道去韩国。

此外，根据中华人民共和国海军某观通站提供的雷达观测资料，自2005年10月26日0100时至0500时，共有七艘船舶在该海域周围进出青岛港，其中出港船舶四艘、进港船舶三艘，并记载了七艘船舶具体时间的相应点位。

2006年9月22日,被告代理人委托雷某出具《专家咨询意见》,分析认为:在2005年10月26日,"胜某"轮自青岛港出港后没有可能与"03×8"船在0110时至0115时/0130时在36°57′N、120°38′E附近海域发生碰撞事故。

2006年4月21日,原告就其碰撞损失1 206 150.00元诉至青岛海事法院,请求判令可某公司赔偿100万元,并申请扣押"可某"轮,以主张船舶优先权。法院受理后,于当日下达(2006)青海法日海事初字第16号准予海事保全请求的民事裁定,并于当日在青岛港扣押了该轮。次日因可某公司提交了担保,原告申请解除了对该轮的扣押。

被告辩称:(1)其船舶没有与原告的"03×8"船发生碰撞;(2)其船舶是正常航行没有过错,假如发生了碰撞,也不应承担责任;(3)原告主张发生的事故是在其买售船舶之前发生的,因此可某公司不是责任人和债务人,也不是适格的被告;(4)原告行使优先权的对象应当是原船舶所有人,可某公司仅仅是船舶优先权的承担者,其债务人还是原船东;(5)原告主张的损失没有法律根据。因此,应当驳回原告的诉讼请求。

【裁判说理】

争议焦点:(1)"胜某"轮是否与"03×8"船发生碰撞;(2)"胜某"轮与"03×8"船的碰撞责任;(3)可某公司在船舶转让后是否应承担法律责任;(4)原告损失的认定。

青岛海事法院认为:

一、关于"胜某"轮是否与"03×8"船发生碰撞

虽然被告没有提供该轮当时的海图、航海日志、轮机日志等航海资料,但被告没有证据否认上述事实的客观存在,也没有其他证据证明除"胜某"轮存在外,还有其他船舶肇事的可能,因此,不影响对本案事实的认定。

综合各类证据判定,判定发生海事的时间为2005年10月26日0110时左右,地点在35°57′N、120°38′E。中华人民共和国海军某雷达观测资料显示,自2005年10月26日0100时至0500时共有七艘船舶(①~⑦号船舶)进出青岛港,其中出港四艘(①、⑤、⑥、⑦号船舶),进港三艘(②、③、④号船舶)。经海图作业分析,碰撞发生时段,⑤、⑥、⑦号三船舶在发生海事的时间区间内,还停在青岛港内没有出港,不存在发生碰撞的可能性;②、

③、④号三船舶在发生海事的时间范围内不存在与"03×8"船发生碰撞的可能。仅有①号船舶在 0110 时的位置为 35°56′N、120°38′E，而"03×8"船员安某喜陈述发生碰撞的时间在 0108 时，位置 35°57′N、120°38′E，两者时间相差仅 2 分钟，地点相差 0.5 海里之内，可以说只有两艘船舶在同一时间占据了同一空间，形成了碰撞的紧迫局面，具有碰撞的可能性和必然，而现有的证据又无法排除其可能性，同时又没有证据证明第三条船发生碰撞的可能。虽然关于两船相遇的时间和地点不能完全一致，但对于突发事件来说，主要是当事人受主、客观因素的限制决定的，存在一定的误差是合理的，不构成对本案事实的影响和否定。

通过对上述碰撞时间、地点、船舶特征及航行动态的综合分析，本院认定"胜某"轮与"03×8"船发生碰撞事实的成立，"胜某"轮就是碰撞"03×8"船的肇事船舶。

二、关于"胜某"轮与"03×8"船的碰撞责任

1. 关于"胜某"轮与"03×8"的碰撞责任。按照两船的航行态势，碰撞前"03×8"船的航向是 328°，"胜某"轮的航向为 110°，两船呈交叉相遇状态。在能见度良好的情况下，根据《1972 年国际海上避碰规则》第 15 条的规定，"胜某"轮为让路船，应当主动、及时对"03×8"船采取避让措施，以避免事故的发生。"胜某"轮并没有采取有效的避让措施，没有保持基本的瞭望，应当承担本次碰撞事故的主要责任。凭对"03×8"船船员对碰撞事故发生后的调查，能够得出"03×8"船航行时没有保持良好的瞭望的结论，应承担本次碰撞事故的次要责任。

2. 关于因船舶碰撞引起的财产请求的赔偿责任。在事故发生以前，"胜某"轮从引航站海域至 0100 时的船位，其平均速度约为 14.5 节。经海图作业分析，发现"胜某"轮的航速变化不正常：0100 时至 0110 时，"胜某"轮平均航速突然降至 10 节，与发生肇事时间吻合，说明"胜某"轮的驾驶人员在发生事故的前后，采取了减速等措施，且已经意识到与他船发生了碰撞或擦碰等事故。0110 时至 0140 时平均航速为 9.6 节，0140 时至 0200 时平均航速为 10.5 节，0200 时至 0300 时平均航速为 12.2 节，0300 时至 0320 时平均航速为 12.6 节。该时段"胜某"轮航速的变化表明：0110 时以后，"胜某"轮逐渐加速，离开了现场。该行为显属肇事逃逸的行为。

《海商法》第 166 条规定："船舶发生碰撞，当事船舶的船长在不严重危

及本船和船上人员安全的情况下，对于相碰的船舶和船上人员必须尽力施救。碰撞船舶的船长应当尽可能将其船舶名称、船籍港、出发港和目的港通知对方。"中华人民共和国国家海事局关于《水上交通事故肇事逃逸处理程序》第7条第1项规定："对已经查实的逃逸船，应责令其承担因肇事逃逸而引起的全部责任。"

因此，在碰撞事故发生后，"胜某"轮应立即采取救助措施，并将事故报告海事当局，不得擅自驶离现场。肇事逃逸则应承担因逃逸而引起的全部责任。

三、关于可某公司在船舶转让后是否应承担法律责任

《海商法》第21条规定："船舶优先权，是指海事请求人依照本法第二十二条的规定，向船舶所有人、光船承租人、船舶经营人提出海事请求，对产生该海事请求的船舶具有优先受偿的权利。"该法第28条规定："船舶优先权应当通过法院扣押产生优先权的船舶行使。"该法第26条规定："船舶优先权不因船舶所有权的转让而消灭。"该法第29条规定了具有船舶优先权的海事请求，自优先权产生之日起满一年不行使的船舶优先权消灭。

本案系因船舶碰撞产生的财产赔偿请求，属于《海商法》第22条第1款第5项规定的船舶在营运中因侵权行为产生的财产赔偿请求的范畴。则原告的诉讼请求属于具有船舶优先权的海事请求的范畴。原告作为"03×8"船的船舶所有人身份在碰撞事故发生之后的1年之内向申请本院扣押船舶的行为，系原告依法行使船舶优先权的行为。

《海商法》第26条规定："船舶优先权不因船舶所有权的转让而消灭。但是，船舶转让时，船舶优先权自法院应受让人申请予以公告之日起满六十日不行使的除外。"因此，被告在受让"胜某"轮的同时，即承担了与该轮有关的享有船舶优先权的海事债务。被告自行在报纸上办理取得"可某"轮船舶所有权的公告，非经法定的消除优先债权的公示催告程序，不导致该轮的优先权的灭失，依法被告应承担该责任。

船舶优先权属于海商法调整的范围，《海商法》第28条仅对"船舶优先权应当通过法院扣押产生优先权的船舶行使"作出了规定。该规定可以理解为，法律并未规定船舶优先权的行使须以向已转移了船舶所有权的原船舶所有人主张权利为先决条件。被告的应向"胜某"轮船东主张权利的抗辩理由，是将船舶优先权赔偿责任与一般保证责任混淆，亦背离了船舶优先权制度的

立法目的，依法不予支持。

被告对原告提出的享有船舶优先权的海事请求应当承担赔偿责任。

四、关于原告的损失

1. 关于船体损失。《最高人民法院关于审理船舶碰撞和触碰案件财产损害赔偿的规定》第8条规定：船舶价值损失的计算，以船舶碰撞发生地当时类似船舶的市价确定；碰撞发生地无类似船舶市价的，以船舶船籍港类似船舶的市价确定或者以其他地区类似船舶市价的平均价确定；没有市价的，以原船舶的造价或者购置价，扣除折旧（折旧率4%~10%）计算；折旧后没有价值的按残值计算。折旧率的确定一般应当依据船舶的年龄。显然原告出具的《评估鉴定报告》对"关于2005年10月，在青岛建造相同尺寸的渔船造价为32万元，根据折余评估方法，以市场价为基础，减去折旧和损耗计算出现存价值为18.4万元"的认定是合理的，依法应予支持。

2. 关于通讯导航仪器损失。《评估鉴定报告》认定"03×8"船的通讯导航设备价值24 000.00元，但该《评估鉴定报告》对折旧费用未予考虑，当扣除三年的折旧费用。本院以十年的使用期为准计算折旧率，则上述通讯导航仪器折旧后的价值应为16 800.00元。

3. 关于备件、渔具设备、厨房设备、船员伙食、油冰等损失。因该《评估鉴定报告》是在原告提供的物品清单的基础上加以综合性地确定，且认定的数额较为合理，本院应予采信。故本院对"03×8"船的备件、渔具设备、厨房设备、船员伙食、油冰等损失分别认定为23 500.00元、22 810.00元、2280.00元、500.00元、15 700.00元，合计64 790.00元。

4. 收购鱼货损失。该《评估鉴定报告》是在原告提供的收购鱼货数量的基础上综合确定，并与船员在调查笔录中的陈述相吻合，数额较为合理，予以采信，认定收购鱼货损失为251 184.00元。

5. 关于救助费用支出。因其他渔船救助人员对"03×8"船的救助没有救助效果，依法无权取得救助报酬。故本院对原告分两次向参与救助人员的其他渔船所支付的救助共支付10 000.00元，不予采信。

6. 关于处理海事费用损失。因原告未说明该项支出的合理依据及证据，则原告的该主张不能成立。

7. 关于原告主张的船员的个人物品损失。因原告并非适格的权利主体，且原告未向船员进行赔偿，故对原告的该主张本院在本案中不予审查。

8. 关于海事调查费用及律师费用。

（1）碰撞事故发生后，肇事船舶逃逸。鉴于无法查询肇事船舶动态的情况，原告与香港特别行政区律师签约查找船舶动态，并约定向香港律师支付相应律师费用。经审查认为，香港律师依约应向原告收取9000.00美元（折合人民币71 100.00元）的费用是合理的也是必须的，应予采信。

（2）原告作为渔船船东对自有船舶及其属具等价值无法作出令世人皆信服的自我评估。为对其损失作出科学的评定，原告聘请具有相应资质的鉴定机构指派专家进行鉴定与评估，并支付了8000.00元的鉴定费用，经核算该费用的收取是合理的，本院予以采信。

（3）原告作为渔船船东，尚不具备独立参加涉外海事诉讼的专业技术知识与能力。其聘请律师作为诉讼代理人代其参加诉讼并主张权利是合理的也是必需的。2006年4月20日原告为聘请诉讼代理律师支出了律师费106 000.00元，且该费用的收取系《山东省律师服务收费标准》所规定的取费标准范围以内，依法应予支持。

9. 关于渔期损失。根据《最高人民法院关于审理船舶碰撞和触碰案件财产损害赔偿的规定》第10条关于船期损失的计算，"船舶全损的，以找到替代船所需的合理期间为限，但最长不得超过两个月"。原告提供的《评估鉴定报告》中对船期损失评估每日利润4000.00元，该数据符合当地的渔业行情，该《评估鉴定报告》按60天计算的船期损失共计240 000.00元，亦符合法律规定，本院应予支持。

10. 关于被告提交的《检验报告》。本院认为，该《检验报告》仅系对原告提交的《评估鉴定报告》的重新评估。虽然该《检验报告》中述明了其评估的依据是基于对"当地市场的调查"，但该《检验报告》的鉴定机构或该《检验报告》本身均未附有反映"当地市场的调查"的证据，则该《检验报告》显然缺乏评估的基本事实和依据，违背了损失鉴定的基本原则。故对该《检验报告》所做的损失评估的数额，本院不予采信。

综上，原告因本次碰撞事故造成的直接经济损失为516 774.00元、间接损失为240 000.00元、船舶动态调查费71 100.00元、鉴定费用8000.00元、律师费106 000.00元及相应的利息损失（依其各项费用实际发生之次日起，按中国人民银行规定的银行同期贷款利率计算）应由被告承担。

依照《民法通则》第106条第2款、第131条，《海商法》第21条、第

22条、第26条、第28条、第29条、第166条、第169条第1款、第2款及有关法律法规的规定,判令:一、被告赔偿原告的渔船沉没的直接损失人民币265 590.00元及其自2005年10月27日至应付款之日止的利息损失;二、被告赔偿原告鱼货损失人民币251 184.00元及其自2005年10月27日至应付款之日止的利息损失;三、被告赔偿原告的生产损失人民币240 000.00元及其自2005年10月27日至应付款之日止的利息损失;四、被告赔偿原告船舶动态调查费人民币71 100.00元;五、被告赔偿原告鉴定费人民币8000.00元及其自2005年6月10日至应付款之日止的利息损失;六、被告赔偿原告律师费人民币106 000.00元及其自2006年4月21日至应付款之日止的利息损失;七、驳回原告的其他诉讼请求。上述赔偿款项及利息,被告应于本判决生效之日起10日内给付原告,逾期则加倍支付迟延履行期间的债务利息。案件受理费15 010.00元、扣船申请费及实际发生的扣船费用10 000.00元,原告负担1453.73元,被告负担23 556.27元。

被告不服一审判决,提起上诉。二审期间,山东省高级人民法院补充查明的事实为王某花提交的《船舶入(出)港记录》记载,"03×8"船每两次出海作业之间有长短不等的间隔,最长间隔六天,最短间隔一天。查明的其他事实与原审判决认定的事实相同。

山东省高级人民法院认为:本案为船舶碰撞纠纷,碰撞发生地在中华人民共和国海域。根据《民法通则》第146条第1款之规定,侵权行为的损害赔偿,适用侵权行为地法律,故应确定中华人民共和国法律为解决本案纠纷的准据法。

本案属船舶碰撞纠纷,依照《海商法》第22条第1款第5项的规定,王某花的海事请求具有船舶优先权。依照《海商法》第26条的规定,船舶优先权随船转移,不受船舶转让影响。可某公司在取得"胜某"轮所有权的同时,即承担了随该轮转移的享有船舶优先权的债务。王某花有权通过法定的程序行使其优先权,要求可某公司承担本案所涉债务。因此,可某公司是本案适格的被告。

虽然青岛海事局没有认定"03×8"船是由于碰撞灭失,也没有认定"胜某"轮是碰撞船舶,但"03×8"船船东起诉有关责任方,法院有权对碰撞事故是否发生、"胜某"轮是不是肇事船以及各方责任作出认定。

青岛市崂山渔港监督调查过程中调查的材料,包括询问笔录,可以作为认定案件事实的证据。2005年10月26日上午,"03×8"船船长康某钿向沙子口渔港管理处报案称,"03×8"船因与一条大船碰撞沉没。"03×8"船船员安某喜在接受该处调查时亦作了相同的回答。上述证据内容相互一致,且与王某花对参与抢救的"鲁崂渔008×8"和"鲁崂渔06×8"船支付报酬表示感谢,以及"03×8"船的所有权、国籍登记和渔业船舶检验证书已经注销的事实相印证,可以证实"03×8"船因与一艘大船相碰撞而沉没。

王某花提交的证据和原审法院调取的证据,可以证实"胜某"轮为与"03×8"船碰撞的船舶。"03×8"船船员安某喜在接受崂山渔港监督调查时称,他在碰撞时看了一下船钟,时间为2005年10月26日0108时,卫星导航仪显示35°57′N、120°38′E。船长康某钿在接受崂山渔港监督调查时称,碰撞时间为10月26日0130时左右,方位35°57′N、120°38′E。在夜间突然发生碰事故后,船上人员对碰撞时间和地点的叙述有一定误差也属合理。原审判决认定发生海事的时间为10月26日0110时左右,地点在35°57′N、120°38′E附近海域并无不当。同时,康某钿在接受崂山渔港监督调查时证明了"03×8"船的航行轨迹和方向,康某钿和安某喜的调查笔录证实肇事船为大型船舶,装载不多,航向为东南方向。

青岛市崂山渔港监督从海军有关部门取得的雷达观测资料和从青岛港取得的出港船舶情况,可以作为认定本案事实的证据。从海军有关部门取得的雷达观测资料中的①号船舶在碰撞事故发生的时间范围内,路经碰撞发生海域;②、③、④、⑤、⑥、⑦号船舶不存在与"03×8"船发生碰撞的可能。根据青岛港出港船舶情况,2005年10月25日2200时至26日0100时,从青岛港出港的船舶有"丰某号"和"胜某"轮。"丰某号"轮载重不足1000吨,不具备肇事船的特征,而且出港后去浙江椒江港,能够排除发生碰撞的可能。"胜某"轮2005年10月25日2316时驶离前湾港,26日约0000时到达引航站,沿主航道去韩国。从引航站至①号船舶0100时的位置(35°57′N、120°36′E)约15海里,"胜某"轮的船速是13.5节,当时海流为落潮流,流速2节,流向约100°,与该轮的航向一致,因此该轮在0100时完全能够达到①号船舶的位置,且在此期间没有其他船舶路经该海域的记录,因此可以确定①号船舶就是"胜某"轮。可某公司提交的《专家咨询意见》依据的"胜某"轮的航速和从引航站到事发海域的距离与实际情况不符,其结论依据不足,本院不予采纳。可某公司未提交"胜某"轮的海图、航海日志、轮机日志等航海资料,原审法院以"胜某"轮在事故发生时经过事发地点,且在事故发生期间没有其他船舶路经事发海域的记录为由认定"胜某"轮是肇事船并无不当。

1. 关于双方责任比例。本次船舶碰撞事故发生前"03×8"船由渔场返回渔港,航向约为328°,"胜某"轮驶离青岛港,航向约为105°,其态势为交叉相遇。当时海况良好,两船都为在航船舶,根据《1972年国际海上避碰规则》第15条之规定,"胜某"轮对"03×8"船负有让路的义务。"胜某"轮没有采取有效的避让措施,没有保持良好瞭望,对碰撞事故的发生负有主要责任;"03×8"船没有保持良好瞭望,对碰撞事故的发生负有次要责任。

2. 关于"胜某"轮是否构成肇事逃逸。在事故发生以前,"胜某"轮从引航站海域至0100时的船位,其平均速度约为14.5节;在碰撞发生的时间,即0100时至0110时,"胜某"轮平均航速降至10节。之后,0110时至0140时平均航速为9.6节,0140时至0200时平均航速为10.5节,0200时至0300时平均航速为12.2节,0300时至0320时平均航速为12.6节,"胜某"轮逐渐加速,离开了现场。原审法院从上述"胜某"轮航速的变化上,认定"胜某"轮肇事逃逸并无不当。

3. 关于"03×8"船损失的承担。"胜某"轮肇事后逃逸,未采取救助措施,导致"03×8"船沉没,其肇事逃逸行为与"03×8"船沉没造成的损失之间有因果关系,"03×8"船沉没造成的损失应由可某公司承担全部责任。

4. 关于王某花的损失数额。王某花提供的建造合同中的船舶主要参数仅略高于"03×8"船,可以认为是与"03×8"船类似的船舶,可以作为确定"03×8"船造价的依据,故对原审判决认定的"03×8"船的造价不予调整。

5. 关于船舶设备、备件、冰、油、渔具设备、厨房用具及主副食品、收购鱼货等损失,原审判决综合考虑了各种因素,对损失数额的认定符合类似渔业船舶的实际情况,应予维持。

6. 王某花委托律师代其参加诉讼并已经实际支出了律师费,本案碰撞事故的发生与该项费用的支出有直接的因果关系,王某花要求可某公司承担上述费用,应予支持。

7. 关于船期损失的计算,王某花提供的《评估鉴定报告》认为青岛及周边渔业收鲜船舶作业,平均每航次时间为5天,每航次的毛利润约2万元。从该《评估鉴定报告》可以得出收鲜船出海作业时每日平均利润4000元的结论。在确定本案船期损失时，应考虑"03×8"船每两次出海作业之间有一定的间隔，船期损失以40天计算为宜，本院将可某公司应赔偿王某花船期损失数额变更为16万元。

王某花提交的签发于1998年8月26日的"03×8"船渔业船舶所有权证书和签发于2003年8月26日的"03×8"船渔业船舶登记证书，均记载"03×8"船的船舶所有人是王某花，能够证明王某花是事发当时的船舶所有人，王某花有权就"03×8"船的损失要求可某公司赔偿。

可某公司称"03×8"船船员没有尽到减少损失的义务，但没有提交证据证实在碰撞发生后，"03×8"船沉没前有条件进行财产救助。对可某公司关于"03×8"船船员未对财产进行合理的救助的抗辩理由不予采纳。

综上，上诉人就王某花的船期损失问题的上诉理由部分成立，本院予以支持，原审判决应予部分变更；上诉人其他上诉理由没有事实和法律依据，依法不能成立，不予支持。依照《民事诉讼法》第153条第1款第1项、第3项之规定，判令：一、维持青岛海事法院（2006）青海法日海事初字第16号民事判决第1、2、4、5、6、7项；二、变更青岛海事法院（2006）青海法日海事初字第16号民事判决第三项为可某公司赔偿王某花生产损失人民币16万元及其自2005年10月27日至应付款之日止的利息损失。如果未按判决指定的期间履行给付金钱义务，应当依照《民事诉讼法》第232条之规定加倍支付迟延履行期间的债务利息。一、二审案件受理费共计30 020元，扣船申请费及实际发生的扣船费用1万元，由上诉人可某公司负担34 492元，由被上诉人王某花负担5528元。

【法官后语】

本案是非常具有典型意义的海事案件，是一个具有教科书意义的经典案例。（1）船舶优先权人向新船东主张船舶优先权。本案船舶碰撞产生的海事债权属于《海商法》规定的可享有船舶优先权，原告在碰撞事故发生的一年以内，向已经变更了船舶所有权登记的新船东主张权利，且通过海事法院扣押产生优先权当事船舶行使，则其船舶优先权的司法救济途径正确及时，依法应予保护。（2）关于船舶碰撞事实的认定。围绕排他性、唯一性进行判定，并结合航行数据进行了验证。针对《专家咨询意见》的不周延、不科学之处，作出否定该《专家咨询意见》的结论。（3）对于肇事逃逸的判定。根据事故发生前、发生时、发生后的航行数据,科学推断出肇事船舶故意逃逸的结论。(4)对直接损失、间接损失、查询船舶及律师代理费用的认定,法院均依法作出翔实的认定。

【相关法条】

1.《中华人民共和国民法通则》(2021年1月1日废止)

第一百零六条 公民、法人违反合同或者不履行其他义务的,应当承担民事责任。

公民、法人由于过错侵害国家的、集体的财产,侵害他人财产、人身的,应当承担民事责任。

没有过错,但法律规定应当承担民事责任的,应当承担民事责任。

第一百三十一条 受害人对于损害的发生也有过错的,可以减轻侵害人的民事责任。

对应新法:

《中华人民共和国民法典》(2021年1月1日施行)

第一千一百六十五条 行为人因过错侵害他人民事权益造成损害的,应当承担侵权责任。

依照法律规定推定行为人有过错,其不能证明自己没有过错的,应当承担侵权责任。

第一千一百七十三条 被侵权人对同一损害的发生或者扩大有过错的,可以减轻侵权人的责任。

2.《中华人民共和国海商法》(1993年7月1日施行)

第二十一条 船舶优先权,是指海事请求人依照本法第二十二条的规定,向船舶所有人、光船承租人、船舶经营人提出海事请求,对产生该海事请求的船舶具有优先受偿的权利。

第二十六条 船舶优先权不因船舶所有权的转让而消灭。但是,船舶转让时,船舶优先权自法院应受让人申请予以公告之日起满六十日不行使的除外。

第二十八条 船舶优先权应当通过法院扣押产生优先权的船舶行使。

第二十九条 船舶优先权,除本法第二十六条规定的外,因下列原因之一而消灭:

（一）具有船舶优先权的海事请求，自优先权产生之日起满一年不行使；

（二）船舶经法院强制出售；

（三）船舶灭失。

前款第（一）项的一年期限，不得中止或者中断。

第一百六十六条 船舶发生碰撞，当事船舶的船长在不严重危及本船和船上人员安全的情况下，对于相碰的船舶和船上人员必须尽力施救。

碰撞船舶的船长应当尽可能将其船舶名称、船籍港、出发港和目的港通知对方。

第一百六十九条 船舶发生碰撞，碰撞的船舶互有过失的，各船按照过失程度的比例负赔偿责任；过失程度相当或者过失程度的比例无法判定的，平均负赔偿责任。

互有过失的船舶，对碰撞造成的船舶以及船上货物和其他财产的损失，依照前款规定的比例负赔偿责任。碰撞造成第三人财产损失的，各船的赔偿责任均不超过其应当承担的比例。

互有过失的船舶，对造成的第三人的人身伤亡，负连带赔偿责任。一船连带支付的赔偿超过本条第一款规定的比例的，有权向其他有过失的船舶追偿。

承办人：郭彦滨

编写人：郭彦滨

15. 某航运公司与某海运股份有限公司船舶碰撞损害责任纠纷案
——碰撞事故损害赔偿的范围

【合规提示】

本案系一起船舶碰撞损害责任纠纷案，双方当事人对碰撞事故的赔偿数额存在争议。船舶碰撞损害赔偿责任实行过失责任原则，表明船舶碰撞事故只有因过失原因引起时，当事人才承担损害赔偿责任，对非过失行为，如不可抗力或意外事故导致的碰撞事故所造成的损害，当事人不承担赔偿责任。航行船舶应遵守《1972年国际海上避碰规则》以及《内河船舶最低安全配员标准》，安全、谨慎航行，避免碰撞事故发生。

【案件信息】

1. 裁判文书字号

（2004）青海法海事初字第28号

2. 当事人

原告：某航运公司

被告：某海运股份有限公司

3. 关键词

民事　船舶碰撞　碰撞责任　赔偿比例

【裁判要旨】

《最高人民法院关于审理船舶碰撞和触碰案件财产损害赔偿的规定》第3条第2~3项规定："（二）船舶部分损害的赔偿包括：合理的船舶临时修理费、永久修理费及辅助费用、维持费用，但应满足下列条件：船舶应就近修理，除非请求人能证明在其他地方修理更能减少损失和节省费用，或者有其他合理的理由。如果船舶经临时修理可继续营运，请求人有责任进行临时修理；船舶碰撞部位的修理，同请求人为保证船舶适航，或者因另外事故所进行的修理，或者与船舶例行的检修一起进行时，赔偿仅限于修理本次船舶碰撞的受损部位所需的费用和损失。（三）船舶损害赔偿还包括：合理的救助费，沉船的勘查、打捞和清除费用，设置沉船标志费用；拖航费用，本航次的租金或者运费损失，共同海损分摊；合理的船期损失；其他合理的费用。"

【基本案情】

某航运公司诉称：原告所属的"摩某"轮于2003年12月2日晚与被告某海运股份有限公司（以下简称某海公司）所属的"天某"轮在青岛港外水域发生碰撞。由于碰撞使原告船体受损，造成船舶损失，修理费用和其他相关费用18万美元。碰撞发生后由于"摩某"轮被滞留,无法按班轮计划挂靠卸货港关岛(GUAM),未将该港货物使用其他船进行转运,导致原告产生货物转运费16万美元。由于被告申请法院扣押"摩某"轮,致使所运送的应季货物不能按期到达,给原告造成了巨大的船期损失。同时由于"摩某"轮无法按班轮计划挂靠两日本卸货港GOYA(名谷屋)和YOKOHAMA(横滨),租船人APL将两港货物使用其他船转运,原告面临租船人潜在的重新卸载装运费、转运费和船期损失索赔,目前预计约30万美元。截至目前,原告有关损失的具体数额尚未最终确定。因此,原告就初步确定的损失数额对被告提起诉讼,同时原告保留根据最终确定的实际损失变更诉讼请求的权利。原告认为被告所属的"天某"轮违反了《1972年国际海上避碰规则》的有关规定,应对本次碰撞承担全部责任,赔偿由此给原告造成的损失。请求判令被告赔偿因船舶碰撞给原告造成的初步确定的损失64万美元和利息;判令被告承担本案诉讼费、律师费等法律费用。当庭变更诉讼请求为放弃船期损失和青岛港费用的损失的请求,请求被告赔偿船舶修理费101 178美元以及因在美国境外修理依据美国法律规定缴纳的修理费的50%的关税、因转运集装箱而发生的损失155 416.13美元和事故处理费9万元。

某海公司辩称:原告主张的船舶损失、修理费用和其他费用,证据不足,费用过高。集装箱转运费是不必要的,不应得到支持。

原被告双方对(2004)青海法海事初字第5—1号民事判决中确定的碰撞责任比例没有异议。当事双方共同确认,某航运公司事故处理费9万元,出庭费用、双方各自聘请鉴定人鉴定的费用、律师费、咨询费、证人出庭费等互不追究。

综合以上证据及庭审中当事人的陈述和质证查明,2003年12月2日201831时,"天某"轮在青岛港外水域与"摩某"轮发生碰撞,碰撞发生后,两船立即分开。碰撞事故发生后,应某海公司的申请,本院于2003年12月5日作出(2003)青海法保字第62号民事裁定,扣押原告所属的"摩某"轮,并于同日实施扣押。2003年12月11日,因某航运公司提供相应的担保,"摩某"轮被解除扣押。"摩某"轮经检验后续航。

2004年1月21日,某有限公司检验人员对靠泊在加利福尼亚州洛杉矶港303号泊位的"摩某"轮进行了检验。检验结果为球鼻艏钢板严重凹陷,肘板、肋骨变形弯曲,需要入干坞进行修理,包括必要的添加和切割。船级社经检验决定不需要为船舶的继续营运进行临时修理，上次入干坞是在2001年9月中国南通，下次入干坞计划2004年5月31日，船舶所有人请求将实际入干坞时间延期到2006年9月。评估维修费用总计253 428美元。

由于"摩某"轮发生碰撞事故，不能按计划从事预定班轮运输，按计划后续港口货物用地平线公司的船舶运输，因而产生额外费用。2005年5月27日由A×××出具了商定独立程序审计报告，认可由地平线公司运输集装箱所产生的额外费用155 416.13美元。该费用是因为"摩某"轮与"天某"轮发生碰撞导致"摩某"轮原定从洛杉矶、奥克兰、西雅图运到关岛的货物不能由"摩某"轮继续运输，而改由其他船舶履行上述运输计划而产生的额外费用。

"摩某"轮于2007年4月在某南通船务工程有限公司进行坞修时，对在与"天某"轮碰撞事故中受损的球鼻艏部位进行修理，修理费101 178美元。2007年4月30日某航运公司向某南通船务工程有限公司支付了包括上述修理费在内的3 230 480美元的修理费。

原告提交了美国有关法律法规，相关译文为："《美国关税法》第1466条及其修正案，船舶的设备和维修丰 一、船舶应纳关税 对于有文件证明按照合众国法律从事对外或沿海贸易的船舶或意欲被雇佣从事这类贸易的船舶，在该船首次到达合众国内任何口岸时，对其在外国为之购买的设备或任何设备的零件，包括小船，或所使用的维修零件或材料，或为之维修的费用，应有责任进行报关，按该外国价格的50%交付从价税……四、对必要的维修的免税 若该船所有人或船长提供充分和满意的证据证明（一）该船在其正常航程中由于恶劣气候或其他事故迫使其不得不进入该外国口岸并购置这类设备，或进行这类维修以保证该船的安全和适航性，使其有可能抵达其指定口岸。"

《美国联邦关税法》第4.14节美国籍船舶的设备购置和维修（a）总则和适用范围按照1930年《美国关税法》第1466条及其修正案（19 U.S.C.1466），船舶在美国境外进行修理或购置设备，包括在公海进行的船舶修理，都应进行申报、登记，并纳从价税……（h）关税的免除 船舶在国外船厂的作业或支出是迫于天气或者意外。船东提供充分有效的证据证明船舶在正常航次期间，在美国境外迫于天气原因或者其他意外，而购置设备或者进行为保证航行安全和船舶适航以便安全抵达美国境内的目的港的修理作业。

原告某航运公司和被告某海公司均在本院为本次事故设立了责任限制基金，申请享受责任限制。

【裁判说理】

争议焦点：某海公司应承担的碰撞责任比例。

青岛海事法院认为：本案碰撞事故发生在青岛港外水域，本院对本案有管辖权。本案属侵权纠纷，准据法应适用侵权行为地法，因此，本案的准据法为中华人民共和国法律。

侵权行为人对于自己的过错造成的对方的损失应承担相应的赔偿责任。本案中，某海公司按照其应承担的碰撞责任比例对某航运公司遭受的损失承担赔偿责任。

原告某航运公司的损失修船费，中远南通船务工程有限公司出具的付款通知书列明的修理项目，与检验报告基本对应，没有高出估算报告所评估的修理费用，该费用是合理的。

集装箱转运费不是本航次"摩某"轮所载货物产生的，而是"摩某"轮原定计划航次所应履行的运输合同，该项损失不在最高人民法院规定的赔偿范围之内，该请求于法无据，不予支持。

尽管美国法律规定美国籍船舶在境外修理应缴纳从价税，但船舶碰撞造成的修理，应属于意外事故造成的，船东完全可以在修理完成后再进入美国境内。根据美国相关法律规定，属于免缴关税的情形，另外，没有证据证明原告已经缴纳了上述关税。该项请求不合理，本院不予支持。

事故处理费 9 万元，予以支持。

综上，某海公司应按其承担的碰撞责任比例 45% 赔偿某航运公司损失。（1）修船费 45 530.10 美元及利息，利息自 2007 年 5 月 1 日起算；（2）事故处理费 40 500 元及利息，利息自 2004 年 6 月 5 日起算。利率按中华人民共和国银行同期贷款利率计算，至本院确定付款之日止。

原被告的其他诉讼请求及主张，证据不足，理由不充分，不予支持。

被告某海公司已申请海事赔偿责任限制，并已设立海事赔偿责任限制基金，没有证据证明被告存在丧失享受海事赔偿责任限制权利的情况，原告的债权为限制性债权，所有赔偿金从被告某海公司设立海事赔偿责任限制基金中依法支付。

青岛海事法院以判决方式结案。

【法官后语】

某海公司"天某"轮与美国某航运公司的"摩奇"轮船舶碰撞纠纷案，船舶碰撞造成船货损失达上千万美元。原被告向青岛海事法院申请设立海事赔偿责任限制基金，青岛海事法院受理后，依法通知利害关系人，并按规定在有关媒体上发布公告，经审查认定申请人的基金设立申请符合法律规定，准予其分别设立数额为 1 906 639 特别提款权和 6 069 875 特别提款权及自碰撞事故发生之日起的银行同期贷款利息的海事赔偿责任限制基金，保证了原被告双方航运的正常运营，并接受了与此案有关的 96 名申请人的债权登记申请。在国内外产生了重大影响，依法保护了中外航运企业及货方的合法权益。

【相关法条】

《中华人民共和国海商法》（1993 年 7 月 1 日施行）

第一百六十九条　船舶发生碰撞，碰撞的船舶互有过失的，各船按照过失程度的比例负赔偿责任；过失程度相当或者过失程度的比例无法判定的，平均负赔偿责任。

互有过失的船舶，对碰撞造成的船舶以及船上货物和其他财产的损失，依照前款规定的比例负赔偿责任。碰撞造成第三人财产损失的，各船的赔偿责任均不超过其应当承担的比例。

互有过失的船舶，对造成的第三人的人身伤亡，负连带赔偿责任。一船连带支付的赔偿超过本条第一款规定的比例的，有权向其他有过失的船舶追偿。

承办人：李旭东

编写人：徐雨均　原浩洋

16.（日本）某海上火灾保险株式会社诉青岛某船舶货物运输有限公司、青岛某实业有限公司船舶碰撞损害责任纠纷案
——保险代位求偿权的行使及船舶所有人和经营人的责任

【合规提示】

本案系一起保险人诉船舶所有人、经营人的船舶碰撞损害责任纠纷案。双方对船舶所有人、实际经营人是否赔偿保险人产生争议。对保险人而言，应保存好提单、保险合同、保险赔偿支付证明和代位求偿书。对于船舶所有人、经营人而言，在开航前和开航时应尽到适航义务，在责任期间内尽到安全、妥善地运输货物的义务，遵守操作规则或航行规则，尽可能收集证据证明自身不存在过失。

【案件信息】

1. 裁判文书字号

（2002）青海法海事重字第1号

2. 当事人

原告：（日本）某海上火灾保险株式会社

被告：青岛某船舶货物运输有限公司、青岛某实业有限公司

3. 关键词

民事　船舶碰撞　保险人　代位求偿权

【裁判要旨】

1. 保险代位求偿权的行使。《海商法》第252条第1款就海上保险代位求偿问题作了规定："保险标的发生保险责任范围内的损失是由第三人造成的，被保险人向第三人要求赔偿的权利，自保险人支付赔偿之日起，相应转移给

保险人。"可见保险人的代位求偿权是基于法律规定而产生的，其适用具有强制性。代位求偿权既然是法定权利，其适用必然应符合法定的条件，才能为法律所认可。这些条件包括被保险人因海上保险事故对第三人有损害赔偿请求权；保险人已经向被保险人实际支付保险赔偿；保险人行使代位求偿权以保险赔偿范围为限；保险人应当在保险责任范围内赔偿被保险人的损失。

2. 船舶碰撞损害赔偿责任主体的确定。根据《最高人民法院关于审理船舶碰撞纠纷案件若干问题的规定》(以下简称《船舶碰撞纠纷规定》)第4条的规定，船舶碰撞产生的赔偿责任由船舶所有人承担，船舶所有人是法定的责任主体。而船舶实际经营人在实际控制、使用、经营船舶，对船舶安全航行应负有管理职责，对其是否应对船舶碰撞产生的赔偿责任与船舶所有人一起承担连带责任，应当从侵权责任角度予以考虑，以船舶经营人对碰撞的发生是否存在安全管理职责或过失为依据进行判断。

【基本案情】

在（日本）某海上火灾保险株式会社（原告）诉青岛某船舶货物运输有限公司（第一被告）、青岛某实业有限公司（第二被告）船舶碰撞货损纠纷一案中，青岛海事法院查明案件事实如下：1998年5月20日，俊某公司（买方）与大石桥华某集团有限公司（卖方）签订《售货确认书》，双方约定买卖的货物为重烧镁。1998年6月11日，香港某海运公司经营的"海某星1号"轮自营口港将上述货物装船后驶往日本。6月12日，俊某公司向原告投保，并由原告签发了保险单一份，保险单中记明：保险标的为1050吨重烧镁，投保金额为221 114 000日元，该批货物由"海某星1号"轮承运，起运港为营口，启航日期为1998年6月11日，提单号为WD××15。1998年6月12日，"海某星1号"轮驶至烟台外海水域时与第一被告经营的"鸿某一号"轮发生碰撞，"海某星1号"轮及其所载货物同时沉没。经青岛海事法院（1999）青海法烟海事初字第61号判决认定，"鸿某一号"轮的过失为40%，"海某星1号"轮的过失为60%，该判决已发生法律效力。沉船事故发生后，原告依保险合同赔偿向投保人俊某公司作出赔偿，俊某公司向原告出具了代位求偿书。

原告提出诉讼请求：判令第一被告按其碰撞责任比例给予原告相应的赔偿。

第一被告辩称：没有证据能够证明原告所代位的俊某公司对"海某星一号"所载运的1050吨重烧镁货物具有合法有效的所有权。因为，该1050吨重烧镁货物属于国家出口许可证管制范围的货物。而该货有关方却向海关假报货名，逃避海关监管，是应由国家追缴没收的走私货物，并沉没于中国境内水域。因此，俊某公司对该货根本不具有合法有效的所有权，原告也不可能取得合法有效的代位求偿权。请法院驳回原告的诉讼请求。

【裁判说理】

争议焦点："重烧镁"货物受损后，被告是否应给予原告赔偿。

青岛海事法院认为：在原被告双方对"海某星1号"轮承运的WD××15号提单项下的"重烧镁"货物作出一致的确认后，双方争议的焦点主要在于该"重烧镁"货物受损后依法是否应给予赔偿。本院认为，大石桥某集团有限公司在与俊某公司签订了关于"重烧镁"国际货物买卖合同后，在向海关申报出口时，将货名申报为"绿泥石"，海关批准放行的《出口报关单》也是"绿泥石"，而实际上将"重烧镁"装船出口，"重烧镁"属于国家出口许可证管制范围的货物，用上述假报货名的行为逃避了海关的监管，但该行为系国内出口方单方所为，与买方俊某公司无关，与本案的纠纷亦分属于两个不同的法律关系，应另行处理，在上述货物已装船并将提单交付给买方后，货物的所有权及风险已转移至买方俊某公司。沉船事故发生后，原告作为该批货物的保险人已向被保险人俊某公司作出了赔付，俊某公司亦出具了代位求偿书，所以，原告已取得了本案的代位求偿权，原告的诉讼请求合法有据，应予支持。

审理中查明，在碰撞事故发生时，第一被告是"鸿某一号"轮的实际经营人，应依法承担船舶在营运中因侵权行为产生的民事赔偿责任，另外，第一被告已向本院致函说明："鸿某一号"轮与"海某星一号"轮碰撞发生在转让给我公司后，该碰撞事故引起的所有债权债务归我公司。在此之前，第二被告进行的诉讼活动对我公司具有约束力，第二被告对该函已给予了书面的确认。所以，第一被告应按"鸿某一号"轮在本次碰撞事故中承担的责任比例向原告进行赔偿，即应承担货物损失130 200美元、保险费损失66 342日元中40%的赔偿责任。因在船舶发生碰撞时，"鸿某一号"轮的所有权属第二被告，故第二被告应依法承担连带赔偿责任。

青岛海事法院以判决方式结案。

【法官后语】

在船舶营运实务中，船舶营运关系可能比较复杂，在发生碰撞事故之后往往要涉及确定船舶碰撞的责任主体这一问题。

我国《海商法》第八章专章规定了船舶碰撞的定义和归责原则，对船舶碰撞损害赔偿的责任主体使用了"船舶"一词。由于我国不存在"对物诉讼"，"船舶"的责任在诉讼中仍需要转化为"人"的责任，船舶碰撞损害赔偿责任应由何主体承担，《海商法》没有明确。2008年施行的《船舶碰撞纠纷规定》第4条规定："船舶碰撞产生的赔偿责任由船舶所有人承担，碰撞船舶在光船租赁期间并经依法登记的，由光船承租人承担。"2020年12月，《船舶碰撞纠纷规定》进行了修改，第4条仍原文保留。该条规定补充了《海商法》关于船舶碰撞责任主体规定的空白，明确了船舶碰撞损害赔偿责任的承担主体，即船舶所有人和登记的光船承租人。根据该条规定，现实中大量存在的船舶经营人、船舶管理人、未登记的光船承租人等与船舶经营密切相关的主体均不是船舶碰撞的责任主体。而司法实践对船舶经营人、未登记的光船承租人的责任主体地位以及光船租赁登记对船舶所有人责任主体地位的影响却呈现出与该条规定不完全一致的裁判思路。

一、司法实践中有关责任主体地位的裁判思路

关于船舶经营人在船舶碰撞中的责任主体地位，一种裁判思路依据《船舶碰撞纠纷规定》第4条故而排除船舶经营人在船舶碰撞中的主体地位；另一种裁判思路则以船舶经营人对碰撞的发生是否存在安全管理职责或过失为依据判断船舶经营人是否需要承担碰撞责任，由船舶所有人和船舶经营人承担连带责任。

关于光船租赁已登记时船舶所有人的责任主体地位。在光船租赁时，与船舶紧密相连的主体包括船舶所有人和光船承租人。光船承租人因登记而更容易被受害人识别，受害人在寻求司法救济时对被告的选择变得多样。受害人可能只起诉船舶所有人或光船承租人，也可能同时起诉光船承租人和船舶所有人。船舶所有人和光船承租人也都有可能以原告身份向对方主张赔偿。在光船租赁已登记时，船舶所有人是否当然不再是船舶碰撞的责任主体抑或需要和已登记的光船承租人承担连带责任，司法实践观点不一。第一种观点

认为，光船租赁已登记，并不当然免除船舶所有人在船舶碰撞中的责任，船舶所有人对碰撞发生有过错的，应与光船承租人承担连带责任。第二种观点认为，根据《船舶碰撞纠纷规定》第4条，光船租赁已登记的，应由光船承租人承担碰撞责任，船舶所有人不再承担责任。

关于光船租赁未登记时船舶所有人和光船承租人的责任主体地位。司法实践中，第一种观点认为，未登记的光船承租人是船舶碰撞责任的适格主体，有权向对方船舶主张赔偿，也应当承担船舶碰撞损害赔偿，未登记不影响光船承租人在船舶碰撞中的责任主体地位，也不导致船舶所有人应当承担责任。第二种观点认为，光船租赁未登记时，因光船租赁未登记而不得对抗第三人，船舶所有人应当因其未办理光船租赁登记而和船舶光租人对船舶碰撞承担连带责任，哪怕船舶所有人实际上并未运营船舶。

二、船舶碰撞损害赔偿责任主体的责任基础和一般标准

司法实践中，对于船舶经营人责任主体地位、光船租赁登记对船舶所有人和光船承租人责任主体地位的不同认定表面上看可谓纷繁复杂，追根溯源，系裁判依据或判断标准不同所致。总体来看，一种裁判思路以《船舶碰撞纠纷规定》第4条为依据，据此认定船舶经营人不是船舶碰撞的责任主体；光船租赁未登记时，船舶所有人与光船承租人承担连带责任。另一裁判思路立足于船舶碰撞本质上系侵权行为，通过分析相关主体在船舶碰撞中的过错进而判断其是否应当承担责任。两种裁判思路均有其法律基础，在现行立法下难谓对错，然若往深一步分析，《船舶碰撞纠纷规定》第4条虽然明确规定船舶所有人和登记的光船承租人系船舶碰撞责任主体，但并未进一步解释为何船舶所有人必须对船舶碰撞负有责任，以及为何光船租赁"登记"会对船舶碰撞的责任主体产生如此重大的影响。船舶碰撞系船舶这一特殊动产之间发生的碰撞，在过错认定、损害范围、管辖等方面均有其特殊性，但本质上仍是侵权行为，《海商法》对船舶碰撞没有规定的，当然可以适用侵权责任的具体规定或基本原则。对船舶碰撞损害赔偿责任主体的认定，除《海商法》外，当然可以而且应当在侵权责任理论框架下予以理解和解释。《民法典》对机动车、航空器侵权作出了特别规定，对船舶侵权则未提及。虽然如此，侵权责任一般理论仍然可以为船舶碰撞责任主体提供理论支撑。以侵权责任理论为基础判断船舶碰撞的责任主体显然是恰当的。

1.船舶碰撞损害赔偿责任主体承担责任的责任基础。船舶碰撞，是船长、

船员驾驶、管理船舶过程中发生的，船舶碰撞的原因无外乎可归结于船员驾驶、管理船舶时主观上存在过失或者船舶客观上本身不适航，基于此，船舶碰撞损害赔偿责任主体承担责任的基础主要有以下两种观点：

其一，雇主责任。雇主责任是因特定关系对非因自己的行为造成他人损害承担赔偿责任的一种法律制度，是指雇主对其雇员在执行工作任务或从事雇佣活动时致他人损害的后果负赔偿责任。在雇佣关系下，雇员接受雇主的指挥，按雇主的意旨完成雇主交付的任务，雇员的行为实际上等于雇主自己实施的行为，雇员实施职务行为带来的利益归于雇主，"受其利者，需任其害"，由此带来的风险也应当归于雇主。在船舶碰撞中，无论船舶所有人、光船承租人、船舶经营人哪个主体承担责任，亲自驾驶、管理船舶的船长、船员不是船舶碰撞责任主体。这是因为，船长、船员作为雇员，其驾驶、管理船舶的行为系职务行为，由此导致的利益或不利益，包括船舶碰撞的后果，都应由其雇主承担。船舶所有人、光船承租人对船舶碰撞承担责任，正是因为其系船员的雇主。

其二，物主责任。笔者认为，船舶碰撞损害赔偿责任本质上系雇主责任这一观点符合侵权责任一般理论，而依据物主责任理论认定船舶所有人当然是船舶碰撞责任主体的观点系对物件损害责任理论的误读。

根据适用归责原则和侵权责任形态的不同，侵权行为可分为一般侵权行为和特殊侵权行为两种基本形态。一般侵权行为适用过错责任原则，侵权责任形态是自己责任，即自己对自己的行为所造成的损害承担责任，行为主体和责任主体是一致的；而特殊侵权责任则是替代责任，适用过错推定原则或者无过错责任原则。特殊侵权行为又可分为对人的特殊侵权行为和对物的特殊侵权行为。与其所对应的，就是对人的替代责任和对物的替代责任。对人的特殊侵权行为典型的包括雇主责任、监护人责任等。对物的特殊侵权行为如饲养动物损害责任、产品责任、地下工作物损害责任等。

物件损害责任是指自己管领下的物件造成他人损害的，应当由物件的所有人或者管理人承担侵权责任的特殊侵权责任。物件损害责任不是指责任人使用物件或者以自己的意志支配物件致害他人，而是指物件本身对受害人的权利的侵害，责任人只是对物件的管理、管束等具有过失，因而承担赔偿责任的侵权行为类型。判断的标准，是物件致害时是否有人的意志支配。有人的意志支配的是一般侵权责任，不是特殊侵权责任；没有人的意志支配的物件造成损害,是特殊侵权责任,因而是责任人为管领下的物件致害负责,是替代责任。《民法典》没有规定物件损害责任一般性条款,而是规定了建筑物、构筑物或者其他设施脱落坠落、倒塌致害、抛掷坠落物、堆放物倒塌致害等七种具体的物件损害责任。船舶碰撞损害系船长、船员驾驶船舶存在过失导致,不是船舶本身导致,其性质和驾驶机动车致害类似,因此,船舶碰撞致害不属于物件损害。而且,物件损害责任是指物件的所有人或者管理人应当对其管领下的物件致害承担责任,除所有人外,管理人也可能是物件致害的责任主体,承担物件致害责任的根本判断标准在于相关主体是否管理、控制物件。当物件的所有人直接占有、管理物件时,所有人应当承担责任。当物件非由所有人管理、使用时,其赔偿责任主体不再是所有人,而是管理人。由于船舶经营方式的多样性,船舶所有人并不总是直接占有、管理船舶。在光船租赁条件下,光船承租人取得对船舶的占有、使用、收益权,船舶所有人丧失对船舶的实际控制。因此,即使根据物件损害责任理论,也无法得出船舶所有人当然系船舶碰撞损害赔偿责任主体的结论。

2. 船舶碰撞损害赔偿责任主体承担责任的一般标准。从侵权责任的形态看,船舶碰撞损害赔偿责任主体承担的责任本质上系雇主责任、替代责任。船长、船员驾驶、管理船舶造成船舶碰撞的,由其雇主承担责任。但是,由于船员雇佣方式的多样性,受害人常常难以准确识别船员的雇主。在雇主责任这一责任形态之外,需要总结出一般性的更直白的船舶碰撞责任主体的判断准则。

船舶雇主对其雇员的行为承担责任,根本原因在于船员受雇主的管理、控制、监督,船员的行为体现了其雇主的意志,雇主对船员的行为承担责任,正如同对自身的行为承担责任一样理所当然,船员如同雇主手臂的延伸,雇主通过控制船员实现对船舶的控制,船舶碰撞责任主体承担责任的根本原因在于其拥有对船舶的控制权。在船舶由船舶所有人经营的情况下,船舶所有人对船舶有完整的占有、使用、收益、处分的权利,其对船员的配备、船舶驾驶、船舶经营活动等事项拥有完全的处分权,其当然是船舶碰撞的责任主体。船舶运营中涉及的其他主体是否应当对船舶碰撞承担责任,也应当按照相关主体是否对船舶有控制权进行判断。

三、船舶经营人的责任主体地位

由于船舶经营的复杂性和航运分工的细化,航运实践中存在大量船舶经营人这一主体，明确船舶经营人在船舶碰撞损害赔偿中的责任主体地位具有现实意义。

关于船舶经营人的责任主体地位，2005年《第二次全国涉外商事海事审判工作会议纪要》曾给出指导意见。该会议纪要第130条规定，"船舶所有人对船舶碰撞负有责任，船舶被光船租赁且依法登记的除外。船舶经营人或者管理人对船舶碰撞有过失的，与船舶所有人或者光船承租人承担连带责任，但不影响责任主体之间的追偿"。该会议纪要虽然只是司法指导文件，但对审判实务具有重要指导意义。2008年施行的《船舶碰撞纠纷规定》没有吸收会议纪要第130条规定，对此，最高人民法院民四庭负责人在2008年《船舶碰撞纠纷规定》出台后的答记者问中指出："在本司法解释的起草过程中，我们还发现了很多亟须解决的问题。例如，船舶经营人和管理人在船舶碰撞纠纷中的责任问题、船舶碰撞导致油污的赔偿责任问题等。对这些问题，现有法律规定还不够完善、明确，需要作进一步的专题调研，尽快加以明确。"

船舶经营人的本质特征在于实际使用和控制船舶。其对船舶的控制权一般来自船舶所有人的委托，船舶经营人接受委托后，在取得对船舶控制权的同时也应当承担船舶责任，其应当承担的责任范围与其对船舶的控制程度一致。因此，当船舶经营人拥有对船舶进行装备船舶、配备船员、安排航线等权利时，其当然应当成为船舶碰撞损害赔偿的责任主体。

四、光船租赁登记的效力及其对船舶碰撞责任主体的影响

《海商法》第144条规定："光船租赁合同，是指船舶出租人向承租人提供不配备船员的船舶，在约定的期间内由承租人占有、使用和营运，并向出租人支付租金的合同。"即在光船租赁时，船舶出租人仅保留对船舶的所有权，船舶光租人取得对船舶的占有、使用、收益的用益物权，船舶所有权与使用经营权发生分离。船长、船员的选任、配备，船舶的维修和保养等均由光船承租人负责。

根据《船舶登记条例》第25条的规定，中国籍船舶光船租赁给本国企业、中国企业光船租赁外国籍船舶、中国籍船舶光船租赁给境外，出租人、承租人都应当办理光船租赁登记。该条规定的登记是公法意义上的登记，登记效力涉及船舶国籍的中止，或者船舶临时国籍的取得，而不是民法或者物权法意义上的登记。该条例第6条规定："船舶抵押权、光船租赁权的设定、转移和消灭，应当向船舶登记机关登记；未经登记的，不得对抗第三人。"该

条例第 6 条"不得对抗第三人"的效力范围，可结合《民法典》予以理解。《民法典》第 225 条规定："船舶、航空器和机动车等的物权的设立、变更、转让和消灭，未经登记，不得对抗善意第三人。"即对船舶、航空器和机动车等特殊动产的物权变动，以登记作为物权变动的对抗要件。在法律性质上，光船租赁具有民法上一般财产租赁的特征，光船承租人通过租赁合同取得光船租赁权，即取得对船舶的占有、使用、收益，这种依据光船租赁合同取得的光船租赁权具有合同相对性，不能对抗合同之外的第三人。但是，该条例第 6 条要求对光船租赁权的设定、转移和消灭进行登记，赋予光船租赁权这种具有物权性质的债权一定程度的排他效力，主要表现为光船承租人对抗船舶买受人和抵押权人的效力。光船租赁权的登记是一种物权公示，是保护第三人基于物权登记而产生的对物权的信赖利益。只有在第三人的权利与光船承租人的光船租赁权发生冲突的情况下，关于光船租赁权对于第三人是否继续有效发生讼争时，方有《船舶登记条例》第 6 条适用生存的空间。也就是说，光船租赁登记只在第三人的船舶所有权、抵押权与光船承租人光船租赁权发生冲突的情况下才有适用的可能性。

  在明确光船租赁登记效力范围的基础上可以发现，受害人主张船舶碰撞导致的损失是基于侵权行为产生的债权请求权，而非基于对船舶物权状态的合理信赖。无论船舶权属状况如何、是否进行物权登记，受害人均可向加害人主张权利。对加害人的判断，应基于对船舶的实际控制这个原则。无论是否办理光船租赁登记，在光船承租人实际控制、管理、运营船舶时，都应对该船舶的碰撞行为承担责任。从侵权责任的角度分析，虽然光船租赁登记与否均不影响光船承租人是否承担损害赔偿责任，但显然影响债权人发现债务人的难度。在光船租赁未登记时，债权人大概率无从知晓光船承租人的存在，而是基于船舶登记的效力直接起诉船舶所有人。这种诉讼模式是可以理解的，但是，仅因光船租赁未登记而应由船舶所有人承担责任，或者由船舶所有人和光船承租人承担连带责任的思路不符合侵权行为的法理基础。在光船租赁条件下，无论是否办理光船租赁登记，仍应根据实际控制船舶原则确定船舶碰撞责任主体。

【相关法条】

1.《中华人民共和国海商法》(1993年7月1日施行)

第二百五十二条　保险标的发生保险责任范围内的损失是由第三人造成的,被保险人向第三人要求赔偿的权利,自保险人支付赔偿之日起,相应转移给保险人。

被保险人应当向保险人提供必要的文件和其所需要知道的情况,并尽力协助保险人向第三人追偿。

2.《最高人民法院关于审理船舶碰撞纠纷案件若干问题的规定》(2008年5月19日公布)

第四条　船舶碰撞产生的赔偿责任由船舶所有人承担,碰撞船舶在光船租赁期间并经依法登记的,由光船承租人承担。

对应新法:

《最高人民法院关于审理船舶碰撞纠纷案件若干问题的规定》(2020年12月29日修正)

第四条　船舶碰撞产生的赔偿责任由船舶所有人承担,碰撞船舶在光船租赁期间并经依法登记的,由光船承租人承担。

承办人:刘明高
编写人:崔婷婷

17. 荣成市礼某渔业总公司诉烟台顺某船务有限公司船舶碰撞损害责任纠纷案

——两船互有过失碰撞的责任认定

【合规提示】

本案系原被告所属船舶发生的双方互有过失的船舶碰撞损害责任纠纷案。双方对责任承担比例产生争议。对船舶所有人、管理人而言，在航行前确保船舶适航，配备合格船员，合理制订航行计划；在航行中做好航行日志，使用安全航速，及时接收航行警告信息，利用一切有效的手段包括视觉、听觉、雷达等进行瞭望，充分理解避碰规则，积极使用灯光声响信号来警示靠近船舶，尤其在夜间还应特别留意其他船舶的灯光信号，避免由于疏忽与其他船舶形成紧迫局面甚至发生碰撞；平常加强对船员的技能培训；一旦发生船舶碰撞，搜集证据证明采取的有效避碰措施及最大限度减少损失的措施。

【案件信息】

1. 裁判文书字号

（2002）青海法威海事初字第 8 号

2. 当事人

原告：荣成市礼某渔业总公司

被告：烟台顺某船务有限公司

3. 关键词

民事　船舶碰撞　互有过失

【裁判要旨】

1.船舶碰撞纠纷中关于碰撞事实的审查，应当综合分析船舶 VDR 数据、AIS 数据记录、海事事故调查表、海事报告、航海日志的记载，以及当事船长、船员和其他知情人员的陈述等，以此确定船舶碰撞的时间、地点，以及船舶碰撞的格局，船舶碰撞中是否存在过失。是否存在过失的判断，具体而言，包括是否存在实际过失，如船速过快、会遇时违反避碰规则、锚泊位置不当、未正确显示号灯号型、违规雾航等；是否存在法律推定过失，如一方已证明另一方违反航行规则，包括国际性的或者地方性的航行规则，则推定违反航行规则的一方存在过失。

2. 船舶碰撞纠纷中，原则上由船舶所有人作为碰撞责任主体；碰撞船舶在光船租赁期间并经依法登记的，由光船承租人作为碰撞责任主体；船舶经营人或者管理人对船舶碰撞有过失的，与船舶所有人或者光船承租人承担连带责任。船舶所有人是指依法登记为船舶所有人的人；船舶没有依法登记的，指实际占有船舶的人；船舶登记所有人和实际所有人不一致的，发生碰撞时船舶的实际指挥、管理和控制者承担船舶碰撞损害赔偿责任。

3. 互有过失导致的船舶碰撞，各船按照过失程度的比例负赔偿责任；过失程度相当或者过失程度的比例无法判定，平均负赔偿责任。

【基本案情】

在荣成市礼某渔业总公司（原告）诉烟台顺某船务有限公司（被告）船舶碰撞纠纷一案中，青岛海事法院查明案件事实如下：2001年2月27日被告对"收某者"轮向中国人民保险公司投保，投保金额为650万元，险种为一切险。2002年1月9日凌晨2时，原告所属"鲁荣渔1××2"渔船抛锚与被告的"收某者"轮发生碰撞，船的左舷油舱及其他部件损害，造成船上损失，发生修船费，以及因渔船损害不能出海作业的损失。

交通部烟台海监局成山头分局对"收某者"轮有关船员进行调查的笔录表明：事故发生前"收某者"轮船上雷达没有开启，驾驶台左侧雷达在天津起锚后因故障不能使用，右侧雷达效果不好，当时"收某者"轮值班船员主要通过视觉瞭望，使用自动舵，有时也通过雷达观测，直到发生碰撞，二副到驾驶台右侧看到渔船已经到了"收某者"轮的中部，采取左满舵后看到船体在"收某者"轮的左后方约100米，碰撞前后水手长离开驾驶台约6~7分钟。另查明，事故发生时的"鲁荣渔1××2"值班船员解某波、李某彬为普通船员，均未经过船员培训。

原告提出诉讼请求：要求被告赔偿船舶碰撞所致损失70万元人民币。

被告辩称："鲁荣渔1××2"渔船对本次碰撞负主要责任，"鲁荣渔1××2"渔船为不适航船舶，没有配备足够的职务船员，其他船员没有经过培训，发生碰撞时"鲁荣渔1××2"渔船处于走锚状态，该轮在习惯航道上抛锚是非常错误的，且值班人员疏忽瞭望。碰撞前该轮仅采取了灯号和敲警钟的方式警示"收某者"轮，未能采取其他避碰措施。"鲁荣渔1××2"渔船不存在渔货、柴油损失，且修理费用过高。渔汛期损失应按4天计算，原告方对"收某者"轮进行非法留置、扣押，原告应对此产生的船期及其他损失予以赔偿。

【裁判说理】

争议焦点：船舶碰撞原被告双方的责任承担。

青岛海事法院认为：本案系船舶碰撞赔偿纠纷，"鲁荣渔1××2"渔船本航次没有按规定配备合格船员，机务长李某征未持有合格的职务证书，事故发生时的值班船员李某彬、解某波没有经过相应的专业技术培训，违反了《交通安全法》第7条之规定。该船抛锚981/3海区、水深90米，风力7级，当时虽显示锚泊灯号，但该船锚链长200米，不能排除船舶发生走锚的可能性，"收某者"轮系在航机动船舶，事故发生前该轮的雷达没有开启，驾驶台左侧雷达从天津启航后因故障不能使用，右侧雷达效果不好，使用自动舵，仅凭视觉瞭望，且水手长在碰撞发生前后离开驾驶台，致使其在很近的距离才发现"鲁荣渔1××2"渔船，使之难以采取有效的避碰措施。"鲁荣渔1××2"渔船仅采取闪烁锚灯并敲雾钟等避让措施，也是两船碰撞发生的原因之一。综上，"收某者"轮违背《1972年国际海上避碰规则》第5条、第6条、第7条、第18条第1款之规定，未使用安全航速，瞭望疏忽，没有及时判断碰撞危险的存在，致使未能采取在航船的避让措施，是构成碰撞紧迫局面的主要原因，应承担碰撞事故的80%的责任；"鲁荣渔1××2"渔船没有配备合格船员值班，未依照《1972年国际海上避碰规则》第34条第4款的规定使用相应的灯号及声号警示来船，是造成碰撞的次要原因，应承担此次碰撞事故20%的责任。

青岛海事法院以判决方式结案。

【法官后语】

船舶碰撞损害责任纠纷案件具有事故突发性强、事故影响大、案件处理专业性强、案件审理难度大、涉外案件占比高等特点。现对碰撞事实的审查和责任认定进行总结。

一、碰撞事实的审查

1. 船舶碰撞的时间、地点和格局。应当综合分析船舶 VDR 数据、AIS 数据记录、海事事故调查表、海事报告、航海日志的记载,以及当事船长、船员和其他知情人员的陈述确定。

2. 船舶碰撞中是否存在过失。是否存在实际过失,如船速过快、会遇时违反避碰规则、锚泊位置不当、未正确显示号灯号型、违规雾航等;是否存在法律推定过失,如一方已证明另一方违反航行规则,包括国际性的或者地方性的航行规则,则推定违反航行规则的一方存在过失。

3. 推定过失允许反驳,被推定过失的船舶可以通过证明在当时情况下背离航行规则是必要的,或者违反规则在当时情况下不可能导致碰撞损害的发生予以反驳。

4. 海事主管机关作为海上安全监督管理主管机关,通常都在第一时间介入事故调查,获取第一手的事故资料,其中经事故当事人和有关人员在海事局进行事故调查时所确认的有关碰撞过程调查材料,可以作为认定案件事实的证据材料,除非有其他相反证据否定其证据效力。

二、一般碰撞责任的认定

1. 碰撞责任主体。原则上由船舶所有人作为碰撞责任主体;碰撞船舶在光船租赁期间并经依法登记的,由光船承租人作为碰撞责任主体;船舶经营人或者管理人对船舶碰撞有过失的,与船舶所有人或者光船承租人承担连带责任。个人船舶挂靠航运单位从事营运的,个人船东和挂靠航运单位可以共同作为碰撞责任主体。一方单独参加诉讼的,海事法院可以追加另一方共同参加诉讼。船舶所有人是指依法登记为船舶所有人的人;船舶没有依法登记的,指实际占有船舶的人;船舶登记所有人和实际所有人不一致的,发生碰撞时船舶的实际指挥、管理和控制者承担船舶碰撞损害赔偿责任。一般认为,船舶由船员操纵,在通常情况下,船员由船舶所有人或光船租船人配备,船舶的驾驶和操纵由船员根据船舶所有人或光船租船人的指示完成,即使在船舶期租时，租船人仅有权对船舶的营运发出指示，而无权对船舶的驾驶、操纵发号施令；同时，船舶所有人或光船承租人还负有使船舶的技术状况符合有关法律、法规和规章的要求，处于良好技术状态的责任。这也就是说，船舶所有人或光船承租人负责船舶的航行安全，因此，当船舶发生碰撞事故时，应承担船舶碰撞侵权损害赔偿的责任主体是船舶所有人或光船承租人。

2. 无过失碰撞责任的认定。碰撞各方互相不负赔偿责任的情形：不可抗力导致碰撞；其他不能归责于任何一方的原因导致碰撞；无法查明的原因导致碰撞。不能归责于任何一方的原因导致的碰撞包括但不限于船舶没有违反航行规则，已经恪尽职责且运用了良好船艺仍然发生的碰撞；无证据证明一方操作船舶存在过失，也无证据证明一方操作船舶的行为与碰撞之间存在因果关系。

3. 过失碰撞责任的认定。一船过失导致碰撞，由过失船负赔偿责任；互有过失导致碰撞，各船按照过失程度的比例负赔偿责任；过失程度相当或者过失程度的比例无法判定，平均负赔偿责任。在互有过失碰撞中，应结合《1972年国际海上避碰规则》及我国相关法律法规和航行规则判断各船过失程度的比例。两船碰撞后因惯性而碰撞他船导致的多船碰撞，各船应承担的责任比照两船发生碰撞的情况处理；两船碰撞后因倒车或者续航时因操纵不当与他船再发生碰撞的，不属于多船碰撞，后续发生的船舶碰撞损害责任纠纷，应当另案处理。如果碰撞纠纷尚在诉讼中，对船舶碰撞造成船载货物权利人和第三人财产损失赔偿纠纷应当中止审理，待船舶碰撞损害责任纠纷案件审理终结后再恢复审理。碰撞船舶之间自行达成的和解协议有效，但是不能直接作为碰撞船舶对外承担比例赔偿责任的依据，除非船载货物权利人或者第三人同意。如果碰撞船舶要求海事法院依据碰撞船舶之间达成的碰撞过失比例出具裁判文书，则法院在裁判理由中应当明确该责任比例并非海事法院认定的碰撞过失比例，而是碰撞船舶之间一致认可的关于损失赔偿数额的分担比例。船舶交通管理中心发出的劝告、警告等指令不等同于船长相应管理船舶和驾驶船舶的措施，也不能因此免除船长遵守相应航行规则、根据实际情况管理和驾驶船舶的责任和义务。

三、特殊碰撞责任的认定

1. 拖航作业中的碰撞责任。应结合拖船和被拖船的义务确定拖航作业中的碰撞责任。拖船义务包括拖船应适航且适配；拖船船长应合理谨慎拖带并运用良好技艺；在被拖船指挥拖带时，遵守被拖船指令并对明显不安全指令予以提醒；遵守避碰规则，正确显示号灯、号型；无约定时，在合理的时间内完成拖带工作。被拖船义务包括拖带中向拖船发出合理、安全的指令；保证自身的稳性和安全；遵守避碰规则，正确显示号灯、号型；被拖船应处于适拖状态并向拖船如实说明被拖船的情况，提供相关证书、文件。

拖船与被拖船的义务有拖带合同明确约定的，以约定为准。拖带过程中，应遵循"指挥权决定责任"的原则。

2. 引航作业中的碰撞责任。船长管理船舶和驾驶船舶的责任，不因引航员引领船舶而解除。无论是强制性引航还是服务性引航，引航员均负有引领和指挥船舶安全航行的权利和义务，但引航员不享有独立指挥船舶的权力，引航员指令只有经船长确认才有效，即引航员通过船长指挥和驾驶船舶。引航员和船长同属船舶所有人的雇佣人员，引航员在执行引航职务期间，处于受雇人的地位。因此，引航员在引领船舶过程中的过失导致的损害，由雇主即船舶所有人承担赔偿责任。

3. 沉船所有人的碰撞责任。船舶沉没后，沉船所有人应在合理的时间内对沉船作出妥善处理，设立清晰醒目的警示标志。否则，其他船舶与沉船发生碰撞事故的，沉船应当承担碰撞责任。沉船所有人的上述义务及对应的责任是基于其对沉船的占有、管理和控制，一旦沉船完成转让或者委付，沉船所有人的上述义务将终止。实践中，沉船所有人在船舶沉没后一般不是自行设立警示标志，而是及时报告港口主管机关，由港口主管机关发布航海通告，提醒过往船舶注意或予以加标。

【相关法条】

《中华人民共和国海商法》（1993年7月1日施行）

第一百六十九条 船舶发生碰撞，碰撞的船舶互有过失的，各船按照过失程度的比例负赔偿责任；过失程度相当或者过失程度的比例无法判定的，平均负赔偿责任。

互有过失的船舶，对碰撞造成的船舶以及船上货物和其他财产的损失，依照前款规定的比例负赔偿责任。碰撞造成第三人财产损失的，各船的赔偿责任均不超过其应当承担的比例。

互有过失的船舶,对造成的第三人的人身伤亡,负连带赔偿责任。一船连带支付的赔偿超过本条第一款规定的比例的,有权向其他有过失的船舶追偿。

承办人:常 青
编写人:崔婷婷

18. 季某、陈某、石某诉浙江省岱山县某海运公司船舶碰撞损害责任纠纷案
——船舶碰撞中肇事船舶确认及赔偿责任的认定

【合规提示】

本案系一起被侵权人家属诉侵权船舶因船舶碰撞造成人身伤亡的损害责任纠纷案,双方对于肇事船舶的确定产生了争议。在夜晚航行的过程中,船舶应该加强瞭望,避免与其他船舶相撞。一旦相撞应及时对被撞船舶进行救助,不要心存侥幸,肇事逃逸。审判人员可以大量运用间接证据,适用事实推定规则对肇事船舶进行认定。

【案件信息】

1. 裁判文书字号

(1999)青海法海事初字第16号、(2000)鲁经终字第23号

2. 当事人

原告:季某、陈某、石某

被告:浙江省岱山县某海运公司

3. 关键词

民事 船舶碰撞 肇事船舶 人身损害 赔偿

【裁判要旨】

在受害船舶沉没、全体船员遇难、加害船舶逃逸的情况下，审判人员应大量运用间接证据，适用事实推定规则对肇事船舶进行认定。并运用航海技术从碰撞的时间、碰撞船舶的位置等几个方面进行全面科学的调查分析，从而认定肇事逃逸船舶。

【基本案情】

在季某、陈某、石某诉浙江省岱山县某海运公司船舶碰撞、人身伤亡损害赔偿纠纷案中，青岛海事法院查明案件事实如下：1998年11月6日，陈某全驾驶"鲁胶南渔59××"轮（以下简称59××，该轮为陈某全所有），与石某山驾驶的对船"鲁胶南渔50××"（以下简称50××）从斋堂岛出海，11月8日约1900时站锚。59××锚位在50××南某西南方向约150米处。59××船上共有5名船员。当时天气晴，北风5~6级，有月光，能见度良好，两船均开启锚灯。50××船长石某山安排刘某全值2230时至0030时的班。石某山用对讲机问59××是否有拔锚，59××回答没有。约2300时（约计时间没有看表），刘某全发现一艘显红绿灯，船壳是绿色的大船驶来，便立即叫醒船长石某山，石某山从驾驶室左窗口看到一商船红灯一闪向59××开去，迅即拿起对讲机呼叫59××来商船了，连续呼叫7~8遍，59××没有回答。后到甲板上向59××方向望了约1分钟，没有找到59××锚灯，即叫醒大车翟某满和其他船员，并让大车快开车收锚，锚缆绞到一多半时，石某山记下卫导时间2320时，船位35°08′.618N、121°19′.589E。50××起锚后，在附近海域寻找了约10分钟，闻到柴油味，并发现海面有柴油花，石某山立即用对讲机呼叫周围渔船帮助找人。前后有鲁胶南渔501Y、570X、502X、570Y、506X、584X、507X、581X等10余艘渔船赶到事故现场寻找。至9日11时，除发现几块碎木板外，没有找到59××及船上船员；50××在10日0200时回到斋堂岛，并向主管机关作了报告。

青岛港监接到报案后，立即对50××船长等人进行了调查，并根据渔民提供的渔船锚泊时艏向270°和渔民见到加害船航行的情况及事故发生地点，断定加害船可能是由青岛港驶出的向南或东南航行的货船。事故地点距离青岛港80海里，按照船舶8~15节速度计算，推算该船应在11月8日1300时至1800时之间离开青岛港，经查1230时至1800时之间离开青岛港的船舶共10艘，其中两艘去渤海湾方向，四艘去日本，一艘去韩国，上述七艘船的航线因不航经本次事故发生的地点被排除。另外"金某船路""宝中×××""浙舟×××"目的港分别是湛江、上海、张家港，可能经过事故地点。青岛港监分别给三船目的港的港监发出协查通知，要求提供三船11月8日2300时的船位。经查：2300时，"宝中×××"船在事故地点南27海里；"金某航路"船在事故地点北17海里，其航向不经过事故地点，"浙舟×××"船位35°10'8"N、121°17'8"E，在事故地点以北2.8海里，航迹线恰好通过出事地点。经青岛港监调查50××船员及事故现场其他渔船渔民证明，事故发生时间约为2312时，根据这个时间核对上述三船位，"金某航路"距离事故地点14.5海里，"宝中×××"距离事故地点30海里，"浙舟×××"距离事故地点0.6海里。

原告提出诉讼请求：陈某全系59××所有人、船长。59××在50××偏西100多米处抛锚。两船均按规定开启锚灯。约2315时59××被一向东南方向航行的货船撞沉，陈某全和其他四名船员全部失踪。事故发生后，原告立即通过积米崖渔监向青岛港监作了报告，青岛港监通过50××等有关人员提供的线索调查，确认被告所属的"浙舟×××"船为肇事船。请求被告赔偿船舶损失42万元及利息。判令被告支付原告人身伤害赔偿金107 815元及利息。

被告辩称：被告收到原告等5人的传票及诉讼文书后颇感意外。因为被告所属"浙舟×××"轮，于1998年11月8日从青岛运载3000吨木材，安全驶抵目的港张家港的整个航程中，不存在触碰他船等任何异常情况。事后港监勘验调查后也证实该轮无任何与他船碰撞过的痕迹，而原告列"浙舟×××"为加害船，颇显牵强，恳请驳回原告提出的不实之诉。

【裁判说理】

争议焦点：船舶碰撞中肇事船舶及赔偿责任的认定。

青岛海事法院认为：1999年11月8日2230时，50××船长石某山在刘某全接班时，用对讲机与59××通话，证明59××在2230时处于正常的锚泊状态。59××发生海事时间约为2312时。此时"浙舟×××"恰好航经事故发生地点，且值班驾驶员和水手证明在其值班期间两海里范围内肯定没有其他船航行。证明"浙舟×××"就是肇事船。

"浙舟×××"值班人员瞭望疏忽，违背了《1972年国际海上避碰规则》第5条、第7条的规定，造成59××船沉人亡的严重后果，应当承担主要责任。59××于11月8日1900时锚泊，并按规定开启锚灯，但在有他船驶近时，没有采取引起他船注意的有效措施，也应承担相应的责任。

青岛海事法院于1999年7月16日作出民事判决，判决被告浙江省岱山县某海运公司承担90%的责任。被告提出上诉，山东省高级人民法院在对本案审理过程中，被告撤回上诉。山东省高级人民法院裁定准许撤诉，执行原判决。

【法官后语】

本案是一起因船舶碰撞引起的侵犯他人财产权和人身权的损害赔偿案件，主要涉及肇事船舶的认定、碰撞船舶责任的承担等问题。

船舶碰撞作为海上发生的交通事故，在海事法院受理的侵权案件中是较为复杂的。与陆地发生的交通事故相比，船舶碰撞案件具有现场勘验难、证据收集难、责任判断难等特点。由于碰撞事故发生在海面，事故现场随即消失，所以现场很难保存，特别是碰撞事故的责任方为了逃避责任，时常会破坏现场，销毁证据。在无第三方证明的情况下，法院的调查取证、责任判定及海事处理，就存在很大的困难。特别是在两船发生碰撞后一方船沉人亡、另一方肇事后逃逸的情况下，要准确的认定肇事船舶就更难。在这种情况下，要运用事实推定的规则对肇事船舶进行认定。

在受害船舶沉没、全体船员遇难、加害船舶逃逸的情况下，如何查找加害船舶，确定被告，是该种类型案件客观公正审理的关键。根据本案的船沉、人亡、加害船逃逸的实际情况，审判人员运用大量的间接证据，在被告全盘否认"浙舟×××"轮是加害船的情况下，充分运用航海技术从59××被碰撞沉没时间、位置、59××发生碰撞沉没时"浙舟×××"的船位及该轮离开青岛港后的航迹等几个方面进行全面细致的调查分析，最终确认肇事船舶，使案件得以顺利审结。

民法上承担侵权损害赔偿责任应具备四个要件：一是行为有违法性；二是发生损害事实；三是违法行为与损害事实之间存在因果关系；四是有过错。

本案中 59×× 是锚泊船,并按规定开启了锚灯。"浙舟 ×××"是航行船,按避碰规则的有关规定,在航船应当避让锚泊船。"浙舟 ×××"在海上渔船密集地区航行时,瞭望疏忽,不注意航行安全,是造成本次事故的主要原因。更为严重的是"浙舟 ×××"轮值班人员在海事发生以后不救而逃,使本来可以获救的财产得不到救助,更使本来可以获救的生命得不到生还。其行为严重违反了《海商法》第 166 条和《海上交通安全法》的相关规定,并已造成了极大的财产损失和人身伤亡。其行为具备了民法上侵权损害赔偿责任的构成要件,应当对本次海损事故承担主要责任。

原告船虽为锚泊船,但也应加强瞭望,密切注意海上来往船舶的动向,对随时可能发生的紧迫局面和紧急情况作出积极有效的反应,并采取措施引起他船的注意,本案中虽然 59×× 采取了哪些避让措施无法查清,但有一点是清楚的,即他船驶近自船并存有碰撞危险时,没有采取避让和引起他船注意的有效措施,最终造成船沉人亡的严重后果,59×× 也应承担相应的责任。

【相关法条】

《中华人民共和国民法通则》(2021 年 1 月 1 日废止)

第一百一十九条　侵害公民身体造成伤害的,应当赔偿医疗费、因误工减少的收入、残废者生活补助费等费用;造成死亡的,并应当支付丧葬费、死者生前扶养的人必要的生活费等费用。

第一百三十一条　受害人对于损害的发生也有过错的,可以减轻侵害人的民事责任。

对应新法:

《中华人民共和国民法典》(2021 年 1 月 1 日施行)

第一千一百七十九条　侵害他人造成人身损害的,应当赔偿医疗费、护理费、交通费、营养费、住院伙食补助费等为治疗和康复支出的合理费用,以及因误工减少的收入。造成残疾的,还应当赔偿辅助器具费和残疾赔偿金;造成死亡的,还应当赔偿丧葬费和死亡赔偿金。

第一千一百七十三条 被侵权人对同一损害的发生或者扩大有过错的，可以减轻侵权人的责任。

承办人：潘心苏
编写人：庄雪莉 王晓斐

19. 陈某某诉乐清市某船舶修造厂、荣成某水产有限公司船舶碰撞损害责任纠纷案
—— 船舶碰撞责任方并不当然承担货物灭失损害责任

【合规提示】

本案系一起船舶碰撞后，一船货物沉没灭失引起的货主向两船船东索赔损失的案件，非涉案货物运输船主张其不应承担赔偿责任，三方产生纠纷。本案中，虽两船就船舶碰撞均负有责任，但载货船沉没并不是船舶碰撞直接导致，而是沉船船员操作不当所致，另一船舶对沉船上货物灭失不承担赔偿责任。对于船东而言，要时刻谨慎驾驶和管理船舶，船舶发生碰撞后在危险时刻更是如此，如果因自身操作不当引起其他损失的发生或扩大，要自行承担责任。

【案件信息】

1. 裁判文书字号

（1999）青海法烟海商初字第20号

2. 当事人

原告：陈某某

被告：乐清市某船舶修造厂、荣成某水产有限公司

3. 关键词

民事 船舶碰撞 货物灭失 操作不当

【裁判要旨】

两船就船舶碰撞均负有责任，但其中一事故船沉没并不是因船舶碰撞直接导致，而是沉没船的船员操作不当所致时，另一船舶对该沉没船上货物灭失不承担赔偿责任。

【基本案情】

原告诉称：1998年11月12日，原告委托被告乐清市某船舶修造厂（第一被告）由其所属"振乐×"号轮承运23 291箱瓷砖由广东南海太平港运至天津港。11月19日晚10时许，该船与被告荣成某水产有限公司（第二被告）所属"鲁荣水×××"轮相撞，"振乐×"号轮沉没。原告的货物亦灭失。要求法院判令两被告赔偿货物损失684 208.4元和利息损失，并承担本案诉讼费用。

第一被告辩称：原告主张的损失数额证据不足。原告提供的发票和我方运输货物的货主（原告）不是同一人，该发票与本案无关；原告并无其他证据证明其提供的发票中所列23 291箱瓷砖即为被告方承运的瓷砖。第二被告应承担全部责任。请求法院查清事实，依法判决。

第二被告辩称：两被告船舶相撞是由于第一被告疏忽瞭望、未采取避让措施造成的，"振乐×"号轮沉没完全是由于第一被告抢救措施不当造成的。请求法院驳回原告对该被告的诉讼请求。

"振乐×"号轮属第一被告所有，船舶经营人为乐清市某外海运输公司。1998年4月28日，第一被告与乐清市某外海运输公司签订"挂靠协议书"。依照该协议，该被告将其所属"振乐×"号轮挂靠到某外海运输公司名下。挂靠期间的债权债务均由该被告负责，与某外海运输公司无关。

1998年11月12日，原告方与第一被告方签订一份运输协议。协议约定，由"振乐×"号船为原告运输23 291箱瓷砖，共计618吨，自广东南海太平港运至天津港，运价为每吨74元，运费总计39 106元。已预收运费17 000元，其余在货到目的港后一次付清。该协议还注明，在起运码头装货时发现65箱破损。该协议由原告和第一被告方代表陈某福签字确认，并加盖了"振乐×"号的船章。1998年11月11日货物装上该船并由船方签发了"水陆运输发票"。1998年11月12日0800时，该船由广东太平港码头驶往天津。11月19日2155时许该船驶至石岛港外海域时,与因主机故障停航修理的第二被告的"鲁荣水×××"轮相撞,"振乐×"轮沉没。事故发生后,烟台港务监督对事故的过程进行了详细的调查,并制作了调查笔录。

"鲁荣水×××"轮属第二被告所有,船长27.47米,宽5.70米,总吨为97吨,净吨为30吨,1996年7月建造于荣成市海达造船厂,为钢质渔运船。1998年11月19日1840时许,该船由山东石岛港装5吨鲜鱼出海,计划在海上加收部分鱼货后驶往日本。当日2130时许,该轮因主机故障停航修理,2155时许,在36°30′864N,122°48′28E处,该船与第一被告所属"振乐×"号轮相撞,"鲁荣水×××"船体舷侧钢板破损凹陷,并被撕裂至水线以下约1米。

烟台某海事咨询服务有限公司指派专家对事故碰撞责任和"振乐×"号轮沉没原因进行分析鉴定。鉴定人于2000年7月16日出具了鉴定报告。鉴定报告认为,"振乐×"号轮发现对方船舶后没有连续观测,仅凭见到对方的一盏红灯就误认为是对驶船,直到双方相距0.1~0.2海里发现对方绿灯时才采取措施,存在严重的瞭望疏忽;该船未采用安全航速,其避免碰撞措施明显不当。因此,"振乐×"号轮应承担事故的主要责任。"鲁荣水×××"轮发现来船方位不变,距离逐渐减少,应意识到存在碰撞危险,及早鸣放声号或闪动灯光警告来船,而该船在发生碰撞前2~3分钟才闪动灯光,明显过晚;该船虽按避碰规则显示了两盏环照红灯,但当该船不对水移动后,未关闭舷灯和尾灯;违反了《1972年国际海上避碰规则》(以下简称《避碰规则》)第27条第1款的规定,对该事故"鲁荣水×××"号轮也存在过错,但过错轻微。

对"振乐×"号轮沉没的原因,鉴定报告认为,根据该船船长、大副等人的陈述,"振乐×"号碰撞的部位应在左锚链孔偏后向下,破损裂口未及货舱,且并不严重。该船沉没的原因是该船船员在检查受损情况时,将艏尖舱的水密门打开后未关闭,致使海水自破损部分进入艏尖舱,通过水密门,海水又进入货舱,致使该船沉没。该船船员在事故发生后,打开水密门发现艏尖舱入水后,惊慌失措,未关闭水密门即向大副报告。在施救过程中,又未采取堵漏措施,存在明显过错,致使损失扩大,船舶沉没。鉴定报告还认为,本次事故虽造成"振乐×"号轮艏尖舱进水。但只要及时关闭水密门,该船就不会沉没。

货损发生后，原告起诉于青岛海事法院，要求法院判令两被告赔偿货物损失 684 208.4 元和利息损失，并承担本案诉讼费用。

【裁判说理】

争议焦点：发生碰撞的船舶对另一船沉没导致所载货物灭失的损失是否承担赔偿责任。

青岛海事法院认为：第二被告所属"鲁荣水×××"号轮因主机故障停船修理，并显示了两盏环照红灯，应属失去控制的船舶。依照《避碰规则》第 18 条第 1 款的规定，该船属于被让路船舶。"振乐×"号轮作为负有让路义务的船舶，未采用安全航速，瞭望存在严重疏忽，未及早采取避让措施，在紧迫局面形成后操作不当，其应承担主要责任。"鲁荣水×××"轮作为被让路船，虽也存在未及早警告来船和及时关闭航行灯的过错，但其过错显属轻微。法院采纳鉴定意见。对两船碰撞造成的船舶损失，鉴于两被告之间并未提起诉讼，故本案对双方相互赔偿问题不予置评。

"振乐×"号轮沉没，鉴定人认为是由于被告船员的过错造成的，并无不当。该船仅仅是艏尖舱部分受损，且损坏并不严重，如果被告船员检查受损情况后，随手关闭水密门，并不至于沉没。被告的船员缺乏起码的常识，打开水密门后不随手关闭，未采取任何堵漏措施；当海水通过水密门流向货舱时，船员惊慌失措，仍未关闭水密门即撤出货舱，失去了控制海水流入货舱的最后机会，致使船舶沉没。该船沉没虽与两船碰撞有关，但并不是本次碰撞必然要产生的结果。因此，对原告货物因船舶沉没而灭失，第一被告应当承担赔偿责任。

原告装运的货物的数量有被告出具的"水陆运输发票"和原告出具的销售发票为证，其实际装船的数量应以第一被告出具的水陆发票为准。货物的价值应以销售发票为据，但运输协议中注明破损的部分应予适当扣减。65 箱破损货物，按该批货物每箱平均价值的 1/3 扣减，计 619 元。

青岛海事法院于 2000 年 9 月 18 日作出民事判决：一、被告乐清市某船舶修造厂赔偿原告陈某某货物损失 664 789.4 元，并承担相应利息；二、驳回原告陈某某对被告荣成某水产有限公司的诉讼请求。

【法官后语】

本案主要涉及船舶碰撞后所载货物灭失的责任承担问题。本案区别于其他案件的典型性在于，发生船舶碰撞的责任，与其中一船沉没导致所载货物灭失的责任并不一致。本案将此两种责任明确予以区分，成为此类案件的典范。

一、对船舶碰撞的责任分析

根据我国《海商法》第169条的规定，对船舶碰撞的赔偿责任按过失比例划分。所以审理本案主要围绕对双方船舶的过失与否及其程度加以分析。

（一）第一被告所属"振乐×"号轮过错分析

1. 未尽正规瞭望职责。根据《避碰规则》第5条规定的"船舶在任何能见度情况下的行动规则"：每一船舶应经常用视觉、听觉以及适合当时环境和情况下一切有效的手段保持正规的瞭望，以便对局面和碰撞危险作出充分的估计。本案中，"振乐×"号轮发现对方船舶后没有连续观测，仅凭见到对方的一盏红灯就误以为是对驶船，直到采取措施时，为时已晚。故其在本案碰撞中存在瞭望疏忽。

2. 疏于断定碰撞危险。《避碰规则》第7条第4款第1项规定，如果来船的罗经方位有明显的变化，则应认为存在这种危险。本案中第二被告"鲁荣水×××"号轮为停航修理的船舶，其方位在罗盘上应没有明显变化。而"振乐×"号轮对如此重要的航海仪器疏于注意，以致造成与"鲁荣水×××"号轮碰撞。在这点上，"振乐×"号轮存在严重的过错。

3. 碰撞后施救措施不当。根据鉴定报告，"振乐×"号轮的船员检查受损情况时，将艏尖舱和货舱的水密门打开后未关闭，致海水经过水密门进入货舱，使该船沉没。虽"振乐×"号轮根据《海商法》第166条规定在碰撞后对船舶尽力施救，但施救过程中的严重过错却是导致沉船的直接原因。

综上，碰撞前到碰撞后"振乐×"号轮均存在严重过错。

（二）第二被告所属"鲁荣水×××"号轮过错分析

1. 未消除在航标志。根据《避碰规则》第23条的规定，在航机动船应显示舷灯与尾灯。"鲁荣水×××"号轮虽依该规则第27条规定，悬挂两盏环照红灯，但却违反该规则第23条，未关闭舷灯与尾灯，又造成来船误认为船舶在航或产生疑虑之嫌。

2. 危险信号发放过晚。在认为存在碰撞危险时,"鲁荣水×××"号轮应及早鸣放声号或闪动灯光警告来船,其中"及时"应当是在发现后立即给来船有充分的避碰时间的时间概念,而本案中"鲁荣水×××"号轮发信号时仅仅在碰撞前2~3分钟,故使"振乐×"号轮不能尽快采取措施避碰。

综上,虽"鲁荣水×××"号轮也存在过失,但并不必然导致两船相碰;而"振乐×"号轮过错则是造成碰撞的决定性因素。根据《海商法》第168条规定,船舶发生碰撞,是由于一船的过失造成的,由有过失的船舶负赔偿责任。所以,本案应当由"振乐×"号轮的所有人即本案第一被告承担对原告的赔偿责任。

二、对于沉没船舶所载货物灭失的责任分析

根据有资质的鉴定机构对"振乐×"号轮沉没原因所做的分析鉴定。船舶碰撞没有造成货舱破损,也不足以导致"振乐×"号轮沉没,其沉没的直接原因是船员打开水密门未关闭导致海水灌入货舱,最后船舶沉没。因此,青岛海事法院精准判断,货物灭失的原因是"振乐×"号轮的全部责任。最终判定"振乐×"号轮船东赔偿货物灭失的损失。

因裁判公正合理,各方均服判息诉。

【相关法条】

《中华人民共和国民法通则》(2021年1月1日废止)

第一百零六条第二款 公民、法人由于过错侵害国家的、集体的财产,侵害他人财产、人身的,应当承担民事责任。

对应新法:

《中华人民共和国民法典》(2021年1月1日施行)

第一千一百六十五条第一款 行为人因过错侵害他人民事权益造成损害的,应当承担侵权责任。

承办人:黄永申

编写人:郭俊莉

20. 某财产保险股份有限公司诉青岛某实业有限公司船舶碰撞损害责任纠纷案
——船舶碰撞事故责任承担的认定

【合规提示】

本案系一起船舶碰撞损害责任纠纷案，因一起两船舶的碰撞事故引发。原告为该起船舶碰撞事故中一方船舶的承保人，被告为另一方船舶的所有人，双方当事人就被告承担原告所承保船舶的损失赔偿责任比例存在争议。船舶碰撞是海上常见的事故，当事故发生时，如何确定两船的责任分配至关重要。若碰撞的船舶互有过失，法院会结合专业的鉴定报告、政府部门的事故报告等综合确定各船的过失程度，进而认定赔偿责任比例，不会单从两船的损害状况作出认定。因此，船舶的所有人或经营人、管理人应加强对船舶的管理，在海上航行时，作为专业人员，船舶的船长、大副等主要负责人员需严格遵循与船舶航行相关的规则，合理配备船舶人员，及时采取避让措施。

【案件信息】

1. 裁判文书字号

（1998）青海法烟海事初字第62号

2. 当事人

原告：某财产保险股份有限公司

被告：青岛某实业有限公司

3. 关键词

民事　船舶碰撞　保险合同　赔偿权转移

【裁判要旨】

1. 船舶发生碰撞，碰撞的船舶互有过失的，各船按照过失程度的比例负赔偿责任。

2. 保险标的发生保险责任范围内的损失是由第三人造成的，被保险人向第三人要求赔偿的权利，自保险人支付赔偿之日起，相应转移给保险人。

【基本案情】

"海王星×号"轮系一艘钢质杂货船，船主为香港某国际海运有限公司。该船由原告承保一切险，承保金额为25万元，承保期自1998年4月16日0时至1998年12月31日0时。该船1998年6月10日装载镁砂起航，由中国营口驶往日本大阪港。被告所属的"鸿华×号"轮亦系钢质杂货船，船籍港为中国上海。1998年6月10日该船装载原木由张家港起航驶往天津新港。1998年6月12日中午，两船在烟台外海域相遇并发生碰撞，该事故致使"海王星×号"轮沉没，所载货物亦灭失，值班二副失踪。"鸿华×号"也造成一定损坏。原告依照保险合同于1998年9月28日赔偿被保险人香港某国际海运有限公司25万美元。

经鉴定，两船均对碰撞事故存在一定的过错。

1998年6月15日，烟台船舶检验局在烟台港对"鸿华×号"轮进行检验。6月17日天津某海事咨询服务有限公司也对该船进行了检验，其检验结果与烟台船检的检验结果基本相同，该公司还对船舶修理费用进行了估算，估计该船永久修理费为8万美元左右。在本次事故中，"海王星×号"轮船舶损失为365 773.47美元。

原告某财产保险股份有限公司诉称：由我方承保的"海王星×号"轮，因1998年6月12日与被告所属的"鸿华×号"轮碰撞沉没，已构成全损，根据我国《保险法》第25条规定，我方对该轮船东已先予给付25万美元的保险金，依法取得了代位求偿权。原告要求被告承担25万美元赔偿金、事故处理费25 000元人民币和利息损失及诉讼费用。

被告青岛某实业有限公司辩称：我方所属"鸿华×号"轮与原告承保的"海王星×号"轮发生碰撞，是由于"海王星×号"违反避碰规则所致。原告要求我方赔偿全部损失没有任何依据，要求法院依法判决。

【裁判说理】

争议焦点：碰撞船舶双方责任如何划分。

青岛海事法院认为：鉴定人山东航海学会对两船有关人员的陈述进行的分析及双方驾驶人员的过失分析是正确的。两船雾中航行，航向有小角度交叉，最近会遇距离小于0.2海里，从航海技术角度来看，应视为存在碰撞危险。在此情况下，双方均应依照《1972年国际海上避碰规则》的有关规定采取避让措施。"鸿华×号"轮转向幅度不符合规则的规定，且采取避让措施时为时已晚；"海王星×号"轮在雾航中，值班船员配备严重不足，且一直未采取任何正确的避让措施，缺乏起码的谨慎。因此，尽管双方均存在过错，但"海王星×号"的过失程度要大于"鸿华×号"轮。"鸿华×号"轮应承担本次事故40%的责任，"海王星×号"轮应承担60%的责任。

根据我国《海商法》第252条的规定，保险人向第三人要求赔偿的权利，自保险人支付赔偿之日起，相应转移给保险人，在本案中，原告因船舶灭失依照保险合同向被保险人赔偿后，其依法取得向被告追偿的权利，但其追偿的数额应以被告的过错程度而定，在本案中，被保险人对该事故也有过错，故该原告要求被告全额赔偿，本院不予支持。

青岛海事法院于1999年11月23日作出（1998）青海法烟海事初字第62号民事判决书，判决：一、被告青岛某实业有限公司支付原告某财产保险股份有限公司赔偿金人民币321 745.42元和事故处理费10 000元，并支付自1998年8月12日起至本判决确定付款之日止的利息。上述款项，被告应于本判决生效之日起10日内付清，逾期应加倍支付迟延履行期间的债务利息。二、诉讼费20 510元和鉴定费20 000元人民币，由原告某财产保险股份有限公司承担24 306元，由被告青岛某实业有限公司承担16 204元。该被告应承担的诉讼费与上述款项同时径付该原告。

青岛海事法院以判决结案。

【法官后语】

海洋航行由于其路程长、时间久、海面情况复杂等原因，呈现出不同于航空、铁路、公路运输的特征。船员生活在船舶上且对于船舶的航行轨迹、预期危险等需要做实时性的观测和调整。基于此，海上航行的注意义务多由专门的国际规则确定。对于发生船舶碰撞的风险，需要海上航行的各船只共同承担规避责任，以期避免因海上运输造成的船体及货物损失。

本案中，两船在存在碰撞危险的情况下，一船一直没有采取任何正确的避让措施，在雾航中，该船只有一名驾驶员值班，属值班人员严重不足，该船应对碰撞承担主要责任。另一船转向方向没有错误，但转向幅度不符合《1972年国际海上避碰规则》的规定，且采取避让措施过晚，应对碰撞承担次要责任。

由于海上航运业务的风险性，保险业务应运而生。保险业务的存在，有效地帮助投保单位规避了海上运输风险导致的损失，客观上促进了海洋贸易的良性发展。

法律制度是经济发展的保障，法治是最好的营商环境。我国《海商法》保障保险业的发展，规定保险人在赔付后取得被保险人向第三人要求赔偿的权利。这既能为保险人提供一定的经济补偿，又能减少保险人与被保险人之间的扯皮问题，让被保险人在取得保险赔偿后尽快重新投入到商业活动中，加快商业活动的效率，提高竞争力，促进社会进步和经济发展。

本案审判庭通过各专业机构的调查和鉴定，具体分析案件基本事实的情况，详细了解相关海上航运规避规则，深度还原了案件的全貌。根据以事实为依据，以法律为准绳的审判标准，本案作出了裁判，原被告双方均认可裁判内容，不再选择上诉。

【相关法条】

《中华人民共和国海商法》（1993年7月1日施行）

第一百六十九条 船舶发生碰撞，碰撞的船舶互有过失的，各船按照过失程度的比例负赔偿责任；过失程度相当或者过失程度的比例无法判定的，平均负赔偿责任。

互有过失的船舶，对碰撞造成的船舶以及船上货物和其他财产的损失，依照前款规定的比例负赔偿责任。碰撞造成第三人财产损失的，各船的赔偿责任均不超过其应当承担的比例。

互有过失的船舶，对造成的第三人的人身伤亡，负连带赔偿责任。一船连带支付的赔偿超过本条第一款规定的比例的，有权向其他有过失的船舶追偿。

第一百七十九条 救助方对遇险的船舶和其他财产的救助，取得效果的，有权获得救助报酬；救助未取得效果的，除本法第一百八十二条或者其他法律另有规定或者合同另有约定外，无权获得救助款项。

第二百五十二条第一款 保险标的发生保险责任范围内的损失是由第三人造成的，被保险人向第三人要求赔偿的权利，自保险人支付赔偿之日起，相应转移给保险人。

承办人：黄永申
编写人：刘　昭　范峻恺

21. 山东省某海运公司诉交通部某航道局船舶碰撞损害责任纠纷案
——准确判定船舶沉没的主要原因

【合规提示】

本案系一起船舶碰撞损害责任纠纷案，双方就碰撞事故的责任承担存在争议。船舶碰撞案件通常会成为一系列财产、人身、合同、污染、保险、金融纠纷案件的核心，碰撞责任的认定是其他相关案件审理认定的基础，所以地位尤为重要。根据《海商法》第169条规定，互有过失责任的船舶碰撞，各船过失程度的认定，决定了船舶所有人等责任主体的责任承担份额。因此碰撞双方一定要尽量履行好各项义务，及时对证据进行保存。碰撞事故发生后，碰撞双方应及时履行互相通知义务，组织应急抢险，尽量减轻因碰撞造成的损失和防止损失的进一步扩大，船长应尽快将事故发生情况告知船公司，以便获得指导帮助，船长和船员应立即尽量详细地收集、记录、保存碰撞的相关资料，如海事报告、航海日志等，以备接受主管机关的调查处理，作为事故发生现场的直接证人，船长和船员提供的相关证据对于损害索赔或者抗辩起着非常重要的作用。此外，如果碰撞事故中本船受到损失，可要求对方船舶提供可靠担保，从而保证本船的损失能得到充分的赔偿，若对方拒绝担保，可根据情况，考虑是否申请海事主管部门或者海事法院扣留对方船舶，最大限度减少损失。

【案件信息】

1. 裁判文书字号

（1991）青海法海事初字第 125 号

2. 当事人

原告（反诉被告）：山东省某海运公司

被告（反诉原告）：交通部某航道局

3. 关键词

民事　船舶碰撞　责任认定　过失程度　碰撞责任比例

【裁判要旨】

船舶碰撞事故的双方责任认定，主要依据双方过失程度，即依其过失行为与构成紧迫局面进而导致碰撞发生的因果关系及诸原因的主次作用而定。确定船舶碰撞过失的一般原则是将确定过失的客观标准具体化，重点审查碰撞船舶是否存在驾驶及管理的过失。对碰撞或翻沉造成的损失和费用，双方应根据确定的碰撞责任比例承担责任。

【基本案情】

1991 年 6 月 18 日，原告所属"鲁海××"轮自青岛港集装箱码头驶往胶州湾 22 号锚地。雾航中，与被告所属"津航浚×××"轮发生碰撞。两船相撞后，"鲁海××"轮基本停住。原地检查本船碰撞情况后，在碰撞地点附近抛锚。"津航浚×××"轮碰撞后，全船断电、车停，船长立即奔上驾驶台，首先询问了值班驾驶员，然后派船员去船头和机舱了解情况，后又命令船员关闭应急水密门。为避免本船压向左舷侧的锚泊外轮，船长连续两次发出紧急车钟指令，左车突然启动。该船单车让过外轮后，艉明显下沉，被迫停车，之后向左倾覆翻沉，船员全部落水，二副等七名船员死亡。该船于 1990 年 10 月 3 日被烟台海上救助打捞局打捞出水，船舶已失去其使用价值，其残值售价为 165 万元人民币。

原告诉称：事故的主要原因是被告船严重违反雾中航行的规定，船长不在驾驶台，不派人瞭望，不发雾号，违反港口限速的规定，高速行驶，中断高频电话通信，不正确使用雷达，不按正确航线进港，以及未按避碰规则各自右让造成。因此，被告应承担碰撞事故的主要责任。至于被告船翻沉，主要原因是由于其浮力舱水密门未关，造成左浮力舱进水引起的，与碰撞没有必然的因果关系，因而原告不承担翻沉的责任。据此，原告诉请被告除承担本船的翻沉责任，亦应承担碰撞事故 70% 的责任，被告还应赔偿其经济损失。

被告辩称：两船碰撞造成我方船舶沉没、七名船员死亡的重大事故，主要是原告船雾中航行没有有效的瞭望，不按青岛港惯例驶入锚地，并无视主管机关的规定，不谨慎驾驶，对航行局面和碰撞危险不做估计，雾中近距离盲目转向，抢越被告船舶前方，造成紧迫局面，后又错误使用声号，延误避让时间，致使碰撞不可避免。碰撞后，原告船员一不报告，二不施救，造成被告船舶翻沉，因此原告应承担事故的主要责任。"津航浚×××"轮是一艘进水不沉的船舶。"鲁海××"轮撞破该轮三个舱，四个舱同时进水，故其翻沉与"鲁海××"轮有直接的因果关系。据此反诉原告，要求原告赔偿其 12 222 664.16 元人民币的经济损失。

【裁判说理】

争议焦点：船舶碰撞事故的责任承担。

青岛海事法院认为：鉴定部门山东航海学会及中华人民共和国船舶检验局青岛分局指定的专家具有从事所指定鉴定事项的鉴定能力，鉴定人所依据的事实是法庭查证核实的事实和船舶的有关原始资料，其鉴定意见是客观公正的，应作为定案的证据。

船舶碰撞事故的双方责任认定：根据鉴定意见，"津航浚×××"在艏尖舱和绞机舱破舱进水后，船仍在水面上稳定地漂浮，不会翻沉；但在艏尖舱、绞机舱和泥泵舱同时进水的情况下，其稳性高度 GM 将成为负值，船舶处于不稳定平衡状态，必将导致倾覆。因此，"津航浚×××"轮泥泵舱后壁的七个浮力舱水密门关闭与否不会改变该船碰撞后倾覆沉没的后果。泥泵舱的三个铰链式水密门所处的状态是原被告双方船舶形成碰撞危险前即已存在的客观状态。碰撞直接造成艏尖舱、绞机舱破舱进水，继而引起与绞机舱相连的泥泵舱进水，导致船舶翻沉。

各方的损失情况认定：被告方的损失主要有人身伤亡损害费用、落水人员费用、事故调查人员费用、沉船打捞费用、救助费用、营运损失、船只损失等。其中，死亡人员费用包括死者家属的交通费、住宿费、误工费、医疗费、伙食费，死者家属抚恤费等。对死者家属抚恤费，原被告双方侵权造成人身死亡，应承担连带赔偿责任，家属之前接受了被告的处理，但该费用应当由双方分摊。对于救助费用，主要是海军为救船员而支出的费用，另有少量是港监拖轮费用。法院认为海军为救助船员而实际支出的费用可以认定，理由是虽然按国际惯例及交通部的有关规定，人命救助不应索取救助报酬，但考虑到本案的具体情况，考虑到海军为救助一名船员支出了大笔费用，而该费用是成本而非报酬性质的，"鲁海××"轮也是有义务救助一方，该项费用由双方承担是合理的。原告方的损失主要有事故处理费、事故用交通船费、事故处理人员加班费、摄像船检费等。对于原告提出的营运损失，因"鲁海××"轮未因碰撞事故而需修理，不存在修船期间的营运损失。"鲁海××"轮事故前移泊锚即是为了待货，即使其所称因等待事故的调查处理延误船期，也非被告过失造成的，故原告营运损失不予认定。

青岛海事法院以判决方式结案。对碰撞或翻沉造成的本案损失和费用，双方根据专家鉴定报告确定的碰撞责任比例承担责任。山东省高级人民法院二审，双方达成调解。

【法官后语】

船舶在国际海运物流中居于核心地位，船舶安全不仅关乎财产安全、人身安全和航道安全，亦对国际货物贸易秩序的稳定具有重要影响。同时，鉴于船舶本身的重资产、高流动、多主体、国际化特征，船舶碰撞案件的审理通常会成为一系列财产、人身、合同、污染、保险、金融纠纷案件的核心，其对碰撞责任的认定，是其他相关案件审理认定的基础。

作为侵权行为的特殊表现形式，船舶碰撞侵权兼具一般侵权基本法律特征和特殊侵权特别法律规范的双重特点。《民法典》侵权责任编、《海商法》和船舶碰撞相关国际公约，共同构成了调整船舶碰撞侵权法律关系的规范体系，其中海商法作为特别法，具有优先适用的法律效力。根据《海商法》第169条规定，互有过失责任的船舶碰撞，各船过失程度的认定，决定了船舶所有人等责任主体的责任承担份额。关于过失构成及其比例分配，需要根据《民法典》和船舶碰撞相关国际公约的规定，结合行政主管部门对碰撞事故的调查报告和庭审查明事实情况，予以综合认定。

【相关法条】

《中华人民共和国民法通则》（2021年1月1日废止）

第一百一十七条　侵占国家的、集体的财产或者他人财产的，应当返还财产，不能返还财产的，应当折价赔偿。

损坏国家的、集体的财产或者他人财产的，应当恢复原状或者折价赔偿。

受害人因此遭受其他重大损失的，侵害人并应当赔偿损失。

第一百一十九条　侵害公民身体造成伤害的，应当赔偿医疗费、因误工减少的收入、残废者生活补助费等费用；造成死亡的，并应当支付丧葬费、死者生前扶养的人必要的生活费等费用。

第一百三十一条　受害人对于损害的发生也有过错的，可以减轻侵害人的民事责任。

对应新法：

《中华人民共和国民法典》（2021年1月1日施行）

第二百三十五条　无权占有不动产或者动产的，权利人可以请求返还原物。

第二百三十七条　造成不动产或者动产毁损的，权利人可依法请求修理、重作、更换或者恢复原状。

第二百三十八条　侵害物权，造成权利人损害的，权利人可以依法请求损害赔偿，也可以依法请求承担其他民事责任。

第一千一百七十九条　侵害他人造成人身损害的，应当赔偿医疗费、护理费、交通费、营养费、住院伙食补助费等为治疗和康复支出的合理费用，以及因误工减少的收入。造成残疾的，还应当赔偿辅助器具费和残疾赔偿金；造成死亡的，还应当赔偿丧葬费和死亡赔偿金。

第一千一百七十三条　被侵权人对同一损害的发生或者扩大有过错的，可以减轻侵权人的责任。

承办人：王金鹏

编写人：林　丹　褚　茜

22. 山东省某海运公司诉上海某开发公司船舶碰撞损害责任纠纷案
——船舶互见时格局的认定与碰撞责任的划分

【合规提示】

本案系一起两船碰撞导致损害责任纠纷案，主要涉及碰撞责任的划分和认定问题。为解决碰撞责任的认定，如何判断船舶互见格局又成为问题的关键。对于任何一方船舶而言，都有义务根据当时的环境和情况，采取一切有效手段断定是否存在碰撞危险，如因一方判断失误导致发生碰撞紧迫危险的，在碰撞实际发生后，将承担碰撞发生的责任。对此，应当注意的是，当判断产生怀疑时，应当以存在实际危险为标准，宁可相信危险的实际存在及时采取相应避让措施，否则不得以存疑作为抗辩的理由。对于造成船舶互见格局的另外一方，并不是天然免责的一方。即便对方造成船舶碰撞的紧迫局面，也应当采取合理措施，尽可能减少碰撞损失，否则因采取措施不当也将需要承担相应的责任。

【案件信息】

1. 裁判文书字号

（1990）青海法海事初字第 6 号

2. 当事人

原告：山东省某海运公司

被告：上海某开发公司

3. 关键词

民事　船舶碰撞　船舶互见　碰撞的紧迫局面　碰撞危险　碰撞责任

【裁判要旨】

1. 碰撞的紧迫局面是判定船舶碰撞责任的重要因素。造成碰撞紧迫局面的一方应当积极采取恰当举措避免碰撞发生，否则将承担碰撞损害责任。

2. 两船存在碰撞危险时，一船没有采取有效的避让措施，造成船舶碰撞的紧迫局面后，又错误地采取不当措施避让是造成事故发生的主要原因，应负主要责任。另一船如果因未使用雷达观测、未使用相应的声号及灯号、没有采取足够的避让行为等，也应对事故的发生负相应责任。

【基本案情】

原告山东省某海运公司因与被告上海某开发公司船舶碰撞损害赔偿纠纷诉至法院。原告起诉请求法院判令被告承担碰撞事故的全部责任，并赔偿经济损失139 657元，后又提出增加营利损失的索赔。

被告答辩认为：原告所称两船互见时即存在交叉相遇局面没有根据；我船航向195°，原告船在其左舷30°，不可能见到我船的绿舷灯，也不会在我船的右舷。事实上，两船在互见时呈交叉不相遇状态，不存在碰撞危险。事故的根本原因是原告船操作不当，盲目右转向造成了两船交叉相遇的紧迫局面；没有使用安全航速也是本次事故的重要原因。因此，原告应承担本次事故70%的责任。被告对原告所报损失提出异议，并要求重新检验及估价，同时提出本船也有损失31 940元。

经审理查明：1989年8月17日，原告所属"金某泉"轮由香港空载驶往青岛，8月20日晚驶至温州外海域。当时天气晴，东南风5级左右，流向310°，中浪，能见度良好，海面渔船较多，附近亦有大船航行；20时50分电罗经航向040°，航速约13节，并在本船正前方附近凭视觉发现"航拖×××"轮的拖带灯号及绿舷灯。原告方驾驶员在没有判明舷角变化的情况下，即于20时52分右转向至070°，此后保向保速航行。碰撞前采取了右满舵措施，碰撞时船艏向110°左右。其间一直未使用雷达观测，亦未使用声号及灯号。被告所属"航拖××××"轮，于1989年8月19日由上海拖带满载的"沪救×××"驳船驶往广州黄埔。拖带长度420m左右，显示拖带船灯号，用视觉发现"金某泉"轮时，其红绿灯都能见到。至20时53分，电罗经航向195°，全速航行约为7节，经雷达观测"金某泉"轮位于其右舷

40°，距离4.7海里。20时53分后，发现舷角在扩大，认为没有碰撞危险，采取过左车停、右车进二及双车停的措施。碰撞前采取了右车进一、左车停左满舵。"航拖××××"轮碰撞时船艏向150°，其船艏右侧碰撞"金某泉"轮船艉左侧。准确碰撞时间及位置，没有可靠证据予以证明。本次事故，双方各有损失。

【裁判说理】

争议焦点：（1）两船在互见时是否存在碰撞危险；（2）原告船开始的右转向30°的行为是否构成了碰撞的紧迫局面。

青岛海事法院认为：双方船舶在互见时，被告船在原告船正前方附近，且距离较大（稍大于4.7海里），此时并不存在碰撞危险。原告方驾驶员瞭望疏忽，在没有判明是否存在碰撞危险的情况下，即于2052时采取右转向措施，致使两船构成交叉相遇并存在碰撞危险。但此时两船相距4.7海里左右，被告方驾驶员仍有较充分的时间判断原告船位于本船右舷，本船应给原告船让路。在2053时后，被告方驾驶员未判明双方船舶已存在碰撞危险，仅采取过左车停，右车进二及双车停不明显且错误的措施，没有采取大幅度的避让行动，是双方船舶形成紧迫局面的主要原因。紧迫局面形成后，被告方驾驶员再次采取错误的左满舵避让，从而导致事故的发生。被告方驾驶员的行为违反了《1972年国际海上避碰规则》第7条第1款、第15条、第16条之规定。因此，被告应承担事故的主要责任。原告方驾驶员在右转向后保向保速，在紧迫局面形成后采取右满避让是正确的。但原告船没有备车，使用全速航行，在发现被告没有采取足够避让行动时没有施放声号或相应灯号显示。原告方驾驶员的行为违反了《1972年国际海上避碰规则》第5条、第6条、第34条第4款之规定，也应承担相应责任。

青岛海事法院以判决方式结案，判决被告上海某开发公司承担本次事故65%的责任；原告山东省某海运公司承担35%的责任。本案判决后，双方当事人均未上诉。

【法官后语】

本案是一起判定船舶互见时的格局情况与碰撞责任划分的典型案例。在船舶碰撞后如何划定碰撞责任，进而决定赔偿数额负担是常见的基础性法律问题。为避免船舶碰撞事故的发生，船舶各方应尽可能避免可能发生的碰撞危险，任何一方都有义务避免发生碰撞的紧迫局面。碰撞的紧迫局面是判定船舶碰撞责任的重要因素。造成碰撞紧迫局面的一方应当积极采取恰当措施避免碰撞发生，否则将承担相应责任。本案中，对碰撞紧迫局面发生原因的判定以及后续双方采取应对措施情况的分析，直接决定了碰撞责任的划分。

一、关于碰撞紧迫局面的发生

根据"谁造成碰撞的紧迫局面，就由谁承担主要责任"的责任分摊原则，对造成碰撞紧迫局面发生原因的判定是至关重要的。本案中，双方船舶在互见时，被告船在原告船正前方附近，且距离较大，此时并不存在碰撞危险。原告方驾驶员在没有判明是否存在碰撞危险的情况下右转向后，被告方已发现对方船位与己船的舷角在变大，但变化不明显，即认为没有碰撞危险是错误的。根据《1972年国际海上避碰规则》的规定，每一船舶应用适合当时环境和情况的一切有效手段断定是否存在碰撞危险，如有任何怀疑，则应认为存在危险。被告方轻率认为当时的情况下不存在碰撞危险，导致危险进一步增加，形成了碰撞的紧迫局面，应当为此承担责任。

二、关于碰撞责任的划分

因被告方的误判导致碰撞紧迫局面发生后，被告方又采取了不当应对措施导致碰撞的发生。《1972国际海上避碰规则》规定，当两艘机动船交叉相遇致有构成碰撞危险时，有他船在本船右舷的船舶应给他船在本船右舷的船舶让路，如当时环境许可，还应避免横越他船的前方。本案中，作为让路船的被告一方，无论何时避让，应尽量避免横越他船前方。被告应认识到对原告船来说，其右转向避让是极可能的并是正确的，那么被告方驾驶员采取左转避让是不应该的。直航船的行动并不解除让路船的让路义务，所以其让路措施还是应该右转避让。

综合上面的分析，被告方的行为引发了碰撞紧迫局面的发生，紧迫局面发生后被告方并未采取正确恰当应对措施，导致碰撞的最终发生。对此，应当承担主要责任。同时，从本案情况看，原告对碰撞事故的发生也存在一定过错，违反了《1972年国际海上避碰规则》第5条、第6条、第34条第4款的规定。因此，应当承担相应的次要责任。

【相关法条】

《中华人民共和国民法通则》（2021年1月1日废止）

第一百零六条第二款　公民、法人由于过错侵害国家的、集体的财产，侵害他人财产、人身的，应当承担民事责任。

第一百三十一条　受害人对于损害的发生也有过错的，可以减轻侵害人的民事责任。

对应新法：

《中华人民共和国民法典》（2021年1月1日施行）

第一千一百六十五条　行为人因过错侵害他人民事权益造成损害的，应当承担侵权责任。

依照法律规定推定行为人有过错，其不能证明自己没有过错的，应当承担侵权责任。

第一千一百六十六条　行为人造成他人民事权益损害，不论行为人有无过错，法律规定应当承担侵权责任的，依照其规定。

承办人：宋俊文
编写人：余晓龙

船舶触碰

23. 某股份有限公司矿石码头分公司诉王某某等船舶触碰损害责任纠纷案
——船舶触碰损害责任赔偿主体的认定

【合规提示】

本案系一起因船舶靠泊触碰码头设施引起的损害责任纠纷案,双方就责任主体的确定和损失数额的认定发生争议。船舶触碰不适用过错推定和无过错责任原则,应适用一般侵权责任原则,即适用过错责任原则。关于责任主体的确定,《海商法》没有明确的规定。《最高人民法院关于审理船舶碰撞纠纷案件若干问题的规定》第4条规定:"船舶碰撞产生的赔偿责任由船舶所有人承担,碰撞船舶在光船租赁期间并经依法登记的,由光船承租人承担。"对于光船租赁人、实际经营人而言,在船舶航行过程中对安全航行负有经营管理职责,要谨慎驾驶,必要时为船舶安排拖轮、侧推器辅助靠泊,避免盲目冒险操作,造成海事事故。

【案件信息】

1. 裁判文书字号

(2022)鲁72民初103号

2. 当事人

原告:某股份有限公司矿石码头分公司

被告:王某某、安徽省顺某海运有限公司

3. 关键词

民事 船舶触碰 保险人 光船租赁 船舶实际经营人

【裁判要旨】

因船舶靠泊触碰码头设施引起的侵权损害赔偿纠纷案，关于侵权责任的承担，我国《海商法》第八章专章规定了船舶碰撞的定义和归责原则，对船舶碰撞损害赔偿的责任主体使用了"船舶"一词。由于我国不存在"对物诉讼"，船舶的责任在诉讼中仍需要转化为人的责任，船舶碰撞损害赔偿责任应由何主体承担，《海商法》没有明确的规定。《最高人民法院关于审理船舶碰撞纠纷案件若干问题的规定》第4条规定："船舶碰撞产生的赔偿责任由船舶所有人承担，碰撞船舶在光船租赁期间并经依法登记的，由光船承租人承担。"

【基本案情】

"航某之祥"轮的登记船舶所有人为王某某，实际经营人为安徽省顺某海运有限公司（以下简称顺某公司）。2019年12月13日，"航某之祥"轮在某西港区靠泊时触碰318#泊位，造成该泊位的岸边设施、设备等严重受损，停止生产经营。2019年12月17日，各方当事人对事故损失现场进行了联合勘验，共同确认了事故损失范围。2020年1月2日，"航某之祥"轮的船舶保险人就本次碰撞事故为"航某之祥"轮的船东向某股份有限公司矿石码头分公司（以下简称某公司）出具了《担保函》，担保金额为300万元。

原告某公司向本院提出诉讼请求：（1）判令三被告共同赔偿原告经济损失5 411 236.67元及利息（以原告起诉金额为基数，按全国银行间同业拆借中心公布的同期贷款市场报价利率，自事故发生之日2019年12月13日起计算至全部清偿之日止）；（2）判令三被告承担本案的全部诉讼费用。

被告王某某、顺某公司共同抗辩称：对评估报告中载明的侵权事实无异议，但被告认为原告主张金额过高，且构成项目不明确。

被告某保险有限公司烟台中心支公司（以下简称烟台公司）抗辩称：（1）根据触碰事故发生时生效的《侵权责任法》，原告应当对侵权责任的四个构成要件即加害行为、过错、损害事实、加害行为与损害事实之间存在因果关系负有举证责任。关于过错要件，根据《海事声明》《事故报告》《航海日志》《现场勘查记录》等证据，"航某之祥"轮船方包括船长、船员对案涉触碰事故的发生不存在过错。（2）即使"航某之祥"轮船方对案涉触碰事故发生存在过错,存在过错的主体应是光船承租"航某之祥"轮并实际占有、经营、控制、使用"航某之祥"轮的顺某公司,应由顺某公司承担本案侵权赔偿责任。王某某作为"航某之祥"轮船舶所有人,未参与"航某之祥"轮的占有、经营、控制、使用与管理,未参与船长、船员的选任、配备,对案涉触碰码头事故的发生不存在任何过错,依法不应承担任何侵权责任。(3)烟台公司在《担保函》下的担保责任仅限于"航某之祥"轮船舶所有人即王某某对案涉事故应承担的责任,烟台公司的责任也仅限于保险单责任范围,且全部责任包括利息和费用不超过300万元。

【裁判说理】

争议焦点:(1)赔偿主体如何确定;(2)原告是否因未尽合理提示而存在过错。

青岛海事法院认为:

一、赔偿主体如何确定

本案系因船舶靠泊触碰码头设施引起的侵权损害赔偿纠纷案。关于侵权责任的承担,我国《海商法》第八章专章规定了船舶碰撞的定义和归责原则,对船舶碰撞损害赔偿的责任主体使用了"船舶"一词。由于我国不存在"对物诉讼",船舶的责任在诉讼中仍需要转化为人的责任,船舶碰撞损害赔偿责任应由何主体承担,《海商法》没有明确的规定。《最高人民法院关于审理船舶碰撞纠纷案件若干问题的规定》第4条规定:"船舶碰撞产生的赔偿责任由船舶所有人承担,碰撞船舶在光船租赁期间并经依法登记的,由光船承租人承担。"本案已查明,王某某为"航某之祥"轮的登记船舶所有权人,顺某公司系"航某之祥"轮光船租赁登记证明书记载的光船承租人(已对外公示),船舶年审合格证记载的船舶经营人。"航某之祥"轮在涉案船舶触碰事故中导致原告的经济损失,应由顺某公司根据"航某之祥"轮在涉案触碰事故中所承担的事故责任比例承担赔偿责任。案涉事故发生时,该轮持有有效的船舶检验、适航及安全管理证书,本案没有证据证明"航某之祥"轮的登记船舶所有人王某某未妥善装备"航某之祥"轮或未保证船舶处于适航状态,或王某某参与了船舶的驾驶与营运。本案没有证据证明王某某对于案涉事故中侵权行为的发生存在过错,王某某不承担赔偿责任。

二、原告不存在过错

被告有关原告未尽合理提示而存在过错的主张，首先，顺某公司作为"航某之祥"轮的光船租赁人、实际经营人，对于"航某之祥"轮在航行过程中谨慎驾驶，安全航行负有经营管理职责。其次，"航某之祥"轮作为内贸船舶，在狭小港池水域内自引自靠时，所属航运公司顺某公司应提供及时有效的岸基支持，提高船长的安全意识和技能水平。船长应在进港前做好风险预判，必须掌握本船的操纵性能；同时还应充分考虑各种突发因素，谨慎驾驶，避免盲目冒险操作，造成海事事故。根据本案现有证据，案涉评估报告认定的事故发生原因的关键因素为"船舶遭遇强风、船舶空载、船舶操纵性能较差、船舶推进力弱"，将上述因素归因于原告方未尽提示职责，缺乏事实依据与法律依据，不予采信。综上，应认定案涉触碰事故由"航某之祥"轮光船租赁人顺某公司对案涉触碰码头设施事故承担100%的侵权损害赔偿责任。

【法官后语】

近年来，国际上发生了多起船舶触碰码头或岸吊的案件，造成巨额经济损失。究其原因系船舶的大型化、巨型化，导致船舶在靠泊、离泊以及通过相对狭窄航道或运河时，稍有不慎，便有可能触碰到码头或岸吊。

关于侵权责任的承担，最高人民法院于2005年《第二次全国涉外商事海事审判工作会议纪要》第129条规定："船舶触碰造成损害引起的侵权纠纷案件，适用《中华人民共和国民法通则》确定各方当事人的权利义务，适用《最高人民法院关于审理船舶碰撞和触碰案件财产损害赔偿的规定》确定损害赔偿责任范围。"该纪要虽然并非法律、法规，但是对司法实践具有重要的指导意义。又因为《民法总则》于2017年1月1日起施行。根据相关法律规定可知，《民法总则》并没有直接规定侵权责任的相关内容，侵权责任的主要内容是由《侵权责任法》规定。据此，本案的审理应适用《民法总则》《侵权责任法》有关一般侵权责任的规定，因为过错推定和无过错责任应由法律严格限制，除非法律有明确的规定。综上，船舶触碰显然不适用过错推定和无过错责任原则，应适用一般侵权责任原则，即适用过错责任原则。关于责任主体的确定，我国《海商法》第八章专章规定了船舶碰撞的定义和归责原则，对船舶碰撞损害赔偿的责任主体使用了"船舶"一词。由于我国不存在"对物诉讼"，船舶的责任在诉讼中仍需转化为人的责任，船舶碰撞损害赔偿责任应由何主体承担,《海商法》没有明确的规定。《最高人民法院关于审理船舶碰撞纠纷案件若干问题的规定》第 4 条规定:"船舶碰撞产生的赔偿责任由船舶所有人承担,碰撞船舶在光船租赁期间并经依法登记的,由光船承租人承担。"船舶实际经营人对船舶在航行过程中的谨慎驾驶、安全航行负有经营管理职责。碰撞船舶持有有效的船舶检验、适航及安全管理证书,没有证据证明碰撞船舶的登记船舶所有人未妥善装备船舶以保证船舶处于适航状态,或参与了船舶的驾驶与营运,应认定船舶登记所有人对于案涉事故中侵权行为的发生不存在过错,不承担赔偿责任。

本案一审判决送达后,双方均服判息诉,未上诉。本案的裁判对于船舶触碰码头或岸吊的案件纠纷中责任主体的确定、赔偿项目及数额的认定具有重要的参考意义。

【相关法条】

1.《中华人民共和国侵权责任法》(2021 年 1 月 1 日废止)

第六条 行为人因过错侵害他人民事权益,应当承担侵权责任。

根据法律规定推定行为人有过错,行为人不能证明自己没有过错的,应当承担侵权责任。

对应新法:

《中华人民共和国民法典》(2021 年 1 月 1 日施行)

第一千一百六十五条 行为人因过错侵害他人民事权益造成损害的,应当承担侵权责任。

依照法律规定推定行为人有过错,其不能证明自己没有过错的,应当承担侵权责任。

2.《最高人民法院关于适用〈中华人民共和国民法典〉时间效力的若干规定》(2021 年 1 月 1 日施行)

第一条第二款 民法典施行前的法律事实引起的民事纠纷案件,适用当时的法律、司法解释的规定,但是法律、司法解释另有规定的除外。

3.《最高人民法院关于审理船舶碰撞纠纷案件若干问题的规定》(2020 年 12 月 29 日修正)

第四条 船舶碰撞产生的赔偿责任由船舶所有人承担,碰撞船舶在光船租赁期间并经依法登记的,由光船承租人承担。

4.《最高人民法院关于审理船舶碰撞和触碰案件财产损害赔偿的规定》（2020年12月29日修正）

五、船舶触碰造成设施损害的赔偿包括：

设施的全损或者部分损坏修复费用；

设施修复前不能正常使用所产生的合理的收益损失。

十二、设施损害赔偿的计算：

期限：以实际停止使用期间扣除常规检修的期间为限；

设施部分损坏或者全损，分别以合理的修复费用或者重新建造的费用，扣除已使用年限的折旧费计算；

设施使用的收益损失，以实际减少的净收益，即按停止使用前3个月的平均净盈利计算；部分使用并有收益的，应当扣减。

5.《最高人民法院关于适用〈中华人民共和国民事诉讼法〉的解释》（2022年4月1日修正）

第九十条 当事人对自己提出的诉讼请求所依据的事实或者反驳对方诉讼请求所依据的事实，应当提供证据加以证明，但法律另有规定的除外。

在作出判决前，当事人未能提供证据或者证据不足以证明其事实主张的，由负有举证证明责任的当事人承担不利的后果。

承办人：周黛娜

编写人：周黛娜 陈 超

24. 胡某某等诉中国某股份有限公司某分公司海洋采油厂等船舶触碰损害责任纠纷案
——海事事故是否发生的事实认定及责任分担的判定

【合规提示】

本案系一起海事事故损害责任纠纷案。原告船舶在行驶过程中与被告的钻井平台发生碰撞，但未在平台附近20米范围内的海域找到原告所称的沉船，原告胡某某、董某某要求被告承担赔偿责任，双方就海事事故是否发生与责任如何承担发生争议。对于船舶所有人而言，船舶虽然在海上航行，但在法律上被视为不动产，船舶主管机关的登记成为认定船舶权利人的唯一标准，因此船舶所有权人要及时去船舶主管机关进行登记，以免船舶发生损害纠纷时，其对船舶权利的主张得不到支持；船舶要按照相应规定出海作业，在航行过程中要加强瞭望，采取合理的避碰措施；对于海上平台经营者而言，在经营平台的过程中要严格遵守《海上航行警告和航行通告管理规定》等规定尽到合理的管理义务，否则应对触碰事故的发生承担相应的责任。

【案件信息】

1. 裁判文书字号

（2009）青海法海事初字第39号、（2012）鲁民四终字第74号

2. 当事人

原告：胡某某、董某某

被告：中国某股份有限公司某分公司海洋采油厂、中国某股份有限公司某分公司、中国某股份有限公司

3. 关键词

民事　船舶触碰　船舶登记　管理义务　责任分担

【裁判要旨】

1. 原告董某某的船舶共有关系未经登记，不具有对抗第三人的主体资格。

2. 涉案渔船进入东营海域，触碰平台后沉没的事实应当综合予以认定，不能以未在平台附近找到船舶的残骸为由不予认定。

3. 关于碰撞责任比例，渔船违规出海，未谨慎驾驶船舶，未保持正规瞭望。被告对于平台未尽到合理的管理义务，未合理设置警示装置，双方均应按照过错程度承担责任。

【基本案情】

"冀霸渔××××"号渔船于2000年建造，船籍港秦皇岛。2009年3月19日22时多，东营海事处接到"冀霸渔××××"号渔船的求救电话，称船上有6名船员因船舶触碰不明物体致船舶及船上人员遇险。接到求救电话后，派遣"胜利×××"轮前往救援，救援地点位于距离码头20多海里的CB4B平台。关于6名船员的遇险原因，原被告各执一词。原告称："冀霸渔××××"号船从东营港出发往西走，准备到48渔区打鱼。22时左右，船舶突然发生碰撞，之后看到撞上平台（查明为CB4C平台）了。当时船速大约7海里，船员起来看到黑乎乎的东西，没有灯。围着平台转了一圈也找不到上平台的梯子，船下沉得很快。船员看见有一个带灯的平台（查明为CB4B平台）距离半海里左右，就前往这个平台逃生。到达平台后，船上的水就跟甲板一样平了，船员登上平台，船舶就沉没了。根据原告第二天去事故现场拍摄的录像资料，CB4C平台的航标灯是亮的，但边界灯不明显，也未见探照灯。平台下面柱子部分有一片油漆缺失，但未见凹陷。三被告认为CB4C平台常年按规定设置灯光，不存在不亮灯的情形；原告出事后被告即委托有关单位对CB4C、CB4B平台附近20米范围内的海域进行水底探摸，但未找到原告所称的沉船。被告中国某股份有限公司某分公司海洋采油厂还提交了CB4C平台的海上设施符合证书、海上设施救生设备、无线电通信设备和信号设备符合证书，国家海洋局北海分局于2006年10月18日发布的公告，烟台港务监督于1997年2月24日发布的航行通告。被告以北海分局发布的公告为据证明原告理应知道CB4C平台的海底管道路由的经纬度，认为原告是否驾船出海、是捕鱼还是偷油、船舶是否沉没，均无法证明。

还查明,事故发生前,CB4C平台未办理相应的航行通告手续。在本案触碰事故发生后,被告于2009年4月17日通过济南海事局发布了CB4C平台的航行通告。

河北渔港监督局于2005年3月8日颁发的"冀霸渔××××"渔业船舶所有权证书记载,船舶所有权人为本案原告胡某某,所占股份为100%。渔业捕捞许可证载明,该船舶的作业方式为刺网,作业场所为河北沿海A类及农业部授权CI类渔区,作业时限自2004年3月至2009年3月。渔业船舶安全证书载明,准许该船航行与作业区域为距庇护地不超过10海里。渔业船舶营运检验报告载明,限该船五级风以下出海作业。渔业船舶航行签证簿载明,该船的核定航区为距庇护地不超过50海里,抗风级数为六级风以下。

2009年6月1日,原告胡某某、董某某出具共同声明称:"冀霸渔××××"号渔船系两人共同出资购买,为两人共有(登记在胡某某名下)。

原告诉称:请求依法判令被告偿付原告经济损失人民币849 840元及相应利息,并判令被告承担本案的诉讼费用。

三被告共同辩称:第一,从原告提供的渔业船舶证书看,所有权人是胡某某,因此胡某某和董某某共同作为原告向被告主张权利,主体不适格。第二,根据被告了解,在2009年3月19日左右,CB4C平台附近从未发生过船舶碰触事件。因此原告诉称的船舶碰触被告平台导致船舶沉没没有事实依据。第三,原告向被告主张损失接近85万元,没有任何依据。综上,三被告请求法院驳回原告提起的诉讼请求。

【裁判说理】

争议焦点:(1)两原告的主体资格问题;(2)触碰事故是否发生;(3)原被告在触碰事故中应承担的过错比例。

青岛海事法院认为:

一、两原告的主体资格问题

尽管"冀霸渔××××"号渔船证书中记载的船舶所有人胡某某的住址和身份证号码与作为本案原告的胡某某有出入,但关于该船的权属纠纷已经经过天津海事法院以及天津市高级人民法院审理,确认本案原告胡某某为"冀霸渔××××"号船的船舶所有权人。因此胡某某有权就该船遭受的损害提起赔偿之诉。

关于原告董某某的主体资格问题，本院认为，根据《渔业船舶登记办法》的规定，渔业船舶由两个以上的法人或者个人共有的，应当依照本办法进行登记；未经登记的，不得对抗第三人。虽然胡某某、董某某共同声明"冀霸渔××××"号船系二人共同出资购买，该船及船上的捕捞设备、网具、渔具等系为两人共有，因船舶沉没所获全部赔偿，亦为两人共有。但船舶所有权登记证书记载的船舶所有人为胡某某，胡某某所占股份为100%。由于本案审理的不是就船舶所有权问题产生的内部权属纠纷，而是因船舶损害产生的对外赔偿纠纷，董某某未登记为船舶共有人，则其对于该船舶的权利不具有对抗第三人的效力。综上，原告董某某在本案中不具有向三被告主张权利的诉讼主体资格。

二、触碰事故是否发生

由于原告等6名船员在海上获救前，船舶即已沉没，且被告委托的水下探摸机构在CB4B、CB4C两个平台附近未找到"冀霸渔××××"号船的残骸，因此被告认为涉案船舶的沉没并非触碰导致。对此，本院认为，原告提交的录像是事发后即拍摄的，从录像上可以看到CB4C平台下方的柱子上有大片油漆脱落，而该片油漆脱落的位置与原告主张的碰撞位置基本吻合。由于事故当天海上的风力及涌浪较大，因此船舶沉没的地点不在平台周围20米的范围也属于正常。另外，尽管原告未及时申请有关机构对事故的原因进行调查并出具报告，但是东营市新闻部门救援6名船员的报道以及海事局关于水上险情的简报中，均记载6名船员的遇险原因系"冀霸渔××××"号船触碰平台所致。从证据的优势效力看，可以认定2009年3月19日晚上"冀霸渔××××"号船与CB4C平台发生触碰事故。

三、原被告在触碰事故中应承担的过错比例

CB4C平台是被告在海上设立的固定采油设施，根据《海上航行警告和航行通告管理规定》，在沿海水域从事海上勘探开发设施及其安全区，必须事先向所涉及的海区的区域主管机关申请发布航行警告、航行通告。根据《海上固定平台安全规则》的要求，平台应安装一盏或多盏在夜间显白色的灯。灯的结构和安装位置应保证从任何方向驶近平台的船舶至少看见一个灯光；平台应在适当位置设黄底黑字的标志牌，文字或号码高1米。标志牌或用照明，或用反光材料，使之在白天或夜间都能清晰地被看到。而被告在事故发生前，并未就该平台申请发布航行通告，也未按规定设置标志牌。平台虽然设有航标灯，但是被告作为设施的管理者，应当证明该航标灯在事故当时处于照明状态。被告除了两名工作人员证明航标灯处于工作状态外，无其他证据证明，而该两名工作人员关于航标灯的陈述又不一致。据此，本院认为，被告作为CB4C平台的经营者，对于平台未尽到合理的管理义务，其对于触碰事故的发生，应当承担相应的责任。

原告作为"冀霸渔××××"号船的所有人，也应当对触碰事故的发生承担一定的责任。原因如下：（1）原告违反规定出海作业。"冀霸渔××××"号船的渔业船舶安全证书载明，准许该船航行与作业区域为距庇护地不超过10海里。渔业船舶营运检验报告载明，限该船五级风以下出海作业。而事故船舶出海前，风力在八级左右，且触碰地点距离庇护地超过10海里。触碰事故发生后，风力虽然减弱，但涌浪依旧很大，在该种天气情况下出海作业本身就具有潜在的危险性。（2）"冀霸渔××××"号船出海时配备的船员不符合规定。触碰事故发生前，船上只有船长和大车两名职务船员，负责船舶驾驶的大副未随船工作。（3）原告在航行过程中疏于瞭望，未采取合理的避碰措施。事故当天，海上能见度良好，据原告称事故发生前，渔船的航速是7节，如果渔船按照规定开启航行灯，且保持正当的瞭望，则即使CB4C平台没有任何助航标志，渔船的驾驶人员在航行中也应当发现平台，并及时采取合理措施以避免触碰事故的发生。而根据原告的陈述，渔船是在撞上后才发现平台的，可见原告在航行过程中未保持正当的瞭望。

原告未随船携带船舶证件，违反了相关的行政法规的规定，应当受到处罚。但原告是否携带证件出海与本案触碰事故的发生并无直接的因果关系，因此本院认定原被告对于船舶触碰平台事故发生的过失程度相当，对于本次事故各承担50%的责任。

一审判决后，原被告均不服判决，上诉至山东省高级人民法院。山东省高级人民法院审理后，驳回上诉，维持原判。

【法官后语】

在对海洋开发利用日渐增强的情况下，有序规范船舶等航行设施、海上钻井平台等固定设施建设，厘清航行船舶与平台管理方的权利义务尤显重要。

通过本案的审理，可以从以下三个方面提供参考：一是涉船舶诉讼中的登记对抗主义。船舶虽然在海上航行，但在法律上一直被视为不动产。因此船舶主管机关的登记成为认定船舶权利人的唯一标准。本案中,两原告虽然有共同购买船舶的合同及声明,但由于原告董某某未登记为船舶所有人,因此在与被告之间就船舶损害发生纠纷时,其主张对船舶的权利,不予支持。二是海事事故的认定及责任分担的原则。船舶海事事故发生时,不像陆地的交通事故,有监控或者有明显的轨迹及碰撞痕迹。本案中,涉案船舶出海前没有签证,事故发生后船舶沉没,也未找到船舶的残骸。这种情况下,只能根据当事人的陈述、平台的现场状况以及媒体的报道等综合认定。法院在对证据综合判断后,认定触碰事故发生,从原告出海是否违反有关规定、被告的钻井平台设置是否符合相关的规定、是否符合行业规范等角度出发,分析双方各自的过错,原告违反规定出海作业,出海时配备的船员不符合规定,在航行过程中疏于瞭望,未采取合理的避碰措施,并未及时采取合理措施以避免触碰事故的发生。被告作为平台的设立者和管理者,未根据《海上航行警告和航行通告管理规定》,事先向所涉及的海区的区域主管机关申请发布航行警告、航行通告,也未根据《海上固定平台安全规则》的要求设置标志牌。作为CB4C平台的经营者,对于平台未尽到合理的管理义务,其对于触碰事故的发生,应当承担相应的责任。这个案件的审理体现了海事案件中法官依据公平、诚信原则断案的特点。三是应逐步完善规范海上钻井平台等海上设施的法律法规。我国现有的法律规定中未涉及海上钻井平台在航海领域的权利义务,仅有个别部门规章规范平台的所有权及建设标准。随着海洋经济的发展,海上钻井平台及其他海洋设施数量的增加,有必要出台相应的法律规定,维护海上航行秩序。

本案的裁判为厘清航行船舶与海上平台设施管理方的权利义务提供了重要参考价值,该案生效后,在规范海上航行秩序方面取得了良好的社会效果。

【相关法条】

1.《中华人民共和国民法通则》(2021年1月1日废止)

第一百二十五条 在公共场所、道旁或者通道上挖坑、修缮安装地下设施等,没有设置明显标志和采取安全措施造成他人损害的,施工人应当承担民事责任。

第一百三十一条 受害人对于损害的发生也有过错的,可以减轻侵害人的民事责任。

对应新法：

《中华人民共和国民法典》(2021年1月1日施行)

第一千二百五十八条　在公共场所或者道路上挖掘、修缮安装地下设施等造成他人损害，施工人不能证明已经设置明显标志和采取安全措施的，应当承担侵权责任。

窨井等地下设施造成他人损害，管理人不能证明尽到管理职责的，应当承担侵权责任。

第一千一百七十三条　被侵权人对同一损害的发生或者扩大有过错的，可以减轻侵权人的责任。

2.《中华人民共和国公司法》(2005年10月27日修正)

第十四条第一款　公司可以设立分公司。设立分公司，应当向公司登记机关申请登记，领取营业执照。分公司不具有法人资格，其民事责任由公司承担。

对应新法：

《中华人民共和国公司法》(2023年12月29日修正)

第十三条第二款　公司可以设立分公司。分公司不具有法人资格，其民事责任由公司承担。

第三十八条　公司设立分公司，应当向公司登记机关申请登记，领取营业执照。

承办人：张先立

编写人：张先立　陈　超

25. 山东省某研究所诉青岛中某船舶餐饮娱乐有限公司、第三人某局某分局船舶触碰损害责任纠纷案
——妨害海域使用权建造海上设施的行为性质及责任承担认定

【合规提示】

本案系一起因侵害海域使用权人合法权益产生的纠纷，双方当事人对被告行为是否构成对海域使用权人建造的海上设施之妨害存在争议。本案中，原告系海域使用权人兼涉案设施的所有权人，被告擅自将其所属的船舶带缆于原告海上实验平台。

海域使用权是重要的用益物权，其与所有权一样，为法定物权。作为一项物权，权利人有权请求侵权人排除妨害、消除危险并承担相应的损害赔偿责任。据此，任何组织和个人，均应当树立物权保护的理念，尊重他人依法享有的物权，做到不侵害、不妨碍；同样，物权人不能因享有物权而滥用之，应当在诚实信用、公序良俗等法律原则的框架内，合理、合法地行使物权。

【案件信息】

1. 裁判文书字号

（2008）青海法海事初字第 12 号

2. 当事人

原告：山东省某研究所

被告：青岛中某船舶餐饮娱乐有限公司

第三人：某局某分局

3. 关键词

民事　船舶触碰　海域使用权　合法权益

【裁判要旨】

海域使用权人依法使用海域并获得收益的权利受法律保护,任何单位和个人不得侵犯。未经他人同意,阻碍他人对其依法享有所有权的海上设施行使权利,并对该设施存在损坏的可能的,该阻碍行为已经构成了妨害,当事人应停止妨碍、消除危险。

【基本案情】

2003年9月,原告山东省某研究所(以下简称某研究所)与第三人某局某分局(以下简称某分局)签订《×××工程岸边实验站建设合同书》,某分局将其所属"中某码头"岸基段西头东西向30米码头的产权即海域使用权以及与码头相邻水面的使用权转让给原告。合同签订后,原告与第三人并未就合同所涉及的"中某码头"岸基段西头东西向码头30米、与30米码头相连的岸基空地(约2亩)、与30米码头相邻的水面使用权办理任何权属变更手续。

2005年春节前,被告在未经原告同意的情况下,擅自将其所属的"中某号"娱乐船带缆于原告建设的海上实验平台上。由于"中某号"严重超出海上实验平台的承载能力,试验平台遭到严重破坏,原告曾多次与被告交涉要求其解缆,但均未果。被告的非法带缆行为给原告造成重大经济损失。

原告为维护自己的合法权益,特诉至法院,请求依法判令被告排除妨害,将其所属"中某号"娱乐船从原告海上试验平台上解缆,并要求被告赔偿因其非法带缆给原告造成的经济损失75 600元。

被告青岛中某船舶餐饮娱乐有限公司(以下简称中某公司)当庭答辩称:第一,某分局无权与原告签订码头买卖合同,原告没有权利要求被告将"中某号"解缆。第二,原告的损失75 600元与被告无关,被告不予认可。

第三人某分局述称:原告所列的侵权事实与第三人无关,侵权人不是第三人,第三人没有对原告的法定与约定的保护义务。第三人也不是受害主体,因为原告所诉的权利标的属于原告所有,原告在诉状中进行了列明,第三人对此无异议。第三人与原告没有连带利益关系,因此无论原告胜诉与否,其法律结果都与第三人没有关系。所以,本案纠纷与第三人没有任何法律上的利害关系。

【裁判说理】

争议焦点：（1）原告建设海上浮动平台所使用的海域是否合法使用；（2）被告在原告的海上浮动平台上带缆是否为妨害行为；（3）是否因被告的带缆行为给原告造成损失。

青岛海事法院认为：

一、建设海上浮动平台所使用的海域是否合法使用

原告某研究所与第三人某分局之间签订的《×××工程岸边实验站建设合同书》符合法律规定，对合同双方均有约束力。根据青岛市发展和改革委员会2006年1月6日给原告的青发改能交函的决定，原告建设海上实验平台是合法的，对该海上实验平台享有所有权。关于原告建设的海上实验平台所处的海域，经青岛海事法院现场测量，位于第三人某分局合法享有海域使用权的海域范围内。根据双方签订的合同，第三人某分局将其合法享有海域使用权的海域转让给原告建设海上试验平台，这同样也是某分局依据海域使用权证书依法使用海域，根据《海域使用管理法》的规定，海域使用权人依法使用海域并获得收益的权利受法律保护，任何单位和个人不得侵犯。因此，某分局作为合法的海域使用权人将海域允许原告使用并获得收益的权利应受到法律保护。尽管原告没有办理海域使用权证书，但原告对该海域的使用是依照与某分局的合同约定合法使用的，原告对该海域的使用应当受到法律保护。

二、被告在原告的海上浮动平台上带缆是否为妨害行为

原告对其建设的海上实验平台享有合法的所有权，被告的持续带缆行为，未经原告同意，阻碍了作为海上实验平台享有合法所有权的原告行使权利，被告的行为对原告已经构成了妨害，并且存在损坏该平台的可能。原告要求排除妨害，青岛海事法院予以支持。

三、是否因被告的带缆行为给原告造成损失

原告所称"中某号"带缆于原告海上实验平台给原告造成损失75 600元，没有直接证据证明损失与被告带缆行为的关联性，青岛海事法院不予支持原告的该请求。

青岛海事法院于2009年8月19日作出（2008）青海法海事初字第12号民事判决书，判决：一、被告中某公司应于判决生效之日起10日内将其所属

的"中某号"从原告研究所建设的海洋试验站浮动平台上解缆，排除妨害；

二、驳回原告某研究所的其他诉讼请求。

青岛海事法院以判决方式结案。

【法官后语】

本案是船舶触碰损害赔偿纠纷，主要涉及原告是否具有依法应受保护的合法权益和被告的行为是否构成妨害行为这两个问题。

一、原告是否具有依法应受保护的合法权益，包括原告使用海域是否合法和原告建设海上实验平台是否合法

原告对海域的使用权，是基于原告与第三人某分局之间签订的《×××工程岸边实验站建设合同书》而产生的。该合同体现了合同当事人的真实意思表示，且符合法律规定，故对合同双方均有约束力，因此合同双方均应依照合同的约定全面、及时地履行合同约定的义务。该合同所指的海域，经青岛海事法院现场测量，位于第三人合法享有海域使用权的海域范围内。根据双方签订的合同，第三人将其合法享有海域使用权的海域转让给原告使用，这同样也是第三人依据海域使用权证书依法使用海域，根据《海域使用管理法》的规定，海域使用权人依法使用海域并获得收益的权利受法律保护，任何单位和个人不得侵犯。因此，某分局作为合法的海域使用权人，将海域使用权转让给原告使用并获得收益的行为应受到法律保护。尽管原告没有办理海域使用权证书，但原告对该海域的使用基于合同产生，在合同有效的前提下，原告对该海域的使用应当受到法律保护。

原告在其合法使用的海域范围内建设海上实验平台，依据为发改委的相关复函，因此原告建设海上实验平台是合法的，并且原告对其建设的海上实验平台享有所有权。

综上，原告具有依法应受保护的合法权益。

二、被告的行为是否构成妨害行为

原告对其建设的海上实验平台享有合法的所有权，被告将其所属的"中某号"带缆于原告海上实验平台上，被告的持续带缆行为未经原告同意，阻碍了作为海上实验平台享有合法所有权的原告行使权利，因此被告的行为对原告已经构成了妨害，并且存在损坏该平台的可能。故被告的行为构成妨害行为，被告应停止该妨害行为。

【相关法条】

1.《中华人民共和国民法通则》（2021年1月1日废止）

第一百三十四条 承担民事责任的方式主要有：

（一）停止侵害；

（二）排除妨碍；

（三）消除危险；

（四）返还财产；

（五）恢复原状；

（六）修理、重作、更换；

（七）赔偿损失；

（八）支付违约金；

（九）消除影响、恢复名誉；

（十）赔礼道歉。

以上承担民事责任的方式，可以单独适用，也可以合并适用。

人民法院审理民事案件，除适用上述规定外，还可以予以训诫、责令具结悔过、收缴进行非法活动的财物和非法所得，并可以依照法律规定处以罚款、拘留。

对应新法：

《中华人民共和国民法典》（2021年1月1日施行）

第一百七十九条 承担民事责任的方式主要有：

（一）停止侵害；

（二）排除妨碍；

（三）消除危险；

（四）返还财产；

（五）恢复原状；

（六）修理、重作、更换；

（七）继续履行；

（八）赔偿损失；

（九）支付违约金；

（十）消除影响、恢复名誉；

（十一）赔礼道歉。

法律规定惩罚性赔偿的，依照其规定。

本条规定的承担民事责任的方式，可以单独适用，也可以合并适用。

2.《中华人民共和国物权法》(2021年1月1日废止)

第三十五条　妨害物权或者可能妨害物权的，权利人可以请求排除妨害或者消除危险。

对应新法：

《中华人民共和国民法典》(2021年1月1日施行)

第二百三十六条　妨害物权或者可能妨害物权的，权利人可以请求排除妨害或者消除危险。

承办人：王　欣
编写人：王　欣　刘　昭

26.青岛某油港公司诉汉莎—康某公司、汉莎—特某公司及普某有限公司码头输油臂船舶触碰损害责任纠纷及三被告反诉原告船舶触碰损害责任纠纷案
——卸货过程中的损害赔偿责任认定

【合规提示】

本案是港务局诉船方靠岸卸货时船舶触碰损害责任纠纷案，双方就被告对于船舶漂离码头造成损害是否承担责任、原告输油臂未能紧急脱离是否构成过错以及原告是否遵行部门规章对本案认定民事责任的影响等存在争议。对于原告港务局，应备妥船岸协议书，通知靠岸船舶该码头的有关操作程序、处理紧急事故的应急措施、气候限制条件，并要求值班人员严格遵守操作程序。对于靠岸船舶应及时检修设备状况并做好应急预案，避免安全事故发生。

【案件信息】

1. 裁判文书字号

（2004）青海法海事重字第3号、（2013）鲁民四再重终字第1号

2. 当事人

原告（反诉被告）：青岛某油港公司

被告（反诉原告）：汉莎—康某公司、汉莎—特某公司、普某有限公司

3. 关键词

民事　船舶触碰　输油臂损害　卸货　损害赔偿

【裁判要旨】

1.《海上交通安全法》和《海上交通事故调查处理条例》规定，原中华人民共和国港务监督机关是海上交通安全和事故调查处理的行政主管机关；因海上交通事故致使船舶、设施发生损害，船长、设施负责人应申请检验部门进行检验或鉴定，也可以由港务监督委托有关单位或部门进行，其费用由船舶、设施所有人或经营人承担；港务监督应当根据对事故的调查作出《海上交通事故调查报告书》，查明事故原因、判明当事人的责任。由此可见，就涉及专业领域的事项无论由当事人直接申请检验部门进行检验或鉴定，还是由港务监督委托有关单位或部门进行，均系进行海上事故调查的法定程序。因此，本案事故发生后，原告向青岛港监提出了检验申请，即使青岛港监没有作出书面委托，中国某实业公司实施的检验也是青岛港监事故调查程序中的一个环节，其目的在于查明原因和判明责任。中国某实业公司实施的检验报告的性质应为鉴定意见，而非专家意见。

2. 被告主张原告违反了《海事局船舶载运散装油类安全与防污染监督管理办法》和《国际油轮和油码头安全指南》的有关规定，作业前未备妥船岸协议书，也未通知被告船舶该码头的有关操作程序、处理紧急事故的应急措施、气候限制条件，也是事故发生的原因。上述办法和指南作为部门规章，油码头和油轮经营者应当严格执行。对于违反包括装卸设施经营人应在作业前与船方签订船岸协议书并建立《船岸安全检查表》制度在内相应要求的行为，仅在与损害结果的发生存在因果关系时才对本案侵权责任的认定产生影响。事故责任应当围绕事故发生的近因和直接原因进行判断。事实上，本案

事故发生在船舶系泊后的卸货作业过程中，输油臂被拉断系因船舶飘离泊位的距离超过输油臂的安全伸展范围所致，原告是否违反上述规定与事故的发生没有因果关系。原告作为油码头经营者，制定了较为完善的管理制度和操作规程，事故发生后能够及时采取相应措施，避免了损失的扩大，不应为此承担责任。

【基本案情】

原告诉请：判令三被告连带赔偿经济损失 1020 万美元及相应利息，并承担本案的诉讼费、扣船费、律师费及检验费等费用。后原告将损失请求变更为 64 747 477.86 元人民币。三被告认为，本次事故完全是由于原告违反了《海事局船舶载运散装油类安全与防污染监督管理办法》和《国际油轮和油码头安全指南》的有关规定，疏于管理，以及岸上人员工作时懈怠，在发生意外情况时没有采取及时有效的措施等原因造成的，应对事故的损失承担全部责任。被告严格履行了上述有关规定，对本次事故不承担任何责任。且原告的损失没有任何证据支持。

三被告基于上述答辩理由及原告要求提供的担保过高为由提出了反诉。被告认为，原告要求提供担保的数额 1706.06 万美元远超过实际损失，致使船舶被扣押在青岛港滞留 19 天，造成的船舶滞留及船上设施损坏的修理等损失 1 256 484.69 美元，原告应予赔偿。

原告对三被告的反诉答辩称：（1）扣押"普"轮是原告依法享有的权利，受法律保护。船舶的滞期是由于被告未及时提供担保所致。（2）三被告对因"普"轮的过错造成码头设施的损坏应承担全部责任，其损失和费用应由其自行承担。

经审理查明：2000 年 8 月 19 日 1250 时许，"普"轮装载 13 万余吨原油靠泊青岛油港 62 号泊位。该轮与码头三台输油臂对接作业，于当日 1550 时许开始卸油。8 月 20 日 1100 时许，该轮舱内余原油 4000 立方米左右时停卸收舱。1820 时前后，"普"轮因缆绳断裂，造成船舶漂移，致使三台输油臂与船舶的连接强行断开，登船梯脱落。对于事故发生过程，原告方及"普"轮船长分别向青岛港务监督（海事行政主管机关）提交了事故报告和海事声明。事故发生后，原告于 2000 年 8 月 28 日向本院提出诉前扣押"普"轮的海事请求保全申请，要求船方提供 1706.06 万美元的担保，本院于同日作出

（2000）青海法保字第 21-1 号民事裁定书，扣押了该轮。后经协商，逐步降低了担保数额，由中国人民保险公司青岛分公司向原告提供了 970 万美元的信誉担保后，本院应原告的申请于 9 月 8 日解除了对该轮的扣押。原告缴纳了保全申请费人民币 2 万元。三被告认为原告要求担保过高，致使船舶因事故自 2000 年 8 月 20 日至 9 月 9 日被滞留 19 天。三被告的反诉请求包括滞留期间的维持费用和营运损失、船舶设备维修费用及事故处理的其他费用。还查明，本案审理中的损失鉴定系应被告方的申请进行，鉴定费已由原告与被告方分摊支付，双方对此没有争议。

【裁判说理】

青岛海事法院一审认为争议焦点如下：（1）被告对于船舶漂离码头造成损害是否承担责任；（2）原告输油臂未能紧急脱离是否构成过错；（3）原告是否遵行部门规章对本案认定民事责任的影响；（4）原告事故损失的确定及被告反诉请求是否成立。

青岛海事法院认为：

一、关于事故责任

中国某实业公司具有相应的检验资质，署名检验人具有高级验船师职称，且相应的勘验系在事故现场进行。《检验报告》经庭审质证，检验人出庭接受了各方当事人质询，其结论客观、科学、合理，反映了事故当时的客观实际，具有合法性、真实性和关联性，本院予以采信，并作为判断事故责任的事实依据。（1）船上系缆设备状况不良致使船舶漂离泊位是事故发生的原因。（2）原告对于未能紧急断开输油臂不构成过错。本案事故系因船舶漂离泊位所致，而船舶漂离泊位完全是由于船方的单方过错造成的，被告应当对此承担全部过错责任。

二、关于原告的损失

就本案事故造成原告的损失，青岛某会计师事务所有限公司接受本院委托进行了损失鉴定，并出具了《关于对青岛某油港公司输油臂纠纷财产损失的鉴定报告》。本院认为，青岛某会计师事务所有限公司具有鉴定资质，鉴定人员具有相应的专业职称。鉴定报告是依据本院提供的损失方面的全部证据材料并结合鉴定人自己的调查取证而作出的，鉴定人出庭接受了当事人的质询，反映了本案原告损失的客观事实，本院予以采信。

三、关于被告的反诉请求

被告反诉请求，包含了因事故产生的损失和因船舶被滞留产生的损失两部分。对于事故损失，本院认为，被告对事故的发生负有全部责任，因而船上设施损坏应由其自行承担，该项反诉请求本院不予支持。对于船舶滞留损失，事故发生在2000年8月20日，原告于8月28日向本院申请扣押船舶要求提供1706.06万美元的担保，后原告接受了某保险公司青岛分公司提供的970万美元的信誉担保后，船舶于9月8日获释。据此本院认为，船舶被扣押后担保的提供客观上需要相应的时间，原告申请扣船时要求的担保数额与本院认定的实际损失相比有一定的差额，但被告并无证据证明其提供970万美元的担保与提供1706.06万美元的担保对于8月28日至9月8日的扣船期间有何影响。至于对8月20日至8月28日原告申请扣船之前的滞留损失的请求，属于不同的侵权法律关系，不构成被告可以在本案中提起的反诉请求，本院不予审理。因此，被告主张的船舶滞留损失亦不能成立。据上，对于被告的反诉请求，本院不予支持。

山东省高级人民法院二审认为争议焦点如下：（1）中国某实业公司的检验报告是否应当采信；（2）事故责任如何划分；（3）鉴定损失报告是否采信及损失数额的认定问题；（4）上诉人的反诉是否成立；（5）原审判令两上诉人承担连带责任是否正确；（6）原审审理程序及举证责任分配是否存在不妥当之处。

一、中国某实业公司的检验报告是否应当采信

从鉴定程序方面来看：（1）中国某实业公司具有相应的检验资质，署名检验人具有高级验船师职称，且相应的勘验系在事故现场进行，《检验报告》经庭审质证，检验人出庭接受了各方当事人质询。（2）就涉及专业领域的事项不论由当事人直接申请检验部门进行检验或鉴定，还是由港务监督委托有关单位或部门进行，均系进行海上事故调查的法定程序。本案事故发生后，青岛某油港公司向青岛港监提出了检验申请，即使青岛港监没有作出书面委托，中国某实业公司实施的检验也是青岛港监事故调查程序中的一个环节，其目的在于查明原因和判明责任。从检验报告的内容来看，上诉人主张检验报告的内容不真实、不科学，但并未提交有效的证据予以证明。在这种情况下，重审一审法院认定检验报告证据形式上属于鉴定意见，其结论客观、科学、合理，反映了事故当时的客观实际，具有合法性、真实性和关联性，予

以采信，并作为判断事故责任的事实依据并无不当。

二、事故责任问题

《检验报告》表明：船舶右舷外侧头缆已经严重锈蚀；其他三根头缆状况良好，但所连接使用的三台缆机的刹车毂表面也已严重锈蚀；前横缆所使用的绞缆机的刹车毂锈迹情况与前者相当。当船舶卸至基本空载状态时，船体受风面积较大，头缆负荷较大等情况。说明船上钢缆因锈蚀受外力影响而发生断裂，在绞缆机状况不良导致其他钢缆松脱而使船舶产生漂离时，未能采取系紧缆绳等措施阻止船舶继续漂移，因此上诉人对于本案事故的发生存在过错。上诉人主张可以快速断开输油臂，并不是针对完整的操作程序，不能成为判断本案输油臂紧急断开操作所需的时间标准。

三、鉴定损失报告是否采信及损失数额的认定问题

在双方对于损失无法达成一致的情况下，重审一审法院委托会计师事务所进行了损失鉴定，会计师事务所具有鉴定资质，鉴定人员具有相应的专业职称，出具的鉴定报告是依据法院提供的损失方面的全部证据材料并结合鉴定人自己的调查取证而作出的，反映了青岛某油港公司损失的客观事实，并且鉴定人出庭接受了当事人的质询，上诉人的主张并无有效证据支撑，不应支持。

四、上诉人的反诉请求应否支持问题

上诉人的反诉请求，包含了因事故产生的损失和因船舶被滞留产生的损失两部分。对于设施损失，上诉人对事故的发生负有全部责任、因而船上设施损坏应由其自行承担，原审对其该项反诉请求不予支持并无不当。

五、原审判令两上诉人承担连带责任是否正确问题。

普某有限公司是"普"轮的光租经营人，汉莎—康某公司是"普"轮的船舶所有人，根据《海商法》第21条的规定，船舶所有人、光船承租人对受害人青岛某油港公司基于优先权提出的海事请求，均应承担责任，重审一审判令上诉人承担连带责任并无不当。

六、原审审理程序及举证责任分配是否存在不当之处问题

本案在重审过程中，双方均提交了大量的证据，重审一审法院在充分质证的基础上，采信了中国某实业公司的《鉴定报告》，并结合其他证据认定了事故责任。重审一审以及之前的程序并无违法之处，裁判内容表述亦无不当。

山东省高级人民法院最终作出二审判决：驳回上诉，维持原判。

【法官后语】

本案是港务局诉船方靠岸卸油过程中发生侵权纠纷的赔偿案件，不是双方因合同违约形成的纠纷，当事人如有违约行为，也仅在与损害结果的发生存在因果关系时才对侵权责任的认定产生影响。此类案件的难点主要集中于：侵权责任与违约责任的区分及认定、因果关系的认定等方面。

1. 侵权责任与违约责任的区分及认定。侵权责任是指对故意或过失侵犯他人人身权、物权、知识产权及其他法益而应承担的法律责任；而违约责任是指对一项有效合同的违反而产生的民事责任。从侵害对象的角度来看，违约行为所侵害的是一种相对权即合同债权，侵权行为所侵害的是一种绝对权。当事人之间是否事先存在着一种合同关系，是区分违约和侵权责任的标准。在一般情况下，当侵权行为发生时，行为人与受害人之间不存在某种法律关系，而只是因为侵权行为的发生才使得双方发生了损害赔偿之债的关系。侵权人是债务人，受害人是债权人，受害人有权请求加害人赔偿损失。对违约行为来说，当事人双方事先必然存在着一种合同关系。因为违约行为的发生是以当事人之间存在合同权利义务为前提的。正是因为这一原因，在当事人之间事先存在合同关系的情况下，就有可能将这种违反义务的行为归入到违约的范畴。

2. 因果关系的认定。《民法典》继承了《侵权责任法》对因果关系的界定，保证了审判实务中找法、用法的科学性与体系性。原则上，如何判断因果关系需要由法官根据个案的实际情况，依一般社会经验决定。对案情较为简单，一因一果的侵权，可以直接根据事实判定，没有必要舍本逐末，再用其他理论判断；对于虽然有其他条件介入，但行为与损害后果之间自然连续、没有被外来事件打断的，也可以认定存在因果关系；对多因一果、一因多果或者多因多果等复杂情形，则需要法官综合考虑当时的情况、法律关系、公平正义、社会政策等多种因素决定。在复杂的案件中，一般采取必要条件标准或"如果不"标准来确定事实因果关系。在两个以上的原因同时作用而导致损害后果发生，并且其中任何一个原因都足以单独地导致损害后果发生的情况下，即使不能满足必要条件标准，仍然可以确认各个原因与损害后果之间存在事实因果关系。当然，在很多案件中，很难确定多个共同作用的原因中任何一个都可以单独地导致相同的损害后果，法律可能不应要求如此严格的精确性。因此，即使被告的加害行为并非造成损害后果的根本原因（即必要条件原因），或者也不是造成全部损害后果的唯一原因（即独立的充分原因），但只要该行为有可能是造成损害后果的重要因素，便足以令被告承担侵权责任。本案中，事故《检验报告》表明：船舶右舷外侧头缆已经严重锈蚀；其他三根头缆状况良好，但所连接使用的三台缆机的刹车毂表面也已严重锈蚀；前横缆所使用的绞缆机的刹车锈迹情况与前者相当；通常来说，在油轮靠港卸货的作业中，船位漂移或前后移动报警器一旦报警时，则应停止货油作业，并采取补救措施，此种情况下，断开输油臂可视为补救措施，但该措施的实施不应当早于报警器发出报警信号。在本案中，输油臂拉伸最后1.4米所占的时间过短，客观上没有合理的时间断开输油臂。当事人主张的可15秒快速断开输油臂的主张，并不是针对一个完整的操作程序，不能成为判断本案输油臂紧急断开所需的时间标准。而且事发时卸油作业并未完全完成，强行断开输油臂造成原油污染海洋的严重后果，亦是一个谨慎的经营人不能立即贸然采取断开输油臂的措施。因此，这些情形说明船舶漂离泊位完全是由于船舶缆绳和系缆设备状况不良两个原因所致，当事方不能证明存在不可抗力等法定免责事由，对由此造成的财产损害应当承担过错责任。

【相关法条】

《中华人民共和国海商法》（1993年7月1日施行）

第二十一条　船舶优先权，是指海事请求人依照本法第二十二条的规定，向船舶所有人、光船承租人、船舶经营人提出海事请求，对产生该海事请求的船舶具有优先受偿的权利。

第二十二条　下列各项海事请求具有船舶优先权：

（一）船长、船员和在船上工作的其他在编人员根据劳动法律、行政法规或者劳动合同所产生的工资、其他劳动报酬、船员遣返费用和社会保险费用的给付请求；

（二）在船舶营运中发生的人身伤亡的赔偿请求；

（三）船舶吨税、引航费、港务费和其他港口规费的缴付请求；

（四）海难救助的救助款项的给付请求；

（五）船舶在营运中因侵权行为产生的财产赔偿请求。

载运2000吨以上的散装货油的船舶，持有有效的证书，证明已经进行油污损害民事责任保险或者具有相应的财务保证的,对其造成的油污损害的赔偿请求,不属于前款第(五)项规定的范围。

承办人:宋俊文
编写人:原浩洋 李亚男

27. 山东省某港务管理局诉利比里亚某公司、巴基斯坦某公司船舶触碰损害责任纠纷案
——引航员引航拖轮配合失误造成港口门机损害责任判定

【合规提示】

本案是一起船舶触碰损害责任纠纷案,主要涉及引航员引航拖轮配合失误造成港口门机损害责任判定问题。根据我国交通部海港引航工作规定及《海商法》的规定,引航员的过失所造成的海损事故,赔偿责任由被引船船舶所有人承担。对于被引船船舶所有人而言,应当注意的是,拖轮听从引航员的指引,在引航工作中,引航员和拖轮将被视为"一体",因引航员指挥责任造成的损失应当由被引船船舶所有人承担。据此,被引船船舶所有人不能抗辩引航员所使用的拖轮系第三方而不承担赔偿责任。在实际拖轮工作中,避免责任的关键在于规范引航行为。比如在预估各种可能出现的不利因素和应急安全措施前提下制定操作方案,发生事故后引航员及时采取必要措施减少损失等。

【案件信息】

1. 裁判文书字号

(1994)青海法海事初字第99号、(1996)鲁经终字第290号

2. 当事人

原告:山东省某港务管理局

被告：利比里亚某公司、巴基斯坦某公司

3. 关键词

民事　船舶触碰　港口门机　引航员　过失　拖轮　损害赔偿责任

【裁判要旨】

1. 拖轮系引航员为了引航，靠离泊位的安全而使用，且听从引航员的指挥，引航员和拖轮在引航工作中应视为"一体"。

2. 引航拖轮配合失误，造成港口门机损害的，系引航员的指挥责任，其相应的赔偿责任应由被引领的船舶所有人承担。

【基本案情】

原告诉称：被告所属圣文森特籍"海某"轮在靠泊原告4号泊位时，由于操纵不当，将码头上七号门机撞坏，给原告造成经济损失达460.2万元人民币，要求被告全部赔偿，并承担因财产保全产生的费用及本案诉讼费用。

被告辩称：被告所属"海某"轮在引航员引领下靠泊岚山港第4号泊位。1994年11月3日0535时，船舶离泊位仅有半个船长距离。因两拖轮自左脑向右脑顶推用力失衡，致使该轮尾部急速滑向右脑岸壁，引航员虽经及时注意并用对讲机向拖轮发出紧急指令，但为时已晚，最终导致该轮于0541时与右泊位岸上机械发生触碰，造成船舶与门机均发生不同程度损害。被告认为，事故的发生完全是由于拖轮操纵失误而造成，属于第三方责任，被告在本案中不负任何赔偿责任。

经审理查明，被告利比里亚某公司所属圣文森特籍"海某"轮（另一被告巴基斯坦某公司系该轮的管理人），由越南海防港空放岚山港，于1994年11月2日0736时在岚山港锚地抛锚。11月3日约0430时，该轮在引航员引领下起锚进港，"拖5"及"拖1"分别前后助靠。0535时，离码头约80米，该轮抛下左锚，带上头缆，将船体与4号泊位岸壁摆平。引航员曾呼叫"拖1"准备倒车，"拖1"作了回答。受潮流影响船尾甩向岸壁时，因"拖1"对讲机掉线，引航员连续呼叫指令其后退三未通，采取"拖5"全速进车顶首，本船用车、舵甩尾措施未果，于0540时许该轮上层建筑碰撞位于四号泊位的七号门机。事故发生后，原告曾于1994年11月7日向本院申请诉前财产保全，本院于同日依法裁定扣押了被告所属"海某"轮。

对于受损门机所需修理费用及其他损失，原被告双方争议颇大。为确定该门机损害范围，修理费用及修理所需合理时间，法院指定青岛双某船舶技术咨询有限公司进行技术检验、鉴定。该鉴定部门指定的验船师，根据原、被告双方提供的报告及有关材料，并通过对受损门机重新检验，提出了检验、鉴定报告。

另外，原告所属的40吨多用途门机，是原告的主要港口装卸设备。该门机受损后，对原告的生产经营产生较大影响，依鉴定人所确定的修理期限核算，得出经营性损失数额。

【裁判说理】

争议焦点：引航员所使用的拖轮的过错是否应视为引航员的过错。

青岛海事法院认为：本次事故的发生，系因引航员在引领被告利比里亚某公司所属"海某"轮靠泊作业过程中，未根据该轮空船进港及岚山港高潮后落流的实际情况，对各种可能出现的不利因素和应急措施制定周密的操作方案，致使其与拖轮无线电联系中断后未能采取其他通信联络手段指挥拖轮以及采取其他应急措施所造成，非第三方原因引起的。根据《交通部海港引航工作规定》第8条"船舶在被引过程中，由于引航员的过失所发生的海损事故，引航员当受应得的处分，但不负经济赔偿责任"的规定，本案的民事责任应由该轮的船舶所有人被告利比里亚某公司承担。被告巴基斯坦某公司不是该轮的船舶所有人，原告亦不能证明其对该轮造成的损害负有责任，因此，原告起诉被告巴基斯坦某公司没有依据，本院不予支持。被告援引《海商法》第167条规定主张不负赔偿责任，不能成立，本院亦不予支持。

本院指定的鉴定部门委派的验船师具有从事所指定检验、鉴定事项的鉴定能力，其鉴定意见是客观公正的，应作为定案的证据。据此，原告前期简单修理费用及后期恢复性修理的预算费用，连同修理期间影响门机使用的经济损失，被告均应全部赔偿。超过修理期限而产生的损失由原告自己承担。

青岛海事法院以判决方式结案，判决被告利比里亚某公司承担本次事故的全部责任。本院一审后，被告提出上诉。二审法院维持一审判决。

【法官后语】

本案主要涉及引航员的过失造成的海损事故，赔偿责任应由谁承担的问题。本案碰撞事故发生的事实并不复杂，也比较清楚。引航员的过失所造成的海损事故，赔偿责任由被引船船舶所有人承担，对此我国交通部海港引航工作规定及《海商法》均规定得很明确，这也是为国际惯例所确认的。本案争议的关键在于引航员所使用的拖轮是否系"第三方"，即拖轮的过错是否应视为引航员的过错。

一、关于拖轮引发的碰撞是否可归责于引航员

《海港引航工作条例（试行）》第13条规定："为了引航和靠离泊位的安全，必须使用拖轮、带缆艇等辅助船舶，并正确指挥其配合工作。"由上述规定可知，拖轮系引航员为了引航，靠离泊位的安全而使用的，且听从引航员的指挥，因而引航员和拖轮在引航工作中应视为"一体"，对于被引船而言并非"第三方"。被告援引我国《海商法》第167条"船舶发生碰撞，是由于不可抗力或其他不能归责于任何一方的原因或者无法查明的原因造成的，碰撞各方互相不负赔偿责任"的规定，以事故发生系"第三方"（拖轮）原因引起为由主张免责，显然不能成立。首先，海商法意义上的船舶碰撞只限于"船舶"之间；其次，如前所述，事故系归责于引航员原因造成的，非"第三方"责任。

二、关于引航员的过失责任承担问题

我国《海港引航员安全操作守则》（内部试行）第2条第4款规定，根据被引船和引航拖轮等情况制定初步操作方案。方案要估计到各种可能出现的不利因素和应急安全措施。本案中，引航员未根据该轮空船进港及岚山港高潮后落流的实际情况，对各种可能出现的不利因素和应急措施制定周密的操作方案，致使其与拖轮无线电联系中断后未能采取其他通信联络手段指挥拖轮或采取其他有效应急措施而致事故发生，引航员存在过失显而易见，由此而引起的民事赔偿责任应由被引船船东承担。被告未提供原告方有过错的证据材料，故责任全部由被告承担。至于原告起诉船舶管理人要求其承担责任，则没有法律上的根据。实际上原告起诉时将本案船舶管理人巴基斯坦某公司列为被告系因船东地址不明，而使该案被告能够尽快应诉而进行的，原告对该被告的请求判决时海事法院已依法予以驳回。

【相关法条】

1.《中华人民共和国海商法》(1993年7月1日施行)

第三十九条　船长管理船舶和驾驶船舶的责任,不因引航员引领船舶而解除。

第一百六十七条　船舶发生碰撞,是由于不可抗力或者其他不能归责于任何一方的原因或者无法查明的原因造成的,碰撞各方互相不负赔偿责任。

2.《中华人民共和国交通部海港引航工作规定》(1976年11月12日施行)

第八条　船舶在被引过程中,由于引航员的过失,所发生的海损事故,引航员当受应得的处分,但不负经济赔偿责任。

承办人：宋俊文

编写人：余晓龙

船舶损坏水下设施

28. 某青岛公司诉某航运公司、北某星航运公司船舶损坏水下设施损害责任纠纷案
——海底光缆损害的损失认定

【合规提示】

本案系被告航运公司所属船舶在锚泊时未充分考虑锚泊水域的通航环境，造成原告铺设的水下光缆损坏案。双方就疫情期间，案涉事故导致损失金额的确认存在争议。对于航运公司，应加强安全管理培训和监管，防止出现安全管理缺位现象，同时应加强对航线附近水域情况的调查，正确做好应急预案，采取正确避险措施。

【案件信息】

1. 裁判文书字号

（2020）鲁72民初1560号

2. 当事人

原告：某青岛公司

被告：某航运公司、北某星航运公司

3. 关键词

民事　船舶损坏、水下设施损害责任　海底光缆损害

【裁判要旨】

在审理此类证据专业性强、涉及敏感数据的侵权案件时，损失数额的确定需要在充分掌握案件事实的情况下，以实际产生的修复时间为基础，充分

审查有关修复工作的必要性和合理性，对修复费用及通信业务阻断损失等进行综合认定。

【基本案情】

2018年6月13日，所有人为被告某航运公司、光船租船人为被告北某星航运公司的船舶"S×××T×××"轮在青岛朝连岛水域触碰原告某青岛公司所维护和管理的中美跨太平洋直达光缆S1N段，造成至美国方向的国际海缆通信中断。

原告诉称：2018年6月13日，由原告负责维护管理的中美跨太平洋直达光缆S1N段在朝连岛东南方向附近发生中断事故，造成至美国方向的国际海缆通信中断。经青岛海事局出具《事故调查报告》认定，该事故是由于"S×××T×××"轮在锚泊时未充分考虑锚泊水域的通航环境，致使锚位靠近中美跨太平洋直达光缆S1N段，造成海缆触碰事故，"S×××T×××"轮应对本次事故负全部责任。"S×××T×××"轮的登记船舶所有人为被告某航运公司，光船租船人为被告北某星航运公司。原告曾多次向被告主张损失赔偿均遭拒绝，遂诉至本院。原告提出诉讼请求：（1）判令被告向原告赔偿触碰事故所造成的阻断通信业务损失共计35738081元；（2）请求依法判决被告向原告支付利息损失；（3）本案律师费、诉讼费等实现债权的其他合理费用由被告承担。

被告某航运公司、北某星航运公司共同辩称：(1)原告应提供证据证明其是本案适格的索赔主体：本案原告以某青岛公司名义进行索赔，其诉因是侵权纠纷。根据中国法律的有关规定，原告应提供证据证明所称的受损国际光缆由原告所有或管理。（2）青岛海事局出具的事故调查报告认定是由"S×××T×××"轮触碰光缆，没有充分依据，青岛海事局报告中的结论完全是建立在推测的基础之上。并没有任何直接证据证明是由"S×××T×××"轮触碰并导致海底光缆损坏。（3）即便是"S×××T×××"轮触碰海底光缆，触碰事故的发生是由极端天气导致的，依法应构成不可抗力，被告不应承担赔偿责任。（4）即便被告应负责，原告应提供证据证明其实际遭受了损失及合理的损失金额。

【裁判说理】

青岛海事法院认为：解决本案纠纷的关键，是确认案涉事故导致的损失金额。由于案涉海底光缆的数据信息十分复杂，修复过程、修复费用计算及通信业务阻断损失等方面的证据均具有较强的专业性，加之受到疫情影响，两被告的委托代理人无法及时获得授权委托书及公证认证手续，案件面临搁置风险。面对原告提出的近4000万元人民币的索赔请求，青岛海事法院通过听证程序，对原告提交的用以证明损失数额的证据进行审查。针对修复费用，法官通过阅读专业书籍及咨询有关技术领域专家，逐个分析了原告提交维修时间表中各类维修工作对应时长，查明原告主张的48天修复时长不合理，并确定了合理的修复作业时间；此外，对其主张的通讯业务中断损失，基于上述合理的维修时长，结合原告接受的被告担保中不包括通讯业务中断损失的事实，对通信业务阻断损失作出判断。最终得出合理的损失数额，并在此基础上推动原被告三方达成一致意见，促成本案以调解结案。

【法官后语】

由于该类案件相关证据专业性强，部分证据及原始载体涉及敏感数据，导致受损害方就具体损失金额举证困难，法官对相关证据的审查也十分困难，导致通信行业中的此类案件，几乎都无法成功获赔。法官在处理此类案件时，一方面，应当基于在案证据，通过选择具备相关领域专业知识的人民陪审员或咨询有关专家，对证据的真实性和证明力进行充分的实质审查，排除其中的不合理部分；另一方面，应当积极引导当事人以调解方式结案，防止损失进一步扩大，在充分保护我国通讯企业合法权益、维护我国国家利益的同时，也避免外方当事人承担超出实际损失的高额赔偿，平等保护中外当事人的合法权益。

【相关法条】

《中华人民共和国海商法》（1993年7月1日施行）

第二百零七条 下列海事赔偿请求，除本法第二百零八条和第二百零九条另有规定外，无论赔偿责任的基础有何不同，责任人均可以依照本章规定限制赔偿责任：

（一）在船上发生的或者与船舶营运、救助作业直接相关的人身伤亡或者财产的灭失、损坏，包括对港口工程、港池、航道和助航设施造成的损坏，以及由此引起的相应损失的赔偿请求；

（二）海上货物运输因迟延交付或者旅客及其行李运输因迟延到达造成损失的赔偿请求；

（三）与船舶营运或者救助作业直接相关的，侵犯非合同权利的行为造成其他损失的赔偿请求；

（四）责任人以外的其他人，为避免或者减少责任人依照本章规定可以限制赔偿责任的损失而采取措施的赔偿请求，以及因此项措施造成进一步损失的赔偿请求。

前款所列赔偿请求，无论提出的方式有何不同，均可以限制赔偿责任。但是，第（四）项涉及责任人以合同约定支付的报酬，责任人的支付责任不得援用本条赔偿责任限制的规定。

第二百一十条　除本法第二百一十一条另有规定外，海事赔偿责任限制，依照下列规定计算赔偿限额：

（一）关于人身伤亡的赔偿请求

1. 总吨位 300 吨至 500 吨的船舶，赔偿限额为 333000 计算单位；

2. 总吨位超过 500 吨的船舶，500 吨以下部分适用本项第 1 目的规定，500 吨以上的部分，应当增加下列数额：

501 吨至 3000 吨的部分，每吨增加 500 计算单位；

3001 吨至 30000 吨的部分，每吨增加 333 计算单位；

30001 吨至 70000 吨的部分，每吨增加 250 计算单位；

超过 70000 吨的部分，每吨增加 167 计算单位。

（二）关于非人身伤亡的赔偿请求

1. 总吨位 300 吨至 500 吨的船舶，赔偿限额为 167000 计算单位；

2. 总吨位超过 500 吨的船舶，500 吨以下部分适用本项第 1 目的规定，500 吨以上的部分，应当增加下列数额：

501 吨至 30000 吨的部分，每吨增加 167 计算单位；30001 吨至 70000 吨的部分，每吨增加 125 计算单位；超过 70000 吨的部分，每吨增加 83 计算单位。

（三）依照第（一）项规定的限额，不足以支付全部人身伤亡的赔偿请求的，其差额应当与非人身伤亡的赔偿请求并列，从第（二）项数额中按照比例受偿。

（四）在不影响第（三）项关于人身伤亡赔偿请求的情况下，就港口工程、港池、航道和助航设施的损害提出的赔偿请求，应当较第（二）项中的其他赔偿请求优先受偿。

（五）不以船舶进行救助作业或者在被救船舶上进行救助作业的救助人，其责任限额按照总吨位为 1500 吨的船舶计算。

总吨位不满 300 吨的船舶，从事中华人民共和国港口之间的运输的船舶，以及从事沿海作业的船舶，其赔偿限额由国务院交通主管部门制定，报国务院批准后施行。

承办人：刘小娜

编写人：刘小娜 樊羽萌 原浩洋

29. 烟台某集团有限公司诉某国际船务有限公司船舶损坏空中设施、水下设施损害责任纠纷案

——船舶损坏水下设施的赔偿主体认定

【合规提示】

本案系一起船舶损坏空中设施、水下设施损害责任纠纷案，本案对于海事事故的调查、船舶责任的认定、损失的认定、海事赔偿责任限制权利的确定等法律问题具有借鉴意义。被告所有的船舶在已发布航行通告的禁锚区内锚泊，造成输水管线损坏，应当承担侵权责任。原告作为涉案项目发包人及运行管理单位，有权就输水管线的受损向相关侵权人提起索赔诉讼。《海商法》规定了船舶所有人对与船舶营运直接相关的财产灭失、损坏，以及由此引起的相应损失的赔偿请求可以依法享有限制赔偿责任的权利。对于被告而言，在无证据证明其在运营过程中造成原告输水管线损坏损失存在故意或明知会造成损失而作为或者不作为继而导致事故发生的，被告依法可以享有限制赔偿责任的权利。

【案件信息】

1. 裁判文书字号

（2017）鲁72民初299号

2. 当事人

原告：烟台某集团有限公司

被告：某国际船务有限公司

3. 关键词

民事　船舶损坏、水下设施损害责任　海事赔偿责任限制权利

【裁判要旨】

1. 船舶所有人进入早已发布航行通告的禁锚区锚泊，并造成输水管线损坏，应对侵权行为承担责任。

2. 无证据证明船舶所有人存在故意或明知会造成损失而作为或者不作为继而导致事故发生，依法可以享有限制赔偿责任的权利。

【基本案情】

2016年12月26日，原告发现其位于蓬莱至长岛间的海底供水管道受损，经查供水管道损坏系"P"轮造成。被告是"P"轮的船舶所有人，应对原告遭受的经济损失承担赔偿责任。原告请求判令被告赔偿原告经济损失500万元人民币及按银行同期贷款年利率计算的利息。被告某国际船务有限公司辩称：原告烟台某集团有限公司不是本案的适格原告；烟台海事局出具的事故调查报告不应作为本案的定案依据；原告主张的损失没有事实和法律依据；原告铺设涉案输水管线，事先并未申请海事局发布航行警告和航行通告，事后也未申请海事局在海图上进行标注，对事故发生具有重大过错；被告享有海事赔偿责任限制的权利。

【裁判说理】

争议焦点：（1）原告诉讼主体资格问题；（2）烟台海事局所出具的事故调查报告效力认定；（3）被告是否构成侵权、承担责任；（4）原告的损失金额；（5）被告是否享有海事赔偿责任限制及赔偿责任限额的认定。

青岛海事法院认为：本案属于船舶损坏水下设施损害责任纠纷，事故发生地长岛水域在青岛海事法院辖区内，青岛海事法院作为侵权行为发生地法院，享有对本案的管辖权。庭审中，双方当事人一致同意适用中华人民共和国法律解决本案纠纷，依照《涉外民事关系法律适用法》第3条的规定，本院依法适用中华人民共和国法律作为准据法审理本案实体争议。

本案诉讼受损管线由原告对外发包并最终完工通水，该工程的通水验收《鉴定书》中已明确原告为该工程的运行管理单位。原告作为涉案项目发包人及运行管理单位，有权就输水管线的受损向相关侵权人提起索赔诉讼，被告关于原告没有取得产权登记证书而主张其诉讼主体不适格的抗辩不能成立。

本案事故发生后，烟台海事局作为事故发生地海事行政主管机关对事故开展了调查工作，并出具了《烟台"12·26""P"轮挂损蓬莱－长岛输水管线事故调查报告》，尽管被告提出诸多质疑意见，但并没有足以推翻调查结论的证据，本院对烟台海事局所作出的事故调查结论予以认定。

本案受损管线位于海事部门早已发布航行通告的禁锚区内，原告是否申请再发布航行通告，都不能成为被告所属船舶在禁锚区锚泊的理由。所以，原告未申请发布航行通告与被告的侵权行为没有因果关系，被告以此抗辩理由不能成立，本院不予支持。"P"轮装载货物到达烟台海域后，未尽谨慎义务，因避风进入早已发布航行通告的禁锚区锚泊，并造成输水管线损坏，被告作为P轮的船舶所有人，应对本次侵权行为承担全部责任。

涉案输水管线因"P"轮挂带受损后，原告对受损输水管线进行了维修，共产生探摸费、材料费、监理费、咨询费、租船费、施工费等费用总计人民币 8 111 042.74 元，原告提供了相应合同与收款发票予以证明，上述费用系管线受损后产生的合理、必要费用，亦即原告所遭受的实际损失，被告应予赔偿。原告在其诉讼请求中仅主张其中 500 万元及按照银行同期贷款年利率计算的利息，诉请合理。本院认定利息应当以中国人民银行公布的年贷款利率 4.35% 自事故发生之日计算至实际付款之日。经计算，自事故发生之日至 2017 年 12 月 25 日，仅一年时间，以 500 万元为基数计算产生的年利息即为 225 000 元。

《海商法》第 204 条、第 207 条规定，船舶所有人对与船舶营运直接相关的财产的灭失、损坏，以及由此引起的相应损失的赔偿请求可以依法限制赔偿责任。"P"轮在营运过程中造成原告输水管线损坏损失，现无证据证明被告作为船舶所有人存在故意或明知会造成损失而作为或者不作为继而导致本案事故发生，所以被告依法可以限制赔偿责任。"P"轮总吨位为2824吨，根据《海商法》第210条之规定，被告的赔偿责任限额计算为555 108特别提款权。本案事故发生于2016年12月26日，本院认定以该日特别提款权兑换人民币汇率计算被告的赔偿责任限额。经查询国际货币基金组织官方网站，2016年12月26日该组织并未公布特别提款权与人民币汇率，本院参考2016年12月27日特别提款权兑换人民币汇率，即9.31来确定被告的赔偿责任限额，计算为人民币5 168 055.48元。鉴于原告主张的人民币500万元及利息诉请超出该数额，被告的赔偿数额应以法定赔偿责任限额为限。

【法官后语】

本案系船舶损坏水下设施损害责任纠纷，被告所属船舶在已发布航行通告的禁锚内锚泊，造成输水管线损坏，应承担侵权责任。海事赔偿责任限制是海商法中一项特殊法律制度，在发生重大海损事故时，赋予作为责任人的船舶所有人、救助人、船舶经营人、承租人等的一种法定特权。制度设立的目的在于解决重大海损事故中船舶所有人等替代责任主体与海事赔偿权利请求人之间的法益平衡问题。除非海事赔偿权利请求人可以证明损害事故的发生是由于船舶所有人等替代责任主体具有"故意或者明知可能造成损失而轻率地作为或者不作为"的情形，否则不能否定责任主体依法享有海事赔偿责任限制的权利。本案原告无证据证明被告作为船舶所有人存在故意或明知会造成损失而作为或者不作为继而导致本案事故发生，所以被告依法可以享有限制赔偿责任的权利。本案对于海事事故的调查、船舶责任的认定、损失的认定、海事赔偿责任限制权利的确定等法律问题具有借鉴意义。

【相关法条】

1.《中华人民共和国侵权责任法》(2021年1月1日废止)

第六条　行为人因过错侵害他人民事权益，应当承担侵权责任。

根据法律规定推定行为人有过错，行为人不能证明自己没有过错的，应当承担侵权责任。

第十五条　承担侵权责任的方式主要有：

（一）停止侵害；

（二）排除妨碍；

（三）消除危险；

（四）返还财产；

（五）恢复原状；

（六）赔偿损失；

（七）赔礼道歉；

（八）消除影响、恢复名誉。

以上承担侵权责任的方式，可以单独适用，也可以合并适用。

对应新法：

《中华人民共和国民法典》（2021年1月1日施行）

第一千一百六十五条　行为人因过错侵害他人民事权益造成损害的，应当承担侵权责任。

依照法律规定推定行为人有过错，其不能证明自己没有过错的，应当承担侵权责任。

第一百七十九条　承担民事责任的方式主要有：

（一）停止侵害；

（二）排除妨碍；

（三）消除危险；

（四）返还财产；

（五）恢复原状；

（六）修理、重作、更换；

（七）继续履行；

（八）赔偿损失；

（九）支付违约金；

（十）消除影响、恢复名誉；

（十一）赔礼道歉。

法律规定惩罚性赔偿的，依照其规定。

本条规定的承担民事责任的方式，可以单独适用，也可以合并适用。

2.《中华人民共和国海商法》（1993年7月1日施行）

第二百零四条　船舶所有人、救助人，对本法第二百零七条所列海事赔偿请求，可以依照本章规定限制赔偿责任。

前款所称的船舶所有人,包括船舶承租人和船舶经营人。

第二百零七条 下列海事赔偿请求,除本法第二百零八条和第二百零九条另有规定外,无论赔偿责任的基础有何不同,责任人均可以依照本章规定限制赔偿责任:

(一)在船上发生的或者与船舶营运、救助作业直接相关的人身伤亡或者财产的灭失、损坏,包括对港口工程、港池、航道和助航设施造成的损坏,以及由此引起的相应损失的赔偿请求;

(二)海上货物运输因迟延交付或者旅客及其行李运输因迟延到达造成损失的赔偿请求;

(三)与船舶营运或者救助作业直接相关的,侵犯非合同权利的行为造成其他损失的赔偿请求;

(四)责任人以外的其他人,为避免或者减少责任人依照本章规定可以限制赔偿责任的损失而采取措施的赔偿请求,以及因此项措施造成进一步损失的赔偿请求。

前款所列赔偿请求,无论提出的方式有何不同,均可以限制赔偿责任。但是,第(四)项涉及责任人以合同约定支付的报酬,责任人的支付责任不得援用本条赔偿责任限制的规定。

第二百一十条 除本法第二百一十一条另有规定外,海事赔偿责任限制,依照下列规定计算赔偿限额:

(一)关于人身伤亡的赔偿请求

1. 总吨位300吨至500吨的船舶,赔偿限额为333000计算单位;

2. 总吨位超过500吨的船舶,500吨以下部分适用本项第1目的规定,500吨以上的部分,应当增加下列数额:

501吨至3000吨的部分,每吨增加500计算单位;

3001吨至30000吨的部分,每吨增加333计算单位;

30001吨至70000吨的部分,每吨增加250计算单位;

超过70000吨的部分,每吨增加167计算单位。

(二)关于非人身伤亡的赔偿请求

1. 总吨位300吨至500吨的船舶,赔偿限额为167000计算单位;

2. 总吨位超过500吨的船舶,500吨以下部分适用本项第1目的规定,500吨以上的部分,应当增加下列数额:

501 吨至 30000 吨的部分，每吨增加 167 计算单位；

30001 吨至 70000 吨的部分，每吨增加 125 计算单位；

超过 70000 吨的部分，每吨增加 83 计算单位。

（三）依照第（一）项规定的限额，不足以支付全部人身伤亡的赔偿请求的，其差额应当与非人身伤亡的赔偿请求并列，从第（二）项数额中按照比例受偿。

（四）在不影响第（三）项关于人身伤亡赔偿请求的情况下，就港口工程、港池、航道和助航设施的损害提出的赔偿请求，应当较第（二）项中的其他赔偿请求优先受偿。

（五）不以船舶进行救助作业或者在被救船舶上进行救助作业的救助人，其责任限额按照总吨位为 1500 吨的船舶计算。

总吨位不满 300 吨的船舶，从事中华人民共和国港口之间的运输的船舶，以及从事沿海作业的船舶，其赔偿限额由国务院交通主管部门制定，报国务院批准后施行。

3.《中华人民共和国民事诉讼法》(2012 年 8 月 31 日修正)

第六十四条　当事人对自己提出的主张，有责任提供证据。

当事人及其诉讼代理人因客观原因不能自行收集的证据，或者人民法院认为审理案件需要的证据，人民法院应当调查收集。

人民法院应当按照法定程序，全面地、客观地审查核实证据。

对应新法：

《中华人民共和国民事诉讼法》(2023 年 9 月 1 日修正)

第六十七条　当事人对自己提出的主张，有责任提供证据。

当事人及其诉讼代理人因客观原因不能自行收集的证据，或者人民法院认为审理案件需要的证据，人民法院应当调查收集。

人民法院应当按照法定程序，全面地、客观地审查核实证据。

承办人：吕延铭

编写人：吕延铭　肖秀雯　毕德强

30. 中国邮某电信总局诉欧洲绿某石航运公司船舶损坏水下设施损害责任纠纷案
——造成海底光缆损毁的主体应承担损害赔偿责任

【合规提示】

本案系一起因被告船舶操作失误导致原告所有的光缆被毁损而引发的船舶损坏水下设施损害责任纠纷,双方当事人对被告是否应当承担损害赔偿责任存在争议。船舶损坏水下设施损害责任属侵权责任,虽发生在海洋区域的侵权情形复杂多变,但侵权责任的认定和责任承担与一般民事侵权别无二致。在审理此类案件时,法官会依据一般民事侵权的裁判规则,从侵权行为、损害后果、因果关系及侵权人的过错状态这四方面进行综合考量,作出侵权人是否要承担损害赔偿责任及赔偿金额为何的判决。因此,作为船舶所有人或经营、管理人,应在船舶航行前关注所航行海域是否有海底光缆,若有,需根据光缆位置作出合理的路线设计,防止在航行的过程中,因天气或操作失误造成光缆损害,进而造成不必要的损失。

【案件信息】

1. 裁判文书字号

(1997)青海法海事初字第64号、(1999)鲁经终字第281号

2. 当事人

原告:中国邮某电信总局

被告:欧洲绿某石航运公司

3. 关键词

民事　船舶损坏、水下设施损害责任　光缆中断　侵权行为　赔偿主体

【裁判要旨】

船舶因操纵失误,导致海底光缆损毁的,船舶所有人应当依法承担侵权

【基本案情】

1993年11月24日，中国邮某电信总局（以下简称邮某总局）与韩国电信签订《中韩海底光缆系统建议与维护协议》（以下简称《中韩光缆协议》）。基于该协议，中韩光缆于1995年年底安装完毕，1996年年初开始运行，全长540公里。该光缆由在中国青岛的海缆站的A段、在韩国泰安的海缆站的C段及二者之间的B段构成，其中，A段归邮某总局所有，C段归韩国电信所有，B段由邮某总局和韩国电信按照不可分割的相同份额共同拥有。

1997年8月20日上午0818时，欧洲绿某石航运公司（以下简称绿某石公司）所属的"欧洲绿某石"号货轮因选择锚位不当及未运用良好船艺避风和防止走锚，将水深18米、埋入地下1.2米的原告拥有和管理的中韩海底光缆勾断，致使通过该光缆的通信中断。

原告诉称：请求法院判令被告绿某石公司赔偿经济损失500万美元（后增加至7 753 332.31美元）并承担本案的诉讼费用及其他一切费用。

被告辩称：我"欧洲绿某石"号船按（青岛）港务监督的要求从青岛北某船厂移泊锚地，当时受极恶劣天气影响，不慎拉断光缆。我方亦是受害人，请法庭考虑。另邮某总局诉讼请求过于笼统，作为被告只能承担法定范围内的责任和赔偿责任。

【裁判说理】

争议焦点：绿某石公司是否应当承担赔偿责任及邮某总局能否代表涉案光缆各方提起诉讼。

青岛海事法院认为：原告邮某总局依法在相关水域铺设海底光缆，并在《青岛日报》《中国海洋报》《中国日报》予以公告，其合法权益应受法律保护。被告绿某石公司所属的"欧洲绿某石"轮因操纵失误，挂断邮某总局所有和管理的中韩海底光缆，且据《中韩光缆协议》的相关约定，邮某总局有权代表中韩光缆各关系方向该光缆的加害者提起诉讼，则绿某石公司即应依法赔偿原告邮某总局因此而遭受的各种经济损失。

1998年11月13日，青岛海事法院作出（1997）青海法海事初字第64号民事判决书，判决：被告赔偿原告经济损失4 250 368.41美元加自1997年

8月29日起至本判决确定的付款之日止的银行同期存款利息，于本判决生效之日起60日内一次付清。

绿某石公司不服一审判决，向山东省高级人民法院提起上诉。经审理，山东省高级人民法院于1999年9月20日作出（1999）鲁经终字第281号民事调解书，该案达成调解。

【法官后语】

海洋区域不同于陆地区域，几乎不存在分隔性、密闭性的空间，因此海洋区域中的侵权往往呈现出跨行业的特点。由于行业特点、风险意识不同，一旦发生侵权，各方当事人在侵权原因、赔偿金额、责任承担等方面，往往难以在短时间内达成共识。

海底光缆作为重要基础设施，大大缩短了信息的传输时间，用其传递数据信息对于国家战略、经济发展均具有重大价值。由于海底光缆技术特点、信息价值的特殊性，其修复如何完成、修复费用如何评估、通信业务阻断损失如何确定等往往具有较强的专业性，因此在海底光缆侵权纠纷案件中，各方当事人往往难以达成一致的调解意见。

本案系船舶操作失误导致海底光缆毁损，由此引发的侵权责任在《海商法》中并无具体的条文。这并非《海商法》规定不明导致，而是由于海洋区域的侵权情形复杂多变，难以具体列明；而侵权责任的认定和责任承担却与一般民事侵权别无二致。因此法官依据一般民事侵权的裁判规则，判决加害人赔偿受害人相关损失。这既体现了法律的价值，又能够使各方当事人对于侵权事实、侵权责任的认定产生共识，从而对法院的裁判产生认可。

定分止争，并不是单纯要求法院的裁判要按照法律规定，同时也代表着案件各方对于司法公信力的认可。只有如此，才能够促使各方当事人认可法律的公平性，尽快重新投入生产生活中，共同创造社会财富。

【相关法条】

《中华人民共和国民法通则》（2021年1月1日废止）

第一百零六条第二款 公民、法人由于过错侵害国家的、集体的财产，侵害他人财产、人身的，应当承担民事责任。

第一百一十七条第二款、第三款 损坏国家的、集体的财产或者他人财产的，应当恢复原状或者折价赔偿。

受害人因此遭受其他重大损失的，侵害人并应当赔偿损失。

对应新法：

《中华人民共和国民法典》（2021年1月1日施行）

第一千一百六十五条　行为人因过错侵害他人民事权益造成损害的，应当承担侵权责任。

依照法律规定推定行为人有过错，其不能证明自己没有过错的，应当承担侵权责任。

承办人：李守芹
编写人：刘　昭

海事赔偿责任限制基金

31. 威海市海某客运有限公司申请设立海事赔偿责任限制基金案

——基金设立审查与责任限制审查标准之区分

【合规提示】

本案系发生海事事故后，船东设立海事赔偿责任限制基金案件，部分债权人就船东能否享受海事赔偿责任限制的实体问题提出异议。本案中，基金设立程序中仅对基金申请人的主体资格、事故所涉及的债权性质和申请设立基金的数额进行审查，至于申请人能否享受责任限制这一实体权利，不在审查范围。因此，对于船东而言，只要上述审查范围的三方面问题符合《海商法》及《海事诉讼特别程序法》的规定，就可以设立基金。对于债权人而言，如果认为船东不能享受责任限制，则应当在债权登记后的确权诉讼的诉讼请求中予以明确提出。

【案件信息】

1. 裁判文书字号

（2021）鲁72民特184号

2. 当事人

申请人：威海市海某客运有限公司

异议人：大连奥某耐热纤维有限公司等66名公司及自然人

3. 关键词

民事　海事赔偿责任限制基金　基金设立审查

【裁判要旨】

申请设立海事赔偿责任限制基金，利害关系人提出异议的，仅对基金申请人的主体资格、事故所涉及的债权性质和申请设立基金的数额进行审查，至于申请人能否享受责任限制这一实体权利，不在审查范围内。

【基本案情】

"某富强"轮为中国籍从事威海至大连航线客滚船运输的钢质滚装客船，海某公司系该轮合法登记的船舶所有人。2021年4月19日，"某富强"轮载客677人、载车162辆及相应货物、物品等，由威海至大连航线开船不久后发现第三甲板汽车舱冒烟，船舶随即采取应急行动并返航。该轮因火灾事故造成船上所载车辆、货物损失，没有造成人员伤亡。

申请人海某公司于2021年5月7日向青岛海事法院申请设立海事赔偿责任限制基金。青岛海事法院受理后，向有关利害关系人发出通知，并于2021年5月13日、14日、15日在《人民法院报》连续三次发布公告。大连奥某耐热纤维有限公司等66名异议人在法定期间内提出异议。

海某公司称：海某公司所属的中国籍"某富强"轮是沿海运输船舶，总吨位37 883吨。2021年4月19日，"某富强"轮载客677人、载车162辆及相应货物、物品等，由威海至大连航线开船不久后发现第三甲板汽车舱冒烟，船舶随即采取应急行动并返航、施救。本次事故造成相关各方损失。依照《海商法》及交通部《关于不满300总吨船舶及沿海运输、沿海作业船舶海事赔偿限额的规定》的规定，海某公司对基于本次事故而产生的非人身伤亡海事赔偿请求依法享有海事赔偿责任限制的权利，并申请设立"某富强"轮非人身伤亡海事赔偿责任限制基金限额3 039 437.5特别提款权，加上自2021年4月19日起至基金设立之日止相应利息的海事赔偿责任限制基金。

66名异议人的异议内容相同，包括：（1）海某公司未出具"某富强"轮的火灾事故认定书，火灾原因不明，如海某公司明知车辆承载危险品，而允许其上船，导致"某富强"轮着火，则海某公司对本次事故存在故意。（2）自2021年4月19日"某富强"轮着火至灭火，海某公司所采取的灭火措施是否及时、合理、有效，也未公示。如海某公司因未采取有效措施，导致火势扩大，增加了异议人的损失，则海某公司对本次事故存在轻率的作为。

（3）"某富强"轮的消防设施是否经过验收合格、是否有指定人员定期巡检，也未公示。如消防设施在不符合相关规定时即启航，导致灭火不及时，则海某公司对本次事故存在不作为。《海商法》第209条规定："经证明，引起赔偿请求的损失是由于责任人的故意或者明知可能造成损失而轻率地作为或者不作为造成的，责任人无权依照本章规定限制赔偿责任。"前述情况未公示前海某公司即提出设立非人身伤亡海事赔偿责任限制基金没有事实依据。请求驳回海某公司提出的海事赔偿责任限制基金的设立申请。（4）关于事故发生原因与时间的异议。据新闻媒体互联网报道，2021年4月19日"某富强"轮货舱内一辆货车突发冒烟，该船随即紧急返航至威海，并疏散船上人员。2021年4月20日11时许，在施救过程中突然发生爆炸。如上述情况属实，则本案事故发生于2021年4月20日，海某公司申请设立海事赔偿责任限制基金的事故原因和发生时间，与事实不符。（5）关于事故所涉债权性质的异议。海某公司主张按照车辆及货物全损计算债权，但是据了解，大部分车辆和货物实际上并未全损，而是有残值。关于货物残值及其清理残骸产生的相关费用，应当属于非限制性债权，海某公司无权对此设立海事赔偿责任限制基金。（6）关于基金计算方式及金额的异议。鉴于前述第（1）、（2）项事由海某公司申请设立海事赔偿责任限制基金的计算方式及金额 3 039 437.5 特别提款权存在偏差。（7）本案中据了解引起本次事故的原因是海某公司违法装载危险品，并在施救过程中违规操作等故意或重大过失行为导致，海某公司无权限制其赔偿责任。（8）海某公司不具备申请设立海事赔偿责任限制基金的法定条件，海某公司没有相关证据证明其不存在"故意或明知可能造成损失而轻率的作为或不作为"，海某公司无权享受海事赔偿责任限制。

【裁判说理】

争议焦点：（1）异议人的异议理由能否成立；（2）海某公司的设立海事赔偿责任限制基金申请能否准许。

青岛海事法院认为：海某公司依照《最高人民法院关于适用〈中华人民共和国海事诉讼特别程序法〉若干问题的解释》（以下简称《海诉法解释》）第83条的规定，申请设立海事赔偿责任限制基金，利害关系人提出异议的，应当对基金申请人的主体资格、事故所涉及的债权性质和申请设立基金的数额进行审查。本案中，海某公司系"某富强"轮登记的船舶所有人，符合

《海商法》第204条中对申请人主体资格的规定。"某富强"轮在船舶营运过程中发生火灾事故,因船载车辆及货物受损而产生的债权属于《海商法》第207条规定的限制性债权。该轮总吨位为37 883吨,且从事包括港口之间货物运输在内的客滚运输,依照《海商法》第210条及《关于不满300总吨船舶及沿海运输、沿海作业船舶海事赔偿限额的规定》第4条的规定,"某富强"轮针对特定事故的非人身伤亡赔偿请求的海事赔偿责任限制基金限额为3 039 437.5特别提款权。

66名异议人在异议申请中提出的关于火灾的原因、海事事故调查报告尚未作出、救助方式是否适当、消防设施是否合格、消防通道是否畅通、海某公司是否存在故意或轻率的作为或不作为、是否有危险品运输、"某富强"轮是否适航等异议内容,均属于海某公司是否有权限制赔偿责任的实体审查内容,依法不属于海事赔偿责任限制基金设立程序中的审查范围。"某富强"轮所载车辆及货物受损系因舱内先冒烟后起火的一次事故所致,船载车辆及货物是否有残值及其清理残骸费用是否属于非限制性债权,亦不属于海事赔偿责任限制基金设立程序中的审查范围。

青岛海事法院于2021年6月24日作出裁定,准许海某公司提出的设立海事赔偿责任限制基金的申请,基金数额为3 039 437.5特别提款权及其利息。

【法官后语】

本案是一起受社会广泛关注的海事事故引起的具有典型性的设立海事赔偿责任限制基金海事特别程序案件。本案中涉及利害关系人上千人,66人提出异议,在青岛海事法院审理海事赔偿责任限制基金案件历史上前所未有,在我国海事司法界也极为罕见。准予设立基金裁定作出后异议人均未上诉,实现了良好的法律效果和社会效果的统一。我国《海商法》第十一章"海事赔偿责任限制"中规定船舶所有人、救助人可以就有关海事赔偿请求限制赔偿责任,并可以申请设立责任限制基金。海事赔偿责任限制基金制度即《海事诉讼特别程序法》对实现上述实体性权利作出的程序性规定,该制度是将我国加入的《1976年海事索赔责任限制公约》第三章"责任限制基金"的规定内化为国内法的海事诉讼特有制度,是在全球航运体系中与国际法紧密接轨的制度设置,有别于普通的民法理论和民事诉讼制度。

本案的难点及典型性在于：

1. 心系民生、司法为民，面对上千名不了解基金制度的普通民众积极普法释法，保障案件办理各环节和程序平稳进行。"某富强"轮火灾事故造成上千名相关人员的车辆及货物受损，毁损车辆、货物是相关人员的主要生产工具和生活来源，绝大部分乘客与车主、货主没有接触过海事海商法律规定或相关案事件，对责任限制和基金设立制度都从未听闻亦难以理解和接受。事故的发生受到社会广泛关注，事故引起的系列案件的处理都直面民生，本案是全部程序的第一步，平稳处理是后续债权登记及确权诉讼程序顺利进行的基础。青岛海事法院在本案办理过程中，向社会及相关人员进行了大量的普法释法工作，使相关人员认识、理解、接受责任限制及基金设立的特别制度，依法进入到后续的债权登记和确权诉讼的法定程序，充分体现了青岛海事法院心系民生、司法为民的人民立场。

2. 本案重点厘清多年来办理此类案件难以把握的两个法律问题。

（1）要准确把握基金设立审查与限制责任审查内容之区别。一是基金设立审查。其一，无须审查情形。《海事诉讼特别程序法》第107条规定，利害关系人对基金设立申请未提出异议的，不涉及审查问题。其二，审查内容。《海诉法解释》第83条规定，利害关系人提出异议的，审查事项有且仅有三项，即基金申请人的主体资格、事故所涉及的债权性质和申请设立基金的数额。此处的审查仅为程序性审查。二是限制责任审查。责任人能否限制责任，按依照《海商法》以下顺序审查最为合理：先行审查海事请求是否属于该法第208条不可限制责任的情形（海事司法界所称非限制性债权）；进而审查是否符合该法第207条可限制责任的情形（限制性债权）；最后审查责任人是否具有该法第209条丧失限制责任的情形。该审查为实体性审查，应在确权诉讼程序中进行。

（2）准确把握债权性质这一审查事项在两种审查程序中审查标准之区别。一是债权性质在基金设立审查中的标准。《海事诉讼特别程序法》及《海诉法解释》均未明确。从《海商法》第212条关于赔偿限额适用于特定场合发生的事故引起的，向船舶所有人等提出的请求的总额的规定，可见基金适用于整个事故引起的索赔。故而基金设立审查时应从事故整体初步判断，为"在船上发生的或者与船舶营运、救助作业直接相关"的债权且无《海商法》第208条的情形，则可设立基金。二是债权性质在能否限制责任审查中的标准。需针对个案的债权依照《海商法》第207条、第208条分别进行审查，具体案件具体处理。该审查结果,仅影响个案裁判。

本案中涉案船舶为沿海运输船舶,其基金数额系依据《关于不满300总吨船舶及沿海运输、沿海作业船舶海事赔偿限额的规定》,按《海商法》规定的一半计算而来;参照适用时应当注意。其他法律问题均普遍适用。

【相关法条】

1.《中华人民共和国海商法》(1993年7月1日施行)

第二百一十条 除本法第二百一十一条另有规定外,海事赔偿责任限制,依照下列规定计算赔偿限额:

(一)关于人身伤亡的赔偿请求

1. 总吨位300吨至500吨的船舶,赔偿限额为333000计算单位;

2. 总吨位超过500吨的船舶,500吨以下部分适用本项第1目的规定,500吨以上的部分,应当增加下列数额:

501吨至3000吨的部分,每吨增加500计算单位;

3001吨至30000吨的部分,每吨增加333计算单位;

30001吨至70000吨的部分,每吨增加250计算单位;

超过70000吨的部分,每吨增加167计算单位。

(二)关于非人身伤亡的赔偿请求

1. 总吨位300吨至500吨的船舶,赔偿限额为167000计算单位;

2. 总吨位超过500吨的船舶,500吨以下部分适用本项第1目的规定,500吨以上的部分,应当增加下列数额:

501吨至30000吨的部分,每吨增加167计算单位;

30001吨至70000吨的部分,每吨增加125计算单位;

超过70000吨的部分,每吨增加83计算单位。

(三)依照第(一)项规定的限额,不足以支付全部人身伤亡的赔偿请求的,其差额应当与非人身伤亡的赔偿请求并列,从第(二)项数额中按照比例受偿。

(四)在不影响第(三)项关于人身伤亡赔偿请求的情况下,就港口工程、港池、航道和助航设施的损害提出的赔偿请求,应当较第(二)项中的其他赔偿请求优先受偿。

(五)不以船舶进行救助作业或者在被救船舶上进行救助作业的救助人,

其责任限额按照总吨位为 1500 吨的船舶计算。

总吨位不满 300 吨的船舶，从事中华人民共和国港口之间的运输的船舶，以及从事沿海作业的船舶，其赔偿限额由国务院交通主管部门制定，报国务院批准后施行。

2.《中华人民共和国海事诉讼特别程序法》(2000 年 7 月 1 日施行)

第一百零一条第一款、第三款 船舶所有人、承租人、经营人、救助人、保险人在发生海事事故后，依法申请责任限制的，可以向海事法院申请设立海事赔偿责任限制基金。

设立责任限制基金的申请可以在起诉前或者诉讼中提出，但最迟应当在一审判决作出前提出。

第一百零六条第二款 海事法院收到利害关系人提出的书面异议后，应当进行审查，在十五日内作出裁定。异议成立的，裁定驳回申请人的申请；异议不成立的，裁定准予申请人设立海事赔偿责任限制基金。

第一百零八条 准予申请人设立海事赔偿责任限制基金的裁定生效后，申请人应当在海事法院设立海事赔偿责任限制基金。

设立海事赔偿责任限制基金可以提供现金，也可以提供经海事法院认可的担保。

海事赔偿责任限制基金的数额，为海事赔偿责任限额和自事故发生之日起至基金设立之日止的利息。以担保方式设立基金的，担保数额为基金数额及其在基金设立期间的利息。

以现金设立基金的，基金到达海事法院指定账户之日为基金设立之日。以担保设立基金的，海事法院接受担保之日为基金设立之日。

3.《关于不满 300 总吨船舶及沿海运输、沿海作业船舶海事赔偿限额的规定》(1994 年 1 月 1 日施行)

第四条 从事中华人民共和国港口之间货物运输或者沿海作业的船舶，不满 300 总吨的，其海事赔偿限额依照本规定第三条规定的赔偿限额的 50% 计算；300 总吨以上的，其海事赔偿限额依照《中华人民共和国海商法》第二百一十条第一款规定的赔偿限额的 50% 计算。

承办人：郭俊莉
编写人：郭俊莉

32. 申请人海某海运公司与异议人利某有限公司申请设立海事赔偿责任限制基金案
——因船舶碰撞设立赔偿责任限制基金的范围

【合规提示】

本案系船舶碰撞而提起的申请设立海事赔偿责任限制基金案件,有关沉没、遇难、搁浅或者被弃船舶的起浮、清除、拆毁或者使之无害提起的索赔请求,以及有关船上货物的清除、拆毁或者使之无害提起的索赔请求,不能限制赔偿责任,但该部分债权的存在不影响责任主体申请设立,亦不影响法院准予设立海事赔偿责任限制基金。对于是否属于限制性或非限制性债权,则应于基金设立程序之后的确权诉讼程序由法院予以明确。

【案件信息】

1. 裁判文书字号

(2010)青海法限字第2号、(2010)鲁民四终字第230号

2. 当事人

申请人:海某海运公司

异议人:利某有限公司

3. 关键词

民事　海事赔偿责任限制基金

【裁判要旨】

1. 根据《最高人民法院关于适用〈中华人民共和国海事诉讼特别程序法〉若干问题的解释》第83条的规定,利害关系人对申请人设立海事赔偿责任限制基金提出异议的,应当对基金申请人的主体资格、事故所涉及的债权性质和申请设立基金的数额进行审查。

2. 有关沉没、遇难、搁浅或者被弃船舶的起浮、清除、拆毁或者使之无害提起的索赔请求，以及有关船上货物的清除、拆毁或者使之无害提起的索赔请求，不能限制赔偿责任。

【基本案情】

2010年5月2日，海某海运公司所属的"海某"轮与利某有限公司所属的"世某之光"轮在成山头附近海域发生碰撞事故，"世某之光"轮沉没。申请人海某海运公司向青岛海事法院申请设立海事赔偿责任限制基金。利某有限公司以沉船打捞以及清除溢油污染源发生的费用不属于限制性债权为由提出异议。

2010年5月18日，青岛海事法院立案后，于2010年5月27日发布公告，利某有限公司于2010年7月7日提出异议称，异议人所属的"世某之光"轮与申请人所属的"海某"轮在成山头附近海域发生碰撞导致"世某之光"轮沉没，异议人被威海海事局要求采取措施打捞清除"世某之光"轮并清除溢油污染源。《最高人民法院关于审理船舶碰撞纠纷案件若干问题的规定》第9条规定："因起浮、清除、拆毁由船舶碰撞造成的沉没、遇难、搁浅或被弃船舶及船上货物或者使其无害的费用提出的赔偿请求，责任人不能依照海商法第十一章的规定享受海事赔偿责任限制。"异议人认为，对于要发生的沉船打捞清障除害费用，申请人不能享受海事赔偿责任限制。因此，申请人设立的海事赔偿责任限制基金不应限制异议人就打捞清除"世某之光"轮沉船以及清除溢油污染源提出的赔偿请求。由于申请人就本次碰撞事故产生的各项海事请求是否存在丧失海事赔偿责任限制的情形尚未审理，申请人是否可以享受责任限制并且有权申请设立海事赔偿责任限制基金还无法确认，请求法院确认申请人设立的海事赔偿责任限制基金不能限制异议人就打捞清除"世某之光"沉船以及清除溢油污染源产生的一切费用，并请求法院对碰撞事故产生的各项海事请求是否可以享受海事赔偿责任限制并在此基础上认定被申请人是否有权设立海事赔偿责任限制基金。

【裁判说理】

争议焦点：申请人是否享有海事赔偿责任限制。

青岛海事法院认为：根据《最高人民法院关于适用〈中华人民共和国海

事诉讼特别程序法〉若干问题的解释》第83条的规定，利害关系人对申请人设立海事赔偿责任限制基金提出异议的，应当对基金申请人的主体资格、事故所涉及的债权性质和申请设立基金的数额进行审查。申请人系"海某"轮的登记船舶所有人，其具备申请海事赔偿责任限制基金的主体资格。

"海某"轮与异议人利某有限公司所属的"世某之光"轮在成山头水域发生碰撞事故并直接导致"世某之光"轮最终沉没。申请人海某海运公司申请设立海事赔偿责任限制基金针对的是本次事故可能产生的符合《海商法》第207条规定的限制性债权。异议人利某有限公司提出的关于沉船打捞以及清除溢油污染源发生的费用是否属于限制性债权，不影响申请人设立海事赔偿责任限制基金。现无证据证明"海某"轮船舶所有人在碰撞当时存在《海商法》第209条所规定不能享受限制赔偿责任的情形。综上，异议人提出的异议理由不充分，其异议不能成立。

"海某"轮总吨位为18 093吨，该船舶的非人身伤害赔偿请求的海事赔偿责任限额应为309 618特别提款权。

青岛海事法院以裁定驳回异议并准许申请人设立海事赔偿责任限制基金方式结案。

二审维持原审裁定。

【法官后语】

海事赔偿责任限制制度，立法目的在于发生重大海损事故发生后，将特定的责任人赔偿责任限制在一定额度内，使责任人对自己未来风险有明确的预见性。本案中，海某海运公司向青岛海事法院申请设立海事赔偿责任限制基金，法院仅进行程序性审查，申请人是否享有海事赔偿责任限制，不影响法院准予设立海事赔偿责任限制基金。对直接责任人而言，有关沉没、遇难、搁浅或者被弃船舶的起浮、清除、拆毁或者使之无害提起的索赔请求，以及有关船上货物的清除、拆毁或者使之无害提起的索赔请求，不能限制赔偿责任。对碰撞事故相对方而言，上述打捞清除费用仍是与船舶营运直接相关的财产损失，根据《海商法》第207条第1款第1项的规定，碰撞相对方海某海运公司可以限制赔偿责任。

【相关法条】

1.《中华人民共和国海商法》（1993年7月1日施行）

第二百零七条 下列海事赔偿请求，除本法第二百零八条和第二百零九条另有规定外，无论赔偿责任的基础有何不同，责任人均可以依照本章规定限制赔偿责任：

（一）在船上发生的或者与船舶营运、救助作业直接相关的人身伤亡或者财产的灭失、损坏，包括对港口工程、港池、航道和助航设施造成的损坏，以及由此引起的相应损失的赔偿请求；

（二）海上货物运输因迟延交付或者旅客及其行李运输因迟延到达造成损失的赔偿请求；

（三）与船舶营运或者救助作业直接相关的，侵犯非合同权利的行为造成其他损失的赔偿请求；

（四）责任人以外的其他人，为避免或者减少责任人依照本章规定可以限制赔偿责任的损失而采取措施的赔偿请求，以及因此项措施造成进一步损失的赔偿请求。

前款所列赔偿请求，无论提出的方式有何不同，均可以限制赔偿责任。但是，第（四）项涉及责任人以合同约定支付的报酬，责任人的支付责任不得援用本条赔偿责任限制的规定。

第二百零九条 经证明，引起赔偿请求的损失是由于责任人的故意或者明知可能造成损失而轻率地作为或者不作为造成的，责任人无权依照本章规定限制赔偿责任。

2.《中华人民共和国海事诉讼特别程序法》（2000年7月1日施行）

第一百零六条 利害关系人对申请人申请设立海事赔偿责任限制基金有异议的，应当在收到通知之日起七日内或者未收到通知的在公告之日起三十日内，以书面形式向海事法院提出。

海事法院收到利害关系人提出的书面异议后，应当进行审查，在十五日内作出裁定。异议成立的，裁定驳回申请人的申请；异议不成立的，裁定准予申请人设立海事赔偿责任限制基金。

当事人对裁定不服的,可以在收到裁定书之日起七日内提起上诉。第二审人民法院应当在收到上诉状之日起十五日内作出裁定。

承办人:吕延铭

编写人:吕延铭 林 丹

33. 交通部广州某管理局申请设立海事赔偿责任限制基金案
——海事赔偿责任限制成立条件及限制性债权的落实

【合规提示】

本案系一起因船舶爆炸引起的申请设立海事赔偿责任限制基金案,主要涉及海事赔偿责任限制成立条件及限制性债权实现的问题。在事故发生后,往往产生高额的海事损害赔偿。对船舶所有人而言,如果自身不存在故意、重大过失或者知情、参与的情况,可以根据海事法律特殊规定,提出申请海事赔偿责任限制,在法律规定的最高限额内承担损害赔偿责任,以减轻自身的实际赔偿责任。该申请应在海事赔偿诉讼中依法独立向有管辖权的海事法院提出,并在申请中提出请求限制责任的债权种类、金额以及责任限制总额。对限制性债权人而言,注意保留好自己具备参与限制基金清偿的证据材料,在法院发出参与责任限制基金清偿后,及时到法院进行债权登记,并与其他限制性债权人协商达成分配协议,对达不成分配协议的法院将按照比例判决责任限制基金的分配。

【案件信息】

1. 裁判文书字号

(1992)青海法海事初字第 2 号

2. 当事人

申请人：交通部广州某管理局

被申请人：日本国籍"海某"轮之各关系人

船东：日本国燕某海运株式会社

保险人：T×××

租船人：C×××

最后租船人：CO×××

损害青岛港码头之各关系人：青岛港务局、青岛市某保险公司

3. 关键词

民事　海事赔偿责任限制基金　主观过错　限制性债权

【裁判要旨】

1. 船舶所有人在无故意、重大过失或知情、参与等情况下，对因船舶在航行或停泊时发生事故造成的损失，可以提出申请海事赔偿责任限制，在法律规定的最高限额内承担损害赔偿责任。该申请一般由责任人在海事赔偿诉讼中依法独立向有管辖权的海事法院提出，并在申请中提出请求限制责任的债权种类、金额以及责任限制总额。经法院依法审查作出准许申请的，责任人应设立责任限制基金。

2. 法院发出公告通知限制性债权人参与责任限制基金清偿，接受其他对申请人享有债权的债权登记，审查其债权是否可以参与责任限制基金清偿。限制性债权确定后，法院即应及时召集限制性债权人协商责任限制基金的分配，能达成协议的，按协议分配责任限制基金；不能达成协议的，则按比例判决责任限制基金的分配。

【基本案情】

申请人所属"大庆×××"轮于 1986 年 10 月 12 日 16 时 9 分离上海黄埔港空放青岛，并于当月 18 日 12 时 45 分靠妥黄岛码头西泊位，进行装油前的准备工作。19 时 5 分该轮前部突然爆炸起火，后沉没于码头附近。本次事故造成青岛港务局码头受损、当时停泊在黄岛油码头东泊位的日本国籍"海某"轮船舶损害和该日籍船上人员伤害等损失，并产生了清除打捞"大庆×××"轮残骸的费用。

申请人系大型航运企业，设有专门的安全监督管理部门，对油轮的营运、管理制定有完备的安全防火防爆规章制度及操作规程。其所属"大庆×××"轮系1977年7月在大连造船厂建造的24 000吨级原油运输船。爆炸事故发生前，船舶技术状况正常，各种船舶证书均处于有效期内，该轮处于适航状态。船上共有船员52名，主要船员均持有港务监督签发的有效职务证书。爆炸事故及其损害属实。事故发生时该轮尚未受载，无运费收入，亦无其他赔偿收入。该轮残骸经打捞后由青岛市拆某加工公司购得，价款人民币40万元。被申请人日本国燕某海运株式会社因此次事故造成其船舶受损而向申请人提出的索赔额为1 401 828 682日元。

申请人认为，上述爆炸事故及其损害都非其本身的实际过失或私谋所造成，故向青岛海事法院提出海事赔偿责任限制的申请，愿意参照国际通常做法，保证将船舶残值人民币40万元连同从出事之日起至付款之日止按年利率8%计息的利息人民币199 200元（预算至1992年1月18日），一并存入法院以设立责任限制基金；请求依法判决予以认可并确定优先顺序及分配程序，以最终解决因"大庆×××"轮爆炸事故所产生的一切赔偿责任。

【裁判说理】

争议焦点：海事损害发生后船舶所有人应当承担的赔偿数额及分配。

青岛海事法院认为：据现有证据证明，本案爆炸事故系意外事件，根据我国《民法通则》第123条关于"从事高空、高压、易燃、易爆、剧毒、放射性、高速运输工具等对周围环境有高度危险的作业造成他人损害的，应当承担民事责任；如果能够证明损害是由受害人故意造成的，不承担民事责任"的规定，"大庆×××"轮系从事易燃、易爆，对周围环境有高度危险的原油运输的船舶，虽然空载，但其舱内残存的原油极易挥发形成可燃气体。发生爆炸后，申请人应对本次事故承担无过错责任。由于作为船舶所有人的申请人在此次事故中没有故意或重大过失，符合责任限制的条件，故申请人关于海事赔偿责任限制的申请应予准许。申请人所提出的业已偿付的日本国籍"海某"轮受伤船员善后处理费用，以及日本国籍燕某海运株式会社提出的船舶受损损失属于限制性债权，应由申请人设立的责任限制基金赔偿；申请人提出的"大庆×××"轮残骸清除打捞费用属于非限制性债权，不能参加责任限制基金的分配。

登记双方希望法院调处本案。青岛海事法院即主持召开债权人会议，登记债权人就责任限制基金分配等问题达成如下协议：（1）申请人承担此次爆炸事故的赔偿责任，以业已设立的责任限制基金为限；日本国燕某海运株式会社承认申请人享有责任限制的权利。（2）申请人放弃已登记的打捞、清除"大庆×××"轮残骸费用债权的请求；责任限制基金由日本国燕某海运株式会社登记的船舶损害赔偿债权及申请人代位登记的人身伤害损害赔偿债权分配。（3）日本国燕某海运株式会社从责任限制基金中受偿 85 000 余元，剩余部分由申请人受偿。（4）日本国燕某海运株式会社受偿的款项，由申请人负责将人民币责任限制基金兑换成美元后直接支付。（5）日本国燕某海运株式会社撤回因同一事故引起的船舶损害赔偿而向其他（境外）法院对申请人提起的索赔诉讼。

青岛海事法院对该协议审查后认为，该协议不违反法律规定，也没有损害他人或社会公共利益，合法有效，于 1992 年 12 月 19 日裁定予以认可。责任限制基金即按协议条款支付。

【法官后语】

海事赔偿责任限制（又称船舶所有人责任限制），是指船舶在航行中或停泊时，由于船长在执行职务时的作为或不作为，或由于其他航海事故而产生的重大民事责任，船舶所有人除非有过错或知情、或参与，则只在法律规定的最高限额内承担损害赔偿的责任，以减轻船舶所有人的实际赔偿责任的一种赔偿制度。此为海商法中所特有的赔偿制度。

海事赔偿责任限制权利，实际上是赋予责任人依法定条件而享有的一种抗辩权，由责任人在海事赔偿纠纷中作为一个抗辩条件提出，以限制其最终的赔偿责任。这就意味着船舶所有人享有限制海事赔偿责任的权利。海事赔偿责任限制能否成立应当分析两个方面的问题。一是看前提，即海事损害发生后，如果作为申请人的船舶所有人根本不需要承担海事赔偿责任，也就谈不上海事赔偿责任限制。这里需要注意的是，责任人申请责任限制并非对债权人赔偿责任的当然承认，对此法院应当进一步审查看其是否需要承担海事赔偿责任。二是看条件，即在成立海事赔偿责任的前提下，要满足构成海事赔偿责任限制的条件。根据我国有关法律规定及相关国际惯例，船舶所有人在无明显过错（一般为无故意或重大过失）、不知情或未参与的情况下，对因船舶事故形成的海事损害赔偿成立赔偿责任限制，通过申请审查程序，在法律规定的限额内承担责任。从本案情况看，根据我国《民法通则》第 123 条关于"从事高空、高压、易燃、易爆、剧毒、放射性、高速运输工具等对周围环境有高度危险的作业造成他人损害的，应当承担民事责任；如果能够证明损害是由受害人故意造成的，不承担民事责任"的规定，船舶所有人应当对"大庆×××"轮爆炸事故承担无过错责任，承担相应赔偿责任。同时，虽然在是否承担责任问题上采取无过错的归责原则，但没有过错仍然可以相应的减轻责任，这就是海商法中特有的赔偿责任限制规定。本案中，从涉案船舶企业安全管理部门设立、规章制度制定、船舶技术状况、船员配备情况等可见，其对船舶爆炸并没有明显过错，符合海事赔偿责任限制的条件。

该案的处理还具有探索创新性。该申请案是在我国《海商法》颁布之前受理，并于其施行之前审结的，系全国首例申请设立海事赔偿责任限制基金案。故在程序上和实体上，主要参照国际做法和海商法关于海事赔偿责任限制的基本理论，并结合我国主管部门的有关海事赔偿的规定，积极进行了探索。首先，在确认申请人的海事赔偿责任成立并具备海事赔偿责任限制条件的基础上，依法裁定准予其责任限制的申请，责令其在规定期限内向法院设立一定限额的责任限制基金，作为本次事故的最高赔偿数额。其次，发布法院公告，晓谕限制性债权人参与责任限制基金清偿，接受债权登记，通报债权登记情况，并令登记债权人对其他债权人的登记提出异议。最后，经确认限制性债权后，召集债权人会议进行协商，促使他们达成分配责任限制基金的协议，法院裁定予以认可。这些做法无疑是有益的，特别是在我国《民事诉讼法》和《海商法》都没有对此种案件的具体程序作出具体规定的情况下，为法院今后处理同类案件提供了借鉴。

【相关法条】

《中华人民共和国民法通则》（2021 年 1 月 1 日废止）

第一百二十三条　从事高空、高压、易燃、易爆、剧毒、放射性、高速运输工具等对周围环境有高度危险的作业造成他人损害的，应当承担民事责任；如果能够证明损害是由受害人故意造成的，不承担民事责任。

对应新法：

《中华人民共和国民法典》（2021年1月1日施行）

第一千二百三十六条 从事高度危险作业造成他人损害的，应当承担侵权责任。

第一千二百三十九条 占有或者使用易燃、易爆、剧毒、高放射性、强腐蚀性、高致病性等高度危险物造成他人损害的，占有人或者使用人应当承担侵权责任；但是，能够证明损害是因受害人故意或者不可抗力造成的，不承担责任。被侵权人对损害的发生有重大过失的，可以减轻占有人或者使用人的责任。

第一千二百四十四条 承担高度危险责任，法律规定赔偿限额的，依照其规定，但是行为人有故意或者重大过失的除外。

承办人：宋俊文
编写人：余晓龙

救助打捞

海难救助

34. 东营市鑫某物流有限责任公司诉东莞市丰某海运有限公司海难救助合同纠纷案
——船载货方作为受益方向救助方承担海难救助报酬后有权向船方主张侵权损害赔偿

【合规提示】

本案是一起船载货方作为救助行动的受益方依照《海商法》的规定承担救助报酬后，向海难事故过错方（本案过错方为船东即承运人）追偿救助报酬的纠纷。首先，《国内水路运输规则》废止后，目前尚无明确替代规定出台，《国内水路运输规则》中的规定已无法直接援引处理纠纷，在此情况下，船载货方作为托运人，在与承运人订立国内水路运输合同时，可将《国内水路运输规则》条款作为合同内容予以约定，便于明确双方的权利义务。其次，货运代理企业作为托运人，与承运人订立运输合同时，海难救助报酬的承担主体是货运代理企业，而非实际托运人，为此，货运代理企业有必要就海难救助报酬的承担和追偿问题与实际托运人在货运代理合同中予以明确约定。

【案件信息】

1. 裁判文书字号

（2021）鲁72民初191号、（2021）鲁民终1771号

2. 当事人

原告：东营市鑫某物流有限责任公司

被告：东莞市丰某海运有限公司

3. 关键词

民事　海难救助　救助报酬　侵权责任

【裁判要旨】

船载货方作为受益方承担报酬支付责任虽系法定责任，但在货方与船方并非直接运输合同关系的情况下，双方之间成立侵权法律关系。如果海难事故的发生原因归责于船方，货方不存在过错，其向救助方承担了支付报酬责任后有权向过错方即船方主张侵权损害赔偿。

【基本案情】

2017年1月16日，东莞市丰某海运有限公司（以下简称丰某公司）所属的船舶在东营港发生汽油泄漏险情。山东海事局作出的船舶泄漏险情和调查情况报告中认定机舱和泵舱间的横隔壁存有缝隙是机舱泄漏的直接原因，装货前大副未按照职责和公司体系要求对相关设施设备进行认真检查，船舶批量更换船员且又未按照规定组织安全培训，新聘船员对船舶设备、职责不熟悉是本次险情发生的间接原因。东营海事局认为涉案船舶不符合安全作业条件而作业的违法事实成立，对丰某公司及船舶的大管轮作出了罚款处罚。

胜利油田某公司、某船舶中心、某港务公司以及丰某公司根据东营市海上搜救中心和险情应急处置工作组的安排和要求参与了抢险救助工作。救助方实施救助后对船舶所有权人和经营人丰某公司及获救财产的所有人东营市鑫某物流有限责任公司（以下简称鑫某公司）提起海难救助报酬纠纷系列诉讼，该系列案件的生效民事判决认定丰某公司及鑫某公司应向救助方支付海难救助报酬。鑫某公司履行了判决确定的付款义务后对丰某公司提起本案诉讼主张追偿其向救助方承担的救助报酬。

【裁判说理】

争议焦点：船载货方作为受益方向救助方承担海难救助报酬后是否有权向船方主张侵权损害赔偿。

青岛海事法院认为：涉案船舶汽油泄漏险情事故系因该船不符合安全作业条件导致的。丰某公司作为事发时的船舶所有权人与船舶经营人，负责船舶的安全管理与安全作业，其对汽油泄漏险情事故的发生存在过错，由此导致鑫某公司作为货物所有权人向救助方承担了海难救助报酬，虽然海难救助报酬责任承担的法律依据为《海商法》的规定，但这并不能阻断丰某公司因过错发生汽油泄漏险情的行为与鑫某公司为此承担海难救助报酬的财产损失之间的因果关系，故丰某公司应向鑫某公司承担侵权损害赔偿责任。根据鑫某公司按照海难救助纠纷系列案件的生效判决确定的付款义务，一审法院认定，丰某公司应向鑫某公司承担侵权损害赔偿款 6 657 994.07 元及相应利息与海难救助报酬案件的诉讼费用。丰某公司不服判决提起上诉，二审维持原判。

【法官后语】

本案是一起海难救助报酬追偿纠纷。在海事司法实践中，海难救助纠纷与其他海事海商纠纷相比数量较少，海难救助报酬追偿纠纷更是少有。本案即一起发生海难事故船舶的船载货方作为受益方基于法定责任向救助方支付海难救助报酬后，以侵权法律关系向事故的过错方提起的追偿纠纷，典型意义在于明确了该类纠纷的法律性质及事故各方的法律责任。船载货方与船方作为被救助方均负有向救助方支付救助报酬的规定是《海商法》的一项特别规定，其立法价值在于鼓励救助。《1989 年国际救助公约》规定，救助报酬应由船舶所有人和其他受益方按照获救船舶和其他财产的比例进行支付，但缔约国可在其国内法中作出规定，报酬须由这些受益方中的一方先行支付，该受益方有权向其他受益方按其分摊比例进行追偿。而我国《海商法》直接规定救助报酬应由获救的船舶和其他财产的各所有人，按照船舶和其他各项财产各自的获救价值占全部获救价值的比例承担，各被救助方之间不承担连带责任。船载货方作为受益方承担报酬支付责任虽系法定责任，但在货方与船方并非直接运输合同关系的情况下，双方之间成立侵权法律关系，如果海难事故的发生原因归责于船方，船载货方不存在过错，其向救助方承担了支付报酬责任后有权根据造成事故的过错责任向过错方进行追偿。

本案虽然适用了《侵权责任法》解决了实体争议，但因侵权责任法关于一般侵权人承担过错责任的规定与《民法典》的该项规定无异，因此本案对于今后海事司法实践中适用《民法典》解决此类纠纷仍具有参考价值。

【相关法条】

1.《中华人民共和国海商法》(1993年7月1日施行)

第一百八十三条 救助报酬的金额,应当由获救的船舶和其他财产的各所有人,按照船舶和其他各项财产各自的获救价值占全部获救价值的比例承担。

2.《中华人民共和国侵权责任法》(2021年1月1日废止)

第六条第一款 行为人因过错侵害他人民事权益,应当承担侵权责任。

对应新法:

《中华人民共和国民法典》(2021年1月1日施行)

第一千一百六十五条第一款 行为人因过错侵害他人民事权益造成损害的,应当承担侵权责任。

3.《中华人民共和国民事诉讼法》(2017年6月27日修正)

第一百七十条 第二审人民法院对上诉案件,经过审理,按照下列情形,分别处理:

(一)原判决、裁定认定事实清楚,适用法律正确的,以判决、裁定方式驳回上诉,维持原判决、裁定;

(二)原判决、裁定认定事实错误或者适用法律错误的,以判决、裁定方式依法改判、撤销或者变更;

(三)原判决认定基本事实不清的,裁定撤销原判决,发回原审人民法院重审,或者查清事实后改判;

(四)原判决遗漏当事人或者违法缺席判决等严重违反法定程序的,裁定撤销原判决,发回原审人民法院重审。

原审人民法院对发回重审的案件作出判决后,当事人提起上诉的,第二审人民法院不得再次发回重审。

对应新法:

《中华人民共和国民事诉讼法》(2023年9月1日修正)

第一百七十七条 第二审人民法院对上诉案件,经过审理,按照下列情形,分别处理:

(一)原判决、裁定认定事实清楚,适用法律正确的,以判决、裁定方式驳回上诉，维持原判决、裁定；

（二）原判决、裁定认定事实错误或者适用法律错误的，以判决、裁定方式依法改判、撤销或者变更；

（三）原判决认定基本事实不清的，裁定撤销原判决，发回原审人民法院重审，或者查清事实后改判；

（四）原判决遗漏当事人或者违法缺席判决等严重违反法定程序的，裁定撤销原判决，发回原审人民法院重审。

原审人民法院对发回重审的案件作出判决后，当事人提起上诉的，第二审人民法院不得再次发回重审。

承办人：王妍娥

编写人：王妍娥　段琪祺

35.青岛远某渔业有限公司诉信某海事有限责任公司海难救助合同纠纷案
——海难救助行为的认定

【合规提示】

本案系一起救助人诉被救助人支付救助报酬的海难救助合同纠纷案件。双方对海难救助的认定及救助报酬产生争议。对于救助人而言，应搜集并保存海难救助所用时间、支出费用、遭受损失以及救助技能和难度等的证据材料。对于被救助人而言，被救助船舶获救后应及时进行估值，或提供类似船舶的市价或平均市价的证明，提供船舶造价和船舶保险单等证据材料。

【案件信息】

1. 裁判文书字号

（2021）鲁72民初524号

2. 当事人

原告：青岛远某渔业有限公司

被告：信某海事有限责任公司

3. 关键词

民事　海难救助　救助报酬

【裁判要旨】

1. 判断是否构成海难救助，要看是否符合海难救助的构成要件，而不取决于实施救助的方式。救助方与被救助方虽未签订书面海难救助合同，但构成事实上的救助合同关系，且救助行为有效果。

2. 确定救助报酬的原则。在审判实践中，应坚持以下原则来确定救助报酬：（1）鼓励救助的原则。鼓励救助是海难救助制度的基本原则，同样用于指导海难救助报酬的确定。由于救助人在进行海难救助的过程中，面对错综复杂的海上风险，有可能要付出巨大的物质牺牲和费用支出，甚至导致救助失败。从此意义上讲，海难救助本身是一种风险性极大的海上活动。所以，要调动海上航运的参与者勇于进行海难救助，维持海上航运的安全秩序，就不仅要在道义上弘扬人道主义，而且还应在经济上给予支持，由被救助人给付救助报酬就是重要的支持手段。因此，确定救助报酬应当体现对救助作业的鼓励，用以肯定救助人的救助行为。（2）救助报酬不得超过获救财产价值的原则。基于民商法的公平原则，在确定救助报酬时，既要达到鼓励救助的目的，又必须维护被救助人的合法利益。因为，救助报酬过高，会导致遇险人为了选择救助人而拒绝及时的救助机会，也会加重其经济负担。所以，法律趋向于将获救财产价值为限度作为确定救助报酬的原则。该原则既可以与"无效果，无报酬"相配合，又符合维护被救助人的利益。我国《海商法》第180条第2款便明文规定此原则："救助报酬不得超过船舶和其他财产的获救价值。"（3）救助人有过失而相应减免救助报酬的原则。救助人在救助过程中有过失，意味着救助人违反了谨慎救助的义务，从而救助人应当承担相应的法律后果。其表现就是相应地减免救助报酬。我国《海商法》第187条是该原则的直接体现：由于救助方的过失致使救助作业成为必需或者更加困难的，或者救助方有欺诈或者其他不诚实行为的，应当取消或者减少向救助方支付的救助款项。

3.确定救助报酬数额的方法。确定救助报酬数额应依据我国《海商法》第180条或《1989年国际救助公约》第13条第1款的规定,以鼓励救助为原则,根据救助案件的具体情况,综合考虑十项因素。由于国情不同,更重要的是每个案件的具体情况不同,国际上相关海难救助仲裁案例,只有那些案情相同或相似的案例才具有一定的参照作用。

【基本案情】

在原告青岛远某渔业有限公司(以下简称渔业公司)诉被告信某海事有限责任公司(以下简称信某公司)海难救助合同纠纷一案中,青岛海事法院查明案件事实如下:被告所属冷冻运输船"大某洋宝石"轮于2019年2月14日在南大西洋阿根廷以东海域装载渔业公司所属冷冻鱼货3000余吨,因尾轴和螺旋桨被缆绳缠绕失去动力。应该轮船长请求,附近作业的原告所属"鲁青远渔2×5"轮派出大副、二副为其割摆数天未果,随着海上风力不断增大,该轮面临倾覆危险,请求在附近海域作业的渔业公司所属捕捞船"鲁青远渔2×2"轮进行拖带救助。"鲁青远渔2×2"轮于2月23日开始拖带作业并于3月1日到达乌拉圭蒙得维的亚外锚地。完成救助后"鲁青远渔2×2"轮阿根廷外海渔场重新开始捕鱼工作。"大某洋宝石"轮在锚泊期间,大副、二副继续留在该船并在天气情况允许时多次下水作业,最终将缠绕物去除,"大某洋宝石"轮险情解除。随后,"大某洋宝石"轮进港上坞修理。修理完毕后,该轮继续到海上装载部分货物后于当年9月初抵达黄岛港卸货,包括获救货物在内的全部货物由黄岛运至石岛冷库,现仍有部分获救货物因破损和被机油污染存放于石岛。

原告提出诉讼请求:判令被告立即支付渔业公司对"大某洋宝石"轮的海难救助报酬600万元及相应利息;诉讼费、保全费、保全保险费等诉讼费用由被告承担。

被告辩称:(1)"大某洋宝石"轮发生缠摆事故是因渔业公司所属"鲁青远渔2×9"轮缆绳缠绕造成,渔业公司"鲁青远渔2×2"轮拖带"大某洋宝石"轮是为了减轻前述侵权行为损害后果,渔业公司无权就消除自身侵权行为后果的行为再要求被侵权人支付费用。(2)"大某洋宝石"轮装载货物为渔业公司捕捞的3207.7吨鱼货,其作为获救利益方,应对共同海损费用进行分摊。共同海损理算机构确定船方应分摊部分后,如果该共同海损事故是由于渔业公司的过错或者原因导致，信某公司依法有权拒绝分担渔业公司所主张的救助报酬。信某公司曾经将共损分摊请求提交至理算机构，但因渔业公司一直未提出救助报酬数额以及相应证据材料，理算至今无实质性进展。（3）渔业公司索赔救助报酬过高，未提供600万元救助报酬合理证据，不应予以支持。

【裁判说理】

争议焦点：（1）渔业公司派船员对"大某洋宝石"轮进行水下缠绕物切割作业以及派船拖带"大某洋宝石"轮的行为是否构成海难救助；（2）渔业公司的救助报酬应如何确定；（3）信某公司应支付渔业公司救助报酬数额。

青岛海事法院认为：

一、渔业公司派船员对"大某洋宝石"轮进行水下缠绕物切割作业以及派船拖带"大某洋宝石"轮的行为构成海难救助

"大某洋宝石"轮因尾轴被缆绳等杂物缠绕致使船舶失去动力后，船舶和货物已经直接处于真实的海上风险中，在此情况下，渔业公司派出两名具有潜水资质的船员对"大某洋宝石"轮进行潜水切割作业，而且另派出"鲁青远渔2×2"轮将"大某洋宝石"轮拖带至达蒙得维的亚港外锚地，"大某洋宝石"轮最终在渔业公司所派遣的两名船员努力下完成了对螺旋桨及尾轴缠绕物的切割作业，并得以上船坞进行修理。失去动力的"大某洋宝石"轮因为渔业公司的帮助得以脱离危险，本院认定渔业公司的行为构成救助。根据《海商法》第179条的规定，渔业公司有权请求救助报酬，信某公司关于"大某洋宝石"轮遭遇险情是渔业公司的在先行为导致的主张没有证据证明，本院对该抗辩不予支持。

二、关于救助报酬的确定

鉴于双方未签订救助合同且均未提供就救助行为的报酬进行磋商及有效约定的证据，应根据《海商法》的规定确定救助报酬。《海商法》第180条规定："确定救助报酬，应当体现对救助作业的鼓励，并综合考虑下列各项因素：（一）船舶和其他财产的获救的价值；（二）救助方在防止或者减少环境污染损害方面的技能和努力；（三）救助方的救助成效；（四）危险的性质和程度；（五）救助方在救助船舶、其他财产和人命方面的技能和努力；（六）救助方所用的时间、支出的费用和遭受的损失；（七）救助方或者救

助设备所冒的责任风险和其他风险；（八）救助方提供救助服务的及时性；（九）用于救助作业的船舶和其他设备的可用性和使用情况；（十）救助设备的备用状况、效能和设备的价值。救助报酬不得超过船舶和其他财产的获救价值。"

  对于船舶的获救价值的认定。《海商法》第181条第1款规定，船舶和其他财产的获救价值，是指船舶和其他财产获救后的估计价值或者实际出卖的收入，扣除有关税款和海关、检疫、检验费用以及进行卸载、保管、估价、出卖而产生的费用后的价值。由于"大某洋宝石"轮获救后未进行估值，双方均未提供类似船舶的市价或平均市价，信某公司亦未提供造价和船舶保险单。信某公司虽然主张依据《税法条例》确定的折旧方法计算"大某洋宝石"轮获救后价值，但如依据该方法计算，"大某洋宝石"轮建造于1992年，至2017年已折旧完毕，该计算方式所得数据与"大某洋宝石"轮的市场价值不符，本院不予采纳。本院参照适用《最高人民法院关于审理船舶碰撞和触碰案件财产损害赔偿的规定》中购置价扣除折旧的方法确定"大某洋宝石"轮获救价值。该规定第8条第1款规定，在没有市价的情况下，以原船舶的造价或者购置价，扣除折旧（折旧率按年4%~10%）计算。因无造价参考，本院以"大某洋宝石"轮的购置价格为基准，在双方均未提交影响折旧率因素的证据的情况下，本院酌定折旧率按规定的中间值，即年7%折旧率计算船舶获救价值。在无确切证据佐证的情况下，本院以船舶进船厂时间，即2019年4月15日作为获救时间，则"大某洋宝石"轮的折旧时间为1.8年，根据该轮购置价格折合人民币17 693 780元计算获救价值为17 693 780元×（1-1.8×7%）=15 464 363.72元。信某公司关于船舶获救价值应同时扣减修理费的主张，缺乏法律依据，本院不予支持。

  关于对货物的获救价值的认定。"大某洋宝石"轮遇险前接收、装载鱼货为鱿鱼、鳕鱼、老板鱼、杂鱼，故杂鱼应为鱿鱼、鳕鱼、老板鱼之外的包括南极鱼在内的价值较低的其他混杂鱼种。根据一般生活经验法则，杂鱼经济属性偏低，价值亦低，无论是信某公司主张按四种鱼的平均价格计算方法还是渔业公司所主张按二次装载鱼货后的所有鱼货价格再乘以获救鱼货占总鱼货比重计算价格的方法，均不能有效体现其真实性价格，本院参照渔业公司提供的南极鱼价格计算杂鱼价值。故获救鱼货总价值为18 938 622.64元。综上，船、货的获救价值共计34 402 986.36元。船舶的获救价值占44.95%。

关于对救助方所用时间、支出费用和遭受损失以及救助技能和难度等因素的认定。鉴于渔业公司诉讼中撤回两名船员工资报酬作为计算救助报酬依据的主张，本院计算救助报酬时不再考虑该因素。渔业公司所采取的救助行为主要是派出"鲁青远渔2×5"轮两名船员进行的水下切割作业及派遣"鲁青远渔2×2"轮对"大某洋宝石"轮进行拖带作业。"鲁青远渔2×2"轮为专业远某渔船，其减产损失即为因救助"大某洋宝石"轮未能从事捕鱼工作减产的渔获收益。"鲁青远渔2×2"轮从出发拖带"大某洋宝石"轮至返回渔场共计258.58小时，扣减修理船舶时间8小时55分，为249.66小时，合10.40天。考虑到鱼群具有移动性，渔业活动具有偶然性与季节性，参照渔业公司同时期在同一渔场作业的其他七条渔船渔获产值价值，本院以每轮每天的平均渔获价值计算"鲁青远渔2×2"轮拖带期间的减产损失。2019年2月和3月，上述七艘船舶共作业344天，捕捞鱿鱼3163.22吨，鳐鱼（老板鱼）19.38吨，无须鳕鱼（鳕鱼）1100.11吨，南极鱼447.46吨，参照渔业公司提供的价格计算"鲁青远渔2×2"轮减产数额为：（3 163 220×34.1+1 100 110×10+19 380×13.5+447 460×5.32）÷344×10.40=3 673 528.48元。"鲁青远渔2×2"轮减产损失应为该数额扣减因少捕鱼而节省的各种成本，因各方均未提交相关证据，本院在此数额基础上仅扣减节省的海运费成本。按照双方约定的USD265/GMT计算，节约运输成本为（3163.22+19.38+1100.11+447.46）÷344×10.40×265×6.395=242 347.23元，扣减后的损失为3 431 181.25元。

"大某洋宝石"轮在失去动力后，船货面临共同海上风险，渔业公司在"大某洋宝石"轮遇险后次日即派出"鲁青远渔2×5"轮船员潜水对"大某洋宝石"轮缠绕物进行切割，由于海况、船况、设备等限制，在潜水员数次下水尝试无果后，当即派出"鲁青远渔2×2"轮将其拖带到蒙得维的亚港浅水区，两名船员才最终完成水下切割作业，最终船舶得以安全进入船坞，取得了救助效果。无论是渔业公司的船员水下潜水切割缠绕物作业还是船舶拖带作业，不但需要专业技能而且须承担海上风险，尤其是"鲁青远渔2×2"轮开始拖带"大某洋宝石"轮不久，就遇大风浪，不得不割断缆绳抗风抗浪更可见其承担的风险程度。渔业公司提供的救助服务是及时有效的，派出参与救助的远某渔船价值较大，船货获救价值达34 402 986.36元，渔业公司因此遭受损失3 431 181.25元。综合考虑上述因素，并体现对救助作业的鼓励，本院酌定渔业公司的救助报酬为 500 万元人民币。

综合考虑上述因素，并体现对救助作业的鼓励，本院酌定渔业公司救助报酬为 500 万元人民币。

三、信某公司应支付的救助报酬数额确定

《海商法》第 183 条规定，救助报酬的金额，应当由获救的船舶和其他财产的各所有人，按照船舶和其他各项财产各自的获救价值占全部获救价值的比例承担。信某公司所属"大某洋宝石"轮的获救价值为 15 464 363.72 元，渔业公司所属货物的获救价值为 18 938 622.64 元，船舶的获救价值占总获救价值的 44.95%，故信某公司作为船舶所有人应向救助人渔业公司支付救助报酬为 5 000 000 元 ×44.95%=2 247 500 元。信某公司关于应在共同海损理算机构确定船方应分摊的部分后再处理的抗辩，缺乏事实和法律依据，本院不予支持。

【法官后语】

海难救助也被称为海上救助，是海商法中一项古老而特有的法律制度，救助人只要在海洋中或者与海洋相连的可航行区域内，对遭遇海上风险的船舶、属具、货物等财产以及客货运费进行了成功的救援，便可得到相应的救助报酬。按照我国《海商法》第 171 条的规定，海难救助是指在海上或者与海相通的可航水域，对遇险的船舶和其他财产进行救助的行为。

海难救助制度的确立与航海活动的特殊性密不可分，海上变幻莫测的气候决定了海上航行注定是高风险的活动，海难事故时有发生，该制度的设立，一方面鼓励了救助，使得救助方能够获得相当的报酬，不至于好心施救反受损；另一方面也使得报酬处于一个相对合理的范围，不至于使获救方"雪上加霜"。现从以下几个方面对海难救助的适用进行评述。

一、海难救助成立的前提条件

海难救助法律关系的成立必须具备一个前提条件，那就是船舶在海上或者与海相通的可航水域遭遇危险。换言之，有危险才有救助的必要。

首先，危险必须发生在海上或者与海相通的可航水域。我国《海商法》第 171 条明确规定，海难救助"适用于在海上或者与海相通的可航水域"。也就是说，对于不是发生在此水域中的危险进行救助的行为，不构成海难救助。例如，船舶在船厂建造或者修理时发生危险，对此进行的救助则不属于海难救助，不构成海难救助法律关系。

其次，危险必须是真实存在或者不可避免。危险，通俗地讲，是指船舶及其他财产在海上或者与海相通的可航水域内遭受到的一切风险，如船舶发生沉没、倾覆、爆炸、失火、主机或舵机失灵、触礁、搁浅；船载货物或者其他财产遭遇沉没、倾覆、受损、失火等。对于船舶或者其他财产而言，上述危险必须是客观存在的，而不是主观臆测的。既包括现实的、已经发生或正在发生的危险，也包括潜在的、即将发生的危险。

二、海难救助的形式

海难救助的形式主要有三种：纯救助、合同救助、雇佣救助。

纯救助是指船舶遇难后，未曾向救助方请求援救，救助方自行救助的行为。纯救助主要有以下特点：一是采用纯救助的形式，救助方与被救助方之间无须签订救助协议；二是纯救助实行"无效果，无报酬"原则。由于纯救助也可能会产生救助报酬，因此，当遇险船舶不同意救助方前来救助时，必须给予明确拒绝，否则，有可能构成纯救助。

合同救助，是指救助方依据其与被救助方订立的协议而从事的救助行为，这是现今普遍适用的救助形式。合同救助采用的是"无效果，无报酬"原则。合同救助与纯救助的最大区别在于是否存在救助协议。这种协议的形式可以是书面的，也可以是口头的。

雇佣救助，又称实际费用救助，是指救助人根据被救助人的请求，以提供海上劳务的形式所提供的救助服务。在雇佣救助的情况下，救助指挥权在遇险船舶一方，并且不论救助成功与否，被救助方都要按照救助方所投入的人力和物力支付报酬。就雇佣救助的性质而言，更多体现的是海上雇佣劳务性质，从严格意义上讲，雇佣救助并非《海商法》意义上的海难救助。雇佣救助与合同救助的最大区别就在于，合同救助采用的是"无效果，无报酬"原则，而雇佣救助则主要采用的是"按劳取酬"的原则。与合同救助相比，由于雇佣救助条件下救助方所承担的风险较小，因此救助费用也相应较低。

三、海难救助报酬的确定

海难救助与陆上救助的显著区别就是在海上进行救助作业的救助人可以就救助成功的财产索取救助报酬。但海难救助若要获得报酬，要满足以下四个条件：一是被救援的客体需被现行法律认可；二是被救援的客体处于危险之中；三是提供救援的行为出于自愿；四是救援行为需取得相应的救助效果。

我国《海商法》第174条规定，船长在不严重危及本船和船上人员安全的情况下，有义务尽力救助海上人命。国际法也将救助人命列为一项公法上的义务，但是人命不属于现行法律认可的海难救助客体，因此，人命救助没有独立报酬请求权，当财产与人员共同得到了救援时，救助者有权申请自被救援成功的财产对应的报酬里获得一定比例的人命救助报酬。这在我国《海商法》第185条中有明确规定，在救助作业中救助人命的救助方，对获救人员不得请求酬金，但是有权从救助船舶或者其他财产、防止或者减少环境污染损害的救助方获得的救助款项中，获得合理的份额。

在我国《海商法》中，确定救助报酬有两个基本原则："无效果，无报酬"原则和"救助报酬不得超过获救财产价值"原则。前者是确定救助报酬的前提和基础性原则，后者是对"无效果，无报酬"原则的限定。

"无效果，无报酬"是海上救助法律制度中最著名的原则，也是请求救助报酬的基础原则，即救助有效果，则有权请求救助报酬；无效果，则无权请求救助报酬。虽然《1989年国际救助公约》增设的特别补偿条款在一定程度上突破了传统的"无效果，无报酬"的救助原则，但"无效果，无报酬"仍是救助报酬请求的基础。

但是，救助报酬的数额在任何情况下都不应当超过船舶和其他财产的获救价值，按照我国《海商法》第180条的规定，确定救助报酬，应当体现对救助作业的鼓励，并综合各项因素，但是总的原则是，救助报酬不得超过船舶和其他财产的获救价值，这为被救财产的所有人设置了一道保护性屏障。

按照我国《海商法》第181条的规定，船舶和其他财产的获救价值，是指船舶和其他财产获救后的估计价值或者实际出卖的收入，扣除有关税款和海关、检疫、检验费用以及进行装卸、保管、估价、出卖而产生的费用后的价值。以船舶和货物的获救价值为依据，并综合考虑《海商法》第180条所规定的其他因素，最终确定救助人所应获得的救助报酬。救助报酬的数额确定之后，需要在获救的船舶和其他财产的所有人之间分摊。我国《海商法》第183条规定，救助报酬的金额，应当由获救的船舶和其他财产的各所有人，按照船舶和其他各项财产各自的获救价值占全部获救价值的比例承担。这就是救助报酬的"按比例分摊"原则。

【相关法条】

《中华人民共和国海商法》（1993年7月1日施行）

第一百七十九条　救助方对遇险的船舶和其他财产的救助，取得效果的，有权获得救助报酬；救助未取得效果的，除本法第一百八十二条或者其他法律另有规定或者合同另有约定外，无权获得救助款项。

第一百八十条　确定救助报酬，应当体现对救助作业的鼓励，并综合考虑下列各项因素：

（一）船舶和其他财产的获救的价值；

（二）救助方在防止或者减少环境污染损害方面的技能和努力；

（三）救助方的救助成效；

（四）危险的性质和程度；

（五）救助方在救助船舶、其他财产和人命方面的技能和努力；

（六）救助方所用的时间、支出的费用和遭受的损失；

（七）救助方或者救助设备所冒的责任风险和其他风险；

（八）救助方提供救助服务的及时性；

（九）用于救助作业的船舶和其他设备的可用性和使用情况；

（十）救助设备的备用状况、效能和设备的价值。

救助报酬不得超过船舶和其他财产的获救价值。

第一百八十一条　船舶和其他财产的获救价值，是指船舶和其他财产获救后的估计价值或者实际出卖的收入，扣除有关税款和海关、检疫、检验费用以及进行卸载、保管、估价、出卖而产生的费用后的价值。

前款规定的价值不包括船员的获救的私人物品和旅客的获救的自带行李的价值。

承办人：李　伟
编写人：崔婷婷

36. 威海市升某海运有限责任公司诉威海市海某客运有限公司、渤某轮渡集团股份有限公司、中国人某财产保险股份有限公司烟台市分公司海难救助合同纠纷案
——海难救助报酬的认定标准

【合规提示】

本案系一起救助方诉被救助方、保险人因对"中某富强"轮进行海难救助而引发的救助报酬追索纠纷案件。双方就海难救助合同的性质、救助报酬金额以及威海市海某公司应承担的救助报酬产生了争议。对于救助方而言，一方面《海商法》规定了"无效果，无报酬"的海难救助合同，救助方救助取得效果的，有权领取救助报酬；另一方面法律也允许当事人事先签订书面的雇佣救助合同，救助方据此以固定的费率收取救助报酬。对于被救助方而言，一方面其负有向救助方支付合理救助报酬的义务；另一方面其对于救助方提出的过高救助报酬享有请求法院调整的权利。

【案件信息】

1. 裁判文书字号

（2021）鲁72民初762号

2. 当事人

原告：威海市升某海运有限责任公司

被告：威海市海某客运有限公司、渤某轮渡集团股份有限公司、中国人某财产保险股份有限公司烟台市分公司

3. 关键词

民事　海难救助　获救价值　救助费用　危险程度

【裁判要旨】

1.根据《海商法》的规定，救助合同除"无效果，无报酬"救助合同之外，还可以依当事人的约定形成固定费率的雇佣救助合同。

2.根据《海商法》第180条的规定，确定救助金额应综合考虑船舶和其他财产的获救价值，救助方所用的时间、支出的费用，以及救助当时危险的性质和程度，救助报酬不得超过船舶和其他财产的获救价值并体现对救助作业的鼓励等各项因素。

3.在多家救助方分配救助报酬时，应综合考虑对救助作业的贡献。

【基本案情】

在威海市升某海运有限责任公司（以下简称升某公司）诉威海市海某客运有限公司（以下简称海某公司）、渤某轮渡集团股份有限公司（以下简称渤某公司）、中国人某财产保险股份有限公司烟台市分公司（以下简称人某公司烟台分公司）海难救助合同纠纷一案中，青岛海事法院查明案件事实如下：2021年4月19日，"某富强"轮发生火灾事故，接威海海上搜救中心指令要求，升某公司派出"威港航拖1×"轮、"威港航拖2×"轮两艘救助船对"某富强"轮进行抢险救助。共产生1 932 988.2元救助费用。中国人某财产保险股份有限公司航运保险运营中心于2020年9月17日为该轮签发P×××号《船舶保险保险单（2009版）》，载明：投保人及被保险人均为海某公司，保险金额及保险价值均为3.3亿元，投保险别为远洋船舶一切保险，保险期间自2021年1月1日零时起至2021年12月31日24时止。《中国人民财产保险股份有限公司船舶保险条款（2009版）》第1条"责任范围"第2项"一切险"第2.（1）规定，本保险负责赔偿保险船舶的共同海损、救助、救助费用的分摊部分。

另查明，渤某公司持有山东某投资有限公司100%股权，山东某投资有限公司持有海某公司66.6667%股权。

升某公司提出诉讼请求：（1）判令海某公司支付救助款项815.4万元以及利息（以815.4万元为本金，自起诉之日至实际履行之日，按照全国银行间同业拆借中心公布的贷款市场报价利率计算）；（2）判令渤某公司对海某公司前述款项承担连带清偿责任；（3）判令人某公司烟台分公司在保险范围内对前述款项承担连带赔付责任。

三被告辩称：（1）升某公司并非"威港航拖1×"轮、"威港航拖2×"轮的船舶所有人，无权就两轮的作业主张权利；（2）升某公司未证明两拖轮作业时长、作业项目，其所主张时段内并非全部用于应急抢险作业；（3）根据《海商法》第180条的规定，升某公司主张的救助金额缺乏计算依据，升某公司本案应得救助款项应以100万元为限；（4）升某公司的抢险作业并未成功抢险"某富强"轮，救助无显著效果；（5）升某公司对渤某公司、人某公司烟台分公司的起诉缺乏法律依据；（6）升某公司主张的利息应当自相应款项确定后即判决之日起开始计算；（7）本案救助系国家主管机关控制的救助作业，不是雇佣救助，应当适用《海商法》第192条规定来确认本案的法律关系及救助费用；（8）本案救助不是升某公司单独完成，确定救助款项时，应综合考量案涉两轮在所有救助力量中的作用；（9）由于升某公司过失使救助作业成为必需或更加困难的，应当取消或减少向升某公司支付的救助款项。

【裁判说理】

争议焦点：（1）海难救助合同的性质；（2）救助报酬金额的确定；（3）海某公司应承担的救助报酬数额。

青岛海事法院认为：本案系对"某富强"轮进行海难救助而引发的救助报酬追索纠纷，升某公司系在威海市级应急救援指挥部的组织、协调和指挥下采取救助措施，其作为救助方有权向被救助方海某公司主张相应的救助报酬。

一、海难救助合同的性质

根据《海商法》的规定，救助合同除"无效果，无报酬"救助合同之外，还可以依当事人的约定形成固定费率的雇佣救助合同。本案中，升某公司主张案涉合同构成雇佣救助合同，而海某公司主张系"无效果，无报酬"救助合同。因升某公司与海某公司未签订书面的雇佣救助合同，也未约定救助报酬以固定费率作为依据，因此本案不构成雇佣救助合同，应确定为"无效果，无报酬"救助合同。

二、救助报酬金额的确定

《海商法》第180条规定："确定救助报酬，应当体现对救助作业的鼓励，并综合考虑下列各项因素：（一）船舶和其他财产的获救的价值；（二）救助方在防止或者减少环境污染损害方面的技能和努力;(三)救助方的救助成效;(四)危险的性质和程度;(五)救助方在救助船舶、其他财产和人命方面的技能和努力;(六)救助方所用的时间、支出的费用和遭受的损失;(七)救助方或者救助设备所冒的责任风险和其他风险;(八)救助方提供救助服务的及时性;(九)用于救助作业的船舶和其他设备的可用性和使用情况;(十)救助设备的备用状况、效能和设备的价值。救助报酬不得超过船舶和其他财产的获救价值。"

关于船舶和其他财产的获救价值。根据《海商法》第181条的规定,船舶和其他财产的获救价值,是指船舶和其他财产获救后的估计价值或者实际出卖的收入,扣除有关税款和海关、检疫、检验费用以及进行卸载、保管、估价、出卖而产生的费用后的价值。本案中,"某富强"轮并未实际出卖,其保险价值3.3亿元可确定为原有价值,扣除《威海"4·19""某富强"轮调查报告》初步估算的直接经济损失9233.25万元后,其获救价值最低应为23 766.75万元。另经评估,其他获救财产的价值合计262.7万元。

关于救助所用时间。根据船舶航海日志的记载,"威港航拖1×"轮所用时间共213小时,"威港航拖2×"轮所用时间共546小时。

关于救助费用。海某公司主张按照《船舶油污损害赔偿基金理赔导则》的标准计算救助费用,但因该导则仅适用于船舶油污事故造成海洋环境污染的油污损害及相关费用申请基金赔偿或者补偿的具体理赔工作,故难以适用于海难救助。参照升某公司提交的2019年6月30日《用船协议》以及2020年1月1日《拖轮使用协议》中约定的非抢险费用标准,确定拖轮每周(含白班、夜班、节假日白班及节假日夜班)平均计费标准0.65元/马力小时为合理费用标准,则"威港航拖1×"轮救助费用可计算为0.65元/马力小时×213小时×3198马力=442 763.1元,"威港航拖2×"轮救助费用为0.65元/马力小时×546小时×4199马力=1 490 225.1元,合计1 932 988.2元。

综合考虑船舶和其他财产的获救价值,救助方所用的时间、支出的费用,以及救助当时危险的性质和程度,救助报酬不得超过船舶和其他财产的获救价值并体现对救助作业的鼓励等各项因素,青岛海事法院确定升某公司应当获得的救助报酬为1 932 988.2元×150%=2 899 482.3元。

三、海某公司应承担的救助报酬数额

《海商法》第183条规定:"救助报酬的金额,应当由获救的船舶和其他财产的各所有人,按照船舶和其他各项财产各自的获救价值占全部获救价值的比例承担。"本案中,"某富强"轮获救价值最低为23 766.75万元,其他获救财产的价值合计262.7万元,船舶获救价值占全部获救价值的98.9%,则海某公司应向升某公司支付救助报酬2 867 587.99元(2 899 482.3元×98.9%)及利息,利息可自2021年6月22日提起诉讼之日起算。

人某公司烟台分公司对"某富强"轮承保的船舶一切险中规定了救助费用的赔偿,但该险种并非责任保险,升某公司直接向人某公司烟台分公司主张权利,于法无据,青岛海事法院不予支持。升某公司要求渤某公司对海某公司应支付的救助报酬承担连带责任,以及海某公司的其他抗辩理由,均无事实与法律依据,青岛海事法院不予支持。

【法官后语】

本案系一起因对涉案船舶实施海难救助而引发的救助报酬追索纠纷案件,涉及的主体包括救助方、被救助方以及保险人。争议的问题主要为救助合同性质的确定、救助报酬数额的计算以及被救助方的救助报酬数额承担。

关于救助合同定性的问题,依据《海商法》第179条规定,救助方对遇险的船舶和其他财产的救助,取得效果的,有权获得救助报酬;救助未取得效果的,除本法第182条或者其他法律另有规定或者合同另有约定外,无权获得救助款项。其中,"合同另有约定"指当事人之间事先约定以固定的费率计算救助报酬,此种救助又称雇佣救助。与传统的海难救助相比,救助方在救助过程中应严格按照合同约定和被救助方的指挥进行救助,不得超出合同约定的范围擅自行动;相对地,被救助方也应承担因其不当指挥造成的损失。区分"无效果,无报酬"海难救助与雇佣救助的标准是当事人是否事先签订了书面的雇佣救助合同,而本案中的当事人并未事先签订此合同,故本案不构成雇佣救助合同,应确定为"无效果,无报酬"救助合同。

有关救助报酬数额计算的问题则须参照《海商法》第180条,对船舶和其他财产获救的价值、救助方的救助成效、救助方提供救助服务的及时性等十项因素综合进行考虑,同时应注意救助报酬不得超过船舶和其他财产的获救价值。而至于被救助方应承担的救助报酬数额,应当根据《海商法》第

183 条的规定,按照船舶和其他各项财产各自的获救价值占全部获救价值的比例确定。

海难救助作为海上运输中古老的、特殊的法律制度,基于抵御海上特殊风险的目的而源自航海实践。在"经略海洋、建设海洋强国"的发展战略之下,海上安全风险防范工作将成为发展海洋事业的重要内容,航运安全也是确保我国航运事业稳固发展的重要基石。该案争议标的数额较大,相关的事实争议和所涉法律问题较为复杂,涉及专业救助力量是否有权主张救助报酬、海难救助合同的性质、获救价值的认定、救助报酬的分摊、是否可直接向保险公司主张权利、船舶优先权的确认等问题,几乎涵盖了海难救助纠纷可能会涉及的所有争议,具有相当的典型性。

在本案中,青岛海事法院从"鼓励救助、保障海上安全、保护环境"的基本原则和司法政策出发,积极发挥海事司法职能,综合考虑专业救助船的救助能力和努力,遇险船舶和其他财产的获救价值,救助方所用的时间、支出的费用,救助所面临的危险的性质和程度,救助报酬不得超过船舶和其他财产的获救价值等因素,依法妥善审理,并合理确定海难救助报酬,最终作出了让各方当事人都认可的判决。

【相关法条】

《**中华人民共和国海商法**》(1993 年 7 月 1 日施行)

第一百七十一条 本章规定适用于在海上或者与海相通的可航水域,对遇险的船舶和其他财产进行的救助。

第一百七十九条 救助方对遇险的船舶和其他财产的救助,取得效果的,有权获得救助报酬;救助未取得效果的,除本法第一百八十二条或者其他法律另有规定或者合同另有约定外,无权获得救助款项。

第一百八十条 确定救助报酬,应当体现对救助作业的鼓励,并综合考虑下列各项因素:

(一)船舶和其他财产的获救的价值;

(二)救助方在防止或者减少环境污染损害方面的技能和努力;

(三)救助方的救助成效;

(四)危险的性质和程度;

(五)救助方在救助船舶、其他财产和人命方面的技能和努力;

（六）救助方所用的时间、支出的费用和遭受的损失；

（七）救助方或者救助设备所冒的责任风险和其他风险；

（八）救助方提供救助服务的及时性；

（九）用于救助作业的船舶和其他设备的可用性和使用情况；

（十）救助设备的备用状况、效能和设备的价值。

救助报酬不得超过船舶和其他财产的获救价值。

第一百八十一条　船舶和其他财产的获救价值，是指船舶和其他财产获救后的估计价值或者实际出卖的收入，扣除有关税款和海关、检疫、检验费用以及进行卸载、保管、估价、出卖而产生的费用后的价值。

前款规定的价值不包括船员的获救的私人物品和旅客的获救的自带行李的价值。

第一百八十三条　救助报酬的金额，应当由获救的船舶和其他财产的各所有人，按照船舶和其他各项财产各自的获救价值占全部获救价值的比例承担。

第一百九十二条　国家有关主管机关从事或者控制的救助作业，救助方有权享受本章规定的关于救助作业的权利和补偿。

承办人：李　华

编写人：李　华

37. 于某某诉王某松等海难救助合同纠纷案
——海难救助合同的成立及救助报酬的承担人认定

【合规提示】

本案是一起海难救助合同纠纷，对于救助合同当事人的确定以及救助报酬数额存在争议。对船舶所有人而言，船长即使以自己的名义与救助方协商确定救助报酬事宜，且承诺由自己支付时，应认定其代表船方所为，此时，海难救助合同成立。对救助方而言，应注意审查合同相对方是否有代理权，合同约定应指向明确，义务主体清晰。

【案件信息】

1. 裁判文书字号

（2020）鲁72民初1334号

2. 当事人

原告：于某某

被告：王某松、李某某、青岛龙某海洋生态养殖有限公司

3. 关键词

民事　海难救助　合同当事人确定　救助报酬

【裁判要旨】

救助方对遇险船舶和船上人员进行成功救助，被救助船舶的船长以自己名义与救助方协商确定救助报酬并承诺由自己支付，应视为代表被救助方船舶所有权人的行为，救助方与被救助方的船舶所有权人间构成海难救助合同关系。

【基本案情】

2018年9月18日，被告青岛龙某海洋生态养殖有限公司（以下简称青岛龙某公司）所属的"鲁崂渔6××89"船失火，"鲁荣渔5××89/5××90"船对该失火船只实施救援，共救助人员19人、失火船只一条，并将失火船只拖至人和镇院夼村，"鲁崂渔6××89"船上19名船员签字确认事故经过，事故经过中载明"救援期间的15万元费用由被救方船长王某松承担"，"鲁崂渔6××89"船船长王某松对此签字确认。"鲁荣渔5××89/5××90"船的登记所有人为王某新，实际所有权人为原告于某某。当日，在向原告支付部分款项后，被告王某松、李某某以自身名义出具欠条载明：今欠于某某人民币58 000元整，本人在一个星期内将欠款还清。事后，原被告就救助报酬的给付发生纠纷。

原告于某某诉称：被告王某松、李某某作为船舶的实际管理使用人尚欠施救费应当予以偿还，被告龙某公司作为船舶的登记所有权人，其享有船舶

的实际价值，施救行为的直接受益人为被告青岛龙某公司，所以应当在船舶价值的范围内承担连带责任。向青岛海事法院提出诉请：（1）请求判令被告王某松、李某某给付原告施救费 38 000 元；（2）请求判令被告青岛龙某公司在"鲁崂渔6××89"船的船舶价值范围内承担连带责任；（3）本案诉讼费用由被告负担。

被告王某松辩称：我们的船"鲁崂渔6××89"确实是失事了，全船19个人被杨船长所开的渔船所救，于某某老公的船过来，把我们这些海难人员移交到他的船上，然后拉回石岛。在港口的时候，原告要我们付给她20万元救援费，最后商谈到15万元，不给钱不准人员上岸。最后给她10万元，打了5万元的欠条，才放我们这些海难人员上岸。在当时情况下，我们没有办法，我个人界定就是说有点勒索的性质，就堵在码头不让上岸，你不交钱就不行。在海上碰到遇难船只，必须停止一切行为，首先要去救援，这是作为一个船员学法律的时候都有的认知。

被告龙某公司辩称：（1）对海上失火船只和人员的救助是过往船只的法定义务。（2）涉案船只已经以光船租赁的方式租赁给了他人使用，在租赁期间发生的救助费用应当由实际使用人承担。（3）根据合同的相对性原则，救助费用应当由合同的相对方承担，被告龙某公司并非合同的相对方。

被告李某某未答辩。

【裁判说理】

争议焦点：（1）救助合同双方当事人的确定；（2）救助报酬数额的确定。

青岛海事法院认为："鲁荣渔5××89"船、"鲁荣渔5××90"船的实际所有权人为于某某，在"鲁崂渔6××89"船失火遇险的情况下，于某某的雇佣船长对"鲁崂渔6××89"船实行救助，适用《海商法》第九章海难救助的相关规定，《海商法》第171条规定："本章规定适用于在海上或者与海相通的可航水域，对遇险的船舶和其他财产进行的救助。"该法第175条规定："救助方与被救助方就海难救助达成协议，救助合同成立。遇险船舶的船长有权代表船舶所有人订立救助合同。遇险船舶的船长或者船舶所有人有权代表船上财产所有人订立救助合同。"该法第179条规定："救助方对遇险的船舶和其他财产的救助，取得效果的，有权获得救助报酬；救助未取得效果的，除本法第一百八十二条或者其他法律另有规定或者合同另有约定外，无权获得救助款项。"根据上述规定，本案中，救助方为于某某，被救助方为"鲁崂渔6××89"船舶所有人青岛龙某公司，二者之间成立救助合同关系。作为被救助方的船长王某松确认欠付5.8万元的救助款项，龙某公司应予承担并支付给救助方于某某。同时，王某松、李某某作为个人在欠条中确认：将欠款5.8万元在一个星期内还清，则视为加入了原告与龙某公司的债务关系，应当就此债务承担连带责任。

原被告均未就本案提起上诉。

【法官后语】

本案系一起典型的海难救助合同纠纷案，原告于某某所属船舶对遇险船舶及船上人员实施了有效的救助行为，基于该救助行为，遇险船舶的船长王某松承诺支付15万元，符合《海商法》第175条对海难救助合同的定义及第179条中获得报酬的条件。具体而言，本案的审理在以下两方面具有指导意义。

一、在确定海难救助合同双方当事人方面

本案中救助船舶为"鲁荣渔5××89/5××90"，其实际所有权人及船员雇主均为原告于某某，因此本案中海难救助的救助方应为原告；尽管被救助的"鲁崂渔6××89"船舶船长王某松以自己名义与救助方协商确定救助报酬的金额并承诺支付，但该案救助标的为"鲁崂渔6××89"船，救助行为的受益人是船舶的所有权人，即龙某公司，而王某松仅是人命得到救助。《海商法》第185条规定，"在救助作业中救助人命的救助方，对获救人员不得请求酬金"，救助方只是"有权从救助船舶或者其他财产、防止或者减少环境污染损害的救助方获得的救助款项中，获得合理份额"，即对人命的救助并不具备报酬请求权，除非在救助财产的同时又救助了人命。此外，《海商法》第175条规定："救助方与被救助方就海难救助达成协议，救助合同成立。遇险船舶的船长有权代表船舶所有人订立救助合同。遇险船舶的船长或者船舶所有人有权代表船上财产所有人订立救助合同。"根据上述规定，尽管王某松以个人名义与救助方协商确定救助报酬的金额并承诺支付，但应视为代表船舶及船上财产所有权人与原告订立救助合同、约定救助报酬，龙某公司才是救助报酬的承担人。至于王某松、李某某之后在欠条中签字、承诺个人还款的行为应视为债务加入，根据当时生效的《合同法》的相关规定，应由其承担连带责任。

二、在救助报酬数额的确定方面

本案中,被告王某松辩称的勒索并没有证据支持,各被告对救助报酬的金额未提出其他异议,笔者认为,即使对数额有异议,该异议也很难得到支持。海上环境复杂多变,海难救助过程中,不仅被救助船舶存在危险,施救船舶同样面临巨大风险。本案救助取得了成功,不仅"鲁崂渔6××89"船舶被成功救助,当时遇险船员多达19人,也均被成功救助。与一般的无因管理不同,海难救助行为具备丰厚的报酬请求权,这是因为鼓励海上救助、维护航行自由与通道安全符合社会与国家的根本利益。《海商法》第180条强调,"确定救助报酬,应当体现对救助作业的鼓励,并综合考虑下列各项因素……(五)救助方在救助船舶、其他财产和人命方面的技能和努力"。因此,综合考虑原告于某某的救助行为对"鲁崂渔6××89"船舶及船上19人人命的积极效果,双方约定的15万元的救助报酬数额具备合理性,在救助取得成功后,被救助船舶的所有权人应当诚信地履行支付该救助报酬的合同义务。

【相关法条】

《中华人民共和国海商法》(1993年7月1日施行)

第一百七十一条　本章规定适用于在海上或者与海相通的可航水域,对遇险的船舶和其他财产进行的救助。

第一百七十五条　救助方与被救助方就海难救助达成协议,救助合同成立。

遇险船舶的船长有权代表船舶所有人订立救助合同。遇险船舶的船长或者船舶所有人有权代表船上财产所有人订立救助合同。

第一百七十九条　救助方对遇险的船舶和其他财产的救助,取得效果的,有权获得救助报酬;救助未取得效果的,除本法第一百八十二条或者其他法律另有规定或者合同另有约定外,无权获得救助款项。

承办人:刘小娜

编写人:刘小娜　樊羽萌　原浩洋

38. 烟台某局诉安平县泊某金属丝网有限公司、长沙欧某蜜国际贸易有限公司、韩国 S××× 有限公司海难救助合同纠纷案

——国际货物买卖合同的货物风险转移认定

【合规提示】

本案系一起因海难救助引起的救助方追偿救助费用的案件。海难救助的特殊性在于事故突发，风险巨大，救助行为紧迫，因此救助方和被救方很难进行多轮磋商讨价还价。关于救助报酬的认定常常需要事后根据相关风险和救助情况进行评估认定。本案另一特别之处在于被救货物是在国际海上货物运输途中，救助是由船方替货方提出，本案获救货物究竟应由国内的货物贸易出口人、海关报关发货人还是国外的贸易进口人承担救助费用。作为国际贸易经营单位，应该签订书面合同，保留相关单证。如在运输途中遇险，应当配合救助单位做好善后工作，避免因相互推诿导致费用持续增加造成不必要的损失。

【案件信息】

1. 裁判文书字号

（2020）鲁72民初1442号

3. 当事人

原告：烟台某局

被告：安平县泊某金属丝网有限公司、长沙欧某蜜国际贸易有限公司、韩国 S××× 有限公司

3. 关键词

民事　海难救助　货物运输　风险转移　海难救助费用

【裁判要旨】

1. 国际货物买卖合同的当事各方所在国为《联合国国际货物销售合同公约》的缔约国，应优先适用公约的规定，公约没有规定的内容，适用合同中约定适用的法律。

2. 认定救助费用，应考虑船舶和其他财产的获救的价值，救助方的救助成效，危险的性质和程度，救助方所冒的责任风险和其他风险，救助方在救助船舶和其他财产及人命方面的技能和努力，救助方所用的时间、支出的费用和遭受的损失，提供服务的及时性，救助设备的备用状况、效能和设备的价值等方面的因素。

【基本案情】

2019年4月15日，某光轮船有限公司所属的"广某"轮在成山头东某域货舱起火，应"广某"轮船长委托，原告组织救助力量（包括原告及交通运输部某救助局救助力量）对"广某"轮及船上财产进行救助。原告进行了救助作业，2019年4月25日，原告与船方签署《交船确认书》确认救助作业完成。

原告诉称，救助作业完成后，对于获救货物，至今被告未向原告支付相应救助款项。遂诉至法院，请求判令被告支付原告救助款项及相应利息，并承担本案案件受理费及其他相关费用。

三被告未提交书面答辩状。

经审理查明，韩国S×××有限公司（以下简称韩国S×××公司）向安平县泊某金属丝网有限公司（以下简称安平泊某公司）订购丝网，交货条件为FOB天津港。2019年4月11日，长沙欧某蜜国际贸易有限公司（以下简称长沙贸易公司）作为发货人向新港海关报关，成交方式为FOB，申报价格为93 662.40美元。

2019年4月13日，恒某国际货运有限公司签发提单，托运人为安平泊某公司，收货人为韩国S×××公司，装货港为中国新港，卸货港为韩国仁川，出口承运人/船名为广某/1××6。

2019年4月15日，香港某光轮船有限公司所有的"广某"轮在天津驶往韩国途中在威海刘公岛附近因故失火，虽经船方全力组织扑救，但火势仍迅速蔓延无法控制，2名船员受伤，2号货舱先后发生3次爆炸燃烧，有进一步爆炸沉没危险，严重威胁船员生命安全、船舶货物等财产安全。根据威海市海上搜救中心指令，原告组织救助。

2019年4月16日，"广某"轮船长签署《委托确认书》一份，内容如下：为了救助船货及其他船上财产，本人"广某"轮船长，代表该轮所有人及船上货物、集装箱及其他所有财产的所有人，委托并同意贵局进行救助作业。救助报酬等相关事项将依法协商、解决。

"广某"轮出现险情的二号货舱货物性质并不完全明确，起火原因不明，救助过程中原告协调组织"某救1×3"轮、"某救2×3"轮、救助直升机$B7×26$、"德某"轮拖船、"某渡"轮打捞船等船舶机械设备参与救助。四条船的船舶保险单记载"某救1×3"轮保险价值17500万元，"某救2×3"轮保险价值7790万元，"德某"轮船舶保险价值2000万元，"某渡"轮保险价值6000万元。

《救助（任务）飞行情况报告表》记载，飞行救助队4月15日1111时接某局转威海市海上搜救中心的救助信息，请求派直升机前往救助。救助直升机$B7×26$于4月15日1145时开车，1238时到达救助现场并与集装箱船取得联系。"某救2×3"轮航海日志记载，4月15日1350时"某救2×3"轮抵达现场护航并与"广某"轮联系了解遇险情况。"某救1×3"轮航海日志记载，4月15日1455时该轮抵达现场护航。原告《海上施工日报》记载，"广某"轮靠泊威海港青威集装箱泊位前，原告按照救助协调会制定的方案组织开展救助准备。靠泊后，原告随即开始展开救助。

某救助局《关于"广某"轮救助事实经过》、"某救1×3"轮、"某救2×3"轮航海日志、直升机$B7×26$《飞行任务书》《救助飞行情况报告表》主张"某救1×3"轮总救助时间245小时10分，消耗0#柴油38.6吨。"某救2×3"轮总救助时间72小时15分，消耗0#柴油7.1吨。救助直升机$B×126$飞行1架次，时间3小时15分钟。原告除投入上述飞机船舶以外，还投入工程总指挥、打捞工程师、潜水员、其他作业人员等23人，投入别克商务车、半挂、中巴、钢材工具、皮龙工具、空气呼吸器、电缆等各种车辆、设备等。

《海上施工日报》记载原告与威海海事局、船东方、消防部门、港口等多方多次协调商讨，根据现场实时险情、场地制定相应救助方案，派遣救助人员克服现场险情困难，在舱内设置连接二氧化碳输送管路，灌注二氧化碳，检测舱内含氧量和一氧化碳含量，保持舱内相对密闭，持续监控舱温。自2019年4月15日原告启动救助，至签订《交船确认书》确认4月24日1615时完成救助作业。

2019年4月30日，交通运输部某救助局出具确认书，确认2019年4月15日至24日，受原告组织及委托，该局安排"某救1×3"轮、"某救2×3"轮、救助直升机B×126参与对"广某"轮及船上财产的救助作业，救助成功有效。该局确认救助款项由原告向被救助方请求。

2019年4月救助期间，原告支出住宿费26 406元。

2019年7月24日，德州亚某进出口有限公司出具确认函，并与原告签订和解协议，对该公司在"广某"轮上的价值52 000美元和55 900美元的两票获救货物工业明胶达成协议，由该公司分别向原告支付上述货物的救助款项70 200元和75 400元人民币和解款项。7月26日，该公司向原告支付了145 600元人民币。

【裁判说理】

争议焦点：（1）原告救助费用的金额；（2）被告是否应当支付原告救助费用。

青岛海事法院认为：因被告S×××公司位于韩国，故本案系涉外海上救助合同纠纷。《民事诉讼法》第265条规定："因合同纠纷或者其他财产权益纠纷，对在中华人民共和国领域内没有住所的被告提起的诉讼，如果合同在中华人民共和国领域内签订或者履行，或者诉讼标的物在中华人民共和国领域内，或者被告在中华人民共和国领域内有可供扣押的财产，或者被告在中华人民共和国领域内设有代表机构，可以由合同签订地、合同履行地、诉讼标的物所在地、可供扣押财产所在地、侵权行为地或者代表机构住所地人民法院管辖。"本案系海难救助合同纠纷，合同履行地为山东省威海港，根据《最高人民法院关于设立海事法院几个问题的决定》，"青岛海事法院管辖下列区域内发生的海事案件和海商案件：南自山东省与江苏省交界处、北至山东省与河北省交界处的延伸海域，其中包括黄海一部分、渤海一部分、海上岛屿和石臼所、青岛、威海、烟台等主要港口。"因此，本案应由本院依法管辖。

《涉外民事关系法律适用法》第41条规定："当事人可以协议选择合同适

用的法律。当事人没有选择的，适用履行义务最能体现该合同特征的一方当事人经常居所地法律或者其他与该合同有最密切联系的法律。"《海商法》第269条规定："合同当事人可以选择合同适用的法律，法律另有规定的除外。合同当事人没有选择的，适用与合同有最密切联系的国家的法律。"本案中，原告与被救助船舶的货物所有人之间构成海难救助合同关系，海难救助发生的地点位于我国山东省威海港，因此中华人民共和国法律为与合同有最密切联系的国家法律，本案应适用中华人民共和国法律。

一、原告救助费用的金额

《海商法》第175条规定："救助方与被救助方就海难救助达成协议，救助合同成立。遇险船舶的船长有权代表船舶所有人订立救助合同。遇险船舶的船长或者船舶所有人有权代表船上财产所有人订立救助合同。"本案中，2019年4月15日，"广某"轮发生险情后向成山头交管中心报告情况，就险情请求救助。同日，根据威海市海上搜救中心指令，原告组织开展救助准备工作，安排相关救助准备力量。4月16日，"广某"轮船长代表"广某"轮所有人及船上货物、集装箱及其他所有财产所有人签署《委托确认书》，委托原告进行救助作业。原告与遇险船的船东与船上货主成立海难救助合同关系，各方当事人均应依约履行。

《海商法》第179条规定："救助方对遇险的船舶和其他财产的救助，取得效果的，有权获得救助报酬；救助未取得效果的，除本法第一百八十二条或者其他法律另有规定或者合同另有约定外，无权获得救助款项。"本案中，原告实施的救助符合海难救助的构成要件，取得了救助效果，其有权获得本次救助作业的救助报酬。原告和被救助方没有约定救助报酬的数额，也未约定计算救助报酬的方式。本案救助报酬应依照《海商法》第180条的规定确定。

《海商法》第180条规定："确定救助报酬，应当体现对救助作业的鼓励，并综合考虑下列各项因素：（一）船舶和其他财产的获救的价值；（二）救助方在防止或者减少环境污染损害方面的技能和努力；（三）救助方的救助成效；（四）危险的性质和程度；（五）救助方在救助船舶、其他财产和人命方面的技能和努力；（六）救助方所用的时间、支出的费用和遭受的损失；（七）救助方或者救助设备所冒的责任风险和其他风险；（八）救助方提供救助服务的及时性；（九）用于救助作业的船舶和其他设备的可用性和使用情况;(十)救助设备的备用状况、效能和设备的价值。救助报酬不得超过船舶和其他财产的获救价值。"

1. 船舶和其他财产的获救的价值、救助方的救助成效。"广某"轮和船上全部船员及货物成功获救,本次救助效果良好。2019年4月11日,涉案货物在装载于"广某"轮出运前报关时申报价值为93 662.40美元。

2. 危险的性质和程度、救助方所冒的责任风险和其他风险。"广某"轮起火点发生在货舱内部,船舶运载各类型货物较多,"广某"轮还载有燃油(重油102.23吨、轻油36.2吨)。原告作为救助方实施过程中面临着一定的危险。

3. 救助方在救助船舶、其他财产和人命方面的技能和努力。"广某"轮出现险情的二号货舱货物性质并不完全明确,起火原因不明,救助过程中原告协调组织"某救1×3"轮、"某救2×3"轮、救助直升机B×126、"德某"轮拖船、"某渡"轮打捞船等船舶机械设备参与救助。《海上施工日报》记载,原告与威海海事局、船东方、消防部门、港口等多方多次协调商讨,根据现场实时险情、场地制定相应救助方案,派遣救助人员克服现场险情困难,在舱内设置连接二氧化碳输送管路,灌注二氧化碳,检测舱内含氧量和一氧化碳含量,保持舱内相对密闭,持续监控舱温。自2019年4月15日原告启动救助,至签订《交船确认书》确认4月24日1615时完成救助作业,原告迅速稳妥组织应急救助,在起火有毒环境下,成功高效地完成了灭火、监测、开舱卸货、监护等工作,完成了救助任务。原告在救助过程中,体现了一定的技能和努力。

4. 救助方所用的时间、支出的费用和遭受的损失。(1)关于救助开始时间,由于海难事故发生突然,情况紧急,负责海上交通的主管机关接到报案后,于第一时间组织对发生事故的船舶展开救助。此时,参加救助当事人难以在事故第一时间与被救助船舶方进行磋商并达成合意,但救助方应主管机关要求参加救助,并事实上实施了救助行为,应当认为双方之间形成事实上的救助关系。2019年4月15日,原告根据威海市海上搜救中心救助指令,协调"某救1×3"轮、"某救2×3"轮、救助直升机B×126赴现场勘察施救,组织技术人员、潜水员成立救援队,部署专业救捞船舶"德某"轮、"某渡"轮进行抽油、打捞等救助准备并待命。因此,应认为原告4月15日根据搜救中心指令投入救助工作时即成立了事实上的救助关系,救助开始时间为4月15日。(2)关于救助结束时间,《交船确认书》确认2019年4月24日

1615时原告完成救助作业任务,救助作业顺利完成。(3)海难救助系高风险作业,基于审慎理性的考虑,救援环节的处理应选择留有足够的余地,以防沉船、爆炸、有毒气体泄漏等意外不测。原告举证"德某"轮、"某渡"轮航海日志主张"德某"轮、"某渡"轮待命至接受解除待命指令,举证某救助局《关于"广某"轮救助事实经过》、"某救1×3"轮、"某救2×3"轮航海日志、直升机B×126《飞行任务书》《救助飞行情况报告表》主张"某救1×3"轮总救助时间245小时10分,消耗0#柴油38.6吨。"某救2×3"轮总救助时间72小时15分,消耗0#柴油7.1吨。救助直升机B×126飞行1架次,时间3小时15分钟。原告除投入上述飞机船舶以外,还投入工程总指挥、打捞工程师、潜水员、其他作业人员等23人,投入别克商务车、半挂、中巴、钢材工具、皮龙工具、空气呼吸器、电缆等各种车辆、设备等。

5. 救助方提供服务的及时性。"广某"轮于2019年4月15日9时左右发生险情后向成山头交管中心报告,并保持与交管中心通信联系。《救助(任务)飞行情况报告表》记载,飞行救助队4月15日1111时接某局转威海市海上搜救中心的救助信息,请求派直升机前往救助。救助直升机B×126于4月15日1145时开车,1238时到达救助现场并与集装箱船取得联系。"某救2×3"轮航海日志记载,4月15日1350时"某救2×3"轮抵达现场护航并与"广某"轮联系了解遇险情况。"某救1×3"轮航海日志记载,4月15日1455时该轮抵达现场护航。原告《海上施工日报》记载,"广某"轮靠泊威海港青威集装箱泊位前,原告按照救助协调会制定的方案组织开展救助准备。靠泊后,原告随即展开救助。因此,原告的救助行动是及时的。

6. 救助设备的备用状况、效能和设备的价值。四条船的船舶保险单记载"某救1×3"轮保险价值17 500万元,"某救2×3"轮保险价值7790万元,"德某"轮船舶保险价值2000万元,"某渡"轮保险价值6000万元。四条船舶的航海日志记载了救助工程中的工作、备航情形,原告在本案救助中投入的船舶、车辆等设备在救助过程中状态、效能稳定,未发生故障影响救助,原告的救助设备具备较高的效能和价值。

某救助局2019年4月30日出具《确认书》,称其所安排的参加对"广某"轮及船上财产救助作业的"某救1×3"轮、"某救2×3"轮、救助直升机B×126救助款项由烟台某局向被救助方请求。

综上,考虑船舶和其他财产的获救的价值,救助方的救助成效,危险的性质和程度，救助方所冒的责任风险和其他风险，救助方在救助船舶和其他财产及人命方面的技能和努力，救助方所用的时间、支出的费用和遭受的损失，提供服务的及时性，救助设备的备用状况、效能和设备的价值等方面的因素，本院酌定参考采购订单、报关单认定涉案被救货物价值为 93 662.40 美元，计算海难救助款项按照该价值的 20% 为 18 732.48 美元。上述救助款项包括某救助局参加对"广某"轮及船上财产救助作业的"某救 1×3"轮、"某救 2×3"轮、救助直升机 B×126 的救助款项。

二、被告是否应当支付原告救助费用

安平泊某公司是涉案货物的国际贸易合同的卖方，韩国 S××× 公司是涉案货物的买方，长沙贸易公司是涉案货物的报关发货人。涉案货物的贸易条款为 FOB 天津港，货物在发生火灾被救助时已经从天津港装港出运。参照"最高人民法院指导案例 107 号　中某国际（新加坡）有限公司诉蒂某冶金产品有限责任公司国际货物买卖合同纠纷案"，国际货物买卖合同的当事各方所在国为《联合国国际货物销售合同公约》的缔约国，应优先适用公约的规定，公约没有规定的内容，适用合同中约定适用的法律。国际货物买卖合同中当事人明确排除适用《联合国国际货物销售合同公约》的，则不应适用该公约。中韩两国均为该公约的缔约国，因此本案所涉及的国际货物买卖合同各方的权利义务应受该公约调整。《联合国国际贸易销售合同公约》第 67 条规定，如果销售合同涉及货物的运输，但卖方没有义务在某一特定地点交付货物，自货物按照销售合同交付给第一承运人以转交给买方时起，风险就移转到买方承担。涉案货物交付承运人装上"广某"轮进行海上运输时起风险转移到买方韩国 S××× 公司承担。货物在运输中发生火灾风险并受到原告救助，救助款项应由韩国 S××× 公司承担。

关于救助款项的利息。原告与被告未能就救助款项金额达成合意，未约定救助款项的支付期限，无可参照的合同有关条款和交易习惯。依照《合同法》第 62 条"履行期限不明确的，债务人可以随时履行，债权人也可以随时要求履行，但应当给对方必要的准备时间"的规定，本案中，原告明确要求履行支付救助款项的时间可确定为原告起诉之日，救助款项 18 732.48 美元按照原告起诉之日 2020 年 7 月 2 日人民币对美元汇率中间价 7.0566 折算为 132 187.62 元人民币，原告请求救助款项 131 688.77 元人民币未超过该金额，本院对原告请求数额予以支持。救助款项的利息应自 2020 年 7 月 2 日起至实际给付之日止按全国银行间同业拆借中心公布的贷款市场报价利率计算。

【法官后语】

我国是名副其实的世界海运大国，随着我国对外贸易经济的可持续发展，我国海洋运输的需求量不断增长，海难救助事件的发生指数也呈升高趋势。准确认定海难救助费用金额和责任承担主体成为司法实践中的审理重点。

交付、风险转移规则直接关系到合同双方合同利益的实现，对权利义务双方都十分重要。当国际货物买卖合同中涉及货物运输时，卖方没有义务在某一特定地点交付货物，自货物按照买卖合同交付给第一承运人以转交给买方时起，风险就移转到买方，货物在运输中发生风险由此产生的救助费用也应由买方承担。本案中，安平泊某公司是涉案货物的国际贸易合同的卖方，韩国S×××公司是涉案货物的买方，长沙贸易公司是涉案货物的报关发货人，涉案货物的贸易条款为FOB天津港，货物在发生火灾被救助时已经从天津港装港出运。买卖双方为中韩两国，均为《联合国国际货物销售合同公约》的缔约国，且买卖双方未明确排除该公约的适用，因此本案所涉及的国际货物买卖合同各方的权利义务应受该公约调整。涉案货物交付承运人装上"广某"轮进行海上运输时起风险转移到买方韩国S×××公司承担。货物在运输中发生火灾风险并受到原告救助，救助款项应由韩国S×××公司承担。

本案中，原告实施的救助符合海难救助的构成要件，且取得了良好的救助效果，其有权获得本次救助作业的救助报酬。由于原告和被救助方没有约定救助报酬的数额，也未约定计算救助报酬的方式，本院考虑船舶和其他财产的获救的价值，救助方的救助成效，危险的性质和程度，救助方所冒的责任风险和其他风险，救助方在救助船舶和其他财产及人命方面的技能和努力，救助方所用的时间、支出的费用和遭受的损失，提供服务的及时性，救助设备的备用状况、效能和设备的价值等方面的因素，酌定参考采购订单、报关单认定涉案被救货物价值为93 662.40美元，计算海难救助款项按照该价值的20%为18 732.48美元，由被告韩国S×××公司承担。

【相关法条】

《中华人民共和国海商法》(1993年7月1日施行)

第一百七十五条 救助方与被救助方就海难救助达成协议，救助合同成立。

遇险船舶的船长有权代表船舶所有人订立救助合同。遇险船舶的船长或者船舶所有人有权代表船上财产所有人订立救助合同。

第一百八十条　确定救助报酬，应当体现对救助作业的鼓励，并综合考虑下列各项因素：

（一）船舶和其他财产的获救的价值；

（二）救助方在防止或者减少环境污染损害方面的技能和努力；

（三）救助方的救助成效；

（四）危险的性质和程度；

（五）救助方在救助船舶、其他财产和人命方面的技能和努力；

（六）救助方所用的时间、支出的费用和遭受的损失；

（七）救助方或者救助设备所冒的责任风险和其他风险；

（八）救助方提供救助服务的及时性；

（九）用于救助作业的船舶和其他设备的可用性和使用情况；

（十）救助设备的备用状况、效能和设备的价值。

救助报酬不得超过船舶和其他财产的获救价值。

承办人：李　军
编写人：查璎娟

39. 东莞市丰某海运有限公司诉东营市鑫某物流有限责任公司海难救助合同纠纷案
——姐妹船救助中的"救助方"包括救助船舶本身

【合规提示】

本案系一起海难救助方诉获救货物所有权人的海难救助合同纠纷案件。在同一船舶所有人的船舶之间进行海难救助的情况下，双方对"由于被救助船舶的船舶所有人的原因致使救助作业成为必需时，参与救助的姐妹船是否会因此被取消或者减少救助报酬"产生争议。若同一船舶所有人的 A 船遭遇危险，B 船施救，B 船的救助行为仍可获得救助报酬。

【案件信息】

1. 裁判文书字号

（2019）鲁72民初137号、（2020）鲁民终14号、（2020）最高法民申4813号

2. 当事人

原告：东莞市丰某海运有限公司

被告：东营市鑫某物流有限责任公司

3. 关键词

民事　海难救助　姐妹船救助　救助方

【裁判要旨】

在同一船舶所有人的船舶之间进行海难救助的情况下，在参与救助的船舶自身不存在《海商法》第187条规定的情形时，即使因为船舶所有人的过失致使救助成为必需，姐妹船获得救助款项的权利也不应被取消。

【基本案情】

在原告丰某公司诉被告鑫某公司海难救助合同纠纷一案中，山东省高级人民法院查明案件事实如下：2017年1月16日，停靠在东营港南港池16#泊位的原告所有的东莞籍"丰盛油1×"轮在进行汽油装货作业过程中，汽油泄漏进入泵舱、机舱，对人员、船舶和港口安全构成威胁的重大险情。2017年1月19日，原告调派其所有的另一艘船舶"丰盛油×"轮进港，为其姐妹船"丰盛油1×"轮提供汽油过驳作业。1月22日，"丰盛油1×"轮船上货油全部过驳至"丰盛油×"轮。2月7日中午，该轮机舱、泵舱经过清污、驱气、通风后，测氧测爆达到正常数值，险情解除。获救汽油价值36 144 505元，获救的"丰盛油1×"轮价值22 353 165元。丰某公司在救助作业中直接支付的合理费用以及实际使用救助设备、投入救助人员的合理费用共计1 044 000元。"丰盛油1×"发生险情的原因：（1）直接原因。右货油泵滤器压盖未上紧、第5舱右进舱阀未打开及右货油泵滤器进口阀未有效

关闭是泵舱泄漏的直接原因;机舱和泵舱间的横隔壁存有缝隙是机舱泄漏的直接原因。(2)间接原因。泵舱舱底水高液位报警装置故障,装货前大副未按照职责和公司体系要求对相关设施设备进行认真检查,船舶批量更换船员且又未按照规定组织安全培训,新聘船员对船舶设备、职责不熟悉是本次险情发生的间接原因。涉案获救货物的所有权人是鑫某公司。

原告提出诉讼请求:被告支付海难救助报酬 129.0384 万元及相应利息;一、二审诉讼费由被告负担。

被告辩称:(1)"丰盛油×"轮的过驳作业只是转船运输的一部分,不是救助行为,原告无权就此要求救助报酬;(2)被告不是涉案获救货物的所有人,而且原告已经与货物的所有人达成协议,承诺不再要求货物的所有人承担抢险救助费用,因此,原告的诉讼请求违背了自己的承诺;(3)原告主张的救助费用缺乏有效证据支持;(4)涉案救助作业是由于原告的过失引起的,按照《海商法》第 187 条的规定,应当取消或者减少向救助方支付的救助款项。综上,请求驳回原告对被告的诉讼请求。

【裁判说理】

争议焦点:由于被救助船舶的船舶所有人的原因致使救助作业成为必需时,参与救助的姐妹船是否会因此被取消或者减少救助报酬。

山东省高级人民法院认为:本案中双方对一审法院认定的丰某公司应得救助报酬 1 290 384 元无争议,故二审争议焦点为一审法院适用《海商法》第 187 条规定、取消丰某公司的涉案救助报酬是否正确。

《海商法》第 187 条规定:"由于救助方的过失致使救助作业成为必需或者更加困难的,或者救助方有欺诈或者其他不诚实行为的,应当取消或者减少向救助方支付的救助款项。"该条规定旨在规范救助作业行为,促使救助方在救助过程中保持诚信和应有的谨慎注意义务。本案中,作为救助方的丰某公司名下"丰盛油×"轮实施的救助行为,并不存在上述法律规定的情形,故丰某公司有权依据该船舶之救助行为取得涉案救助报酬。一审法院将作为被救助方丰某公司名下"丰盛油1×"轮事故发生原因的认定归结为"救助方过失",进而取消丰某公司的救助报酬,适用法律存在错误。对于丰某公司主张的救助报酬所产生的相应利息,应当依照《海商法》第 180 条规定,综合考虑各项因素,酌定利息以 1 290 384 元为基数,按照中国人民银行同期存款利率,自丰某公司起诉之日即2019年1月18日起计算至实际付款之日止。

本案经最高人民法院再审,最终驳回再审申请,维持二审判决。

【法官后语】

海难救助是一项古老的具有海商法特色的海事法律制度。该制度对于有效应对海上风险,积极救助遇险船舶和船员,减少遇难船舶的损失具有非常重要的作用。在古老的海难救助发展进程中,姐妹船救助的救助方也有权利获得救助报酬发展成为一项特定的制度。姐妹船虽然属于同一船舶所有人,但出于海上运输的高风险、海难事故后果的严重危害性和为了保护船货双方、消费者共同利益的考虑,为了充分调动一切可以利用的力量来参与到海难救助中,避免和降低海难事故的发生和后果,虽然被救助船舶也属于同一船舶所有人所有,海商法律制度仍然发展出了姐妹船参与救助也可以获得救助报酬的制度,目的就是鼓励救助。

目前国际社会该领域最主要的公约是《1989年国际救助公约》(以下简称《救助公约》)。《救助公约》第12条第3款明确,该公约适用于姐妹船救助。我国是《救助公约》的参加国。不仅如此,我国的《海商法》立法中有关海难救助的规定多与《救助公约》保持一致。我国的《海商法》第191条规定:"同一船舶所有人的船舶之间进行的救助,救助方获得救助款项的权利适用本章规定。"据此,如果同一船舶所有人的船舶之间产生了海难救助关系,该船舶所有人获得救助报酬的权利有《海商法》的该条规定作为依据。据此,姐妹船舶获得了同一般船舶相同的法律地位,有权按照《海商法》关于海难救助的规定以"救助方"的身份获得救助报酬。《海商法》的这一规定与《救助公约》的规定相符,体现了鼓励救助的立法精神,有利于鼓励救助方积极参与海难救助,有利于促进海上运输事业的发展。

虽然《海商法》对姐妹船救助制度作出了规定,但是,本案所涉及的问题却不是《海商法》条文中能够直接找到法律依据的。

涉案最主要的争议焦点是,《海商法》第187条规定:"由于救助方的过失致使救助作业成为必需或者更加困难的,或者救助方有欺诈或者其他不诚实行为的,应当取消或者减少向救助方支付的救助款项。"该条规定救助方过失可以导致取消或者减少救助款项,但《海商法》没有明确的是,"救助方"是指船舶所有人,还是可以包括救助船舶本身。对于这一问题,《救助公约》

也没有给出明确答案。

最高人民法院的裁判比较明确地认定，船舶本身可以作为"救助方"。据此，即使因被救助的船舶所有人的过失使得救助成为必需，只要参与救助的姐妹船没有过失，姐妹船仍然有权取得救助报酬。这种认定扩宽了《救助公约》和《海商法》中规定的姐妹船海难救助中的"救助方"的内涵，可以有针对性地解决诸如案例中遇到的情况。这种认定与海事法律制度下船舶及其相关配套法律制度的特殊性相适应：首先，船舶本身是海商法中的一类重要的财产。海商法中有很多法律制度，如船舶优先权、船舶保险、海事赔偿责任限制等均与船舶自身具有紧密关联。其次，从鼓励救助的角度来说，这种规定更加有助于鼓励海难求助。如果认定只有船舶所有人才能作为救助方、而参与救助的船舶不是，如此，当同一船舶所有人因为过失导致被救助船舶需得到救助时，考虑到因其自身过失将导致其无法从救助船舶中获得救助报酬，其很可能基于救助风险、救助支出的费用、救助遭受的损失和不能得到救助报酬等因素的考量而放弃调取自身所有的其他船舶参与救助。这显然是不利于鼓励救助的。与之相比较，在同一情形下，如果规定只要参与救助的船舶自身不存在过失时，就可以获得救助报酬，这样更有利于鼓励姐妹船积极参与海难救助，从而更大程度地发挥海难救助制度的作用。再次，随着无人船在海上运输中所占比重增加、所发挥的作用越来越大，将船舶本身认定为"救助方"与无人船舶的发展趋势相一致。虽然在目前阶段，参与海上运输的无人船舶的等级较低，没有实现完全的自动，但据估算，至更高级别的自动船舶得到广泛运用不会需要太长时间。无人船舶的驾驶和应用使得无人船舶作为被救助方，甚至成为救助方都成为可能。将船舶本身认定为"救助方"适应了这种发展趋势。最后，本案例裁判结果所针对的是姐妹船救助时只要参与救助的船舶自身没有过失，被救助船舶权利主体的过失不应成为剥夺或者减少参与救助的船舶获得救助报酬权利的理由。

本案例参考适用时应注意如下问题：

第一，本案所涉及的海难救助是姐妹船救助。姐妹船救助，根据《海商法》第191条的规定，是指同一船舶所有人的船舶之间进行的救助。

第二，在姐妹船救助情形下，《海商法》第187条中的"救助方"的内涵包括参与救助的船舶本身。参与救助的船舶本身对于海难事故的产生没有过失，但参与救助的船舶所有人对于海难事故的产生有过失的，并不影响参与救助的船舶获得救助报酬的权利。换言之，因为船舶所有人的过失致使救助成为必需的，只要参与救助的船舶自身没有过失，船舶所有人获得救助报酬的权利不被剥夺。

第三，本案例虽然针对的是"过失致使救助作业成为必需"这一种情形，但根据该裁判的精神，其可以适用于"过失致使救助作业更加困难"的情形。如果发生此种情形，救助船舶获得的救助报酬不应被减少。

第四，本案确定的裁判规则在 2021 年 12 月 31 日施行的《全国法院涉外商事海事审判工作座谈会会议纪要》第 84 条予以明确。第 84 条规定："【同一船舶所有人的船舶相互救助情况下的救助款项请求权】同一船舶所有人的船舶之间进行救助，救助方的救助款项不应被取消或者减少，除非其存在海商法第一百八十七条规定的情形。"

【相关法条】

《中华人民共和国海商法》（1993 年 7 月 1 日施行）

第一百八十七条 由于救助方的过失致使救助作业成为必需或者更加困难的，或者救助方有欺诈或者其他不诚实行为的，应当取消或者减少向救助方支付的救助款项。

第一百九十一条 同一船舶所有人的船舶之间进行的救助，救助方获得救助款项的权利适用本章规定。

承办人：王　宁
编写人：崔婷婷　孟政宪

40. 浙江军某海洋工程有限公司与青岛华某船务有限公司海难救助合同纠纷案
——海难救助与打捞的关系审查

📚【企业合规】

本案系一起海难救助合同纠纷，海难救助实行的是"无效果，无报酬"原则，当船舶处于危险之中，施救方必须避免或减少危险有效果，方能获取报酬。因此，作为施救公司，实施救助时应考量被救方获救的可能性、己方需付出的成本、努力、承担的风险等多重因素综合考量。除非形成优势证据证明系"合同另有约定"的无效果亦有报酬的救助，即雇佣救助，雇佣救助中只要提供了救助作业就有权获得固定的报酬。

📚【案件信息】

1. 裁判文书字号

（2014）青海法海商初字第664号、（2017）鲁民终1386号

2. 当事人

原告：浙江军某海洋工程有限公司

被告：青岛华某船务有限公司

3. 关键词

民事　海难救助　特别补偿　打捞合同　危难之中　无效果，无报酬　诉的选择

📚【裁判要旨】

1. 一种法律行为，可能导致与相对方形成多种法律关系，浙江军某海洋工程有限公司（以下简称军某公司）可以选择其中一种法律关系向对方主张权利，并应在该案件中提交证据证明该种法律关系的形成、内容及其诉求能

够被支持，故对于原告而言，需谨慎考量所构成的不同的法律关系的构成要件及所持有的证据，诉的选择直接影响能否胜诉。

2.海难救助时船方处于危难状态，故海难救助合同的签订要考量公平合理原则，法律对此加以强制规定，并可以司法裁量进行调控。如无约定，则适用"无效果，无报酬"原则，故实施救助时，施救方亦应考量被救方获救的可能性、己方需付出的成本、努力、承担的风险等多重因素综合考量。

【基本案情】

2014年4月，"华某××"轮与他船相撞，船舶漏油。军某公司对该轮进行了抢险堵漏。"华某××"轮的所有人为青岛华某船务有限公司（以下简称华某公司）。双方之间没有书面的合同，之后对双方之间口头约定的内容陈述不一致。经本院询问，军某公司称双方合同中约定的是打捞，但是起诉的是救助，抢险堵漏是打捞的前提，是双方打捞合同的一部分。华某公司称双方仅对沉船打捞进行过协商。双方对军某公司曾组织人员对该轮进行抢险堵漏没有异议。军某公司第一次进行抢险堵漏数日后，仍有溢油产生，军某公司进行了第二次堵漏。军某公司称其进行堵漏的人员设备均系临时雇佣、租赁，并因此支付了费用220万元，要求华某公司予以支付，并支付特别补偿。华某公司提起反诉，称因军某公司堵漏不力，导致船舶溢油造成污染，要求赔偿损失人民币300万元。

被告辩称：（1）军某公司在13号、14号所谓的抢险作业中不仅没有起到任何效果，而且存在严重过错，导致事故船舶漏油，严重污染周围海域，军某公司不应该取得该次海难救助的报酬。（2）军某公司与第三方签署的三份租赁合同及收据明显是军某公司伪造的。（3）即使该合同及收据都是真实的，也不能作为军某公司向华某公司索赔的依据。（4）军某公司自4月18日至23日间的第二次救助作业，是军某公司发现前次作业严重失误后，多次要求其进行的对第一次救助行为的补救工作，因其前次的失误所产生的第二次费用，在不考虑费用的合理性的情况下均应由军某公司自行承担。（5）军某公司提供了不适航的驳船作为潜水作业平台，不仅耽误了抢险作业的进行，而且增加华某公司进一步租赁费用的损失。综上，请求驳回军某公司的诉讼请求，并判令其返还相关设备，并赔偿华某公司损失。

【裁判说理】

争议焦点：军某公司在未实际履行完的打捞合同中所做的堵漏、摄像工作是否构成海难救助，以及是否有权获得救助款项。

青岛海事法院认为：本案系海难救助合同纠纷。根据军某公司的诉讼请求，其诉求的是"华某××"轮救助费用、救助报酬、特别补偿，这些项目符合海难救助法律关系的特点。一种法律行为可能导致与相对方形成多种法律关系，军某公司可以选择其中一种法律关系向对方主张权利，并应在该案件中提交证据证明该种法律关系的形成、内容及其诉求能够被支持。

本案中，华某公司认为本案属于打捞合同，而非救助合同，军某公司也在庭审中主张其与华某公司约定的是涉案船舶的打捞事宜，但是最终军某公司并未实际打捞，其仅进行了水下堵漏、摄像工作，军某公司主张抢险堵漏是打捞的一部分。军某公司现主张海难救助法律关系及海难救助款项，则需要审查军某公司在未实际履行完的打捞合同中所做的堵漏、摄像工作是否构成海难救助，以及是否有权获得救助款项。

根据《海商法》第171条之规定，海难救助的相关规定适用于在海上或者与海相通的可航水域，对遇险的船舶和其他财产进行的救助。"华某××"轮属于本条中所指的船舶，在符合规定的水域遇险，且船上装载油品，构成环境污染损害危险，从后期船舶溢油情况来看，该危险在当时显然是真实的。故可以构成广义的海难救助。

但是，救助报酬的取得还需要满足其他条件。根据《海商法》第179条之规定，救助取得效果的，救助方有权取得救助报酬，未取得效果的，无权取得救助报酬，《海商法》第182条或其他法律另有规定或合同另有约定除外。该条中的有效果指最终有效果。而合同另有约定的含义非常广泛，其可以是指合同中明确约定救助报酬数额，且即便救助没有效果，仍然支付救助方救助报酬，也可以是指约定费率的按提供劳务情况支付救助报酬，无论是否有效果的情况等。

本案中，军某公司于庭审中称，4月13日堵漏完毕后（实际应当是4月13日开始，4月14日凌晨结束），至4月16日，沉船船底发生严重变化，由原先的倒扣状成160度的翻转，致使第一次堵漏的舱盖和堵漏点全部由于压力的原因崩掉，舱内的油基本全部泄漏。该公司的高工称，根据当时的实际情况,"华某××"轮的临时性堵漏,堵之前,预想坚持一星期左右,且船至少要堵到可以经受直接打捞的状态。从实际上漏点在两三天内全部崩掉的情况看,即便是因为海中潮汐水文状况所致,最终救助仍然是没有效果的。"华某××"轮仍然沉在原位置,且油已全部泄漏。虽军某公司主张,其与华某公司口头约定按实际发生的费用支付救助费用或者打捞费用,但是在华某公司不予承认且军某公司无其他有效证据佐证的情况下,其应当承担举证不能的法律后果。其未能形成优势证据证明本案系"合同另有约定"的无效果亦有报酬的救助,则其救助行为只能适用"无效果,无报酬"的一般救助报酬支付规则,其救助无效果,故无权获得报酬。且根据军某公司的陈述,其抢险堵漏的救助行为乃系其打捞合同的一部分,即其救助行为乃系为正常履行船舶打捞合同义务而进行的救助,根据《海商法》第186条第1款之规定,亦无权获得救助款项。故其请求救助报酬的诉讼请求,予以驳回;救助费用乃系确定救助报酬的因素之一,军某公司在庭审中主张"约定了救助报酬,按实际发生的费用",即仍然是将费用作为计算报酬的依据,在军某公司未能提交有效证据证明其与华某公司约定另行支付救助费用的情况下,该请求亦予驳回。

关于特别补偿,根据《海商法》第182条之规定,军某公司救助的船舶系对环境构成污染的船舶,即便其救助行为无效果,本亦可根据该条取得相当于救助费用的特别补偿,但是据上所述,军某公司已无权获得救助款项,而根据《海商法》第172条之规定,"救助款项"包括救助报酬、酬金或者补偿,故军某公司无权获得补偿,其关于特别补偿的诉讼请求,亦予驳回。

山东省高级人民法院二审驳回上诉,维持原判。

【法官后语】

一种法律行为可能导致与相对方形成多种法律关系,当事人可以选择一种法律关系,并应在该案件中提交证据证明该种法律关系的形成、内容及其诉求能够被支持。在双方没有书面的合同、事后双方对口头约定的内容分歧巨大,无法形成一致,且双方均缺乏有效证据证明合同内容的情况下,本案对指导当事人如何根据已确定的基本事实选择诉因、提出诉求,最大程度弥补损失具有一定的指导意义。

【相关法条】

1.《中华人民共和国海商法》(1993年7月1日施行)

第一百七十一条　本章规定适用于在海上或者与海相通的可航水域,对遇险的船舶和其他财产进行的救助。

第一百七十九条　救助方对遇险的船舶和其他财产的救助,取得效果的,有权获得救助报酬;救助未取得效果的,除本法第一百八十二条或者其他法律另有规定或者合同另有约定外,无权获得救助款项。

第一百八十条　确定救助报酬,应当体现对救助作业的鼓励,并综合考虑下列各项因素:

(一)船舶和其他财产的获救的价值;

(二)救助方在防止或者减少环境污染损害方面的技能和努力;

(三)救助方的救助成效;

(四)危险的性质和程度;

(五)救助方在救助船舶、其他财产和人命方面的技能和努力;

(六)救助方所用的时间、支出的费用和遭受的损失;

(七)救助方或者救助设备所冒的责任风险和其他风险;

(八)救助方提供救助服务的及时性;

(九)用于救助作业的船舶和其他设备的可用性和使用情况;

(十)救助设备的备用状况、效能和设备的价值。

救助报酬不得超过船舶和其他财产的获救价值。

第一百八十二条　对构成环境污染损害危险的船舶或者船上货物进行的救助,救助方依照本法第一百八十条规定获得的救助报酬,少于依照本条规定可以得到的特别补偿的,救助方有权依照本条规定,从船舶所有人处获得相当于救助费用的特别补偿。

救助人进行前款规定的救助作业,取得防止或者减少环境污染损害效果的,船舶所有人依照前款规定应当向救助方支付的特别补偿可以另行增加,增加的数额可以达到救助费用的百分之三十。受理争议的法院或者仲裁机构认为适当,并且考虑到本法第一百八十条第一款的规定,可以判决或者裁决进一步增加特别补偿数额;但是,在任何情况下,增加部分不得超过救助费用的百分之一百。

本条所称救助费用，是指救助方在救助作业中直接支付的合理费用以及实际使用救助设备、投入救助人员的合理费用。确定救助费用应当考虑本法第一百八十条第一款第（八）、（九）、（十）项的规定。

在任何情况下，本条规定的全部特别补偿，只有在超过救助方依照本法第一百八十条规定能够获得的救助报酬时，方可支付，支付金额为特别补偿超过救助报酬的差额部分。

由于救助方的过失未能防止或者减少环境污染损害的，可以全部或者部分地剥夺救助方获得特别补偿的权利。

本条规定不影响船舶所有人对其他被救助方的追偿权。

2.《中华人民共和国民事诉讼法》(2012年8月31日修订)

第六十四条 当事人对自己提出的主张，有责任提供证据。

当事人及其诉讼代理人因客观原因不能自行收集的证据，或者人民法院认为审理案件需要的证据，人民法院应当调查收集。

人民法院应当按照法定程序，全面地、客观地审查核实证据。

对应新法：

《中华人民共和国民事诉讼法》(2023年9月1日修正)

第六十七条 当事人对自己提出的主张，有责任提供证据。

当事人及其诉讼代理人因客观原因不能自行收集的证据，或者人民法院认为审理案件需要的证据，人民法院应当调查收集。

人民法院应当按照法定程序，全面地、客观地审查核实证据。

承办人：周　洁

编写人：周　洁　孙学燕

41. 烟台某局诉顺某船务有限公司海难救助合同纠纷案

——救助费用及特别补偿金额认定

【合规提示】

本案系一起海难救助合同纠纷案件。海难救助合同关系中救助方对遇险的船舶和其他财产的救助，取得效果的，有权获得救助报酬；救助未取得效果的，一般无权获得救助款项。但救助方在救助作业中取得防止环境污染损害的救助效果，避免了委托方因环境污染而面临巨额索赔的，有权得到特别补偿。企业在从事救助工作时，应当尽力救助标的物并保护环境：能够及时有效救助标的物的，可依法获得救助报酬；能够通过救助行为取得防止或者减少环境污染损害效果的，还可取得法定特别补偿；即使不能救助标的物，只要能够减少环境污染损害的，仍可得到特别补偿。

【案件信息】

1. 裁判文书字号

（2009）青海法烟海商初字第 68 号

2. 当事人

原告：烟台某局

被告：顺某船务有限公司

3. 关键词

民事　海难救助　救助报酬　比例承担　特别补偿

【裁判要旨】

1. 海难救助合同关系中救助方对遇险的船舶和其他财产的救助，取得效果的，有权获得救助报酬；救助未取得效果的，除法律另有规定或者合同另有约定外，无权获得救助款项。

2. 救助方在救助作业中取得的防止环境污染损害的救助效果，避免了委托方因环境污染而面临的巨额索赔，有权得到特别补偿。特别补偿数额依据《海商法》第 182 条及案件事实确定。

【基本案情】

2007 年 9 月 15 日 1925 时，"C"轮与"H"轮于老铁山水道南线附近约 38°18′8″N、121°31′5″E 处的航道上发生碰撞事故，"H"轮船艏插入"C"轮左舷船体中，"C"轮随时有断裂、沉没的危险。9 月 16 日，顺某船务有限公司传真委托原告对"C"轮进行救助，要求现场制定救助方案并采取措施将其拖往安全港口，原告组织、指挥专业救助力量实施了救助，9 月 18 日 1710 时将"C"轮与"H"轮顺利拖至海事主管部门指定的安全锚泊位置，在完成了对"C"轮可能发生环境污染损害的防控工作后，实施"C"轮与"H"轮的分离作业。9 月 20 日 1250 时，两船分离，应主管当局要求和为防止污染情况发生，原告组织专业救助船舶在现场监护至 9 月 22 日 0930 时。"C"轮发生碰撞事故后，处于随时断裂、沉没及对环境构成污染损害的危险状态中。

原告烟台某局诉称，原告组织、实施了专业救助，将"C"轮拖至海事专管部门指定的安全锚泊位置，避免了"C"轮沉没于老铁山主航道上造成航道堵塞，取得了防止或减少环境污染损害的效果。被告顺某船务有限公司作为船舶所有人及救助作业的委托人，理应支付救助款项。原告请求判令被告顺某船务有限公司向其支付救助款项 700 万元人民币及相关利息，并由被告承担本案诉讼费、保全费及其他相关费用。

被告顺某船务有限公司未进行答辩。

【裁判说理】

争议焦点：（1）原被告之间是否成立海难救助法律关系；（2）被告是否应向原告支付救助费及其数额。

青岛海事法院认为：

1. 案件管辖及法律适用。本院认为，本案系涉外海上救助合同纠纷，根据《民事诉讼法》第 32 条的规定，因海难救助费用提起的诉讼，由救助地或者被救助船舶最先到达地人民法院管辖。就本案而言，对"C"轮的救助地属中华人民共和国山东省海域，因此本院对本案具有管辖权。

关于法律适用问题。原告主张适用中华人民共和国法律，被告未出庭对法律适用问题提出相应主张。本案中，救助合同签订地、救助行为发生地都在中华人民共和国境内，因此本院认为中华人民共和国与原被告的争议具有最密切联系，根据《合同法》第126条第1款的规定，本案应适用中华人民共和国法律作为准据法。

2. 原被告之间是否成立海难救助法律关系。本案系救助合同纠纷。"C"轮遇险后，被告作为该轮船舶所有人委托顺某船务有限公司与原告就"C"的海难救助达成协议，该救助合同合法、有效。

3. 被告是否应向原告支付救助费及其数额。原告作为救助方，对"C"轮进行救助作业，并产生相关救助费用。在救助过程中，"C"轮沉没。根据《海商法》第179条、第182条的规定，在"C"轮发生碰撞事故使其舱内燃油处于发生泄漏可能造成海洋环境重大污染的情况下，原告及时、有效地采取防止燃油泄漏的措施，取得了防止环境污染损害的效果，原告有权据此得到特别补偿。原告在对"C"轮进行救助作业时直接支付的合理费用以及实际使用救助设备、投入救助人员的合理费用总计550 273.64美元和人民币1 904 869.08元。按照救助作业结束后即2007年9月24日，中国人民银行公布的1美元兑换人民币的汇率中间价7.51计算，原告对"C"轮和"H"轮的救助费用总计人民币6 037 424.11元。考虑到原告上述救助费用是为救助"C"轮和"H"轮两艘船舶共同支出的，在无法判定两艘船舶在救助费用中所占比例的情况下，根据公平责任原则，"C"轮和"H"轮在救助费用中所占比例为各占50%，原告为救助"C"轮产生的救助费用为人民币3 018 712.05元。原告在救助作业中取得的防止环境污染损害的救助效果，避免了被告因环境污染而面临的巨额索赔，结合原告作为救助方在此次救助作业中提供救助服务的及时性、用于救助作业的船舶和其他设备的可用性和使用情况以及救助设备的备用状况、效能和设备的价值，被告应向原告支付与原告为救助"C"轮支出的救助费用等额的特别补偿，以鼓励救助人对构成环境污染损害危险的船舶或船上货物进行救助。

2011年8月22日，青岛海事法院作出（2009）青海法烟海商初字第68号民事判决书，判决：一、被告顺某船务有限公司于本判决生效之日起10日内向原告烟台某局支付特别补偿款人民币 3 018 712.05 元，加自 2007 年 9 月 24 日起截至被告顺某船务有限公司实际付款之日止按中国人民银行公布的金融机构人民币同期贷款利率计算的利息。二、驳回原告烟台某局的其他诉讼请求。

【法官后语】

海难事故发生后，没有及时被救助或救助不当往往会导致严重的人身、财产损失和环境污染，造成极其严重的后果。我国《海商法》的第九章借鉴吸收了《1989 年国际救助公约》的内容，其涵盖了海难救助定义、范围，救助合同的订立、变更、履行、救济等所有环节。而综观海上救助纠纷案件，最本质的争议就是对救助款项的确定以及救助款项的承担问题。救助款项包括救助报酬、酬金或者补偿。

救助报酬的支付以"无效果，无报酬"为原则。"无效果，无报酬"原则是历史上非常著名的救助普通法原则，它禁止在救助工作不成功的情况下支付任何救助报酬。其主要在海难救助领域中发挥着重要的作用。救助人为取得救助报酬会竭尽全力救助遇难船舶及其船上财产，该原则既有利于挽救被救助人财产，降低航运风险，也可以保证在救助无效果时，被救助人无须支付任何报酬，这种赋予救助人救助报酬请求权的同时，又对其附加救助失败风险的制度设计有效地平衡了救助人和被救助人之间的利益。《1910 年统一海难援助和救助某些法律规定公约》正式确认了这一原则，在我国《海商法》第 179 条也有相同的规定，即"救助方对遇险的船舶和其他财产的救助，取得效果的，有权获得救助报酬"。救助有效果须满足两个条件：一是被救助物最终被全部或部分获救；二是该救助对被救助物的最终获救作出了实质性的贡献。此外，在确定救助报酬的具体金额时，根据《海商法》第 180 条、第 181 条之规定，其不得超过"船舶和其他财产获救后的估计价值或者实际出卖的收入，扣除有关税款和海关、检疫、检验费用以及进行卸载、保管、估价、出卖而产生的费用后的价值"。

实践中，正如本案原告，在进行海难救助工作时，对两事故船只均进行了救助，在确定救助报酬承担比例的问题上，应根据《海商法》第 183 条"救助报酬的金额，应当由获救的船舶和其他财产的各所有人，按照船舶和其他各项财产各自的获救价值占全部获救价值的比例承担"之规定，合理划分责任。

目前的国际公约和国内立法中关于海难救助的制度，均是以鼓励救助为原则而制定。但依据"无效果，无报酬"原则，当救助无效果时，救助人无权获得任何报酬，其实不利于救援人积极参与海难救助工作。基于此，《1989年国际救助公约》提出了特别补偿概念，在救助无效果时，救助人在特定情况下仍可获得特别补偿，而不再是无效果就无任何报酬，这是对"无效果，无报酬"原则的有益补充。根据《海商法》第182条，对构成环境污染损害危险的船舶或者船上货物进行的救助或者取得防止或者减少环境污染损害效果的，救助人可以依据本条规定及实际情况，获得不超过救助费用的100%的救助补偿。

本案中，原告积极参与"C"轮与"H"轮的碰撞事故救助工作，虽因被告委托其救助的"C"轮沉没，在原被告之间合同没有"无效果，有报酬"的约定时，原告无权主张救助报酬；但因原告的救助行为及时且有效避免了环境污染的发生，故法院依据《海商法》，判令被告向原告支付补偿金。该判决体现了对《海商法》的正确适用，也体现了对海难救助关系参与人权益的平等保护。

【相关法条】

《中华人民共和国海商法》（1993年7月1日施行）

第一百七十五条 救助方与被救助方就海难救助达成协议，救助合同成立。

遇险船舶的船长有权代表船舶所有人订立救助合同。遇险船舶的船长或者船舶所有人有权代表船上财产所有人订立救助合同。

第一百七十九条 救助方对遇险的船舶和其他财产的救助，取得效果的，有权获得救助报酬；救助未取得效果的，除本法第一百八十二条或者其他法律另有规定或者合同另有约定外，无权获得救助款项。

第一百八十条 确定救助报酬，应当体现对救助作业的鼓励，并综合考虑下列各项因素：

（一）船舶和其他财产的获救的价值；

（二）救助方在防止或者减少环境污染损害方面的技能和努力；

（三）救助方的救助成效；

（四）危险的性质和程度；

（五）救助方在救助船舶、其他财产和人命方面的技能和努力；

（六）救助方所用的时间、支出的费用和遭受的损失；

（七）救助方或者救助设备所冒的责任风险和其他风险；

（八）救助方提供救助服务的及时性；

（九）用于救助作业的船舶和其他设备的可用性和使用情况；

（十）救助设备的备用状况、效能和设备的价值。

救助报酬不得超过船舶和其他财产的获救价值。

第一百八十二条 对构成环境污染损害危险的船舶或者船上货物进行的救助，救助方依照本法第一百八十条规定获得的救助报酬，少于依照本条规定可以得到的特别补偿的，救助方有权依照本条规定，从船舶所有人处获得相当于救助费用的特别补偿。

救助人进行前款规定的救助作业，取得防止或者减少环境污染损害效果的，船舶所有人依照前款规定应当向救助方支付的特别补偿可以另行增加，增加的数额可以达到救助费用的百分之三十。受理争议的法院或者仲裁机构认为适当，并且考虑到本法第一百八十条第一款的规定，可以判决或者裁决进一步增加特别补偿数额；但是，在任何情况下，增加部分不得超过救助费用的百分之一百。

本条所称救助费用，是指救助方在救助作业中直接支付的合理费用以及实际使用救助设备、投入救助人员的合理费用。确定救助费用应当考虑本法第一百八十条第一款第（八）、（九）、（十）项的规定。

在任何情况下，本条规定的全部特别补偿，只有在超过救助方依照本法第一百八十条规定能够获得的救助报酬时，方可支付，支付金额为特别补偿超过救助报酬的差额部分。

由于救助方的过失未能防止或者减少环境污染损害的，可以全部或者部分地剥夺救助方获得特别补偿的权利。

本条规定不影响船舶所有人对其他被救助方的追偿权。

承办人：秦　涛

编写人：刘　昭

42. 烟台顺某海洋工程服务有限责任公司诉河北远某运输股份有限公司等海难救助合同纠纷案
——如何区分合同救助与雇佣救助

【合规提示】

本案系一起船舶救助人诉被救助船舶所有人、船舶装载货物所有人等支付救助报酬的海难救助合同纠纷案，当事人对于各方之间的法律关系以及应支付的救助报酬数额产生了争议。对于船舶救助人而言，其与合同相对方签订合同时，应确保合同内容约定明确、无歧义，保留合同履行的相关证据，并及时索取报酬。对于船舶所有人而言，海难救助合同是否成立会综合考察当事人书面或者口头约定的内容、船舶的遇险情形以及当事人的救助行为，因此，其应按照法律规定或合同约定及时支付救助报酬。对于船载货物所有人而言，根据《海商法》第183条的规定，其应根据货物的获救价值及所占比例及时支付救助报酬。

【案件信息】

1. 裁判文书字号

（2006）青海法海商初字第40号

2. 当事人

原告：烟台顺某海洋工程服务有限责任公司

被告：河北远某运输股份有限公司、山东省东某国际贸易股份有限公司、河北美某船务有限公司

3. 关键词

民事　海难救助　合同救助　获救价值　救助报酬

📚 【裁判要旨】

1. 海难救助合同是否成立应综合考察当事人书面或者口头约定的内容、船舶的遇险情形以及当事人的救助行为。

2. 获救船舶的价值一般由评估公司进行评估，若评估公司评估的价值与最终卖价不一致，应以最终卖价为准。货物的获救价值一般也由评估公司进行评估，但当存在多份矛盾的评估结果时，应当对其综合认定，以能够完整、客观反映货物价值的报告为准。

3. 海难救助合同一般采取"无效果，无报酬"的报酬支付原则。根据《海商法》第183条的规定，救助报酬的金额，应当由获救的船舶和其他财产的各所有人，按照船舶和其他各项财产各自的获救价值占全部获救价值的比例承担。

📚 【基本案情】

2005年12月17日，河北美某船务有限公司（以下简称美某船务公司）所属的"河北美某"轮装载木薯片，抛锚于岚山港一号锚地，发现机舱不明原因大量进水。河北远某运输股份有限公司（以下简称河北远某公司）给烟台顺某海洋工程服务有限责任公司（以下简称烟台顺某公司）救助委托书，该委托书载明"兹有我司所属'河北美某'轮因机舱进水在日照锚地遇险，现全权委托贵司对该轮进行水下救助，并在安全地点交付我司。"

同月19日下午，烟台顺某公司传真河北远某公司：根据经验，如果遇难船成功施救，拖航过程中还需烟台顺某公司进行护航等作业，如果仅仅以水下救助委托，最后保险公司在确认工程费用时会有异议，因此，将范围扩大至救助委托，在最后结算费用时会方便很多，请将水下救助改为救助。河北远某公司回复传真，全权委托烟台顺某公司进行救助。

同月22日，河北远某公司给烟台顺某公司传真："船在贵司的鼎力协助下已靠岚山港4号泊位等待减载……恳请贵司速安排进一步检查和封堵；另外，请安排对机舱区域内的水下部分再次检查录像，确认损坏程度。"

同月26日，烟台顺某公司给河北远某公司传真，要求其提供担保。27日卸货完毕。"河北美某"轮移泊海某公司新建码头。烟台顺某公司请船方签署交船确认书，船方未签。2006年1月4日，烟台顺某公司发给河北远某公司传真并抄送青岛某保险公估有限公司，督促其尽快正式确认此次救助作业的终结并提供担保。此前，河北远某公司于2006年1月4日发给青岛某保险公估有限公司并抄送原告烟台顺某公司的传真内容如下："题述轮本航次货物所有人的联系方式为：××× 收货人：东某贸易。我司重申烟台顺某公司对题述轮所进行的水下作业只是通常的堵漏作业，并不构成海上救助。"

中国船东互保协会给原告出具了担保函，担保金额不超过250万元。中国某财产保险股份有限公司青岛市分公司给原告担保函，担保金额130万元。

河北美某船务公司与晋某船务有限公司于2006年1月20日签订了船舶买卖合同。船价为1 558 000美元。

中国某认证集团山东有限公司应东某贸易公司的申请对残损木薯干进行检验，认定货物净损失3611.085吨。应青岛海事法院委托，青岛某海事技术咨询有限公司对货物受损情况出具了检验报告，认定本案最大可能产生的货物损失为48 531.62美元。

应烟台顺某公司的委托，青岛某保险公估有限公司的鉴定人对"河北美某"轮及其所载货物的救助作业、船舶状况和所载货物状况进行检验、调查、鉴定和评估：认为随着船舶进水的增加，船舶的整体强度和局部应力会遭受极大的破坏，如不及时救助，最终将导致船舶和货物全损。还会因燃油泄漏对日照海域的旅游资源、渔业资源、海珍品养殖和海洋生态等海洋环境就会造成巨大的损害。

根据"河北美某"轮提供的船舶资料，对该轮的完好价值进行市场询价调查，"河北美某"轮获救价值为1700万元。获救货物的价值为1 262 892.64美元，折合10 191 543.60元。

原告烟台顺某公司诉称："河北美某"轮载有约12 370吨木薯粉，因机舱和货舱破损进水在岚山港外锚地遇险搁浅。被告河北远某公司向原告发出了书面救助委托书。依据该救助委托，原告立即组织实施了对"河北美某"轮及其所载货物的救助抢险作业。在未向原告提供救助报酬担保的情况下，经被告河北远某放行，由被告山东省东某国际贸易股份有限公司（以下简称东某贸易公司）擅自从岚山港移走了获救货物。根据《海商法》第179条的规定，原告依据被告出具的救助委托对"河北美某"轮及其所载货物进行了成功的抢险救助，完成了原告应当履行的合同义务，并取得了成功的救助效果。据此，原告作为救助方享有要求被告支付救助报酬的海事请求权。请求：

（1）确认原告对"河北美某"轮及其所载货物实施的海上救助抢险属海难救助性质，被告有向原告支付救助报酬的义务；（2）判令被告美某船务公司和河北远某公司向原告支付救助报酬人民币 2 125 000 元及其利息；判令被告东某贸易公司向原告支付救助报酬人民币 1 250 000 元及其利息。

被告河北远某公司辩称：（1）原告向河北远某公司要求救助报酬，属于诉讼主体错误。（2）原告与河北远某公司之间存在委托水下作业的海上服务合同关系，并实际履行。即使原告履行合同的行为构成救助，也是属于海上服务合同的雇佣救助。（3）原告只能按照《合同法》的规定获得相应的报酬，而无权获得救助报酬。（4）在不影响前述答辩意见的前提下，如果认定原告有权获得救助报酬，也应该按照《交通部海上救助打捞收费办法》的规定予以确定。（5）在不影响前述答辩意见的前提下，即使适用《海商法》的规定确定原告的救助报酬，应当考虑以下因素：①由于河北远某公司在订立合同时存在重大误解，要求法院依法撤销该救助合同。②原告的行为有悖于诚信原则，通过欺诈手段订立的合同应予撤销，法庭依法应当取消或减少其救助报酬。③原告查漏堵漏的工作仅仅是河北远某公司自救行为的一部分，对于按照《海商法》第 180 条确定的整体救助报酬，原告只能按照相应的比重获得报酬。④对于整体救助报酬的具体数额，应当参照国际惯例，结合本案事实，根据《海商法》第 180 条规定的原则，加以确定。⑤在确定原告具体的救助报酬时，可以参照《海商法》第 180 条的十项因素。⑥原告对于其提出的大量主张，负有举证责任，但原告没有提供任何可以认定的证据，支持其主张。综上，恳请法院依法认定本案争议的法律性质，驳回原告对河北远某的诉讼请求。

被告东某贸易公司辩称：第一，东某贸易公司与原告之间不存在海上救助报酬合同关系，双方是雇佣合同关系。第二，根据《海商法》第 180 条规定，原告的救助仅是水下探摸和堵漏，使用设备少，操作简单，花费人力物力少，请法庭考虑各种因素确定。第三，东某贸易公司是货主，运输过程中无任何过错，即便法院判决东某贸易公司支付救助报酬，东某贸易公司也会另案起诉，据此请法庭一并判令河北远某公司向原告支付船舶货物的救助报酬。第四，关于货值，救助报酬应以货物价值确定，我们提交关于货物损失的鉴定报告，请法庭参考该鉴定报告。

河北美某船务公司没有提供答辩状。

【裁判说理】

争议焦点：（1）海难救助合同是否成立；（2）船舶和货物的获救价值；（3）救助报酬以及救助报酬的支付主体。

青岛海事法院认为：关于海难救助是否成立的问题。原告烟台顺某公司提供了被告河北远某公司出具的救助委托书，尽管河北远某公司一再辩解出具该委托书的目的不是委托救助，而是委托水下作业，为了原告方便办理有关水下作业的手续才应原告的要求出具的，这不是委托合同。但从整个遇险、抢滩、探摸、堵漏、起浮、靠泊的过程可以看出，"河北美某"轮在当地海事局及有关方的指挥协助下抢滩成功以后，船舶并没有脱离危险，船舶仍在进水，其吃水仍在加大，当时正值冬季，海上风浪较大，如果不及时采取合理有效的措施，船舶有增加危险的趋势。另外，在河北远某公司的几份传真中也可以看出，河北远某公司认为让烟台顺某公司从事水下作业也是为了抢险，河北远某公司是一个从事航运多年的企业，对船舶管理有较丰富的经验。在当时的情况下，连续出具了水下救助和全权救助的委托，没有证据表明该种意思表示违背了自己的意愿，因此，烟台顺某公司的作业性质应定为救助，烟台顺某公司和河北远某公司之间存在委托救助关系，河北远某公司是"河北美某"轮的船舶管理公司，美某船务公司是"河北美某"轮的船舶所有人，烟台顺某公司与美某船务公司同样存在救助关系。

关于船舶与货物的获救价值问题。法院认为，对于船舶的获救价值，青岛某保险公估有限公司鉴定评估"河北美某"轮的获救价值为1700万元，而"河北美某"轮经过有关方的竞买投标，最终卖价为1 558 000美元，二者数额相差较大。"河北美某"轮在获救以后，经分别投标竞买，以最高报价成交，从投标过程看，没有证据证明船东在投标竞买中有故意压低价格或其他非正常行为，所以，最终卖价反映了当时"河北美某"轮的市场价值，而青岛某保险公估有限公司确定的价值毕竟是估算得出，因此，确定1 558 000美元为"河北美某"轮船舶的获救价值。

关于货物的获救价值，中国某认证集团山东有限公司认定货物净损失3611.085吨。青岛某海事技术咨询有限公司认定，本案货物可能产生的最大损失为48 531.62美元。青岛某保险公估有限公司鉴定获救货物的价值为1 262 892.64美元。另外东某贸易公司对该批货物的卖出价完好货物为1180

元/吨，水湿货物330元/吨。

根据以上情况，法院认为，三个鉴定单位出具的报告，对受损货物的贬值情况和获救价值认定不一致，任一结论均难以采纳。法院委托青岛某海事技术咨询有限公司认定的货物数量，是货物卸船时的过磅情况，完好货物的数量是经过推算得出的，没有完整反映货物的受损情况。青岛某保险公估有限公司亦属同种情况。中国某认证集团山东有限公司认定货物的数量是经过港口有关部门处理后根据过磅数统计确定的，且对货物在港口期间进行了跟踪调查，客观地反映了货物的受损情况。东某贸易公司对所有货物的处理，真实反映了当时该批货物的市场行情。因此，货物的贬值率应根据中国某认证集团山东有限公司确定的完好、水湿货物数量和东某贸易公司的卖出价确定，本次货物净损失3260.9297吨，价值384 89.70美元。

货物的获救价值，根据《海商法》第181条的规定，是指获救财产的估计价值或者出卖价值，扣除有关税款和海关、检疫、检验费用以及进行装卸、保管、估价、出卖而产生的费用后的价值，本案中税款、海关、检疫费用没有证据，东某贸易公司的检验费77 373元，困难作业费133 266.6元，多支付的港口费46 074.86元，以上256 714.46元折合（汇率7.6525）33 546.48美元，货物获救价值为1 041 412.32美元。

综上船舶和货物的获救价值为2 599 412.32美元。

关于救助报酬问题。法院认为，河北远某公司主张适用《交通部国际航线海上救助打捞收费办法》，根据该办法第2条规定，本办法所附国际航线救助打捞费率表适用于交通部专业救助打捞机构对航行国际航线的船舶及由其负有全部或部分赔偿责任的各类救助、打捞工程以及出租船舶、浮吊、机具设备或提供劳务等业务。烟台顺某公司不是交通部专业救助打捞机构，因此烟台顺某公司作为救助人时的救助报酬不能适用该办法。根据《海商法》第179条的规定，救助方对遇险的船舶和其他财产的救助，取得效果的，有权获得救助报酬，本次救助"河北美某"轮及其所载货物获救，获救价值为2 599 412.32美元，烟台顺某公司在本次救助作业中，取得效果，有权获取报酬。考虑《海商法》第180条的各种因素，确定救助报酬为129 970.62美元。船方和货方各占比例：船方59.94%，货方40.06%。

关于救助报酬的支付主体问题。根据《海商法》第183条的规定，救助报酬的金额，应当由获救的船舶和其他财产的各所有人，按照船舶和其他各项财产各自的获救价值占全部获救价值的比例承担，美某船务公司是"河北美某"轮的船东，应承担获救船舶的部分救助报酬，东某贸易公司是获救货物的所有人，应承担获救货物应承担的部分。河北远某公司是"河北美某"轮的船舶管理人，是烟台顺某公司从事该次救助的委托人，其对获救船舶所应承担的部分救助报酬也负有支付责任。

青岛海事法院于2007年6月30日做出（2006）青海法海商初字第40号民事判决，判决：一、被告美某船务公司和河北远某公司共同支付原告救助报酬77 904.39美元及利息；二、被告东某贸易公司支付原告救助报酬52 066.23美元及利息。

【法官后语】

本案是一起因海难救助引发的纠纷，亟须廓清的理论问题主要有二：一是合同救助与雇佣救助的区别与认定；二是如何确定船舶与其他财产获救价值。

一、合同救助与雇佣救助的区别

本案争议所涉及的核心问题是，救助人的行为是构成合同救助还是雇佣救助？由于这两种不同的救助形式确定救助报酬的原则不同，因此所计算出的救助报酬也必然大相径庭。这是正确处理本案的前提，也是一个需要从理论上予以澄清的问题。

按照《海商法》理论，海难救助的形式主要有三种：纯救助、合同救助、雇佣救助。

纯救助，是指船舶遇难后，未曾向救助方请求援救，救助方自行救助的行为。如果救助获得成功，救助方有权获得救助报酬。纯救助主要有以下特点：一是采用纯救助的形式，救助方与被救助方之间无须签订救助协议；二是纯救助实行"无效果，无报酬"原则。由于纯救助也可能会产生救助报酬，因此，当遇险船舶不同意救助方前来救助时，必须给予明确拒绝，否则，有可能构成纯救助。应当说，航运技术发展到今天，纯救助的形式已不多见，只有在某些特殊情况下才可采用。

合同救助，是指救助方依据其与被救助方订立的协议而从事的救助行为。这是现今普遍适用的救助形式。合同救助采用的是"无效果，无报酬"原则。合同救助与纯救助的最大区别在于：是否存在救助协议。这种协议的形式可以是书面的，也可以是口头的。

雇佣救助，又称实际费用救助，是指救助人根据被救助人的请求，以提供海上劳务的形式所提供的救助服务。在雇佣救助的情况下，救助指挥权在遇险船舶一方，并且不论救助成功与否，被救助方都要按照救助方所投入的人力和物力支付报酬。就雇佣救助的性质而言，更多体现的是海上雇佣劳务性质。因此，从严格意义上讲，雇佣救助并非《海商法》意义上的海难救助。雇佣救助与合同救助的最大区别就在于，合同救助采用的是"无效果，无报酬"原则，而雇佣救助则主要采用的是"按劳取酬"的原则。与合同救助相比，由于雇佣救助条件下救助方所承担的风险较小，因此救助费用也相应较低。

依据上述理论，并结合本案查明的事实进行分析，可以认定：烟台顺某公司与河北远某公司之间存在救助合同关系，救助人依据该救助委托从事的救助行为应当构成合同救助。被救助人应当根据我国《海商法》的相关规定，按照"无效果，无报酬"原则，向救助人支付救助报酬。

二、如何确定船舶与其他财产获救价值

在《海商法》中，确定救助报酬有两个基本原则：其一，"无效果，无报酬"原则；其二，救助报酬不得超过获救财产价值原则。前者是确定救助报酬的前提和基础性原则；后者是对"无效果，无报酬"原则的限定。也就是说，虽然救助有效果就有报酬，但是，救助报酬的数额在任何情况下都不应当超过船舶和其他财产的获救价值，这是国际公约与各国海商法的普遍规定。换言之，救助报酬的最高限额为船舶和其他财产的获救价值。按照《海商法》第180条的规定，船舶与其他财产的获救价值，不仅是计算救助报酬时所应依据的主要因素，而且在很大程度上限制着救助报酬的数额。

在海事赔偿责任限制制度下，海难救助报酬的请求权为非限制性的海事请求。之所以如此，其根本的原因就在于，海难救助法律制度中确立了救助报酬不得超过获救财产价值的原则。换言之，当救助成功后，救助人获得的报酬不得超过船舶和其他财产的获救价值，这等于是为被救财产的所有人设置了一道保护性屏障。在这种情况下，如果在海事赔偿责任限制立法中再为其规定责任限制的权利，那么对救助人而言，则有显失公平之嫌。

按照《海商法》第181条的规定，船舶和其他财产的获救价值，是指船舶和其他财产获救后的估计价值或者实际出卖的收入，扣除有关税款和海关、检疫、检验费用以及进行装卸、保管、估价、出卖而产生的费用后的价值。以船舶和货物的获救价值为依据,并综合考虑《海商法》第180条所规定的其他因素,法院最终确定本案救助人所应获得的救助报酬。

救助报酬的数额确定之后,需要在获救的船舶和其他财产的所有人之间分摊。关于分摊的原则,《海商法》第183条规定,救助报酬的金额,应当由获救的船舶和其他财产的各所有人,按照船舶和其他各项财产各自的获救价值占全部获救价值的比例承担,这就是救助报酬的按比例分摊原则。依据这一原则,由法院确定船方和货方各自应分摊的救助报酬的比例,并根据这一比例,法院最终计算出被告所应承担的救助报酬的数额。

【相关法条】

《**中华人民共和国海商法**》(1993年7月1日施行)

第一百七十九条　救助方对遇险的船舶和其他财产的救助,取得效果的,有权获得救助报酬;救助未取得效果的,除本法第一百八十二条或者其他法律另有规定或者合同另有约定外,无权获得救助款项。

第一百八十一条　船舶和其他财产的获救价值,是指船舶和其他财产获救后的估计价值或者实际出卖的收入,扣除有关税款和海关、检疫、检验费用以及进行卸载、保管、估价、出卖而产生的费用后的价值。

前款规定的价值不包括船员的获救的私人物品和旅客的获救的自带行李的价值。

第一百八十三条　救助报酬的金额,应当由获救的船舶和其他财产的各所有人,按照船舶和其他各项财产各自的获救价值占全部获救价值的比例承担。

承办人：李旭东
编写人：庄雪莉　宋仪倩

43. 烟台海事局诉宁波港某海运有限公司海难救助合同纠纷案
——从事或者控制救助作业的国家主管机关的权利与义务的认定

【合规提示】

本案系一起主管海难救助的政府部门诉漏油船舶所有人救助款项的案件，双方对主管政府机关是否具有救助款项的请求权以及救助款项的计算产生了争议。我国法律并没有排除国家行政机关成为民事主体，《海商法》更是赋予了国家主管机关从事救助获得报酬和补偿的权利。但对海难主管政府机关而言，考虑救助成本时，不应与专业救助或者利用营运船舶从事的救助活动等同考虑。对漏油船舶所有人而言，船舶发生漏油之后，应采取积极措施避免损失的扩大，包括向有关政府机关请求救助。对于承诺给付的海难救助款项，其应按照相关法律规定及时足额支付。

【案件信息】

1. 裁判文书字号

（2006）青海法烟海商初字第104号、（2007）鲁民四终字第71号

3. 当事人

原告：烟台海事局

被告：宁波港某海运有限公司

3. 关键词

民事 海难救助 国家主管机关 救助款项

【裁判要旨】

1. 我国法律并没有排除国家行政机关成为民事主体，《海商法》更是赋予了国家主管机关从事救助获得报酬和补偿的权利。因此，当国家主管机关实

际从事或者实施了救助作业，该主管机关具有救助款项的请求权。

2.在确定国家机关的救助款项时，应与专业救助或者非专业的营运船舶所从事的救助有所区别。例如，考虑救助成本时，主管机关隶属的参与救助人员的工资，使用国家为了海上安全而配备的船舶与设备等，不应与专业救助或者利用营运船舶从事的救助活动等同考虑。

【基本案情】

被告所属装载93号汽油的"港某运3"轮由天津至上海途中与"新某之星"轮发生碰撞，"港某运3"轮油舱汽油泄漏到泵舱机舱，随时有爆炸的危险。

碰撞发生后，被告先后发出4封书面信函（请求派拖轮前往救助；请求派船前往救助并清除溢油；委托派消防船监控和海事巡逻船监护；在烟台港转驳货油委托安排维护船、消防车、清舱、引航事宜。书面请求中有被告副经理朱某某签名，前两封加盖了被告合同专用章）。请求原告予以救助，并承诺相应费用由被告负担。

接到被告的请求后，原告即委派相关船舶和救援力量参与搜救。经过几天救援，2006年3月11日上午，救助抢险结束，船、货安全获救。

原告提交参与救助抢险的力量及设备：(1)救助船舶："某救1×1"轮、"烟港拖×9"轮、"烟港拖×4"轮、"烟港拖×"轮、"海巡0××2/0××3/0××6/0×1"轮、围油栏布防船1艘、清污作业船1艘等。(2)救助抢险车辆：应急指挥车2台、泡沫车2台、水罐车2台、消防器材装备车1台、消防指挥车1台、20吨油罐自吸车1台、二氧化碳运输车2台、10吨货运车2台、面包车1台、溢油应急指挥车1台、16吨吊车1台、叉车1台、急救车辆1台等。(3)救助抢险人员：救助指挥4人、救助协调人员10余人、消防指战员30余人、专家15人、应急指挥及反应人员30余人、警戒人员50余人、医护人员5人、其他人员60余人等。(4)救助物资（包括但不限于下列）及溢油应急行动设备：喷洒装置3套、撇油器2套、围油栏200米、吸油拖栏120米、2000型船用喷洒装置1套、吸油毡160公斤、消油剂760公斤、二氧化碳300公斤及其他应急材料。(5)救援设备：测爆仪2台、吹风机2台、呼吸器12具、隔热服4套等。

经双方当庭确认，获救船舶价值为1580万元。

2006年8月1日，被告与烟台港务局签订《关于"港某运3"抢险接卸费用调解协议》，由前者支付后者33万元。

应原告的申请，青岛海事法院裁定被告先行支付部分救助款计110万元。

原告诉请：被告所属"港某运3"轮装载约3100吨汽油由天津驶往上海过程中，与"新某之星"轮发生碰撞，"港某运3"轮所载汽油溢漏，被告请求原告救助。原告立刻进行救助抢险作业，至3月11日救助作业结束，"港某运3"轮及其船载货物安全获救。原告请求法院判令被告支付原告救助款项540万元人民币及相应利息。

被告辩称：被告认为原被告之间不存在救助合同关系，原告从未参与救援，原告作为海上交通安全主管机关，依照法律规定，履行职责范围内的工作，依法不应主张救助款项，因此，原告并非涉案救助报酬请求权的适格主体。即使一定要认为原告有权请求救助款项，原告诉请的救助款项的金额也没有合理合法的依据，因此，恳请法院驳回原告的全部诉讼请求。

【裁判说理】

争议焦点：（1）原告是否有向被告请求支付救助款项的资格和权利；（2）救助费用的计算。

青岛海事法院认为：本案中，原告是救助合同的施救方，在成功救助遇难船舶、履行合同义务后，应取得救助报酬。

原告提交被告向其申请救助请求书中加盖的是被告的合同专用章，并非公司的公章，承诺救助相关费用由被告负担，在无其他证据的情况下，应认定是被告在紧急情况下向原告发出的要约。原告接受要约并积极进行施救，先后委托、组织了相关部门对实际发生的遇险情况有针对性地采取切实可行的方案，出动了大量的人、财、物力，在短时间内成功解除了获救船舶的紧迫局面。

本案中，被告是出于信赖原告系海上主管机关，具有专业施救的能力，遂在紧急情形下主动向原告发出请求施救并承诺支付对价的订立合同的要约。原告在接受要约后，成为合同的缔约人，直接参与了救助，其对获救船舶而言是救助方，采取了组织、委托相关施救部门、单位等措施，没有参加救助的任一部门或单位对原告的委托、组织行为提出过异议，或认为独自与被告存在独立的救助合同关系。各相关施救部门确认原告作为委托、组织者的身份并确认原告统一向被告主张救助报酬。各施救单位实为原告的受托人完成了各项具体施救行为，原告作为被告救助合同的直接缔约方，为完成施救义务委托了其他相关领域的专业施救单位，是为遇难船舶的利益而为，未违反法律法规的规定，在船舶成功获救后，应获得合同对价，取得救助报酬。

在整个施救过程中，原告的地位是合同的履约者，按照被告的请求完成了各施救方案，而并非行政主体按照行政职能采取的施救。

即便如被告主张的，原告是作为国家的主管机关参与海难救助，也符合原告按照现行国家管理体制，实际负责海上安全，但作为有资格的主体组织，从事和控制了海难救助，也有权获得报酬和补偿。

关于救助报酬具体的数额计算，应体现对救助作业的鼓励，并综合考虑以下各项因素：

1. 船舶获救价值1580万元。

2. 原告作为救助方在防止或减少环境污染损害方面尽了最大努力，通过设置围油栏等举措尽可能地防止或减少环境污染。

3. 原告成功地救助了船舶，有效避免了重大油污损害的发生，作为救助方的救助成效，被告确认是圆满和成功的。

4. 碰撞发生时，海上能见度低，且因本案涉案船舶装载的是易燃易爆的"93号"汽油，货舱破损泄漏随时有爆炸的危险，救助难度巨大。

5. 原告作为救助方在救助船舶时运用专业技能，组织各方专家成立专家组研究部署切实可行方案，最终取得了成功。

6. 原告作为救助方在短期内（实际花费不到7天）动用了大量的人、财、物力，参与救助，救助取得成功。

7. 原告作为救助方在货舱堵漏、船舶拖带与监护机舱排气等作业时冒着随时爆炸的巨大风险，后又协调有关部门将船舶移泊至牟平港区，因该港区为装卸原油港区，有多处油罐，原告通过连续抢险作业彻底排除了爆炸的可能，面临巨大的风险。

8. 原告作为救助方在接到被告的要约后在最短的时间内组织、委托了相关部门奔赴事故现场，采取了应急措施，成功实施了救助，提供救助服务及时。

9. 用于救助作业的船舶和其他设备原告及各施救部门做了详细的说明，被告未提异议，应认定为原告的实际投入和使用。

10. 参与救助设备的效能和设备的价值，原告已举证，被告对设备的使用情况未提出异议，应认定原告救助设备的效能和价值。

综上，青岛海事法院认为，原告采取了及时的救助措施成功救助了涉案船舶，危险程度高，船舶获救价值大，救助周期短、投入大，对海洋环境造成的污染低。经综合考虑，青岛海事法院于2007年3月20日作出（2006）青海法烟海商初字第104号民事判决，判决被告向原告支付救助款项395万元，扣除已先行支付的110万元，应给付被告285万元及利息。

被告不服一审判决，向山东省高级人民法院提起上诉。山东省高级人民法院经审理认为，原审判决认定事实基本清楚，适用法律正确，油船碰撞油气泄漏本身就具有危险，宁波港某海运公司请求救助的内容也说明了其对危险性的认识，在烟台海事局实施救助的过程中，宁波港某海运公司并没有对烟台海事局的救助手段提出异议，结合碰撞事故发生的后果、事故发生时的天气状况、救助所用的时间、驱气、防污及卸油的过程，可以认定本案的救助危险程度较大。烟台海事局在救助中运用的设备良好、适宜，各方面协调配合，充分发挥了专业技能，及时消除了危险、保证了宁波港某海运公司的人身和财产安全，避免了海上污染事故的发生，取得了良好的救助效果。因此，根据我国《海商法》第180条的规定，综合考虑以上因素以及本案获救财产的价值、烟台海事局在救助中产生的费用损失、投入的设备使用状况、效能和价值，依照鼓励救助的原则，应确认本案救助报酬为237万元，扣除宁波港某海运公司已经先行支付的110万元，还应给付127万元，原审判决确认救助报酬过高，根据二审查明的事实，适当予以调减。最终山东省高级人民法院认为一审法院确定救助报酬数额过高，应予调整，判决被告向原告支付尚欠救助款项127万元及利息。

【法官后语】

本案是一起因海难救助而引发的纠纷，特殊之处在于组织、控制和主要从事救助作业的是国家机关。海事局作为负责海上交通安全的行政主管机关，基于法律规定而对失事船舶进行的救助，或者组织、指挥其他救助方对遇险船舶进行的救助，是否有权作为救助法律关系主体请求救助报酬。这是本案当事双方争议的焦点，同时也是一个需要进一步在理论上澄清的问题。

海难救助是一种典型的民事合同关系。救助方作为一方民事主体，根据其与被救助方所签订的救助合同从事救助作业，并有权根据《海商法》的规定取得救助报酬和补偿。鉴于《海商法》对救助方的主体资格通常并没有作出特别限定，因此，实施救助作业的可以是专门从事救助工作的专业救助人，也可以是过往船只或者其他人。但是，对于有关国家主管机关组织、控制或者从事的救助作业，主管机关作为救助方是否有权享受《海商法》所规定的救助作业的权利和补偿呢？

一般而言，对公共事务具有管理和监督职责的国家机构和部门，如海事局、海岸警卫队、消防队等，他们的职责一般是代表国家行使行政管理职能。因此，在他们履行职责的范围内，通常不能作为民事主体享受民事权利，承担民事义务。但是，我国《海商法》第192条明确规定："国家有关主管机关从事或者控制的救助作业，救助方有权享受本章规定的关于救助作业的权利和补偿。"对于本条，如果按照文义解释，似乎不管是有关主管机关实际从事或者参与的救助作业，还是单纯行使组织、控制、指挥权的救助作业，其均可依照《海商法》的相关规定，请求救助报酬和补偿。但是，对于本条规定不应单纯从字面理解，相反，应当作限定性解释。

我国《海商法》第192条的规定，主要是参考和借鉴了《1989年国际救助公约》第5条的规定，但又有所不同。《1989年国际救助公约》第5条规定，本公约不影响国内法或者国际公约有关由公共当局实施或控制的救助作业的任何规定。然而，从事此种救助作业的救助人，有权享有本公约所规定的有关救助作业的权利和补偿。负责进行救助作业的公共当局所能享有的本公约规定的权利和补偿的范围，应根据该当局所在国的法规定。可见该公约第5条第2款明确规定，具体实施了救助作业的主管部门作为救助人，有权享受公约规定的权利和补偿。也就是说，只有实际从事了救助作业的主管部门才当然有权享受救助公约所规定的权利和补偿。

我国《海商法》第192条的规定虽然是参考了《1989年国际救助公约》第5条的规定，但是，却将公约的三个条款简化为一个条款，显得有些笼统，理解上也容易产生歧义。因此，根据民法解释学原理，结合公约第5条的规定，应从以下三个方面对我国《海商法》第192条的规定进行解释。

第一，国家有关主管机关在其职责范围内控制、指挥救助作业，但并没有实际从事或者实施救助作业时，该主管机关不具有救助人的权利和义务，无权请求救助款项。此时，在主管机关的控制、指挥下实际从事或者实施救助作业的救助人，具有救助款项的请求权。

第二，国家有关主管机关在其职责范围内控制、指挥救助作业，并且实际从事参与或者实施了救助行为。此时，主管机关在其实际从事或者实施的救助作业范围内，享有救助人的权利，承担救助人的义务，具有救助款项的请求权。

第三，国家有关主管机关实际从事或者实施了救助作业，该主管机关具有救助款项的请求权。但在确定救助款项时，应与专业救助或者非专业的营运船舶所从事的救助有所区别。例如，考虑救助成本时，主管机关隶属的参与救助人员的工资，使用国家为了海上安全而配备的船舶与设备等，不应与专业救助或者利用营运船舶从事的救助活动等同考虑。

因此，对于国家有关主管机关从事或者控制的救助作业，该主管机关是否享有救助报酬的请求权这一问题，应当具体问题具体分析，不可一概而论。具体到本案，原告作为国家海事主管机关，不仅控制、指挥了对遇险船舶的救助作业，而且实际参与、实施了救助作业。因此，享有救助方的权利，有权根据《海商法》的相关规定取得相应的救助报酬。

【相关法条】

1.《中华人民共和国民法通则》（2021年1月1日废止）

第八十八条 合同的当事人应当按照合同的约定，全部履行自己的义务。

合同中有关质量、期限、地点或者价款约定不明确，按照合同有关条款内容不能确定，当事人又不能通过协商达成协议的，适用下列规定：

（一）质量要求不明确的，按照国家质量标准履行，没有国家质量标准的，按照通常标准履行。

（二）履行期限不明确的，债务人可以随时向债权人履行义务，债权人也可以随时要求债务人履行义务，但应当给对方必要的准备时间。

（三）履行地点不明确，给付货币的，在接受给付一方的所在地履行，其他标的在履行义务一方的所在地履行。

（四）价款约定不明确的，按照国家规定的价格履行；没有国家规定价格的，参照市场价格或者同类物品的价格或者同类劳务的报酬标准履行。

合同对专利申请权没有约定的，完成发明创造的当事人享有申请权。

合同对科技成果的使用权没有约定的，当事人都有使用的权利。

对应新法：

《中华人民共和国民法典》（2021年1月1日施行）

第五百一十一条 当事人就有关合同内容约定不明确，依据前条规定仍不能确定的，适用下列规定：

（一）质量要求不明确的，按照强制性国家标准履行；没有强制性国家标准的，按照推荐性国家标准履行；没有推荐性国家标准的，按照行业标准履行；没有国家标准、行业标准的，按照通常标准或者符合合同目的的特定标准履行。

（二）价款或者报酬不明确的，按照订立合同时履行地的市场价格履行；依法应当执行政府定价或者政府指导价的，依照规定履行。

（三）履行地点不明确，给付货币的，在接受货币一方所在地履行；交付不动产的，在不动产所在地履行；其他标的，在履行义务一方所在地履行。

（四）履行期限不明确的，债务人可以随时履行，债权人也可以随时请求履行，但是应当给对方必要的准备时间。

（五）履行方式不明确的，按照有利于实现合同目的的方式履行。

（六）履行费用的负担不明确的，由履行义务一方负担；因债权人原因增加的履行费用，由债权人负担。

2.《中华人民共和国海商法》（1993年7月1日施行）

第一百七十五条 救助方与被救助方就海难救助达成协议，救助合同成立。

遇险船舶的船长有权代表船舶所有人订立救助合同。遇险船舶的船长或者船舶所有人有权代表船上财产所有人订立救助合同。

第一百七十九条 救助方对遇险的船舶和其他财产的救助，取得效果的，有权获得救助报酬；救助未取得效果的，除本法第一百八十二条或者其他法律另有规定或者合同另有约定外，无权获得救助款项。

第一百八十条 确定救助报酬，应当体现对救助作业的鼓励，并综合考虑下列各项因素：

（一）船舶和其他财产的获救的价值；

（二）救助方在防止或者减少环境污染损害方面的技能和努力；

（三）救助方的救助成效；

（四）危险的性质和程度；

（五）救助方在救助船舶、其他财产和人命方面的技能和努力；

（六）救助方所用的时间、支出的费用和遭受的损失；

（七）救助方或者救助设备所冒的责任风险和其他风险；

（八）救助方提供救助服务的及时性；

（九）用于救助作业的船舶和其他设备的可用性和使用情况；

（十）救助设备的备用状况、效能和设备的价值。

救助报酬不得超过船舶和其他财产的获救价值。

承办人：于文斌

编写人：王睿琦　庄雪莉

44. 某海上救助打捞局诉大连恒某船务代理有限公司海难救助合同纠纷案

——当事人对海难救助报酬无约定情形下海难救助报酬应综合海难救助危险等确定

【合规提示】

本案系一起海上货轮遇险后，涉事方船东与当地海上救助局签订未载明海难救助费用的《救助合同》，当地海上救助局成功救助遇险船舶后要求涉事方船东依《救助合同》支付海难救助报酬的案件。本案是海难救助纠纷案件的典型案例。海难救助遵循"无效果、无报酬"原则，若海难救助已经成功，则救助单位具有请求被救助方支付救助报酬的权利。但因情况紧急以及救助危险性、所需成本的不确定性，海难救助合同一般不将明确的救助报酬规定在合同之内。对救助单位来讲，在成功实施救助后要围绕获救价值、危险性质、危险程度，救助方所用的时间、支出的费用和遭受的损失，救助设备的备用状况、效能和设备的价值等因素及时提供本次救助成本相关的各项证据。对于受救助方来说，在救助成功后应当遵循诚信原则，及时、主动与救助单位对救助报酬进行协商，以极力避免救助方损失。

【案件信息】

1. 裁判文书字号
（2005）青海法烟海商初字第 146 号

2. 当事人
原告：某海上救助打捞局

被告：大连恒某船务代理有限公司

3. 关键词
民事　海难救助　当事人无约定　损失填平原则　救助报酬

【裁判要旨】

海难救助遵循"无效果、无报酬"原则。若海难救助已经成功，施救方具有向受救援方请求给付海难救助报酬的法定权利。若当事人之间在救助合同中未对救助报酬数额作出具体约定，人民法院可在遵循损失填平原则的基础上，根据海难事故的危险性质和危险程度，救助方所用的时间、支出的费用和遭受的损失，救助设备的备用状况、效能和设备的价值等因素综合确定海难救助费用。

【基本案情】

原告某海上救助打捞局（以下简称某打捞局）诉称：2005年1月1日，"浙普2×××7"轮的船舶所有人大连恒某船务代理有限公司（本案被告，以下简称大连恒某公司）委托某打捞局（本案原告）对遇险船舶"浙普2×××7"轮实施救助。原告对该轮进行了成功救助，并将该轮停靠在某打捞局码头。救助作业成功完成后，被告既拒绝向原告支付救助报酬，又拒绝提供相应的担保。根据我国《海商法》的明确规定，原告享有要求被告支付救助报酬等款项的权利；原告的此项权利受船舶优先权的担保，并且优先于在它之前发生的其他海事请求受偿。为保护其合法权益，原告某打捞局提出诉讼请求：请求判令被告向原告支付船舶救助报酬等款项人民币23万元，并确认该项权利优于其他海事请求受偿，并由被告承担诉讼费用。

被告辩称：被告对原告起诉状中所陈述的事实没有异议，但认为原告所请求的报酬款项略高，请求法院判决时充分考虑。

2004年12月31日0230时，被告所属的"浙普2×××7"轮自葫芦岛启航至江苏太仓途中，在烟台港锚地避风时遇险。当时海况是北风7~8级、涌浪高4~5米。该轮遇险后，船舶右倾35~45度，船载货物重心向右偏移1.6米、船舶右舷甲板角没入水中10厘米左右、左舷批水在水面上60厘米左右，艏部左航行锚4节入水，锚链受力较大，遇险船受风浪的作用、潮汐的变化动荡不定险情较大，时刻有倾覆的危险，该轮船员已被迫弃船，事件造成一人死亡、两人失踪。

2005年1月1日，被告向原告发出《救助委托书》，委托某打捞局对该轮及船载货物进行救助。当日，原告作为救助方与被告作为被救助方，协商并按中国海事仲裁委员会（1994）标准格式签订了《救助合同》。该合同第5条约定：除本合同第9条规定外，救助方对本合同规定的救助标的进行救助，取得效果（包括取得部分效果）的，有权获得救助报酬；未取得效果的，无权获得救助报酬。第7条约定：确定救助报酬，应体现对救助作业的鼓励，并综合考虑下列各项因素：（1）船舶和其他财产的获救价值；（2）救助方在防止或减少环境污染损害方面的技能和努力；（3）救助方的救助成效；（4）危险的性质和程度；（5）救助方在救助船舶、其他财产和人命方面的技能和努力；（6）救助方所用的时间、支出的费用和遭受的损失；（7）救助方或救助设备所冒的责任风险和其他风险；（8）救助方提供救助服务的及时性；（9）用于救助作业的船舶和其他设备的可用性和使用情况；（10）救助设备的备用状况、效能和设备的价值。救助报酬金额不得超过船舶和其他财产的获救价值。第15条约定：救助方和被救助方之间以及签订本合同的各救助方及/或各被救助方相互之间根据本合同所发生的或与本合同有关的一切争议，均应提交中国海事仲裁委员会仲裁解决。该合同中对救助报酬的数额只作出上述原则性约定，未对救助报酬的具体数额作出明确的约定。

《救助合同》签订后，2005年1月2日，原告依照合同约定实施救助作业，与烟台港轮驳公司签订《拖轮租用协议书》，约定租用全回转拖轮协助进行救助作业，租金为1万元人民币。1月4日，原告出具《"浙普2×××7"救助工程方案》，并于1月6日送达被告。该方案中列明了工程所需要动用的船舶、主要设备和材料的项目及数量。之后原告正式开始救助作业。其间，从1月2日至12日，"某清"轮参与了守护和救助工作，并发生材料的损耗。

1月11日、12日，"某淑"轮及"某救起重2号"参加施救。1月13日"浙普2×××7"轮完成移位。1月14日至18日，对船体进行切割，根据1月12日出具的《卸货方案》进行卸货，办理卸货交接，并修复船体，最终完成救助工作。修理"浙普2×××7"轮亦产生费用。1月15日，原、被告双方签订《交船确认书》，船舶及船载货物安全移交并得到妥善处理。救助作业结束后，被告未按约定向原告提供担保，亦未向原告支付救助费用、救助报酬和特别补偿。

还查明，2005年5月12日，原、被告双方达成《管辖权变更协议》，约定变更双方于1月1日签订的《救助合同》中发生的一切争议"均应提交中国海事仲裁委员会仲裁解决"为"救助方和被救助方之间根据救助合同所发生的或与救助合同有关的一切争议，均应提交青岛海事法院裁决"。同年5月16日，原告作为申请人向法院提出诉前海事请求保全申请，请求扣押被告作为被申请人所有的"浙普2×××7"轮，当日法院以（2005）青海法烟保字第46号《民事裁定书》，裁定准予原告作为申请人的申请。同年5月19日，"浙普2×××7"轮经法院公开拍卖，拍卖价款为92万元人民币。该价款中支付评估、拍卖、码头靠泊、看船等费用302 076元后，余额为617 924元人民币。

【裁判说理】

争议焦点：原被告双方签订的《救助合同》中未对救助报酬数额作出具体约定，某打捞局的救助报酬应如何计算。

青岛海事法院认为：大连恒某公司所属"浙普2×××7"轮在烟台港遭遇海难后委托某打捞局救助，双方就该轮的救助事项签订的《救助合同》合法有效，双方救助合同关系成立，当事人双方均应按合同的约定和相关法律的规定享有权利和履行义务。

依照法律规定和《救助合同》约定，"救助方对遇险的船舶和其他财产救助，取得效果的，有权获得救助报酬"。某打捞局依照合同约定对"浙普2×××7"轮进行了成功的救助，亦将获救船舶及船载货物安全移交大连恒某公司，完成了其应当履行的合同义务，取得了救助效果。故某打捞局有权得到救助报酬，大连恒某公司应当支付救助报酬。因此对某打捞局要求大连恒某公司支付救助报酬的诉讼请求应予支持。

在某打捞局与大连恒某公司双方签订的《救助合同》中未对救助报酬数额作出具体明确的约定，因此，救助报酬的计算，应当依照法律规定和《救助合同》约定的方式进行：（1）确定救助报酬，不得超过船舶和其他财产的获救价值。获救价值是指船舶和其他财产获救后的估计价值或者实际出卖的收入，扣除有关税款和海关、检疫、检验费用以及进行卸载、保管、估价、出卖而产生的费用后的价值。本案中，"浙普2×××7"轮获救后，经法院依法评估和公开拍卖，所得价款92万元，其中扣除评估、拍卖、码头靠泊看船等费用302 076元后获救价值为617 924元，这一价值已经原、被告双方在庭审中确认，法院予以认定。（2）确定救助报酬，应当在获救价值的基础上考虑危险性质和危险程度，救助方所用的时间、支出的费用和遭受的损失，救助设备的备用状况、效能和设备的价值等因素。"浙普2×××7"轮在避风时受恶劣天气和海况影响以致遇险，船体倾斜幅度大，船载货物偏移严重，船舶右舷甲板角已没入水中，在风浪和潮汐的作用下，该轮动荡不定，时刻有倾覆的危险，该轮船员已被迫弃船并造成一人死亡、两人失踪。故该轮遇险属于倾覆沉没的险情，且危险程度高、损害大。从施救过程看，需要采取特殊、专业的救助手段和措施。在某打捞局接到大连恒某公司的救助委托后，立即积极筹划，开展救助作业，出动两艘拖轮以及其他工作艇参与救助，多艘船舶待命，从施救到救助结束耗时共计18天，船舶和设备费用较高，损耗较大。从施救效果看，发挥了投入设备的效能。根据上述情况，确定救助报酬时应当选择较高的比例进行计算。同时，某打捞局未对支付船载货物救助报酬提出诉讼请求，故在计算救助报酬时，不应包含对船载货物救助报酬的计算。因救助船舶和设备在救助过程中同时用于船载货物的救助，因此，在计算救助报酬的比例时，应当作出适当的扣除。（3）确定救助报酬，应当体现对救助作业的鼓励。某打捞局的救助取得了较好的救助效果，故在计算救助报酬时应适当增加计算比例。

因某打捞局在本案中未就防止或减少环境污染损害，而提出要求大连恒某公司给予"特别补偿"的诉讼请求，故不予审理。

综上，某打捞局所获得的救助报酬，应当以"浙普2×××7"轮所获救价值617 924元为基础计算，再充分考虑上述确定计算救助报酬的各项因素后，确定该项救助报酬为21万元。

本案中某打捞局作为救助人，向法院提出要求大连恒某公司作为被救助人给付海难救助报酬的诉讼请求,是某打捞局作为海事请求人依法向船舶所有人提出的海事请求,因此,依照法律规定,对产生该海事请求的船舶具有优先受偿的权利。故对某打捞局请求确认对救助报酬的海事请求为船舶优先权诉讼请求予以支持。

2005年10月11日,青岛海事法院作出(2005)青海法烟海商初字第146号民事判决书,判决:一、被告大连恒某公司于本判决书生效之日起10日内,向原告某打捞局支付救助报酬21万元;二、该款项作为"浙普2×××7"轮上的船舶优先权优先支付。

判决作出后,各方当事人均未上诉,现该案判决已发生法律效力。

【法官后语】

本案值得关注的一个问题是,当救助作业结束后,被救助方既不支付救助报酬,又不提供满意担保,救助方如何实现自己的合法权益?

按照我国《海商法》第190条第1款的规定,对于获救满90日的船舶和其他财产,如果被救助方不支付救助报酬也不提供满意的担保,救助方可以申请法院裁定强制拍卖。在海事诉讼中,由于债务人拒不履行债务,债权人通过申请法院扣押、拍卖债务人所属船舶,并以拍卖船舶所得价款来实现其海事请求权是一种常见的诉讼,也是一种行之有效的方法。在这种司法程序下,按照《海商法》的规定,海事请求权的实现通常存在先后顺序。一般而言,有物权担保的海事请求权要优先于普通债权受偿。即使是同为有物权担保的海事请求权,因担保物权形式或者种类的不同,其受偿的先后顺序也不相同。

无论是国际公约,还是各国海商法,一般均规定海难救助款项的给付请求为具有优先权的海事请求。船舶优先权作为一种担保物权,其实质在于以"产生该海事请求的船舶"为担保标的,担保某些法定的海事请求得以优先受偿。换言之,船舶优先权设计的目的在于给某些法定的海事请求权以特殊的法律保护。船舶优先权的优先性主要体现在以下两个方面:首先,船舶优先权担保的海事请求优先于普通海事请求。其次,船舶优先权担保的海事请求优先于其他担保物权担保的海事请求。其他担保物权担保的海事请求,主要指的是由船舶抵押权或船舶留置权担保的海事请求。按照国际公约以及我国《海商法》的相关规定,船舶优先权先于船舶留置权受偿,船舶抵押权后于船舶留置权受偿。也就是说，三者之中，船舶优先权最优先，船舶留置权次之，船舶抵押权又次之。

不仅如此，在同为船舶优先权担保的各类不同的海事请求权之间也有受偿顺序的先后。按照我国《海商法》第23条规定，受偿的先后顺序依次为：（1）船长、船员和在船上工作的其他在编人员根据劳动法律、行政法规或者劳动合同所产生的工资、其他劳动报酬、船员遣返费用和社会保险费用的给付请求；（2）在船舶营运中发生的人身伤亡的赔偿请求；（3）船舶吨税、引航费、港务费和其他港口规费的缴付请求；（4）海难救助款项的给付请求；（5）船舶在营运中因侵权行为产生的财产赔偿请求。但是，第4项海事请求，即海难救助款项的给付请求，如果后于第1项到第3项发生的，应当先于第1项到第3项受偿。第4项中有两个以上海事请求的，后发生的先受偿。这即为船舶优先权担保的数个同类债权之间受偿时所应遵循的"救助原则"。之所以如此规定，是因为救助债权为已存在的债权的受偿起到了保全的作用。这一原则，要求海难救助发生后，如果被救助方拒不支付救助款项又不提供相应担保，救助方应当及时行使船舶优先权，以保证救助款项得以及时支付。否则，如果救助方不及时行使船舶优先权，获救船舶在继续营运过程中又产生了我国《海商法》第23条第1项到第3项所规定的海事请求权，将导致海难救助款项的给付请求反而后于第1项到第3项请求权受偿。这对于救助方来说，无疑是不希望看到的，也是不应该发生的。

另外，由于船舶优先权具有依附性，它伴随着特定海事请求权的产生而产生，并且只能依附于产生该海事请求的船舶之上，不因船舶所有权的转让而消灭，而且其实现只能通过法院扣押产生优先权的船舶来行使。鉴于上述情况，海难救助发生后，如果被救助方拒不支付救助款项又不提供相应担保，救助方应当及时申请海事法院扣押获救船舶，以行使其船舶优先权，保证救助款项能够得以及时支付。本案救助方就较好地做到了这一点，通过申请法院扣押并拍卖船舶，行使了船舶优先权，从而保全了自己的救助报酬请求权，维护了自身的合法权益。

【相关法条】

《中华人民共和国海商法》（1993年7月1日施行）

第二十一条 船舶优先权，是指海事请求人依照本法第二十二条的规定，向船舶所有人、光船承租人、船舶经营人提出海事请求，对产生该海事请求的船舶具有优先受偿的权利。

第二十二条 下列各项海事请求具有船舶优先权：

（一）船长、船员和在船上工作的其他在编人员根据劳动法律、行政法规或者劳动合同所产生的工资、其他劳动报酬、船员遣返费用和社会保险费用的给付请求；

（二）在船舶营运中发生的人身伤亡的赔偿请求；

（三）船舶吨税、引航费、港务费和其他港口规费的缴付请求；

（四）海难救助的救助款项的给付请求；

（五）船舶在营运中因侵权行为产生的财产赔偿请求。

载运 2000 吨以上的散装货油的船舶，持有有效的证书，证明已经进行油污损害民事责任保险或者具有相应的财务保证的，对其造成的油污损害的赔偿请求，不属于前款第（五）项规定的范围。

第二十三条 本法第二十二条第一款所列各项海事请求，依照顺序受偿。但是，第（四）项海事请求，后于第（一）项至第（三）项发生的，应当先于第（一）项至第（三）项受偿。

本法第二十二条第一款第（一）、（二）、（三）、（五）项中有两个以上海事请求的，不分先后，同时受偿；不足受偿的，按照比例受偿。第（四）项中有两个以上海事请求的，后发生的先受偿。

第一百七十五条 救助方与被救助方就海难救助达成协议，救助合同成立。

遇险船舶的船长有权代表船舶所有人订立救助合同。遇险船舶的船长或者船舶所有人有权代表船上财产所有人订立救助合同。

第一百七十九条 救助方对遇险的船舶和其他财产的救助，取得效果的，有权获得救助报酬；救助未取得效果的，除本法第一百八十二条或者其他法律另有规定或者合同另有约定外，无权获得救助款项。

第一百八十条 确定救助报酬，应当体现对救助作业的鼓励，并综合考虑下列各项因素：

（一）船舶和其他财产的获救的价值；

（二）救助方在防止或者减少环境污染损害方面的技能和努力；

（三）救助方的救助成效；

（四）危险的性质和程度；

（五）救助方在救助船舶、其他财产和人命方面的技能和努力；

（六）救助方所用的时间、支出的费用和遭受的损失；

（七）救助方或者救助设备所冒的责任风险和其他风险；

（八）救助方提供救助服务的及时性；

（九）用于救助作业的船舶和其他设备的可用性和使用情况；

（十）救助设备的备用状况、效能和设备的价值。

救助报酬不得超过船舶和其他财产的获救价值。

第一百八十一条　船舶和其他财产的获救价值，是指船舶和其他财产获救后的估计价值或者实际出卖的收入，扣除有关税款和海关、检疫、检验费用以及进行卸载、保管、估价、出卖而产生的费用后的价值。

前款规定的价值不包括船员的获救的私人物品和旅客的获救的自带行李的价值。

承办人：安建之

编写人：郭郑超　赵忆雪　杨紫琼

45. 莱州市安某船运代理有限公司诉某海运有限公司海难救助合同纠纷案
——诉讼费与律师费不属于救助报酬

【合规提示】

本案系一起海难救助方诉被救助方请求海难救助报酬的案件，双方对海难救助的认定及报酬产生争议。对于海难救助方而言，应当以应有的谨慎进行救助，以应有的谨慎防止或者减少环境污染损害；在合理需要的情况下，寻求其他救助方援助；当被救助方合理地要求其他救助方参与救助作业时，接受此种要求，但是要求不合理的，救助报酬金额不受影响。对于被救助方而言，只要不存在救助方的过失及欺诈或者其他不诚实行为，就应当向救助方支付救助报酬。

【案件信息】

1. 裁判文书字号
（2004）鲁民四终字第8号
（2003）青海法海商初字第72号

2. 当事人
原告：莱州市安某船运代理有限公司
被告：某海运有限公司

3. 关键词
民事　海难救助　救助报酬

【裁判要旨】

1.海难救助法律关系的成立必须具备一个前提条件，即船舶在海上或者与海相通的可航水域遭遇危险。对于海难救助中的"危险"应从以下几个方面理解和把握：其一，危险必须发生在海上或者与海相通的可航水域；其二，危险必须是真实存在或者不可避免。对于本案而言，涉案"汤某"轮在蓬莱港航道搁浅，经过几次借助拖轮和船舶主机动力均不能脱浅，足以认定"汤某"轮发生搁浅后，丧失自救能力，已处于现实的危险之中，必须借助外力才能够脱险。此时，"鲁日海××"轮对于"汤某"轮进行的过驳抢险行为，构成海难救助。因此，安某船运公司有权向被救助人请求救助报酬。

2.救助报酬的确定。根据我国《海商法》第180条的规定，确定救助报酬，应当体现对救助作业的鼓励，并综合考虑下列各项因素：（1）船舶和其他财产的获救价值；（2）救助方在防止或者减少环境污染损害方面的技能和努力；（3）救助方的救助成效；（4）危险的性质和程度；（5）救助方在救助船舶、其他财产和人命方面的技能和努力；（6）救助方所用的时间、支出的费用和遭受的损失；（7）救助方或者救助设备所冒的责任风险和其他风险；（8）救助方提供救助服务的及时性；（9）用于救助作业的船舶和其他设备的可用性和使用情况；（10）救助设备的备用状况、效能和设备的价值。但是，总的原则是，救助报酬不得超过船舶和其他财产的获救价值。因此，确定救助人安某船运公司的救助报酬时,应综合考虑上述各种因素。

【基本案情】

在原告莱州市安某船运代理有限公司(以下简称安某船运公司)诉被告某海运有限公司海难救助纠纷案中,山东省高级人民法院查明案件事实如下:2003年2月23日,被告所属的利比里亚籍"汤某"轮装载4909根圆木从利比里亚一港口抵达蓬莱港外锚地,驶向泊位时在航道上搁浅,该轮在三艘拖轮的帮助下使用主机尝试脱浅失败。原告所属的"鲁日海××"轮在长岛港接到蓬莱海事处的通知,要求其到蓬莱港参与对"汤某"轮的过驳抢险作业,"鲁日海××"轮随后抵达现场,从2月23日至25日,该船与两艘驳船为"汤某"轮减载货物。根据中国外轮理货总公司蓬莱分公司的记录,"鲁日海××"轮共减载圆木538根。"汤某"轮卸下部分货物后,在利用船上动力和三艘拖轮的帮助下脱浅。

山东海事司法鉴定中心就"汤某"轮搁浅是否属海难事故、是否属于海难救助的对象以及该轮所面临的风险和可能遭受的损失等进行了现场检验和鉴定,于2003年4月7日出具了鉴定报告,意见为:(1)根据该轮本航次的装载和积载情况,在蓬莱港航道所发生的搁浅事故,在经过几次借助拖轮和船舶主机动力均不能脱浅的情况下,应当认为该轮属于被救助的对象。(2)该轮在满载货物的情况下,如不及时救助,将面临下列风险和损失:其一,由于船舶处在不对称搁浅情况下,船舶已产生严重横倾,如遭遇大风,将会产生船货倾覆的危险,造成船货的重大损失。按该船的船舶状况和货物情况估算,其船舶现值1000万美元,货物现值约385万美元。其二,船体结构和船壳板将在不对称受力的情况下,可能产生局部破坏和开裂,使船舶进水,浮力减小,更加难以起浮。一旦船体损坏,将使船体结构大面积变形和开裂。其三,如果船体结构的损坏发生在双层底油舱范围内,将会导致燃油外泄,产生严重的海洋污染。"鲁日海××"轮在减载货物过程中共产生燃油费用15 926元、船员工资1956.66元。原告为该作业而解除了分别与天津市舸某科贸有限公司、河北省某工业公司塘沽站签订的两份运输合同,原告为此遭受的损失包括运费损失、违约金146 240元。安某船运公司支出财产保全费、证据保全费、鉴定费等共计62 000元,支出律师费4万美元。

"汤某"轮的国籍为利比里亚,船东为被告。"鲁日海××"轮船舶所有人为原告，船舶租赁人为日照市某海运公司。原告作为出租人与租赁人日照市某海运公司于2002年12月17日签订了为期五年的光船租赁合同，该合同约定，船舶参与抢险、救助、打捞等活动的收益，由原告主张并享有。

原告提出诉讼请求：判令被告向其支付救助报酬20万美元，并承担相关的诉讼费用及律师费用。

被告辩称：(1)"汤某"轮搁浅事故发生后，未有实际险情发生，不存在倾覆危险，不属于被救助对象。(2)原告的行为不是受控于某海事处的救助行为，而是受雇于某货运公司的正常减载作业行为。为此，某海事处与某货运公司均已出具证明，参与减载作业的其他两艘船也均认可事实并已从某货运公司结算了过驳费用。(3)即使原告的行为属于抢险救助，20万美元的救助报酬数额也明显过高，并且船舶脱浅还应当考虑其他驳船与拖轮的行为。故请求依法驳回原告的诉讼请求。

【裁判说理】

争议焦点：安某船运公司的行为是否构成海难救助，救助报酬如何确定。

山东省高级人民法院认为：关于安某船运公司的行为是否构成海难救助的问题。涉案"汤某"轮在蓬莱港航道搁浅，经过几次借助拖轮和船舶主机动力均不能脱浅的情况下，已丧失自救能力，"汤某"轮发生的危险是现实的，已构成海难救助的对象，故安某船运公司的行为系海难救助行为。

关于本案救助报酬的确定，根据我国《海商法》第180条规定，应综合考虑以下各项主要因素：(1)即使"汤某"轮航道搁浅，但并未受恶劣天气及其他状况的影响，致使船货处于紧急危险状态之中，故本次海难的危险程度及安某船运公司所冒的风险较小；(2)具体减载过程中，安某船运公司仅提供"鲁日海××"轮船，将"汤某"轮上卸下的木材运往码头，无特殊努力和技能的付出；(3)安某船运公司共支出的费用和遭受的损失为101 236元；(4)"汤某"轮自身的船价值约1000万美元；(5)"汤某"轮卸下部分货物后，利用船上动力和三艘拖轮的帮助成功脱浅，取得了救助成效。诉讼费和律师费是当事人因诉讼而支出的费用，不属于我国《海商法》规定的确定救助报酬应考虑的范畴，一审法院将上述费用与其他因素一起作为确定救助报酬的基础不当。综上，为体现对救助作业的鼓励，裁量某海运有限公司应支付安某船运公司救助报酬10万美元。

关于本案发生的诉讼费用，包括财产证据保全费、鉴定费 62 000 元和律师费用 4 万美元如何承担的问题。根据《人民法院诉讼收费办法》第 19 条的规定，案件受理费及其他诉讼费用应由败诉的当事人负担或双方根据责任分担，因此本案的案件受理费、证据、财产保全费及鉴定费由双方按比例分担。律师费用不是本案必要的支出，安某船运公司要求由某海运有限公司承担律师费的主张，不予支持。

【法官后语】

本案争议所涉及的问题主要有两个：一是海难救助成立的前提条件为何；二是救助报酬如何确定。

一、关于海难救助成立的前提条件问题

按照我国《海商法》第 171 条的规定，海难救助是指在海上或者与海相通的可航水域，对遇险的船舶和其他财产进行救助的行为。海难救助法律关系的成立必须具备一个前提条件，那就是船舶在海上或者与海相通的可航水域遭遇危险。换言之，有危险，方有救助之必要；无危险，则无救助成立之可能。对于海难救助中"危险"的要件，主要应从以下几个方面理解和把握：

首先，危险必须发生在海上或者与海相通的可航水域。我国《海商法》第 171 条明确规定，海难救助"适用于在海上或者与海相通的可航水域"。也就是说，对于非发生于此水域中的危险进行救助的行为，不构成海难救助，不适用《海商法》"海难救助"一章。例如，船舶在船厂建造或者修理时发生危险，对此进行的救助则不属于海难救助，不构成海难救助法律关系。

其次，危险必须是真实存在或者不可避免。危险，通俗地讲，是指船舶及其他财产在海上或者与海相通的可航水域内遭受到的一切风险，如船舶发生沉没、倾覆、爆炸、失火、主机或舵机失灵、触礁、搁浅；船载货物或者其他财产遭遇沉没、倾覆、受损、失火等。对于船舶或者其他财产而言，上述危险必须是客观存在的，而不是主观臆测的。既包括现实的、已经发生或正在发生的危险，也包括潜在的、即将发生的危险。概言之，在海上或者相通的可航水域内，对上述遭遇真实危险的船舶或者其他财产进行救助的行为，即构成《海商法》中的海难救助，有权按照法律的规定请求救助报酬。反之，对非遭遇真实危险的船舶进行的救助行为，则不构成海难救助行为，无权请求救助报酬。

对于本案而言，基于涉案"汤某"轮在蓬莱港航道搁浅，经过几次借助拖轮和船舶主机动力均不能脱浅的基本事实，足以认定"汤某"轮发生搁浅后，丧失自救能力，已处于现实的危险之中，必须借助外力才能够脱险。此时，"鲁日海××"轮对于"汤某"轮进行的过驳抢险行为，即构成海难救助。因此，安某船运公司有权向被救助人请求救助报酬。

二、关于救助报酬如何确定的问题

按照我国《海商法》第180条的规定，确定救助报酬，应当体现对救助作业的鼓励，并综合考虑下列各项因素：（1）船舶和其他财产的获救价值；（2）救助方在防止或者减少环境污染损害方面的技能和努力；（3）救助方的救助成效；（4）危险的性质和程度；（5）救助方在救助船舶、其他财产和人命方面的技能和努力；（6）救助方所用的时间、支出的费用和遭受的损失；（7）救助方或者救助设备所冒的责任风险和其他风险；（8）救助方提供救助服务的及时性；（9）用于救助作业的船舶和其他设备的可用性和使用情况；（10）救助设备的备用状况、效能和设备的价值。但是，总的原则是，救助报酬不得超过船舶和其他财产的获救价值。

根据上述法律规定，在审理本案，确定救助人安某船运公司的救助报酬时主要应综合考虑以下因素：（1）"汤某"轮航道搁浅，致使船货处于危险状态之中，但因未受恶劣天气及其他状况的影响，本次海难的危险程度及救助人所承担的风险较小；（2）具体减载过程中，救助人只是提供了"鲁日海××"轮船舶，将"汤某"轮上卸下的木材运往码头，无特殊努力和技能的付出；（3）救助人在救助过程中总共支出的费用和遭受的损失为101 236元；（4）"汤某"轮被卸下部分货物后，利用船上动力和三艘拖轮的帮助成功脱浅，救助人取得了救助成效。因此，综合考虑上述各种因素，二审法院判决被救助人某海运有限公司向救助人安某船运公司支付救助报酬10万美元，应当说是比较合理的。

【相关法条】

《中华人民共和国海商法》（1993年7月1日施行）

第一百七十一条　本章规定适用于在海上或者与海相通的可航水域，对遇险的船舶和其他财产进行的救助。

第一百七十九条　救助方对遇险的船舶和其他财产的救助，取得效果的，有权获得救助报酬；救助未取得效果的，除本法第一百八十二条或者其他法律另有规定或者合同另有约定外，无权获得救助款项。

第一百八十条 确定救助报酬，应当体现对救助作业的鼓励，并综合考虑下列各项因素：

（一）船舶和其他财产的获救的价值；

（二）救助方在防止或者减少环境污染损害方面的技能和努力；

（三）救助方的救助成效；

（四）危险的性质和程度；

（五）救助方在救助船舶、其他财产和人命方面的技能和努力；

（六）救助方所用的时间、支出的费用和遭受的损失；

（七）救助方或者救助设备所冒的责任风险和其他风险；

（八）救助方提供救助服务的及时性；

（九）用于救助作业的船舶和其他设备的可用性和使用情况；

（十）救助设备的备用状况、效能和设备的价值。

救助报酬不得超过船舶和其他财产的获救价值。

第一百八十一条 船舶和其他财产的获救价值，是指船舶和其他财产获救后的估计价值或者实际出卖的收入，扣除有关税款和海关、检疫、检验费用以及进行卸载、保管、估价、出卖而产生的费用后的价值。

前款规定的价值不包括船员的获救的私人物品和旅客的获救的自带行李的价值。

承办人：杜建军

编写人：庄雪莉　崔婷婷

46.山东省龙某港务管理局诉松某航运有限公司、三某物产油轮有限公司海难救助合同纠纷案
——救助行为的性质认定

【合规提示】

本案系一起海难救助方诉船舶所有人、船舶经营人请求海难救助报酬的纠纷案件。双方对海难救助报酬及费用产生争议。对于海难救助方而言，应当以应有的谨慎进行救助，以应有的谨慎防止或者减少环境污染损害；为确保被救船舶安全、卸货安全，不发生严重污染事故，救助方应采取必要措施，该措施仍属于救助行为，应获得报酬。对于被救助方而言，只要不存在救助方的过失及欺诈或者其他不诚实行为，就应当向救助方支付救助报酬。

【案件信息】

1. 裁判文书字号

（2001）青海法烟海商初字第103号

2. 当事人

原告：山东省龙某港务管理局

被告：松某航运有限公司、三某物产油轮有限公司

3. 关键词

民事　海难救助　救助报酬

【裁判要旨】

1.海难救助行为的成立。有效的海难救助行为的成立或救助报酬请求权的成立，必须符合以下五个条件：其一，救助发生在海上或与海相通的可航水域；其二，被救物必须是法律所认可的救助标的；其三，被救物必须遭遇海上危险；其四，救助必须是自愿的行为；其五，救助必须有效果。当遇险

船舶停靠浅水泊位，但并没有完全脱离危险时，为了船舶的安全需要而实施的派遣船舶现场监护，搭建临时卸货场所等行为，仍属于救助行为。

2. 救助人向船舶所有人提出支付全部救助报酬的请求时，船舶所有人是承担全部救助报酬，还是仅应当按照获救船舶价值占全部获救价值的比例承担。"硫某"轮船长向原告港务局提出救助申请时，若未声明其行为同时代表船上货物的所有人的，则该行为应当理解成仅仅代表该轮船舶所有人；而且船长已经声明"所有责任应由该轮和/或船舶所有人承担"。因此，第一被告松某航运有限公司（以下简称松某航运）应当承担本案全部救助报酬，与第二被告三某物产油轮有限公司（以下简称油轮公司）无关；对于被告松某航运要求船载货物所有人亦承担部分救助报酬的主张，不应予以支持。

【基本案情】

2001年1月12日，第一被告松某航运所属的巴拿马籍"硫某"轮在韩国港口装载液体硫磺驶往中国龙某港。同月14日至15日，该轮在航行途中曾遭遇大风浪，并于16日抵达龙某港锚地抛锚，当时发现船体倾斜。由于甲板大量结冰，船员未及时检查各舱水位，也未分析查找倾斜原因并采取补救措施。后该轮在重新抛锚过程中转向时突然大角度左倾，船下沉，情况十分危急，船长通过其代理龙口市外轮代理公司向原告发出救助申请，原告接到救助申请后，立即派遣"某拖19"轮、"某拖21"轮、"某拖22"轮三艘拖轮赶赴"硫某"轮遇险现场。"某拖19"轮首先到达事故现场，当时"硫某"轮左倾非常严重，左舷甲板已经浸入海水中，已经完全失控，随时都有倾覆可能。"某拖19"轮刚刚靠上"硫某"轮还未停稳时，"硫某"轮船员就纷纷弃船逃生，在"某拖19"轮船员的帮助下转移到救助拖船上。随后"某拖21"轮、"某拖22"轮先后到达现场协同开始对"硫某"轮进行施救。为确保安全，在当地港务监督部门的要求下，原告派遣"某拖19"轮、"某拖21"轮在现场监护。"硫某"轮继续左倾，而且左倾速度有加快迹象，三艘拖轮遂又进入救助状态，后强行将"硫某"轮搁浅在浅水泊位，并由"某拖19"轮、"某拖21"轮继续在现场监护。经过船员对"硫某"轮进行检查和初步处理后，征得船长同意，原告于1月19日将"硫某"轮移到9号深水泊位观察，未见异常后于次日移到13号泊位卸货，22日卸货结束，遂又移到8号泊位进行全面检修和处理，期间始终有两艘拖轮在现场负责监护。整个救助过程中，由于港务局的积极努力，"硫某"轮没有发生任何人员伤亡和财产损失，亦没有造成任何硫磺泄漏和海洋污染；该救助行为给港务局港内的正常生产带来严重影响，其他船舶的进出港和正常卸货因拖轮紧缺而发生延误。

龙某港区内现有拖船四艘，都参加过对"硫某"轮的救助或监护，其中"某拖17"轮、"某拖19"轮的船舶所有人是山东省龙某港务管理局某轮驳公司，但该公司属于港务局的分支机构，无独立企业法人资格。"某拖21""某拖22"轮归港务局所有。

第一被告松某航运为该轮"硫某"轮的船舶所有人，第二被告油轮公司为船舶经营人。硫磺系腐蚀、易燃类危险品，熔化的液体硫磺可能含有剧毒物质，且常温下容易凝固成块状固体。

原告提出诉讼请求：判令两被告支付原告救助报酬44.38万美元，约折合人民币367万元，并要求两被告承担本案的诉讼费和原告方的律师费用。

第一被告松某航运辩称：（1）原告诉称的救助费用124万元缺乏事实和法律依据，该救助费用实际应不超过10万元。（2）原告救助报酬请求数额过高，于法无据，不应予以支持。根据国际惯例，该救助报酬应以不超过6万美元为宜。（3）本案的救助报酬不应完全由被告承担，货方应承担合理的份额。（4）原告要求被告承担律师费的请求，不符合法律规定。

【裁判说理】

争议焦点：（1）守护处于危险之中的船舶以及为准备储存处于危险之中的船载危险货物而临时搭建货池的行为是否属于海难救助行为。（2）救助费用和救助报酬的金额应当如何确定。（3）救助人向船舶所有人提出支付全部救助报酬的请求时，船舶所有人是承担全部救助报酬，还是仅应当按照获救船舶价值占全部获救价值的比例承担。

青岛海事法院认为：

1.关于守护处于危险之中的船舶以及为准备储存处于危险之中的船载危险货物而临时搭建货池的行为是否属于海难救助行为。2001年1月16日，港务局接受遇险船舶"硫某"轮的委托对该轮实施的救助行为，属于一种海难救助作业，并且取得显著的救助成效，没有发生任何财产损失或人员伤亡，松某航运和港务局双方对此均无异议。因此，港务局依法有权获得相应的救助报酬。在16日下午遇险船舶停靠浅水泊位后，"硫某"轮并没有完全脱离危险状态,港务局为了该轮的安全需要而派遣两艘拖轮在现场负责监护,是在先救助行为的必然延续,仍应当属于救助行为;港务局搭建的硫磺池,是为了满足紧急情况下"硫某"轮的卸货需要而临时搭建的,在当时情况下是必要的,应当属于救助行为的一部分,松某航运声称上述行为不属于海难救助范围的主张,不予支持。

2. 关于救助费用和救助报酬的金额应当如何确定。港务局声称其救助行为合计发生救助费用 1 239 040 元,经法院审核并结合当地实际情况,认为其中的引航费 11 424 元、移泊费 9583.20 元、拖轮费 601 249.50 元、系解缆费 3210 元和停泊费 45 360 元数额为合理,法院予以认可;因搭建的硫磺池并未实际使用,其中材料如黄沙、篷布和铁管可以由港务局回收重新利用,应适当折价 40%,加上硫磺池搭建时的人工费和机械使用费 58 869.60 元,搭建硫磺池工程费以 143 669.60 元为合理,港务局请求中超出部分,法院不予支持;相对搭建工作来讲,清除硫磺池需要花费的时间一般较长,其人工费和机械使用费参照硫磺池搭建时的人工费和机械使用费的 1.5 倍计算,以 88 304.40 元比较合理,港务局主张的超出部分,法院不予支持;参加现场施救人员的劳务费,每次救助或移泊中,只有直接的业务主管负责人的劳务费可以参照引航员的引航费或移泊费计算,其他负责人员和普通人员的劳务费,可分别参照 1991 年 12 月交通部《国际航线海上救助打捞收费办法》费率表中第七项的"工程师与专家"和"其他人员"的收费标准计算,上述劳务费合计 24 664.70 元;港务局计算的救助费用包括了围油栏费用和引航员交通费,缺乏事实和法律依据,法院不予支持。综上,港务局支出的费用合理部分应是 927 465.70 元。同时根据《海商法》第 182 条第 3 款的规定,考虑到港务局提供救助服务的及时性以及救助船舶的使用情况、备用状况、效能和价值,法院认为,此次海难救助的救助费用应当在上述费用的基础上增加 10 万元,总计 1 027 465.70 元。

按照《海商法》第 180 条的规定,确定救助报酬时应当体现对救助作业的鼓励,并综合考虑法律规定的十项因素。综观本次救助作业,港务局提供的救助服务是非常及时的,并取得了显著的救助成效,不仅没有发生任何财产损失而且成功地挽救了全部遇险船员的生命;更为重要的是,"硫某"轮装载着特殊的危险品液体硫磺,一旦该轮沉没海中,必将造成极其严重的环境污染,同时给船舶所有人带来巨大的赔偿责任,而港务局的成功救助行为有效地防止了这种污染损害和赔偿责任的发生。另外，港务局不仅冒着港区可能被污染、航道可能被阻塞的巨大责任风险，也遭受了一些难以计算的经济损失。为了救助"硫某"轮，港务局立即停止港内所有拖轮的正常作业，全部出动参加救助，另有二百余名职工在码头协同配合、搭建硫磺池；在"硫某"轮靠泊后、港口拖轮十分紧张情况下，仍然派遣两艘拖轮到现场负责监护，确保"硫某"轮的安全，这些都给港务局正常的生产经营造成严重影响。经综合考虑，法院认为，此次海难救助的救助报酬以196万元计算比较合理；原告主张救助报酬367万元明显过高，超出合理部分，法院不予支持。

3. 救助人向船舶所有人提出支付全部救助报酬的请求时，船舶所有人是承担全部救助报酬，还是仅应当按照获救船舶价值占全部获救价值的比例承担。"硫某"轮船长向原告港务局提出救助申请时，并未声明其行为同时代表船上货物的所有人，因此船长的行为应当理解成仅仅代表该轮船舶所有人；而且船长已经声明"所有责任都由该轮和/或船舶所有人承担"。因此，松某航运应当承担本案全部救助报酬，与油轮公司无关；被告松某航运要求船载货物所有人亦承担部分救助报酬的主张，法院不予支持。

【法官后语】

本案涉及三个法律问题。

一、海难救助的构成

本案原告守护处于危险之中的船舶以及为准备储存处于危险之中的船载危险货物而临时搭建货池的行为构成海难救助行为。

海难救助，是指对遇难海船货物和客货运费的全部或部分，由外来力量对其进行救助的行为。海难救助的成立必须具备以下要件：其一，被救助物必须是法律承认的救助标的。本案的船舶及船载货物很显然属于海难救助标的的范围。其二，被救助物处于危险之中。危险必须是真实存在或不可避免的，船舶或其他财产只有存在真实危险，方有救助的必要，虚拟的危险不能构成海难救助。危险是否真实存在，是针对危险性质而言，不考虑危险大小，只要对财产或其他财产构成威胁，即使威胁很小，同样能构成救助要件，只不过要求采取的措施以合理为限。在判断危险的标准上，关键在于合理性的认定。合理性并不要求危险必定发生灾难，或者一定是马上面临，只要是客观、合理地判断危险存在即可。本案中"硫某"轮处于随时倾覆的危险之中，经过拖轮救助后强行搁浅在浅水泊位,从客观、合理的角度判断,此时船舶没有完成全面检修和处理,因此没有完全脱离危险状态。港务局为了该轮的安全需要而派遣两艘拖轮在现场进行监护属于守护性救助,仍属于救助行为。涉案船载货物硫磺系腐蚀、易燃类危险品和船舶同时处于危险之中,一旦船舶倾覆、硫磺泄漏,势必造成海洋污染,因此救助过程中应当随时做好卸货和储存货物的准备。港务局搭建硫磺池就是为了在救助过程中卸载和储存处于危险之中的危险货物的需要,亦应当属于救助行为。其三,救助行为是自愿的行为。本案中"硫某"轮船长向原告港务局提出救助申请,港务局同意并积极实施救助,双方的行为均是自愿的。

二、如何确定救助报酬

本案中法院依自由裁量权对救助费用及救助报酬金额的确定是公平合理的。根据《海商法》第180条规定,确定救助报酬应当综合考虑十项因素,其中一项因素是救助方所用的时间、支出的费用和遭受的损失。《海商法》第182条第3款规定,救助费用是指救助方在救助作业中直接支付的合理费用以及实际使用救助设备、投入救助人员的合理费用。确定救助费用应当综合考虑本法第180条第1款第8~10项的规定。《海商法》第180条第1款第8~10项规定的因素包括救助方提供救助服务的及时性;用于救助作业的船舶和其他设备的可用性和使用情况;救助设备的备用状况、效能和设备的价值。本案中原告主张的救助费用为1 239 040元,法院经过审核并结合当地实际情况最终认定原告支出的救助费用合理金额应当是927 465.70元。同时结合《海商法》第180条第1款第8~10项规定的因素,考虑到港务局提供救助服务的及时性以及救助船舶的使用情况、备用状况、效能和价值,自由裁量认为此次海难救助的救助费用应当在上述费用的基础上合理增加10万元,总计1 027 465.70元,这一认定体现了鼓励救助的原则,是适当和合理的。

在确定救助费用的基础上,根据《海商法》第180条所规定的确定救助报酬应当综合考虑的十项因素,法院认为在本次救助作业中,港务局提供的救助服务是非常及时的,取得了显著的救助成效,不仅没有发生任何财产损失,而且成功地挽救了全部遇险船员的生命;更为重要的是港务局的成功救助行为有效地防止了硫磺污染损害和赔偿责任的发生。另外,港务局为了救助"硫某"轮停止了港内所有拖轮的正常作业,全部出动参加救助,另有二百余名职工在码头协同配合、搭建硫磺池;在"硫某"轮靠泊后、港口拖轮十分紧张的情况下仍然派遣两艘拖轮到现场负责监护，确保"硫某"轮的安全，这些都给港务局正常的生产经营造成严重影响，遭受了一些难以计算的经济损失。综合考虑十项因素在港务局救助行为中的体现，法院认为原告主张救助报酬367万元明显过高，最终以自由裁量权认定救助报酬金额为196万元，这一认定是适当、合理的，既体现了鼓励救助作业的原则，又否认了原告港务局明显过高的请求，较好地维护了救助方和被救助方的合法利益。

三、救助报酬的分担原则

救助人向船舶所有人提出支付救助报酬的请求时，船舶所有人是承担全部救助报酬，还是仅应当按照获救船舶价值占全部获救价值的比例承担？对此，《海商法》第183条规定，救助报酬的金额，应当由获救的船舶和其他财产的所有人，按照船舶和其他各项财产各自的获救价值占全部获救价值的比例承担。该规定确定了救助报酬的分担原则，即由各获救方按照其财产获救价值比例承担救助报酬，救助方不能要求任一获救方承担超过按照上述比例原则应当承担的部分，各获救方相互之间亦不负连带支付救助报酬的责任。法院或仲裁机构确定一个总的救助报酬后，并不具体考虑船舶或船载货物所面临的风险是否可能有所不同，也不考虑救助船舶本身与救助货物是否付出了不同的费用、代价，而应当直接判令获救各方按其财产获救价值比例承担救助报酬。即使救助人仅向船舶所有人而没有向获救船载货物的所有人提出支付救助报酬的请求，法院亦应当根据《海商法》第183条的规定对各获救财产价值进行主动审查，从而确定各获救方应当承担的救助费用。另外，根据《海商法》第175条之规定，遇险船舶的船长或者船舶所有人有权代表船上财产所有人订立救助合同，因此船长代表船载货物所有人订立救助合同应当属于法定权利，船长向救助方提出救助请求时无须特别指明代表船舶所有人和货物所有人，其订立的救助合同对船舶所有人和货物所有人具有当然的约束力。

本案中，法院认为"硫某"轮船长向原告港务局提出救助申请时，并未声明其行为同时代表船上货物的所有人，因此船长的行为应当理解成仅仅代表该船舶所有人。法院的这一理解并不符合《海商法》第175条的规定，法院以此来否认应当由货物所有人分担救助报酬是错误的。但是船长在提出救助请求时声明"所有责任都由该轮和/或船舶所有人承担"这一声明似乎可以视为船长代表船舶所有人向港务局做出承担货物救助报酬的承诺，即船舶所有人作出的债务承担的意思表示，法院据此要求船舶所有人承担全部救助报酬，应属合理。

【相关法条】

《中华人民共和国海商法》（1993 年 7 月 1 日施行）

第一百七十九条　救助方对遇险的船舶和其他财产的救助，取得效果的，有权获得救助报酬；救助未取得效果的，除本法第一百八十二条或者其他法律另有规定或者合同另有约定外，无权获得救助款项。

第一百八十条　确定救助报酬，应当体现对救助作业的鼓励，并综合考虑下列各项因素：

（一）船舶和其他财产的获救的价值；

（二）救助方在防止或者减少环境污染损害方面的技能和努力；

（三）救助方的救助成效；

（四）危险的性质和程度；

（五）救助方在救助船舶、其他财产和人命方面的技能和努力；

（六）救助方所用的时间、支出的费用和遭受的损失；

（七）救助方或者救助设备所冒的责任风险和其他风险；

（八）救助方提供救助服务的及时性；

（九）用于救助作业的船舶和其他设备的可用性和使用情况；

（十）救助设备的备用状况、效能和设备的价值。

救助报酬不得超过船舶和其他财产的获救价值。

第一百八十二条　对构成环境污染损害危险的船舶或者船上货物进行的救助，救助方依照本法第一百八十条规定获得的救助报酬，少于依照本条规定可以得到的特别补偿的，救助方有权依照本条规定，从船舶所有人处获得相当于救助费用的特别补偿。

救助人进行前款规定的救助作业，取得防止或者减少环境污染损害效果的，船舶所有人依照前款规定应当向救助方支付的特别补偿可以另行增加，增加的数额可以达到救助费用的百分之三十。受理争议的法院或者仲裁机构认为适当，并且考虑到本法第一百八十条第一款的规定，可以判决或者裁决进一步增加特别补偿数额；但是，在任何情况下，增加部分不得超过救助费用的百分之一百。

本条所称救助费用，是指救助方在救助作业中直接支付的合理费用以及实际使用救助设备、投入救助人员的合理费用。确定救助费用应当考虑本法第一百八十条第一款第（八）、（九）、（十）项的规定。

在任何情况下，本条规定的全部特别补偿，只有在超过救助方依照本法第一百八十条规定能够获得的救助报酬时，方可支付，支付金额为特别补偿超过救助报酬的差额部分。

由于救助方的过失未能防止或者减少环境污染损害的，可以全部或者部分地剥夺救助方获得特别补偿的权利。

本条规定不影响船舶所有人对其他被救助方的追偿权。

承办人：孟庆开

编写人：崔婷婷　田　琨

47. 某港务局轮驳公司诉 C×××海难救助合同纠纷案
——拖轮费用的计算

【合规提示】

本案系船舶扣押拍卖期间，因遇恶劣天气，导致多艘锚泊船舶走锚，引发先是两船舶发生碰撞、接着三走锚船舶的锚链相缠，被扣押船舶有沉没危险，情况危急。接到海事当局的遇险情况通知后，施救方多艘拖轮前往救助，并解除了危险。施救方在申请债权登记后提起确权诉讼。本案的合规提示：（1）《海商法》第 179 条对海难救助报酬规定的是"效果报酬"原则。（2）确定救助报酬，应当体现对救助作业的鼓励，并综合考虑《海商法》第 180 条列出十项因素，但救助报酬不得超过船舶和其他财产的获救价值。

【案件信息】

1. 裁判文书字号

（2001）青海法海商初字第 271 号

2. 当事人

原告：某港务局轮驳公司

被告：C×××

3. 关键词

民事　海难救助　确权诉讼　效果报酬　救助鼓励　船舶优先权　债权分配　优先受偿顺序

【裁判要旨】

1. 对本案实际发生拖轮费用的计算，应当按照交通部《港口收费规则（外贸部分）》相关收费规定，结合拖轮马力、使用具体时间进行计算。

2. 在确定救助报酬时，为体现对救助作业的鼓励，按照《海商法》第80条规定的因素，综合考虑该轮的拍卖成交价，予以适当鼓励。

【基本案情】

2001年5月26日，应金某满等22名在船船员的申请，被青岛海事法院依法裁定并在我国青岛港锚地对多哥籍"亚某冷藏"冷藏船实施了扣押。7月6日，法院依法裁定拍卖该轮。8月22日，依法公开拍卖该轮，该轮的拍卖成交价为人民币161万元。

5月27日至8月1日，"亚某冷藏"轮锚泊在120°15′E，36°05′N。

8月1日，"桃芝"台风影响青岛，受台风影响"亚某冷藏"轮走锚，船舶随风浪漂移，逐渐移向防浪堤。

1735时，在120°16′E，36°05′N处，"亚某冷藏"轮与"津某"轮发生碰撞。"亚某冷藏"轮船体受损严重，抵御恶劣天气能力明显下降。

随后，"亚某冷藏"轮、"津某"轮、"兴某18"轮（另一走锚船舶）三船的锚链相缠。致使"亚某冷藏"轮有沉没危险，情况危急。

当时的气象状况：天气阴，有中雷阵雨，局部大雨，海上风力7~8级，阵风9级，风速22米/秒，浪高4米左右。

1800 时，原告接到青岛海事局该遇险情况的通知。

1805 时，原告派遣"亚某一号""亚某二号""青某拖 18""青某拖 4"四条拖轮赶往现场实施救助。"青某拖 4"出海后，因风浪大于 1840 时返回。

1845 时，三条拖轮抵达事故现场，进行监护和救助。由引航员和船长协调指挥，"青某拖 18"轮接近并迎风顶在"亚某冷藏"轮的尾部，"亚某一号"轮、"亚某二号"轮在旁协助，使其偏离危险海域。

2230 时，在原告三条拖轮的现场监护下，"亚某冷藏"轮脱离危险。

2345 时，三条拖轮返回停泊地，救助结束。

"亚某一号""亚某二号""青某拖 18""青某拖 4"轮均属某港务局所有，由原告使用并管理。主机功率分别折合为 5004 马力、5004 马力、4100 马力、3203 马力。

9 月 5 日，原告就该救助行为产生的债权向法院申请债权登记后提起确权诉讼，请求依照我国《海商法》关于海难救助的有关规定，并综合考虑第 180 条所列的十项因素，确认原告本次救助报酬 17 万元。

被告未提供书面答辩意见。

法院参照 1997 年 6 月 20 日中华人民共和国交通部公布实施的《港口收费规则（外贸部分）》相关收费规定，核算原告拖轮马力、用时、加班等因素，对所发生拖轮使用费进行计算：从 1805 时起至 2345 时止，参加救助"亚某冷藏"轮的三条拖轮实际分别作业 5 小时 40 分，拖轮使用费为 68 564.88 元；"青某拖 4"轮实际航行 41 分钟，拖轮使用费为 2594.43 元。

【裁判说理】

争议焦点：（1）危险情况的认定；（2）救助合同的成立；（3）救助效果；（4）救助费用的核算与对救助作业的鼓励情形。

青岛海事法院认为：（1）因恶劣气候，导致"亚某冷藏"轮、"兴某 18"轮分别走锚，"亚某冷藏"轮与"津某"轮发生碰撞事故，并发生三船舶锚链纠缠的事故。"亚某冷藏"轮随时有倾覆的危险。（2）为避免该轮发生倾覆等危险，原告派遣四条拖轮进行救助，"亚某冷藏"轮也接受了原告的救助，原告与被告之间的救助合同关系成立。（3）原告的救助行为，使"亚某冷藏"轮安全脱离危险，没有发生碰撞以外其他财产损失和人员伤亡，故原告有权获得救助报酬。（4）经本院核算，参加实际救助的三条拖轮"亚某一号""亚某二号""青某拖 18"作业,实际产生抢轮使用费 68 564.88 元。根据《海商法》第 180 条规定的十项内容,结合本次参加救助的三条拖轮的实际情况,并以"亚某冷藏"轮的拍卖价值 161 万元作为获救价值的参考。本院认为,原告的救助报酬以 80 000.00 元为合理;原告主张"青某拖 4"轮的救助费用以及其他费用及损失,本院不予支持。依据《海商法》第 179 条、第 180 条的规定,判令:一、被告 C×××在 10 日内向原告某港务局轮驳公司支付海难救助报酬 80 000.00 元;二、驳回原告某港务局轮驳公司的其他诉讼请求。案件受理费 4910.00 元,原告负担 2599.40 元,被告负担 2310.60 元。

青岛海事法院以判决形式结案。

【法官后语】

1. 本次海难救助发生在船舶扣押拍卖期间,救助的效果解除了被扣船舶的倾覆危险、在船员的生命安全,保障了港口航运的正常通行,救助效果显著,法院判令救助报酬时,在实际支出费用基础上给予了适当鼓励。

2. 在债权分配过程中,首先确认本次海难救助费用的优先权属性,再按照《海商法》第 23 条第 1 款的规定以先于本案其他优先权的受偿顺序进行了足额受偿。

【相关法条】

《中华人民共和国海商法》(1993 年 7 月 1 日施行)

第一百七十九条 救助方对遇险的船舶和其他财产的救助,取得效果的,有权获得救助报酬;救助未取得效果的,除本法第一百八十二条或者其他法律另有规定或者合同另有约定外,无权获得救助款项。

第一百八十条 确定救助报酬,应当体现对救助作业的鼓励,并综合考虑下列各项因素:

(一)船舶和其他财产的获救的价值;

(二)救助方在防止或者减少环境污染损害方面的技能和努力;

(三)救助方的救助成效;

(四)危险的性质和程度;

(五)救助方在救助船舶、其他财产和人命方面的技能和努力;

(六)救助方所用的时间、支出的费用和遭受的损失;

（七）救助方或者救助设备所冒的责任风险和其他风险；

（八）救助方提供救助服务的及时性；

（九）用于救助作业的船舶和其他设备的可用性和使用情况；

（十）救助设备的备用状况、效能和设备的价值。

救助报酬不得超过船舶和其他财产的获救价值。

第二十二条 下列各项海事请求具有船舶优先权：

（一）船长、船员和在船上工作的其他在编人员根据劳动法律、行政法规或者劳动合同所产生的工资、其他劳动报酬、船员遣返费用和社会保险费用的给付请求；

（二）在船舶营运中发生的人身伤亡的赔偿请求；

（三）船舶吨税、引航费、港务费和其他港口规费的缴付请求；

（四）海难救助的救助款项的给付请求；

（五）船舶在营运中因侵权行为产生的财产赔偿请求。

载运2000吨以上的散装货油的船舶，持有有效的证书，证明已经进行油污损害民事责任保险或者具有相应的财务保证的，对其造成的油污损害的赔偿请求，不属于前款第（五）项规定的范围。

第二十三条 本法第二十二条第一款所列各项海事请求，依照顺序受偿。但是，第（四）项海事请求，后于第（一）项至第（三）项发生的，应当先于第（一）项至第（三）项受偿。

本法第二十二条第一款第（一）、（二）、（三）、（五）项中有两个以上海事请求的，不分先后，同时受偿；不足受偿的，按照比例受偿。第（四）项中有两个以上海事请求的，后发生的先受偿。

承办人：郭彦滨
编写人：郭彦滨

48. 青岛某公司诉大连金某船务有限公司、大连某实业总公司海难救助合同纠纷案
——财产附带人命救助的法律关系认定

【合规提示】

本案是一起海难救助法律关系中，施救人诉请被救人支付损失和救助报酬的案件。双方对于案件中海上救助的性质是单纯的人命救助，还是财产救助附带人命救助存在争议。法律对于海上人命救助和财产救助的调整有着重大差别：对人命救助强调义务性和无偿性；对财产救助则注重有效性和酬效对等性。但是，如果救助方在成功地救助了船舶或者其他财产的同时，在救助人命方面也作出了努力，救助人理所应当地在取得救助报酬时，将此纳入考量。司法实践秉持正确的价值导向，合理确定救助报酬，公平、妥善解决该类纠纷。

【案件信息】

1. 裁判文书字号

（1997）青海法海商初字第 219 号

2. 当事人

原告：青岛某公司

被告：大连金某船务有限公司、大连某实业总公司

3. 关键词

民事　海难救助　人命救助　财产救助

【裁判要旨】

1. 判断海上救助的性质是单纯的人命救助，还是财产救助附带人命救助，要根据救助的起源、救助船（设备）与遇险船的接触、救助方所采取的实际

救助措施、有无其他救助方进行财产救助、救助方之间的分工、救助措施与被救助方财产获救之间的因果关系、救助方与被救助方之间就财产救助有无约定等具体情况予以认定。

2. 单纯的人命救助属于公法义务，人命救助方不能依法取得救助报酬的，有权从财产救助方或污染防治方获得的救助报酬或特别补偿中分享合理份额。人命救助方主张救助报酬时，能证明其实际采取了财产救助措施并取得救助效果，或采取的财产救助措施与最终财产获救之间具有因果关系的，应合理支持救助报酬。

【基本案情】

原告青岛某公司诉称，为救助被告船舶，原告遭受经济损失 116 822 元。根据大连海事法院的调解书，大连某实业公司负责大连金某船务有限公司（以下简称大连金某公司）的债权债务。为此，青岛某公司要求法院判令两被告偿还损失 116 822 元并支付救助报酬 12 万元。

被告大连金某公司辩称：青岛某公司的救助没有最终效果，遇险船员并未送上岸；青岛某公司的损失缺乏证据，其不应承担赔偿责任；根据其与大连某实业公司在大连海事法院达成的调解协议，债务应由大连某实业公司承担。故大连金某公司不应成为本案被告。被告大连某实业公司未答辩。

1996 年 3 月 28 日 0250 时，原告青岛某公司所属"青某"轮在从马尾港驶往天津港途中，从 VHF 电话中收到被告大连金某公司所属"华某"轮起火的求救信号后，即与"华某"轮联系。0310 时，"华某"轮向"青某"轮报告船位，并请求救助，原告所属"青某"轮即改向前往救助。0340 时，将"华某"轮 7 名船员从漂行的救生艇中救起。当得知仍有 17 名船员在难船，且难船随时会爆炸时，"青某"轮即前往"华某"轮继续救助。当时海上东北风五级，由于风大浪高，救生艇难以靠近难船，"青某"轮即强行靠泊难船"华某"轮。0450 时许，将其余 17 名船员安全救至"青某"轮，并为遇险船员提供衣被御寒。由于火势太大，"青某"轮无法进一步施救，砍断缆绳后离开难船，在距难船 0.5 海里处抛锚守候，并代替遇难船与上海、青岛、大连等海岸电台进行通信联络。后难船"华某"轮被上海打捞局"沪某 3"号轮将大火扑灭。当日 2310 时，"华某"轮 24 名遇险船员被移至"沪某 3"号轮。2324 时，原告所属"青某"轮恢复航行。被告所属"华某"轮被"沪某

3"号轮拖至青岛港。

为救助"华某"轮,原告所属"青某"轮误航20小时14分钟,造成营运损失18 700元,为修理救助造成的船舶损坏,支付修船费26 420元。

被告大连金某公司所属"华某"轮获救后已按报废处理,报废残值被告不予提供。上海打捞局的救助费用,尚未付清。

另查明,根据大连海事法院的调解书[(1996)大海法商初字第242号],被告大连某实业公司对被告大连金某公司的债权、债务进行清理。

【裁判说理】

争议焦点:海上救助的性质是单纯的人命救助,还是财产救助附带人命救助。

青岛海事法院认为:青岛某公司所属"青某"轮接到大连金某公司所属船舶"华某"轮的求救信号后,即前往救助,并救起24人,显属人命救助行为。青岛某公司有权依照我国《海商法》的规定从有关的财产救助费用中获得相应的份额。

青岛某公司船舶尽管没有直接参加灭火救助作业,但在救助财产的船舶到来之前和其救助过程中,对被告的船舶进行监护并为其进行通信联络,为被告船舶及时获救提供了便利,其行为亦构成财产救助,有权获得财产救助报酬。但考虑到被救船舶已经报废和青岛某公司方在救助中使用的技能、花费的时间以及遭受的损失等因素,以适当确定救助报酬为宜。青岛某公司索取的救助报酬明显过高,法院不予支持。青岛某公司在救助过程中遭受的损失可以在确定救助报酬时予以考虑,但要求被救助方赔偿,没有法律根据。

被告大连某实业公司和被告大连金某公司对青岛某公司应得的救助报酬,应共同承担支付义务。

青岛海事法院依照《海商法》第179条、第180条和《民事诉讼法》第130条的规定,作出如下判决:被告大连某实业公司和被告大连金某公司共同支付原告青岛某公司救助报酬9万元。

【法官后语】

海难救助是克服海上危险,拯救海上遇险人员、财产,同时防止或减轻海难引发的环境损害的光荣行为。即使是在航海技术、装备水平日益提升的当代，海难救助仍面临着特殊的海上风险。从以《1989年国际救助公约》为代表的海难救助国际公约和我国《海商法》有关海难救助的规定等现行国际、国内海难救助法律制度看，法律对海难救助的规范和引导体现在三个方面：第一，义务抢救海上遇险人员；第二，有效救助遇险船舶和其他财产；第三，注重和鼓励环境污染的防治。可见，法律对于海上人命救助和财产救助的调整有着重大差别：对人命救助强调义务性和无偿性；对财产救助则注重有效性和酬效对等性。海上人命救助的义务性和无偿性有助于从根本上维系人类从事海上运输和作业的可持续性，保障人类自身生命的安全。海事审判应当准确甄别海上救助的性质，从而正确适用法律，精准判定救助方是否有权请求酬金或应向何方请求补偿。

从狭义上讲，人命救助不是严格意义上的海难救助，不适用海难救助法律制度。因此，即使人命救助取得了成效，也不能获得救助报酬。但是，如果救助方在成功地救助了船舶或者其他财产的同时，在救助人命方面也作出了努力，那么，在确定救助人所应得的救助报酬时，应综合考虑救助方在救助船舶、其他财产和人命方面的技能和努力。因此，司法实践中应当发挥正确的价值导向作用，本案合理确定救助报酬，以弘扬社会"正能量"的方式解决涉案纠纷。

在本案中，青岛某公司所属"青某"轮接到大连金某公司所属船舶"华某"轮的求救信号后，即前往救助，并成功救起了24名船员，这一行为显属人命救助行为。按照《海商法》的规定，救助人不能取得救助报酬。"青某"轮在救助人命的同时救助船舶，尽管没有直接参加灭火救助作业，但在救助财产的船舶到来之前和其救助过程中，对遇险船舶进行了监护并为其进行通信联络，为该船舶及时获救提供了便利和支持。因此，其行为亦构成财产救助，有权依法获得救助报酬。另外，由于本案救助人大连金某公司在人命救助方面付出了艰苦的努力，并取得了巨大的成效，为另一财产救助人上海打捞局成功救助"华某"轮创造了有利条件。因此，按照《海商法》第185条的规定，该人命救助人有权从成功救助遇险难船的财产救助方上海打捞局所获得的救助报酬中，获得合理的份额。一审宣判后当事人未提起上诉。

【相关法条】

《中华人民共和国海商法》(1993年7月1日施行)

第一百七十九条 救助方对遇险的船舶和其他财产的救助,取得效果的,有权获得救助报酬;救助未取得效果的,除本法第一百八十二条或者其他法律另有规定或者合同另有约定外,无权获得救助款项。

第一百八十条 确定救助报酬,应当体现对救助作业的鼓励,并综合考虑下列各项因素:

(一)船舶和其他财产的获救的价值;

(二)救助方在防止或者减少环境污染损害方面的技能和努力;

(三)救助方的救助成效;

(四)危险的性质和程度;

(五)救助方在救助船舶、其他财产和人命方面的技能和努力;

(六)救助方所用的时间、支出的费用和遭受的损失;

(七)救助方或者救助设备所冒的责任风险和其他风险;

(八)救助方提供救助服务的及时性;

(九)用于救助作业的船舶和其他设备的可用性和使用情况;

(十)救助设备的备用状况、效能和设备的价值。

救助报酬不得超过船舶和其他财产的获救价值。

第一百八十五条 在救助作业中救助人命的救助方,对获救人员不得请求酬金,但是有权从救助船舶或者其他财产、防止或者减少环境污染损害的救助方获得的救助款项中,获得合理的份额。

承办人:黄永申
编写人:杨 俊

49. 交通部某海上救助打捞局诉洪都拉斯某企业公司、香港保某国际有限公司海难救助合同纠纷案
——海难救助中，在获救后的船舶已无获救价值情况下救助报酬的支付可能性与标准规则

【合规提示】

本案是一起海难救助报酬纠纷案件。从事海难救助的救助人面对获救后的船舶已无获救价值的情况，是否还能要求支付救助报酬，以及支付按照什么标准进行，是救助实践中可能要面对的问题。对救助人而言，救助活动付出了人力、物力、时间成本，如果获救后的船舶没有获救价值，在一定情况下仍然可以获得补偿。根据《海商法》关于对构成环境污染损害危险的船舶的救助报酬的规定，救助人虽然不能从救助中实际得到救助报酬，但是如果救助行为成功取得防止船舶造成环境污染损害的效果，救助人仍然可以获得不超过救助费用的特别补偿。符合这样的条件，救助人可以积极主张特别补偿的权利。值得注意的是，在特别补偿条款下，即使救助人没有取得救助成效，但只要救助人对构成环境污染损害危险的船舶或者船上货物进行了救助，救助人仍然可以得到相当于救助费用的特别补偿。

【案件信息】

1. 裁判文书字号

（1997）青海法海商初字第281号

2. 当事人

原告：交通部某海上救助打捞局

被告：洪都拉斯某企业公司、香港保某国际有限公司

3. 关键词

民事 海难救助 救助合同 救助报酬 获救价值 特别补偿

【裁判要旨】

在海难救助中，救助人的救助行为取得成效，但获救后的船舶和其他财产已无获救价值，救助人不能从救助中实际得到救助报酬。但是，如果救助行为成功取得防止船舶造成环境污染损害的效果，依照《海商法》关于对构成环境污染损害危险的船舶的救助报酬的规定，救助人可以获得不超过救助费用的特别补偿。

【基本案情】

原告交通部某海上救助打捞局（以下简称某打捞局）因与被告洪都拉斯某企业公司（以下简称某企业公司）、香港保某国际有限公司（以下简称香港保某公司）救助报酬纠纷诉至法院。原告起诉称，被告某企业公司所属洪都拉斯籍货轮"西某"轮在某港锚地前舱进水后又起锚触礁请求救助，原告接到委托（后来又签订了劳式95格式救助契约）后，即出动船舶实施救助并成功交船。救助结束后，"西某"轮长期停靠原告码头，并且由原告一直看护。救助已经结束90多天，但获救方未向原告支付救助报酬，也未提供满意的担保。鉴于上述情况，原告申请扣押了该轮，并向法院起诉，请求强制拍卖该轮并判令被告支付原告相关报酬费用。后原告鉴于该轮公开拍卖价款为122.7万元人民币，将请求额变更为122.7万元。

两被告均未提出答辩意见。

洪都拉斯籍"西某"轮注册船东系某企业公司，另香港保某公司系该轮的经营管理人。该轮在某港外锚地锚泊时，由于受较强西北风影响走锚，与"鲁某65"轮发生碰撞搁浅于某担子岛西北角礁石区域。某打捞局调度值班室接到某港监电话指示后，指派待命的"烟某2"轮紧急出动。后某打捞局收到某船务代理公司发来的救助委托书（某船务代理公司接受香港保某公司的委托，系"西某"轮的船舶代理人）。"烟某2"轮起锚赶赴现场后，某打捞局制定了周密的施救方案。因港监通知难船已决定弃船，某打捞局首先将全部船员及个人吴某安全撤离难船。后派出"烟某4"轮、"烟某捞5"轮等工程船投入作业，最终成功救助脱离现场并靠好某打捞局码头。随后某打捞局进行污油回收等作业，并实施安全守护。救助结束后，某打捞局方代表与被告香港保某公司全权代表熊某签署了《安全交船确认书》，双方确认难船被救成功后于某打捞局码头安全交予被告，并同意自救助作业结束后难船发生的费用不再按"无效果，无报酬"的原则确定（之前某打捞局与难船船长补签过"无效果，无报酬"救助合同）。"西某"轮出事地点位于某港附近，周围有大片的海珍品养殖区及海水浴场，某打捞局的救助作业避免了该轮船上存有的大量燃油及污水的泄漏，防止了环境污染。

"西某"轮获救后，被告拒不向某打捞局提供救助报酬担保，某打捞局于1997年8月12日向青岛海事法院申请扣押该轮。该院于8月14日依法裁定将该轮在某造船厂码头实施扣押，责令被告提供60万美元的担保，同时委托某打捞局继续负责该轮看管工作，并负责该轮的安全。因被告未提供担保，且该轮不易保管，应某打捞局的申请，青岛海事法院依法于10月29日将该轮公开拍卖。由张家港某拆船钢铁有限公司以122.7万元购得。该轮拍卖费用为245 685.54元；某打捞局看管难船产生费用计808 076.30元；难船在某造船厂码头停泊产生停泊费等79 396元；边防监护费用11万元（已付10万元）。

【裁判说理】

争议焦点：（1）海难救助中获救后的船舶已无获救价值情况下救助报酬是否能够得到支付；（2）救助报酬支付的范围与标准。

青岛海事法院认为：被告香港保某公司授权的船舶代理人向原告发出救助委托书，后遇难船船长又与原告补充签订了"无效果，无报酬"合同，原、被告双方"无效果，无报酬"救助合同法律关系成立。原告接受委托后，及时派出船舶，经巨大努力，成功地救助了"西某"轮，履行了合同义务，有权获得救助报酬。但该轮经本院公开拍卖仅得价款122.7万元人民币，根据《海商法》第181条的规定，扣除拍卖费用、看管费用（包括监护费）及停泊费用已无获救价值，因此，原告不能在本次救助中实际得到救助报酬。但本次救助成功地取得了防止船舶造成环境污染损害的效果，依照《海商法》第182条的规定，原告可以获得不超过救助费用的特别补偿。而本次救助作业中，原告投入了多艘船舶，其直接支付的合理费用及实际使用救助设备，投入救助人员的费用已远远超过原告变更诉讼请求的请求额122.7万元人民币，因此，原告的该项请求额应作为海难救助的特别补偿由被告支付。

青岛海事法院以判决方式结案，判决被告香港保某国际有限公司支付原告某海上救助打捞局救助款项1 227 000.00元人民币及银行同期存款利息。

被告某企业公司承担连带清偿责任。

【法官后语】

本案中，涉及的核心法律问题是海难救助中，当获救后的船舶已无获救价值情况下，救助报酬是否还要支付以及如果支付按照什么标准进行。

关于获救后的船舶在已无获救价值的情况下救助报酬应否支付的问题。对此，应当弄清楚两个方面：一是海难救助中救助报酬不得超过获救财产价值。二是无获救价值时救助人在特定情况下可以获得"特别补偿"。在海商法中，确定救助报酬有两个基本原则：一是"无效果，无报酬"原则；二是救助报酬不得超过获救财产价值原则。"无效果，无报酬"是确定救助报酬的前提和基础性原则；救助报酬不得超过船舶和其他财产的获救价值，是对"无效果，无报酬"原则的限定。也就是说，虽然救助有效果就有报酬，但是救助报酬的数额在任何情况下都不应当超过船舶和其他财产的获救价值，这是国际公约与各国海商法的普遍规定。换言之，救助报酬的最高限额为船舶和其他财产的获救价值。我国《海商法》第180条第2款也规定："救助报酬不得超过船舶和其他财产的获救价值。"

所谓船舶和其他财产的获救价值，按照我国《海商法》第181条的规定，是指船舶和其他财产获救后的估计价值或者实际出卖的收入，扣除有关税款和海关、检疫、检验费用以及进行装卸、保管、估价、出卖而产生的费用后的价值。本案中，船舶遇险后，被告香港保某公司授权的船舶代理人向某打捞局发出救助委托书，后难船船长又与某打捞局补充签订了"无效果，无报酬"救助合同。因此，原、被告双方之间救助合同法律关系依法成立。某打捞局接受委托后，及时派出救助船舶，并成功救助了遇险船舶，圆满履行了救助义务，依法享有获得救助报酬的权利。但是，救助结束后90日之内，被救助人并未依法向救助人支付救助报酬，也未提供满意的担保。按照我国《海商法》第190条的规定，对于获救满90日的船舶和其他财产，如果被救助方不支付救助款项也不提供满意的担保，救助方可以申请法院强制拍卖。拍卖所得价款，在扣除保管和拍卖过程中的一切费用后，依照《海商法》的规定支付救助款项。鉴于此，某打捞局依法申请海事法院扣押了获救船舶，并请求法院强制拍卖船舶以支付救助款项及其他费用。根据某打捞局的申请，青岛海事法院依法公开拍卖了获救船舶"西某"轮，所得价款为122.7万元。该款项为船舶获救后实际卖出的收入。根据我国《海商法》第181条的规定，该款项尚需扣除相关的费用，方为船舶的获救价值。本案中，需要从该款项中扣除的费用包括拍卖费用245 685.54元；该轮获救之后的看管费用808 076.30元；停泊费79 396元；防监护费用11万元。经计算，难船拍卖所得费用扣除上述所有费用后，所得为负值，已无获救价值。某打捞局在本次救助中确实付出了大量人力、物力，且取得了成功的救助效果。但是，由于难船已无获救价值，根据救助报酬不得超过获救财产价值原则，故而某打捞局不能从本次救助中实际得到救助报酬。

关于无获救价值时救助人在特定情况下可以获得"特别补偿"。特别补偿是《1989年国际救助公约》所确立的新制度，是公约为救助具有环境污染危险的船舶而规定的一种特殊的补偿性制度。按照公约的规定，如果救助人在救助具有环境污染危险的船舶时不能得到救助报酬，或者所得的救助报酬将低于其为救助所花费的实际费用时，应当给予救助人一定数额的补偿。我国《海商法》引入了这一新制度，该法第182条第1款规定："对构成环境污染损害危险的船舶或者船上货物进行的救助，救助方依照本法第一百八十条规定获得的救助报酬，少于依照本条规定可以得到的特别补偿的，救助方有权依照本条规定，从船舶所有人处获得相当于救助费用的特别补偿。"第3款规定："本条所称救助费用，是指救助方在救助作业中直接支付的合理费用以及实际使用救助设备、投入救助人员的合理费用。确定救助费用应当考虑本法第一百八十条第一款第（八）、（九）、（十）项的规定。"第4款规定："在任何情况下，本条规定的全部特别补偿，只有在超过救助方依照本法第一百八十条规定能够获得的救助报酬时，方可支付，支付金额为特别补偿超过救助报酬的差额部分。"

从某种程度上说，海难救助中的特别补偿条款，在一定程度上是对传统的"无效果，无报酬"原则的突破。按照"无效果，无报酬"原则，救助只有取得成效，救助人才能获得救助报酬；如果救助没有取得效果，救助人则无权请求救助报酬。然而，在特别补偿条款下，即使救助人没有取得救助成效，但只要救助人对构成环境污染损害危险的船舶或者船上货物进行了救助，救助人仍然可以得到相当于救助费用的特别补偿。特别补偿原则体现了法律对于维护海洋环境安全行为的特别鼓励。

在本案中，某打捞局作为救助人对遇险船舶进行了成功救助作业，依法有权获得救助报酬。但是，由于该船舶被强制扣押并拍卖，扣除相应的司法费用，船舶的获救价值为零。按照救助报酬不得超过船舶和其他财产获救价值的原则，救助人实际上无法得到救助报酬。但是，鉴于本次救助成功地取得了防止船舶造成环境污染损害的效果。按照特别补偿原则，救助人可以依法获得相当于其所花费的救助费用的特别补偿。因为特别补偿不属于救助报酬，故而特别补偿不适用于不得超过船舶和其他财产获救价值的原则。因此，海事法院判决被救助人向救助人支付特别补偿。

【相关法条】

《中华人民共和国海商法》(1993年7月1日施行)

第一百八十一条　船舶和其他财产的获救价值，是指船舶和其他财产获救后的估计价值或者实际出卖的收入，扣除有关税款和海关、检疫、检验费用以及进行卸载、保管、估价、出卖而产生的费用后的价值。

前款规定的价值不包括船员的获救的私人物品和旅客的获救的自带行李的价值。

第一百八十二条　对构成环境污染损害危险的船舶或者船上货物进行的救助，救助方依照本法第一百八十条规定获得的救助报酬，少于依照本条规定可以得到的特别补偿的，救助方有权依照本条规定，从船舶所有人处获得相当于救助费用的特别补偿。

救助人进行前款规定的救助作业，取得防止或者减少环境污染损害效果的，船舶所有人依照前款规定应当向救助方支付的特别补偿可以另行增加，增加的数额可以达到救助费用的百分之三十。受理争议的法院或者仲裁机构认为适当，并且考虑到本法第一百八十条第一款的规定，可以判决或者裁决进一步增加特别补偿数额；但是，在任何情况下，增加部分不得超过救助费用的百分之一百。

本条所称救助费用，是指救助方在救助作业中直接支付的合理费用以及实际使用救助设备、投入救助人员的合理费用。确定救助费用应当考虑本法第一百八十条第一款第（八）、（九）、（十）项的规定。

在任何情况下，本条规定的全部特别补偿，只有在超过救助方依照本法第一百八十条规定能够获得的救助报酬时，方可支付，支付金额为特别补偿超过救助报酬的差额部分。

由于救助方的过失未能防止或者减少环境污染损害的,可以全部或者部分地剥夺救助方获得特别补偿的权利。

本条规定不影响船舶所有人对其他被救助方的追偿权。

承办人:宋俊文

编写人:余晓龙

50. 中国某保险公司诉拉脱维亚某公司海难救助合同纠纷案
——载货不合理致船舶搁浅产生的救助费等赔偿责任认定

【合规提示】

本案系一起因载货量不合理造成船舶搁浅导致产生救助费,保险公司赔付后向船东追偿的案件。对于船东及其雇佣的船长船员而言,要明确在船舶开航前和整个航程中,船长负有保证船舶航行安全的职责;船东应综合考虑特定航线、特定货种、特定环境等,从保证全程航行安全的角度确定适当的装载量;没有谨慎确定载货量造成搁浅事故是承运人的过失而不是驾船过失或管船过失,不能免责;明知却违反海事法令之驾船行为,不属于我国《海商法》中规定的驾船过失,该行为造成的损失不能免责。

【案件信息】

1. 裁判文书字号

(1995)青海法海商初字第160号

(1997)鲁经终字第289号

2. 当事人

原告:中国某保险公司

被告:拉脱维亚某公司

3. 关键词

民事　海难救助　载货量确定　救助费用追偿

【裁判要旨】

1. 载货量确定不合理与救助的发生形成因果关系，是承运人的过失。

2. 从风险的不可预见性、是否存在管船管货过失以及船货均应有损害三个方面分析，涉案船舶搁浅的原因不构成"海上风险"。

3. 明知却违反海事法令之驾船行为，不属于我国《海商法》规定的驾船过失，该行为造成的损失承运人不能免责。

【基本案情】

1994年9月8日，被告所属"V×××"轮在阿根廷的罗萨里奥（ROSARIO）港装载由原告承保的11 425吨毛豆油驶往中国青岛港。当时船舶备有当地海图、罗盘、陀螺仪、同声测深仪和雷达，并且仪器工作良好。

开航前，阿根廷海岸警卫队通知该轮9月7日的最大允许开航吃水是24英尺6英寸，该吃水通知适用于从9月7日0600时起至9月8日0600时止的期间。

9月8日0301时，"V×××"轮开航，前吃水24英尺4英寸，尾吃水24英尺5英寸。0318时，该轮在港口引航员的引航之下，在普拉那河（River Panara）航道离码头2.1链（cbt）处搁浅。因该轮无法靠自身动力起浮，船长同拖轮"A×××"签订了劳合社"无效果，无报酬"的救助合同；1830时，拖轮开始顶推；1935时，"V×××"轮起浮，经潜水检验，未发现任何损坏；2240时，该轮继续原航程。

12月8日，R公司出具的海事检验报告认为，"V×××"轮搁浅是因河中新形成的不为人知的沙滩引起。

1995年10月20日，劳合社指定的仲裁员对救助费作了裁决，货方应支付货物部分的救助费用、利息和其他费用共计30 929.20美元。货方支付上述费用后，原告分公司已经依照相关保险合同予以赔付。

有关航行资料《进港指南》提示：如果船舶由于载货吃水的原因不得不在布宜诺斯艾利斯或拉普拉塔完成其装货，则船舶的载货吃水应比普拉那河的官方吃水少两英尺以上。

因考虑到吃水问题,"V×××"轮驶离罗萨里奥港时船上的11 425吨毛豆油的载货量,比租约约定的载货量有较大幅度的减少。

但是,被告未提供其进行过测深并根据航行资料的提示谨慎确定了装载量的证据。

二审时查明,"V×××"轮开航前,该轮船长被阿根廷海岸警卫队告知普拉那河中有移动的沙滩。第1/74号海事法令附件16第1、2、3点规定,安全的调头区域在普拉那河的421.5公里和424公里之间。"V×××"轮在搁浅地进行了转向操作。当时在船上引航的引航员对上述法令的规定是明知的。

原告诉称,本次搁浅事故是由于被告缺乏对船员进行测深训练、船上缺少测深设备、因洗舱延误船期,河水水位下降后又未采取相应措施致使船舶超载,船底和河床之间没有足够的安全距离引起的,因此,被告应赔偿原告的全部损失共计42万美元。

被告辩称:1994年12月8日,R出具了海事检验报告,根据该检验报告,"V×××"轮搁浅是因河中新形成的不为人知的沙滩引起的,且该情况也未经有关当局事先通告。因此,该轮吃水与搁浅之间没有因果关系,且该轮吃水在允许的吃水之内。由于该轮搁浅完全是海上危险造成的,根据我国《海商法》第51条第3款,被告对此不负赔偿责任。

【裁判说理】

争议焦点:载货量不合理导致船舶开航后搁浅,承运人应否承担由此产生的救助费等损失的赔偿责任。

青岛海事法院认为:本案是一起救助费用追偿纠纷案。第一,关于原告的主体问题。首先,由于中国某保险公司目前实行单一法人制度,其分公司并不具有法人资格,虽然分公司作为《民事诉讼法》第49条规定的"其他组织"可以以自己的名义进行诉讼,但作为法人的中国某保险公司享有法定的权利以自己的名义就其分公司的保险业务行使诉权。其次,根据《海商法》第252条之规定,被保险人向第三人要求赔偿的权利自保险人支付赔偿之日起相应转移给保险人,因此,保险人行使索赔权并不以取得被保险人的"权益转让书"为先决条件。

第二,根据《海商法》第48条之规定,承运人应妥善、谨慎地装载所运货物,基于承运人的这一法定义务,承运人应该综合考虑特定航线、特定货种、特定环境等，并从保证全程航行安全的角度确定适当的装载量。本案被告虽主张"V×××"轮配备了测深设备，但其并未提供该轮船长确定进行过认真测深并根据测深数据谨慎地确定了适合航行安全的装载量的证据；该轮船长虽主张其认真阅读了航行资料，但其并未证明他确实如同一个谨慎的船长应该做到的那样根据航行资料的提示计算出适当的装载量。不查阅航行资料、不认真测深固然是一种过失，虽查阅过航行资料、测深却不依照航行资料的提示和测深数据谨慎地确定装载量同样是一种过失。由于未谨慎地确定装载量、减少吃水，该轮开航当时便没有留足确保航行安全的富裕水深，其船底与河床间的距离过近，正因如此，该轮才会在刚刚驶离码头 2.1 链（Cbt）时即发生搁浅事故。被告主张船舶搁浅的原因是河底形成了不为人知的沙滩，但正因为河床中会经常地出现不为人知的沙滩，船舶确定装载量时才应谨慎地考虑这一因素确定能保证航行安全的富裕水深。由于妥善地、谨慎地装载货物是承运人的法定义务，船长未谨慎确定装载量就不是驾驶船舶或管理货物的过失，而是承运人的过失，这一过失与搁浅事故的发生存在因果关系。

在船舶开航前和整个航程中，船长负有保证船舶航行安全的职责。除法定的原因外，该项职责不应转移给他人，而被告所属"V×××"轮的船长不通过自己谨慎地测深和根据有关航行资料的提示确定安全的航行吃水，完全依赖海岸警卫队的通告确定船舶航行吃水的行为实际上是把自己的上述职责轻率地转移给海岸警卫队，这种转移显然无法律依据，进而不应免除其法律责任。

事实上，该轮船长仅仅是在准备开航前才向海岸警卫队查询 9 月 8 日午夜时分的航行吃水数据，被告没有提供船长在确定装载量时是否参照了海岸警卫队提供的当时的吃水 / 水深数据以及如何参照这些数据谨慎地确定装载量的有关证据。

由于被告未妥善地、谨慎地装载所运货物的过错与船舶搁浅致货方遭受损失的后果存在法律上的因果关系，其应对原告因该轮遭受的损失承担完全的赔偿责任。

青岛海事法院作出民事判决，判令被告赔偿原告已支付的救助费用及利息和其他有关费用 38 8131.54 美元及利息 24 905.20 美元。被告拉脱维亚某公司不服一审判决提起上诉，山东省高级人民法院判决驳回上诉，维持原判。

【法官后语】

本案发生在我国《海商法》施行后不久，对《海商法》的适用正处于探索适用阶段，所以一些观点表述以及法律文书的结构等与现今都有些差异（如判决书中缺少了举证、质证、认证部分以及作为涉外案件应当有的法律适用认定部分等），这也是海事审判历史进步的见证。本案可以引领我们回首当年，并将其中的问题以现今较为成熟的视角进行探析。

本案是一起救助费用追偿纠纷案。救助费用追偿纠纷，是救助实际发生后，救助依法成立，救助费用已经合理确定，并依照相关规定或裁决结果由有关方支付救助费用之后，该支付费用方向责任方追偿的讼争。因此，本案中并不涉及与救助本身有关的典型的争议问题，而是需要确定造成此次救助事故的发生，船方是否有故意或者过失？依照法律规定能否免责？

本案中，两审裁判的角度并不相同。一审时的争议焦点为开航前船长没有亲自测量水深或依照航行资料合理确定装载量，是管船过失还是管货过失？而二审时认定船长在开航前和开航时已尽到谨慎处理使船舶适航的义务，但其违反海事法令在不安全的区域转向则是对安全运输义务的故意违反。两审最终均判令承运人承担赔偿责任。两审观点并没有交锋，但却提出了三个问题值得我们进一步研究。

一、开航前船长没有亲自测量水深或依照航行指南合理确定装载量致使船舶搁浅，是管船过失还是管货过失

之所以原告和被告之间对管船过失还是管货过失进行争辩，并且在一审时作为一个焦点来解决，是因为我国《海商法》规定了承运人在运输过程中之义务的同时，还规定了其可以免责的事由。

（一）本案所涉承运人义务的有关规定

《海商法》第四章第二节对承运人的义务进行了规定，主要有适航义务、管货义务、不得进行不合理绕航义务、尽责速遣义务等。本案中涉及的承运人的义务主要有两类，一是适航义务，二是管货义务。

1.适航义务，即管船义务。《海商法》第47条规定："承运人在船舶开航前和开航当时，应当谨慎处理，使船舶处于适航状态，妥善配备船员、装备船舶和配备供应品，并使货舱、冷藏舱、冷气舱和其他载货处所适于并能安全收受、载运和保管货物。"这是对承运人"适航义务"的规定。其中可以分

解为三个方面：第一，船舶适航的条件，即船舶本身适航、船员适职、货仓适货。第二，船舶适航的时间，即"船舶开航前和开航当时"，也就是说，如果船舶开航之后发生不适航的情形，则仍然认为承运人尽到了适航的义务。第三，要求承运人"谨慎处理"，亦即承运人应当谨慎处理以达到船舶适航的目的，并进而完成承运人的适航义务。进一步理解就是，如果通过"谨慎处理"仍然不能发现船舶存在的缺陷，并使船舶不适航，也不视为承运人违反谨慎处理使船舶适航的义务。

2. 管货义务。《海商法》第48条规定："承运人应当妥善地、谨慎地装载、搬移、积载、运输、保管、照料和卸载所运货物。"该义务包括了货物运输从装船至卸船的全过程。对于这七个环节，承运人均需履行"妥善"与"谨慎"的义务。妥善，是指技术上的要求，即承运人、船员或者其他受雇人员在管理货物的各个环节，应发挥通常要求的或者为运输货物特殊要求的知识与技能。谨慎，是对责任心的要求，即承运人及其适任的船员或者其他受雇人，在各环节表现出来的负责任的态度

（二）本案所涉承运人免责事由的有关规定

《海商法》第51条规定了12项承运人可以免责的事由。

其中第1项便是关于驾驶船舶和管理船舶免责的规定，"船长、船员、引航员或者承运人的其他受雇人在驾驶船舶或者管理船舶中的过失"造成在承运人责任期间内，货物发生的灭失或者损坏，承运人不负赔偿责任。其中驾驶船舶的过失，是指船长、船员、引航员等在船舶航行或者停泊操纵上的过失；管理船舶的过失，是指船长、船员等在维持船舶的性能和有效状态上的过失。

（三）管船过失与管货过失的甄别以及本案中承运人是否尽到适航义务

那么，船长没有合理确定装载量究竟是管船过失还是管货过失？实践中，船长、船员等管理船舶的过失常常与承运人管货过失不易分清。关于区分这两种过失的标准，有多种学说，但通常以行为的对象和目的作为区分的标准。如果某一行为针对货物，其目的是管理货物，则该行为属于管理货物的行为；反之，如果该行为针对的是船舶，目的也是管理船舶，则该行为属于管理船舶的行为。笔者认为，从确定配载量的行为本身来看，其行为针对的是整个船舶；装载货物量多少的确定，为的是谨慎处理使船舶适航。因此，该行为应当为管船行为。在确定装载量时发生过失，应当认定为管船过失。本案中，船长接到海岸警卫队通告后，为了使船舶吃水符合通告中航行吃水的要求，将

载货量减少 6575 公吨，该减少载货量的行为，显然也是为了使船舶适航的管船行为。然而，船长最终仍然没有达到合理确定装载量的要求，致使船舶开航后不久便发生搁浅。该行为显然属管船过失，承运人应当可以免责。

那么，承运人是否尽到了"谨慎处理使船舶适航"的义务？二审法院认为，本案的搁浅是发生于开航之后，在开航前，船长询问了海岸警卫队当日关键航道的限制吃水要求，并使己船吃水符合该要求，因此上诉人在船舶开航前和开航当时，做到了谨慎处理，使船舶处于适航状态。作出这样的认定主要是抓住了一点，就是船舶适航的时间。《海商法》规定的承运人谨慎处理使船舶适航的时间只是限定在"船舶开航前和开航当时"。二审认为本案中的搁浅发生在开航之后，而在开航当时，船舶是适航的，因此，承运人尽到了"谨慎处理使船舶适航"的义务。这一观点可以继续研究。

二、本案所涉船舶的搁浅是否为"海上风险"造成

本案的被告抗辩，涉案船舶发生搁浅是航行海域中新形成了不为人知的浅滩所造成，因而搁浅是属于海上危险造成的，根据我国《海商法》第 51 条第 3 项，被告对此不负赔偿责任。《海商法》第 51 条第 3 项规定，"天灾，海上或者其他可航水域的危险或者意外事故"造成的损害，承运人不承担责任。通常所说的"海上风险"，是海上大风浪袭击以及其他航行中的风险和意外，包括浓雾、暗礁、浅滩或航行障碍物。关于"海上风险"的认定，国际上有两种观点，一种观点主要强调海上风险的不可预测性，即只要不可预测则可认定为海上风险，反之则不构成。另一种观点主张不强调海上风险的不可预测性，但要满足两个条件：一是经谨慎处理仍无法避免的事故（不存在管船管货过失）；二是不仅货物有损害，船舶也要有损害。

本案中，无论采用哪种观点，"海上风险"均不成立。首先，船舶开航前，船长被阿根廷海岸警卫队告知普拉那河中有移动的沙滩，因此产生的新浅滩具有可预见性；其次，船长配载货物的数量不合理，无论是管船过失或者管货过失，均存在过失；最后，搁浅事故发生后，船舶没有受损。因此，本案中，被告抗辩的"海上风险"并不能成立。两审法院对被告的这一抗辩均不予支持是正确的。

三、违反海事法令之驾船行为所造成的损失，是否应当由承运人承担赔偿责任

本案中二审查明，在船上引航的引航员明知的情况下，"V×××"轮违

反了第 1/74 号海事法令附件 16 第 3、1、2 点的规定,在搁浅地转向。根据该规定,安全的调头区域在普拉那河的 421.5 公里和 424 公里之间。而涉案船舶的搁浅处为 2.1 链,即 388.92 米,为不安全的掉头区域。因此,二审认为,这一行为不仅是一种不谨慎的行为,而且是对安全运输义务的故意违反。因此判令承运人承担由船舶搁浅对货方造成损失的赔偿责任。

经查询,该法令为普拉纳河流域的一部内河法令,在该河航行的船舶,均应当遵守该法令所规定的船舶航行操作规则,以保证航行安全。本案中涉案船舶的船长、船员、引航员等亦应当予以遵守。然而,船长、船员、引航员等没有遵守该法令的驾船行为造成损失后,是否应当由承运人对该损失承担赔偿责任呢?

本案实体问题系适用中国法律进行审理,因此还应当依照中国的相关法律予以判断。船长、船员、引航员等违反法令转向的行为,显然属于我国《海商法》规定的驾船行为。而该法第 51 条规定的驾驶船舶的过失,即指船长、船员、引航员,在船舶航行或者停泊操纵上的过失。其表现包括船长、船员、引航员违反国际性的或者地方性的航行规则,如没有在航行中保持正当瞭望、没有以安全速度航行、没有采取适当的避让措施等,造成船舶碰撞、搁浅、触礁等事故,致使货物灭失或者损坏。本案中,引航员、船长、船员明知法令的内容而违规操作,应当认定为故意还是过失?按照一般的原理,主观故意分为直接故意和间接故意,其中直接故意是指主观上希望达到一个结果;间接故意是指主观上放任结果的发生。主观过失则分为应当预见而没有预见的过失和预见结果会发生但轻信能够避免而没有避免的过失。本案中,引航员、船长、船员驾船在搁浅处转向,其明知该区域不是安全区域,却仍然转向,并产生了损害后果;引航员等并不积极希望损害后果的发生,但却放任了该后果的发生,因此该行为主观上应当为一种间接故意。依照我国《海商法》承运人免责事项的规定,只有船长、船员、引航员的驾船行为中的过失行为才能免责,而故意行为是不能免责的。故而二审法院判令承运人承担由此产生的损害赔偿责任。

需要注意一点的是,如果案件适用《海牙规则》(包括《海牙—维斯比规则》)审理,则结果会完全不同。《海牙规则》(包括《海牙—维斯比规则》)第 4 条第 2 款规定的承运人免责事由的表述是"不论承运人或船舶,对由于下列原因引起或造成的灭失或损坏,都不负责:(a)船长、船员、引水员或承运人的雇佣人员，在驾驶船舶或管理船舶中的行为、疏忽或不履行义务……"从表述可知，承运人的免责事由包括驾船和管船过程中的"行为、疏忽或不履行义务"三种形式，而不仅仅局限于我国《海商法》规定的"过失"。新西兰最高法院在2010年4月对 New Zealand China Clay Ltd. v. Tasman Orient Line CV 一案作出的判决即清楚地分析了这一点，新西兰最高法院认为，无论船长或船员的主观意图如何，只要不构成不法行为（barratry），承运人均可援用《海牙规则》下的免责条款。因为《海牙规则》的目的即是只要求承运人对在其直接控制范围内的因素造成的损失、损害承担责任，而对因其他原因造成的损失、损害，如因船长或船员在航行过程中的行为或过失不负责任。《海牙规则》条文本身的用词也非常明确："行为、疏忽或不履行义务"，而不仅限于"过失"，其含义足够广泛，已经包含了船长或船员的所有作为或不作为，而不论其主观意图如何，除非构成不法行为。

【相关法条】

《中华人民共和国海商法》（1993年7月1日施行）

第四十八条　承运人应当妥善地、谨慎地装载、搬移、积载、运输、保管、照料和卸载所运货物。

第一百九十七条　引起共同海损特殊牺牲、特殊费用的事故，可能是由航程中一方的过失造成的，不影响该方要求分摊共同海损的权利；但是，非过失方或者过失方可以就此项过失提出赔偿请求或者进行抗辩。

承办人：孙芳龙
编写人：郭俊莉

海上打捞

51. 青岛某海洋工程有限公司诉被告蕲春县某水运公司、孙某、万某某、李某某、王某某沉船海上打捞合同纠纷案
——沉船打捞合同的签订主体及打捞费用支付方的认定

【合规提示】

本案系一起索要沉船打捞费用的案件，各方对于支付主体产生争议。本案认定：登记船舶所有人和实际船舶所有人、登记光船承租人和实际光船承租人，四种主体同时存在时，首先以"登记对抗"原则确定登记船舶所有人及登记光船承租人对外承担责任；而在光船租赁期间，则进一步确定由登记光船承租人对外承担责任。因此，对于作为光船承租人的船公司，进行光船租赁登记后即具有对世效力，需对外承担责任，因此在光船租赁期间需谨慎完成与船舶驾驶、运输等相关事务。对于船东而言，船舶沉没后船东负有打捞义务，且为打捞行为的受益人，应当对打捞主体连带承担打捞费的支付责任。

【案件信息】

1. 裁判文书字号

（2007）青海法海商初字155号、（2009）鲁民四终字第20号

2. 当事人

原告：青岛某海洋工程有限公司

被告：蕲春县某水运公司、孙某、万某某、李某某、王某某

3. 关键词

民事　打捞合同

【裁判要旨】

1. 登记船舶所有人和实际船舶所有人、登记光船承租人和实际光船承租人，四种主体同时存在时，以"登记对抗"原则确定登记船舶所有人及登记光船承租人对外承担责任。

2. 光船租赁期间，船长作为船方代表签订的打捞合同，船长代表的应为登记光船承租人。

3. 非打捞合同当事人的登记船舶所有人应与登记光船承租人承担支付打捞费用的连带责任。

【基本案情】

2004年2月2日，被告孙某、万某某、李某某及王某某将其共有的"同某"轮光租给被告蕲春县某水运公司（以下简称水运公司）经营，约定租期五年，年租金8000元，并特别约定租期内"同某"轮的债权债务责任由"同某"轮自己承担。次日，双方将光租合同向湖北省黄冈市地方海事局进行登记并取得光租登记证书、船舶国籍证书及船舶所有权证书。

2005年8月8日，被告孙某又将"同某"轮光租给该轮船长刘某某，合同约定租期三年、年租金45万元等内容。在此期间，"同某"轮因与他船碰撞而沉没于青岛港56号港区码头附近。

2006年9月5日，原告青岛某海洋工程有限公司（以下简称某公司）与"同某"轮签订沉船打捞合同及补充条款，经办人为船方代表船长刘某某。合同约定工期15日、打捞费46万元人民币（不含税费）等内容。原告在进行打捞过程中，"同某"轮陆续付款28万元人民币，尚欠工程尾款18万元未予支付。合同约定，报酬的支付期限为沉船打捞出水之日。2006年10月11日，"同某"轮被原告打捞出水。

青岛海事法院应某公司诉前申请扣押"同某"轮，扣押期间"同某"轮逃逸。

原告诉称：2006年9月5日，案外人刘某某代表"同某"号船方与原告签订《"同某"号沉船打捞合同》，原告依约对侧沉于青岛港56号港区码头附近的"同某"轮进行打捞。原告完成打捞后,相关义务人未支付沉船打捞费18万元人民币即逃逸。经查,"同某"轮的船舶所有权人为被告孙某、万某某、李某某和王某某,光船承租人为被告水运公司。第一被告作为光船承租人依法应支付打捞费。根据与第一被告签署的《光船租赁合同》,其他四被告作为船舶所有人也应承担付款责任。故请求法院依法判令诸被告支付打捞费18万元人民币及自2006年10月12日起至2007年6月17日的利息7465元并承担本案诉讼费、保全费、律师费等费用。

被告水运公司辩称:其只与"同某"轮所有权人孙某签订《光船租赁合同》,仅仅是为了挂靠方便,其只是挂靠单位。请求法院驳回原告对答辩人的诉讼请求。

被告孙某向法院辩称:在万某某、李某某及王某某退出合伙共有后,答辩人是"同某"轮的船主。"同某"轮挂靠第一被告,故与其签订的《光船租赁合同》仅仅是为了便于登记而签订的,第一被告既未实际租赁,也未管理,故与第一被告没有任何关系。答辩人于2005年8月8日将"同某"轮租赁给刘某某,双方签订《船舶租赁合同书》。在此过程中,"同某"轮进水沉没。原告于2006年9月5日与光船承租人签订《"同某"号沉船打捞工程合同》,答辩人并不知情。答辩人认为其与刘某某的《光船租赁合同》合法有效,其在合同履行期间不能支配"同某"轮。原告与刘某某所签《"同某"号沉船打捞合同》也是有效的,原告应向刘某某主张权利。故请求法院驳回原告对答辩人孙某的诉讼请求。

被告万某某辩称:其曾是"同某"轮共同所有人,但在2004年已经退出共有,"同某"轮为孙某独立所有。第一被告是"同某"轮挂靠单位,答辩人当时与第一被告签订《光船租赁合同》仅仅是为了登记方便。故请求法院驳回原告对其诉讼请求。

被告王某某、李某某与被告万某某答辩意见相同。

【裁判说理】

争议焦点:沉船打捞合同的主体认定。光船承租期间船舶沉没,船长作为代表与打捞公司签订打捞合同后沉船被打捞出水,所产生的打捞费用应当由谁来承担,是登记船舶所有人、实际船舶所有人、登记光船承租人、实际光船承租人,还是部分相关人共同承担?

青岛海事法院认为：本案有证据证明原告系打捞合同的承揽人。争议在于打捞合同的委托人是船舶所有人还是光船承租人？本案欲确定委托人，还须首先确定"同某"轮的光租人。青岛海事法院认为，被告孙某等人将"同某"轮光租给被告水运公司并取得光租登记证书，该光租合同合法有效并具有对世公信力。水运公司辩称其与孙某等被告系挂靠关系而非光租关系。青岛海事法院认为，挂靠关系是指挂靠人以被挂靠人的名义对外从事经营。本案中，孙某等人并未以水运公司名义对外从事经营行为，孙某等被告与水运公司系光租关系而非挂靠关系。诸被告又辩称真正的光租人系船长刘某某，也不能成立。事实上，水运公司光租并登记在先，刘某某光租在后且未进行光租登记。因此，船舶所有人在原光租合同已经登记但未予解除的情况下，一物二租，违背了诚信原则等有关法律原则，后光租合同不具有法律效力。与刘某某的光租合同也未经登记，依法不能对抗第三人。因此，刘某某不是"同某"轮的光租人，水运公司系光租人。

本案中，诸被告均抗辩称船舶系被告孙某一人所有，被告万某某、被告李某某及被告王某某已退出船舶共有，但未提供证据证明，且该抗辩与原告提供的证据不符。而且，我国法律规定，船舶所有权的取得、转让、消灭要依法向登记机关进行登记。未经登记的，不得对抗第三人。故诸被告的关于退伙的抗辩不能成立，被告孙某、万某某、李某某及王某某作为船舶共有人应共同对外承担责任。

涉案打捞合同系刘某某代表船方与原告签订的，但本案中的船方包括船舶所有人和光租人。我国法律规定，船舶光租期间，对船舶的管理由光租人负责。刘某某系"同某"轮船长，其行为应属光租期间光租人的船舶经营管理行为。可以认定，船长刘某某系船方光租人的代表，而非船舶所有人的代表。因此，承租人水运公司系打捞工程合同的委托人，涉案争议系承揽人原告与委托人水运公司之间的合同纠纷。

本案中，承揽人已按合同约定完成沉船打捞义务，委托人应按照合同支付报酬。被告水运公司对工程报酬的尾款18万元逾期不予支付，应承担相应的违约责任。对尾款的利息应自约定的支付期限2006年10月11日的次日起算至原告请求的2007年6月17日止，也应由被告承担。案件保全费5000元及实际支出费用8568元，系被告的违约行为造成的直接损失，也应由被告承担。至于律师费7000元，我国法律并未规定必须聘请律师，当事人可以选择是否聘请律师，故律师费不是必然产生的费用，对原告关于律师费的请求，法院不予支持。

关于原告另主张孙某等人承担共同责任，青岛海事法院认为，船舶所有人、光租人均有义务对沉船进行打捞。船舶所有人是打捞工程的受益人。本案中光租人水运公司的委托打捞行为，也是考虑船舶所有人的利益所为。故，对打捞工程所产生的费用，船舶所有人也应共同承担连带责任。

青岛海事法院于2008年8月13日作出民事判决，由被告水运公司支付打捞报酬，孙某等4被告承担连带责任。

判决后，被告孙某、万某某、李某某、王某某不服一审判决，向山东省高级人民法院提起上诉称：原审法院认定上诉人承担连带支付责任没有依据，请求撤销原审判决，驳回某公司对上诉人的诉讼请求，判决上诉人不承担支付责任，事实和理由如下：（1）本案属打捞合同纠纷，上诉人不是该合同的当事人，原审判决认定上诉人承担支付责任是错误的。原审判决已经认定本案系合同纠纷，且该合同存在于某公司与水运公司之间，就不应判决上诉人承担支付责任。（2）原审判决认定上诉人承担连带支付责任没有依据。涉案船舶是在光船租赁期间发生沉船事故的，而在光船租赁期间，船舶由承租人实施占有、使用和营运，出租人对船舶并不具有控制权。涉案沉船未涉及强制打捞问题，船舶所有人也没有接到过有关部门的强制打捞通知，不负有打捞义务。沉船事故使船舶遭受海水浸泡，上诉人作为船舶所有人只能受损不可能受益。原审判决认定上诉人承担连带支付责任没有法律依据。

某公司答辩称：原审判决认定上诉人承担连带支付责任符合事实和法律，上诉人的上诉理由不能成立。理由如下：（1）上诉人作为船舶所有人负有法定的打捞义务，涉案船舶的获救免除了上诉人的打捞义务，也使其权益得以被保护，其依法应承担支付打捞款的责任。根据《打捞沉船管理办法》第4条和第5条之规定，上诉人作为涉案船舶的所有权人负有法定的打捞义务。涉案船舶经被上诉人打捞最终获救，上诉人是涉案船舶获救的受益人，在水运公司未按协议支付打捞报酬的情况下，上诉人作为所有权人，也有向被上诉人支付打捞报酬的义务。（2）原审法院判决上诉人承担连带责任，有利于最终解决纠纷。上诉人与水运公司签订的租赁合同以及二者在原审中的答辩和陈述表明：水运公司可能不直接控制、管理涉案船舶。因此，如仅判决登记光租人水运公司承担付款责任，而不判决上诉人承担连带责任，则在判决执行中极有可能因为水运公司不直接控制船舶、上诉人实际控制船舶，而导致案件无法执行。请求二审法院依法驳回上诉人的上诉，维持原判。

水运公司收到二审开庭传票后，书面述称：其未曾与任何打捞公司签订过打捞合同，同时亦未收到任何打捞公司来函、来电称其为水运公司打捞过船舶；未经水运公司法定代表人范某林亲笔签名和盖章的任何合同和授权委托书及其他文件均无效。

二审法院认为：本案争议的焦点问题是原审判决判令水运公司支付本案所涉打捞款项是否正确；上诉人是否应对本案所涉打捞款项承担连带支付责任。

第一，关于原审判决判令水运公司支付本案所涉打捞款项是否正确的问题。水运公司系本案所涉"同某"号轮登记的光租承租人，在光租期间，应对船舶的管理负责，刘某某作为"同某"号轮船长，代表船方与某公司签订的打捞工程合同，应由水运公司享有该合同所约定的权利、履行该合同所约定的义务。某公司已按合同约定完成了沉船打捞义务，水运公司应如约支付报酬。原审判决判令水运公司支付本案所涉打捞款项，合法正当。

第二，关于上诉人是否应对本案所涉打捞款项承担连带支付责任的问题。本案所涉"同某"号轮沉没于青岛港56号港区码头附近，严重影响安全航行。《海上交通安全法》（1983年）第40条规定："对影响安全航行、航道整治以及有潜在爆炸危险的沉没物、漂浮物，其所有人、经营人应当在主管机关限定的时间内打捞清除。否则，主管机关有权采取措施强制打捞清除，其全部费用由沉没物、漂浮物的所有人、经营人承担。"上诉人作为本案所涉"同某"号轮的船舶所有人，对"同某"号轮的沉没负有法定的打捞义务，某公司将"同某"号轮成功打捞后，上诉人的打捞义务得以免除，其为"同某"号轮获救的直接受益人，在水运公司未如约支付打捞报酬的情况下，原审判决判令上诉人对本案所涉打捞款项承担连带支付责任，符合法律规定。

综上所述，四上诉人的上诉请求没有事实根据和法律依据，原审判决认定事实清楚，适用法律正确，应予维持。二审判决驳回上诉，维持原判。

【法官后语】

本案是一起打捞合同纠纷案。本案中对打捞公司的打捞行为、打捞费用的计算等没有争议，主要争议一个问题，即由谁向打捞公司支付所产生的打捞费用。具体而言，就是光船承租期间船舶沉没，船长作为船方代表与打捞公司签订打捞合同后沉船被打捞出水，所产生的打捞费应当由谁承担？是登记船舶所有人、实际船舶所有人、登记光船承租人、实际光船承租人，还是部分相关人共同支付？这一问题可以从以下三点予以分析进而得出结论。

一、船舶登记的效力问题

本案涉及两项船舶登记的事项：一项是船舶所有权变更登记；另一项是光船租赁权登记。

关于船舶所有权的登记。我国《海商法》第9条规定："船舶所有权的取得、转让和消灭，应当向船舶登记机关登记；未经登记的，不得对抗第三人。"《船舶登记条例》第5条也规定："船舶所有权的取得、转让和消灭，应当向船舶登记机关登记；未经登记的，不得对抗第三人。船舶由二个以上的法人或者个人共有的，应当向船舶登记机关登记；未经登记的，不得对抗第三人。"可见我国的船舶所有权的登记效力采用的是"登记对抗主义"，即所有权事项经登记的，才能对抗第三人，该所有权才能产生"对世效力"或者说"公示效力"。任何船舶所有人之外的第三人，可以信赖并依据该登记事项行使自己的权利。本案中，孙某等4人曾经合伙经营涉案船舶因而对涉案船舶共同共有，并且该共同共有事项在船舶登记机关予以登记。该经登记的四人共同共有已产生对世效力。虽4人均称万某某等3人已退出合伙，但该退伙事实的发生以及导致4人共同共有变更为孙某个人所有只是客观存在的一个事实状态，因该状态未到登记机关进行登记而不产生对4人之外的第三人的对抗效力，而仅在其4人内部产生作用。因此，法院依据《海商法》和《船舶登记条例》认定船舶所有人为孙某等4人。

关于光船租赁权的登记。我国《船舶登记条例》第6条对光船租赁权的登记也作出规定："船舶抵押权、光船租赁权的设定、转移和消灭，应当向船舶登记机关登记；未经登记的，不得对抗第三人。"可见，光船租赁权的登记同样采用的是"登记对抗主义"。只有经过船舶登记机关登记的光船租赁权才能具有"公示效力"，才能产生对抗第三人的"对世效力"。因此，虽然5被告均抗辩将船舶光租给水运公司只是为了挂靠方便，水运公司并没有对船舶进行经营和管理，没有享有光船承租人的权利，也不应承担光船承租人的义务，但是由于该项光船承租在船舶登记机关进行登记，因此，5被告之外的第三人就可以信赖该项登记而向其主张权利。而对于挂靠的事实以及5被告关于挂靠的真实意思表示，只能经证明确认后，在其内部产生效力。同样，孙某主张其将涉案船舶光租给船长刘某某的事实因未予登记，该项光租只在二人之间成立并对二人产生约束力，但对第三人不产生对抗效力。

基于我国立法所采取的"登记对抗主义"及上述分析，法院认定孙某等4人为涉案船舶的共同所有人，而登记光租人即水运公司被认定为涉案船舶的光船承租人。

二、船长作为船方代表签订的打捞合同中委托方之认定

打捞合同在我国《合同法》分则中没有单章予以规定，属于隐名合同，在《海商法》中也没有关于这一合同类型或相关纠纷的相应规定。多数学者认为打捞合同是承揽合同的一种。笔者也赞成这一观点。《合同法》第251条规定："承揽合同是承揽人按照定作人的要求完成工作，交付工作成果，定作人给付报酬的合同。"从打捞合同的实质内容来看，由于船方没有相应的技术和设备将已经沉没的船舶打捞出水，船方即委托有此种技术、设备和专业人员的主体来完成将船舶打捞出水的任务，船方为此向该打捞主体支付相应报酬。其实质与承揽合同大致相同。一审法院也采用这一观点。因此，就打捞合同的有关事项，应当依据《合同法》的一般原则，并参照承揽合同的有关规定进行分析和认定。

本案中的打捞合同，打捞方名称及实体均确定，没有争议；而委托方是"同某"轮，并由船长代表签字确认。看似确定的事实，却存在不确定的因素。在航海、运输、货运代理等实务中都会遇到这样的问题，就是船舶是确定的，船长是确定的，但是船长是作为谁的代表履行职责却是不确定的。

在本案中，"同某"轮船舶所有人为孙某等4人，同时有光船承租人水运公司。那么船长究竟代表船舶所有人还是光船承租人签订了打捞合同？这一问题的认定，需要看《海商法》中对船舶所有人和光船承租人的职责的规定。《海商法》第7条规定："船舶所有权，是指船舶所有人依法对其船舶享有占有、使用、收益和处分的权利。"该法第144条规定："光船租赁合同，是指船舶出租人向承租人提供不配备船员的船舶，在约定的期间内由承租人占有、使用和营运，并向出租人支付租金的合同。"可见，在船舶上没有设立光船租赁权时，船舶所有人对船舶拥有绝对控制权，船长的行为即代表船舶所有人的行为。而一旦船舶光租之后，由于法律规定船舶

在光租期间由光租人占有、使用和营运,则在光租期间,船舶所有人不参与船舶的营运,不掌控船舶,由光租人实际控制并经营船舶。因此,此时船长的行为即代表光船承租人的行为。也就是说,船长代表签订的打捞合同,是代表光船承租人签订的。本案中,打捞合同中的船方即委托方应当为光船承租人水运公司。

三、非打捞合同当事方,但依法具有船舶打捞义务的一方是否应当支付打捞费用

依照《合同法》第8条的规定,"依法成立的合同,对当事人具有法律约束力。当事人应当按照约定履行自己的义务……"可见,一份依法成立的合同应当只约束合同的当事人即合同的签订方,而对合同之外的人不产生约束力。从上一问题分析可知,本案中打捞合同的委托方为水运公司,打捞方为原告,则打捞合同的权利义务应当由水运公司和原告分别享有和承担。那么为什么本案中,法院判令水运公司支付打捞费用的同时,还判令并非打捞合同当事人的船舶所有人承担该费用的连带支付义务呢?

笔者认为,这是基于我国法律中对沉船打捞的强制性和船舶所有人负有强制打捞义务的规定之考虑。《海上交通安全法》(1983年)第40条规定:"对影响安全航行、航道整治以及有潜在爆炸危险的沉没物、漂浮物,其所有人、经营人应当在主管机关限定的时间内打捞清除。否则,主管机关有权采取措施强制打捞清除,其全部费用由沉没物、漂浮物的所有人、经营人承担。"该条将所有人和经营人两个主体进行了并列列举,目的是避免因两主体之间互相推诿导致打捞延误而影响海上交通安全这一更重大的公共利益。这一条正式将打捞义务强制性地赋予船舶所有人和经营人,其应当共同履行这一义务;并规定打捞费用应当由二者共同对外承担。所以,本案中,虽然打捞合同仅由船长代表光租人签订,但是法院正是考虑了船舶所有人和经营人都负有的强制打捞义务这一点,才判令船舶所有人共同支付打捞费用。

需要强调一点的是,在一个国家的法律体系中,各级各类法应当为一个整体。在民事案件的裁判中,不仅要依据民事法律作出裁判,而且要考虑到行政法规、部门规章等的相关规定,特别是其中的一些强制性规定更是制约着民事行为的有效性。而在民事法律的内部,在考虑《民法典》等基本法律的同时,也要考虑规定了相关内容的非基本法律。只有将法作为一个体系和

整体予以考量，才能找到最终解决争议的有效办法。

【相关法条】

1.《中华人民共和国合同法》（2021年1月1日废止）

第六条　当事人行使权利、履行义务应当遵循诚实信用原则。

第六十条　当事人应当按照约定全面履行自己的义务。

当事人应当遵循诚实信用原则，根据合同的性质、目的和交易习惯履行通知、协助、保密等义务。

第二百六十三条　定作人应当按照约定的期限支付报酬。对支付报酬的期限没有约定或者约定不明确，依照本法第六十一条的规定仍不能确定的，定作人应当在承揽人交付工作成果时支付；工作成果部分交付的，定作人应当相应支付。

对应新法：

《中华人民共和国民法典》（2021年1月1日施行）

第七条　民事主体从事民事活动，应当遵循诚信原则，秉持诚实，恪守承诺。

第五百零九条　当事人应当按照约定全面履行自己的义务。

当事人应当遵循诚信原则，根据合同的性质、目的和交易习惯履行通知、协助、保密等义务。

当事人在履行合同过程中，应当避免浪费资源、污染环境和破坏生态。

第七百八十二条　定作人应当按照约定的期限支付报酬。对支付报酬的期限没有约定或者约定不明确，依据本法第五百一十条的规定仍不能确定的，定作人应当在承揽人交付工作成果时支付；工作成果部分交付的，定作人应当相应支付。

2.《中华人民共和国海商法》（1993年7月1日施行）

第九条　船舶所有权的取得、转让和消灭，应当向船舶登记机关登记；未经登记的，不得对抗第三人。

船舶所有权的转让，应当签订书面合同。

承办人：王存军

编写人：郭俊莉

52. 某海上救助打捞局诉山东省某航运公司、某交通局海上打捞合同纠纷案
——强制打捞清除沉船的费用负担

【合规提示】

本案系一起主管海上救助的政府机关诉沉船所有人、银行账户出借人支付沉船强制打捞费等费用的案件，双方对于强制打捞清除沉船费用的分担产生了争议。根据我国《海上交通安全法》第 51 条的规定，碍航物的所有人、经营人或者管理人应当在海事管理机构限定的期限内打捞清除。碍航物的所有人放弃所有权的，不免除其打捞清除义务，该义务不因沉船的价值低于打捞费用而减轻或免除。因此，对于沉船所有人而言，应根据法律的规定和海事管理机构的通知及时打捞沉船，并根据法律规定或合同约定及时支付打捞沉船的费用。对于银行账户出借人而言，根据最高人民法院《关于出借银行账户的当事人是否承担民事责任问题的批复》的规定，"出借银行账户是违反金融法规的违法行为"，人民法院"应区别不同情况追究出借人相应的民事责任"，其不应随意出借银行账户，以免引起不必要的纠纷。

【案件信息】

1. 裁判文书字号

（2000）青海法烟海商初字第 42 号

2. 当事人

原告：某海上救助打捞局

被告：山东省某航运公司、某交通局

3. 关键词

民事　打捞合同　沉船打捞　救助　打捞费用　出借账户

【裁判要旨】

1.沉船打捞不适用"无效果，无报酬"原则。根据我国《海上交通安全法》第51条的规定，碍航物的所有人、经营人或者管理人应当在海事管理机构限定的期限内打捞清除。碍航物的所有人放弃所有权的，不免除其打捞清除义务，该义务不因沉船的价值低于打捞费用而减轻或免除。

2.根据1957年《打捞沉船管理办法》第7条的规定，除遇有特殊情况向有关港（航）务主管机关申请延期并经核准外，打捞期限届满，没有完成打捞，沉船所有人丧失该沉船的所有权。

3.《最高人民法院关于出借银行账户的当事人是否承担民事责任问题的批复》中明确指出，"出借银行账户是违反金融法规的违法行为"，人民法院"应区别不同情况追究出借人相应的民事责任"。当存在违法出借账户，并串通转移财产时，应共同承担责任。

【基本案情】

某航运公司所属"鲁某驳拖108"拖带其"鲁某驳113"自黄骅港开往山东荣成蜊江港途中，与埃及船舶发生碰撞，沉没于烟台附近海域。

事故发生后，某港务管理局代表某航运公司委托某打捞局对"鲁某驳113"轮进行水下探摸、录像。双方签订"鲁某驳113"轮水下探摸及录像合同，总费用为16万元，某航运公司于当天向某打捞局预付13万元探摸款。某打捞局完成了有关沉船的探摸及录像工作。双方签署了竣工报告。余款3万元某航运公司一直未付。在诉讼中，某航运公司承认欠付某打捞局探摸费3万元。

1998年12月25日，某港务管理局与某打捞局签订了一份"鲁某驳113"轮打捞协议书。双方约定：在港务监督部门限期对"鲁某驳113"轮进行打捞时，同意委托乙方对该轮进行打捞；乙方提交的1998年12月25日打捞方案及费用预算为甲方向外轮索赔所用，仅在进行实际打捞谈判时作为参考。该打捞方案费用预算提出的打捞总工期为54天，工程总费用为596万元。

1999年3月18日，某港务监督局向某航运公司发出了《关于强制打捞清除"鲁某驳113"轮的通知》，该通知指出："鉴于你公司未能在我督限定时间内对'鲁某驳113'轮实施打捞清除作业。我督决定对'鲁某驳113'轮实施强制打捞清除措施。由此产生的全部费用及后果责任依法均由你公司承担。"

1999年4月12日，某海上安全监督局向某打捞局发出《关于打捞清除鲁某驳113轮沉船的委托函》，明确说明有关打捞清除费用由"鲁某驳113"轮船东承担，并争取于6月底前完成打捞清除任务。根据某海上安全监督局的委托，某打捞局对该沉船进行了打捞清除。1999年8月2日，某打捞局向某海上安全监督局通航监督处出具了竣工报告，该处于8月4日正式确认："'鲁某驳113'轮被打捞清除，已完成我局委托的任务。"

"鲁某驳113"轮打捞出水后，停泊在某救捞局船舶修造厂。由于该船坐排不正，在抽掉钢绳时，船舶向右翻倒。7月21日，某打捞局向某海上安全监督局申请原地拆解。9月3日，该局书面通知某打捞局"对驳船先行就地拆解"，"你处可以安排对驳船进行拆解"。9月9日，某打捞局以5万元的价款将该船卖给牟平县金某港拆船厂，并就地拆解。

某航运公司与埃及国家航运公司因船舶碰撞引起的财产损害赔偿及船员人身伤亡索赔诉讼，由天津海事法院受理。经该院调解，双方达成调解协议，埃及国家航运公司赔偿某航运公司及其他受害方损失9 408 088.83元，但有关各项损失的具体数额并未具体列明。埃及船东将有关赔偿款项付至天津海事法院，该院按某航运公司的指示将该款付至某交通局账户。

上述赔款到达某交通局账户后，其代某航运公司支付了有关款项。青岛海事法院于4月4日裁定冻结某交通局银行存款720万元，并向中国某银行某支行签发了协助查询存款通知，该支行以行长外出开会不能签字为由，不予协助。4月7日，该行长才出面签字，确认协助查询。在此期间，某航运公司以归还借款和拨付航运公司的名义两次提取现金分别为5万元和7 623 157.66元。青岛海事法院冻结时，某交通局账户存款余额为595.50元。后经该院追查，某交通局将120万元付至该院。

某打捞局提出"鲁某驳113"轮打捞费工程费用测算报告，核定工期为88天，工程总费用为656.04万元。根据原告提供的"鲁某驳113"沉船打捞工作日志和有关船舶的工作日志记载，原告打捞作业共计88天，其中33天在码头避风，有效工作日为55天。

原告某打捞局诉称：某航运公司所属"鲁某驳113"，自黄骅港被拖带至荣成蜊江港途中，与埃及船舶相撞，沉没于烟台附近海域。事故发生后，某航运公司委托原告对沉船进行探摸，探摸费 16 万元，该被告仅付 13 万元，余额 3 万元至今未付。该船被某海事局强制打捞，并委托原告进行作业。原告对沉船进行了成功打捞，共发生打捞费 656.04 万元。经天津海事法院调解，埃及船东已赔偿 9 408 088.83 元人民币给被告，并付至第二被告某交通局账户。某航运公司应当支付强制打捞费 656.04 万元和探摸费 3 万元。某交通局出借账户，应承担相应民事责任。

某航运公司辩称：根据"无效果，无报酬"的原则，原告打捞的沉船打捞出水后，发生倾覆，且其对沉船擅自处分，故无权取得救助款酬。原告的打捞方案及费用预算前后矛盾。原告将打捞的沉船私自处理，被告保留向原告反诉的权利。

某交通局辩称：我方是经过天津海事法院的许可，为结束诉讼，而为被告某航运公司提供的账户，它不同于一般出借账户的民事行为，不应适用《银行账户管理办法》。请求法院驳回原告对该被告的诉讼请求。

【裁判说理】

争议焦点：（1）某打捞局打捞沉船的行为依据；（2）沉船打捞是否适用"无效果，无报酬"原则；（3）某航运公司是否有权取回"鲁某驳 113"轮残骸；（4）某打捞局的收费是否合理；（5）某交通局是否应承担提供账户的责任。

青岛海事法院认为：

一、某打捞局与某航运公司于 1998 年 12 月 25 日签订的协议是否为打捞合同

某打捞局和某航运公司于 1998 年 12 月 25 日签订的《"鲁某驳 113"轮打捞协议书》，仅为打捞意向书，不构成打捞合同。因为：（1）双方在协议中仅仅约定在港务监督部门限期对"鲁某驳 113"轮进行打捞时，某航运公司方"同意委托乙方（某打捞局）对该轮进行打捞"。双方签订协议书时，港务监督部门尚未通知限期打捞。（2）协议书对实施打捞的方案、打捞费用及其支付方法等内容均未作出约定，缺乏打捞合同成立的实质性要件。某打捞局虽然向被告提供了打捞方案及工程费用测算，但协议书明确约定某打捞局提供打捞方案及费用预算方案，为某航运公司"向外轮索赔所用，并不作为双方打捞和费用结算依据"。（3）协议书明确约定，双方还要进行"实际打捞谈

判"。此后，当某港务监督局发出《关于强制打捞清除"鲁某驳113"轮的通知》之后，某打捞局和某航运公司双方并未就沉船的打捞问题进行谈判。因此，某打捞局和某航运公司双方虽有打捞意向，但并不存在可执行的打捞合同。某打捞局的打捞行为，所依据的是某港务监督局的委托，并不是依据该打捞协议。因此，某航运公司所主张的上述打捞协议为打捞合同，某打捞局违约致船舶被强制打捞，其理由不能成立。

二、沉船打捞是否适用"无效果，无报酬"原则

打捞与救助是两种不同性质的法律行为。根据1957年《打捞沉船管理办法》的规定，打捞对象是其本身已不存在危险的沉船本体、船上器物以及货物。而救助则不同，根据我国《海商法》第170条的规定，救助适用于在海上或与海相通的可航水域"遇险的船舶和其他财产"。救助不包括其本身已不存危险的沉船或沉没的货物的打捞。对于救助，双方可以协商救助报酬，或签订"无效果，无报酬"的救助协议。除非双方另有协议，救助报酬不得超过获救财产的价值。而打捞，特别是强制打捞，则无此限制。这是因为在强制打捞的情况下，沉船所有人负有打捞沉船的法定义务，该义务不因沉船的价值低于打捞费用而减轻或免除。因此，我国《海上交通安全法》第40条规定，对影响安全航行的沉没物、漂浮物，其所有人、经营人应当在主管机关限定的时间内打捞清除。否则"主管机关有权采取措施强制打捞清除，其全部费用由沉没物、漂浮物的所有人、经营人承担"。《交通部国内航线海上救助打捞收费办法》第2条规定的"无效果，无报酬"仅指救助，并不适用于沉船打捞。某航运公司混淆了救助与打捞的区别，主张其应支付的打捞费用不应超过沉船价值，没有法律依据，不予支持。

三、某航运公司是否有权取回"鲁某驳113"轮残骸

某航运公司在某港务监督局"限期打捞清除的通知"期限内既未申请延期，也未主动打捞，已丧失了对该沉船的所有权。1957年《打捞沉船管理办法》第7条明确规定，除遇有特殊情况向有关港（航）务主管机关申请延期并经核准外，打捞期限届满，没有完成打捞，沉船所有人丧失该沉船的所有权。某港务监督局于1998年12月31日通知某航运公司责令其必须在1999年3月1日前将"'鲁某驳113'轮打捞清除完毕"。被告在该期限内既未申请延期，也未进行打捞，依照上述规定，某航运公司已丧失了该沉船的所有权。某港务监督局有权依法强制打捞并依照《打捞沉船管理办法》第8条第

1款的规定，委托某打捞局对打捞起的沉船作价处理。某航运公司主张某打捞局未经其同意处理其沉船残骸，侵犯了其对该船的所有权。该主张没有法律依据，不予支持。

四、某打捞局的收费是否合理

某打捞局在打捞作业时，有详细的"鲁某驳113"轮沉船打捞工程工作日志，同时有关作业的船舶也有相应的航海日志。经庭审质证，二者主要内容基本相符，应作为记载打捞作业的证据。某打捞局在工程测算报告中，将停泊避风时间也计入打捞作业时间，没有依据，其增加的相应费用应予扣除。某打捞局船舶在原泊地避风时间不应计入计费时间。某打捞局将返回烟台避风时间亦计入计费时间明显不合理，应予扣除。某打捞局在找到沉船后浮漂丢失，该丢失是由于当时天气状况和其他人为因素所致，并非某打捞局的过失所致。另外，某打捞局要求被告支付寻光缆费用30万元，防止污染费51.57万元，因没有证据证明上述费用已实际发生，故不予支持。

根据《交通部国内航线海上救助打捞收费办法》的规定，某打捞局本次打捞作业应收费用总额为376.536万元，扣除某打捞局变卖沉船残值5万元，尚余371.536万元。对该费用某航运公司应当支付。

五、某交通局是否应承担提供账户的责任

某交通局明知收到款项不属本局所有，不仅仍予接受，而且除将部分款项支付某航运公司外，还代某航运公司支付有关款项，并计入本局账目。尤为严重的是，在法院财产保全期间与某航运公司串通，将762万余元的款项以现金方式从其账户提出，致使某打捞局的保全落空。某交通局的行为已构成出借账户。1991年9月27日公布的《最高人民法院关于出借银行账户的当事人是否承担民事责任问题的批复》中明确指出，"出借银行账户是违反金融法规的违法行为"，人民法院"应区别不同情况追究出借人相应的民事责任"。某交通局违法出借账户，并与某航运公司串通转移财产，应与某航运公司对某打捞局打捞费用共同承担支付责任。某交通局主张划款是天津海事法院的诉讼行为，不是原、被告之间因买卖而发生出租行为，故不应承担责任。该主张没有法律依据，其理由不能成立，不予支持。

青岛海事法院于2001年9月17日作出（2000）青海法烟海商初字第42号民事判决，判决：一、被告某航运公司支付原告探摸费3万元和打捞费3 715 360元，扣除已付至法院的120万元，该被告还应支付2 545 360元；

二、被告某航运公司逾期未付清上述款项，由被告某交通局与被告某航运公司共同对原告打捞费用承担支付责任。

【法官后语】

本案是一起因沉船打捞而引发的纠纷，所涉及的理论问题主要有两个：一是如何区分沉船打捞清除与海难救助这两种不同的法律行为；二是如何区分商业打捞清除与强制打捞清除这两种不同的法律行为。

一、打捞清除与海难救助的区别

在英美法中，救助与打捞通常是不作区别的，在英文中统一由一个单词"Salvage"来表达。但英美法中却有沉船沉物清除（Wreck Removal）的概念，主要是指沉船沉物强制打捞清除。与英美法不同的是，在大陆法系国家中，救助与打捞是两个不同的概念，分别由不同的概念来表达，如在法国法中，救助被称为"Assitance"，打捞被称为"Sauvetage"。在我国的救助打捞实践中，海难救助与打捞清除是两种不同的业务，而在我国的救助打捞法律体系中，海难救助与打捞清除则属于两个不同的法律概念，分别由不同的法律规范来调整。

归纳起来，打捞清除与海难救助的区别主要表现在以下五方面。

（一）标的物所处危险性（In Danger）的状态不同

虽然打捞清除与海难救助的标的物从种类上说大致是相同的，都是处于危险之中的船舶及其他财产，但是标的物所处危险的状态却是不同的。打捞清除的标的是沉船沉物，概念本身就强调了其所处的危险状态是沉没于水中，并且这种沉没的过程已经完成；而海难救助的标的则是处于危险之中的船舶及其他财产，对危险的种类及状态各国海商法和国际公约对此都没有任何规定和限制，英国海事法为此列举了26种海上危险，如遭遇台风后船有倾覆的危险、碰撞后船有沉没的危险、船被海盗掠走、船舶搁浅、火灾等。如果船舶失事后行将沉没或者是正在沉没，只要沉没的过程没有完成，第三方对此进行的作业就属于海难救助行为；如果在救助过程中船舶沉没而救助方的工作并没因此而停止直至将沉船打捞出水，这种作业也应属于救助作业。在德国法中就是以船舶沉没的危险状态是否持续（Continue）作为区分打捞与救助的标准的。由于对标的物所处危险状态的限制，因此在实践中沉船打捞清除的范围要远远小于海难救助的范围。

（二）行为的自愿性（Voluntary）不同

自愿原则是海难救助的构成要件之一，指的是救助人或被救助人在发生救助法律关系时，其作为（Action）或不作为完全出于自愿。这一原则对救助人来说，救助时完全是出于自愿，救助成功了，有权获得救助报酬。对被救助人来说不仅有请求救助的权利，还有禁止救助的权利。但自愿原则对于沉船沉物的打捞清除来说不一定完全适用。具体而言，如果是商业性打捞清除，则适用自愿原则，即沉船所有人和打捞清除人各自都有打捞清除和不打捞清除沉船沉物的权利；但是，强制打捞清除则排斥自愿原则的适用。也就是说，如果沉船沉物影响船舶航行、环境保护以及其他公共安全和利益时，沉船所有人必须依法承担打捞清除沉船沉物的责任。

（三）请求报酬（Payment）的原则不同

"无效果，无报酬"（No Cure, No Pay）是海上救助制度中最著名的原则，也是请求救助报酬的基础原则，即救助有效果，则有权请求救助报酬；无效果，则无权请求救助报酬。虽然《1989年国际救助公约》增设的特别补偿条款在一定程度上突破了传统的"无效果，无报酬"的救助原则，但"无效果，无报酬"仍是救助报酬请求的基础。而沉船沉物打捞清除的报酬一般采用"按劳计酬"的原则，由双方当事人协商一致写进打捞清除合同中，并且一般是按照打捞清除工程的进度分期付款，即便最后沉船沉物没有打捞清除成功，打捞清除人也有权根据自己所付出的劳动以及所完成的工作取得部分报酬。

（四）对作业人（Operator）的要求不同

海难救助作为海商法特有的一种法律制度，其产生的重要原因就是鼓励人们去救助处于危难之中的船舶。因此，各国的海商法以及国际救助公约对救助人的资格没有什么限制和要求。无论是专业救助人、临近或过往船只或是其他人都可以对遇险船舶实施救助，有效果便有权请求救助报酬，但受合同约束承担救助义务的人无权请求救助报酬的除外。反之，并不是什么人都可以从事沉船沉物的打捞清除业务。由于沉船沉物的打捞清除是一项技术比较复杂、专业性很强的业务，如果打捞清除人不具备一定的能力和资质而盲目从事这项工作，不但有可能损害沉船沉物所有人的利益，而且还有可能加重沉船沉物的危险性，危害海上安全和海洋环境保护。因此，各国一般都是由专门的打捞机构和专业的打捞公司来承担这项工作，比如在我国就主要是由烟台、上海、广州三个救捞局各自承担所辖水域沉船沉物的打捞清除任务。

为加强对打捞清除人资质的管理,交通部为此还制定了《沉船沉物打捞单位资质管理规定》。

(五)合同形式(Form)不同

救助合同一般都采用标准合同(Standard Contract),如著名的"劳氏救助标准合同格式"(Lloyd's Open Form)以及在我国普遍使用的中国海事仲裁委员会救助合同标准格式,这种标准合同都是事先印刷好的,救助双方按规定填写合同即告成立。而打捞清除合同一般没有标准格式,需要双方当事人对主要条款进行协商,在协调一致的基础上签订打捞清除合同,明确双方的权利与义务。因此,从合同形式上区分是海难救助还是打捞清除是最直观、最简易的途径。

从技术上说,打捞清除与海难救助很难区分,但从法律上讲,打捞清除与海难救助却是两种不同的法律制度,它们之间的一些原则性区别往往直接影响各方当事人的利益。所以,从理论上归纳总结出二者之间的区别可以指导人们在实践中正确地区分和把握海难救助与打捞清除的界限,从而更好地维护各方当事人的利益。

二、商业打捞清除与强制打捞清除之比较

根据主体以及权利、义务内容的不同,沉船沉物打捞清除通常分为两种类型:商业性打捞清除和强制打捞清除。

商业性打捞清除,一般多表现为商业打捞的形式,属于民事法律关系的范畴。沉船沉物所有人和打捞清除人作为平等的民事主体,在协商一致的基础上签订沉船沉物打捞清除合同,明确双方之间的权利义务关系。沉船沉物所有人与打捞清除人双方的权利义务是对等的,即任何一方不完成自己所应承担的义务都无权向另一方主张权利。

强制打捞清除,是指当沉船沉物影响海上航行安全、生产作业、环境保护以及其他相关利益时,沉船沉物所有人应当在主管机关限定的时间内打捞清除,否则,主管机关有权采取措施强制打捞清除,其全部费用由沉船沉物所有人承担的法律制度。

沉船沉物的强制打捞清除与商业打捞是两种不同类型的法律制度。从法律关系上说,商业打捞清除体现的是一种民商事法律关系,属于海商法调整的范畴;强制打捞清除体现的是一种行政法律关系,属于海事行政法调整的范畴。二者之间的主要区别有五方面。

（一）发生的根据不同

商业打捞清除发生的根据是商业打捞清除合同。当沉船沉物不具有危险性，为获取其商业价值，或者是当沉船沉物具有危险性，主管机关通知限期打捞清除，为履行其法定义务，沉船沉物所有人与打捞清除人在自愿协商的基础上签订打捞清除合同，通过合同确立双方之间对等的权利义务关系，由打捞清除人对沉船沉物实施打捞清除，由沉船沉物所有人支付打捞清除费用。打捞清除合同是商业打捞清除区别于强制打捞清除最突出的特征。

强制打捞清除发生的根据是主管机关作出的强制打捞清除决定。当沉船沉物具有危险性依法需要打捞清除的，主管机关作出限期打捞清除的行政处理决定并通知其所有人，如果沉船沉物所有人在限期内主动履行打捞清除义务，聘请打捞清除人对沉船沉物实施打捞清除，这种情况便是商业打捞清除。如果规定期限届满，沉船沉物所有人仍不履行打捞清除义务，则主管机关依法作出强制打捞清除决定，这时，强制打捞清除法律关系便产生，由主管机关或其委托的第三人代替义务人对沉船沉物实施打捞清除，而由沉船沉物所有人承担打捞清除费用。

（二）主体及其地位不同

商业打捞清除法律关系的主体是沉船沉物所有人和打捞清除人，双方当事人的法律地位是平等的，他们之间不存在领导和被领导、命令和服从的关系。强制打捞清除法律关系的主体分别是主管机关和沉船沉物所有人，双方当事人的法律地位是不平等的。主管机关作为海事行政主体享有国家赋予的水上交通安全行政管理权，能依法对沉船沉物所有人实施监督管理；沉船沉物所有人作为行政相对人，要服从主管机关的监督和管理，依法履行主管机关作出的行政处理决定所确立的打捞清除义务。

（三）标的物的性质不同

虽然商业打捞清除与强制打捞清除的标的物都是沉船沉物，但沉船沉物的性质是不同的。在强制打捞清除条件下，沉船沉物对于海上航行、环境保护以及其他相关公共利益和安全等必须具有一定的危险性。如果沉船沉物根本不具有危险性，那么对沉船沉物是否打捞清除，其所有人享有自由处分权，既然不存在法定的义务，也就不会发生强制打捞清除法律行为。

商业打捞清除的发生一般是因为沉船沉物具有一定的商业价值，其所有人对其进行打捞是为了获取其残余的价值或利益。当然，商业打捞清除的发生也可能是因为沉船沉物具有危险性,其所有人为履行法定义务而聘请打捞清除人对沉船沉物实施打捞清除。

(四)双方当事人的权利、义务不同

在商业打捞清除中,双方当事人在平等协商的基础上签订打捞清除合同,通过打捞清除合同确立双方当事人的权利与义务。双方当事人的权利、义务是对等的,即双方均享有权利,又都负有相应的义务。具体来说,沉船沉物所有人享有请求打捞清除人按照合同约定的期限和方式完成对沉船沉物的打捞清除,同时负有按规定的时间和方式支付打捞清除费用的义务;而打捞清除人则享有请求沉船沉物所有人支付打捞清除费用的权利,同时也应按照合同约定履行打捞清除沉船沉物的义务。

在强制打捞清除中,双方当事人之间的权利与义务是不对等的。主管机关代表国家行使水上交通安全管理监督权,有权依法作出限期打捞清除行政处理决定,确立沉船沉物所有人的打捞清除义务。当义务人到期不履行义务时,主管机关可以依法对沉船沉物实施强制打捞清除。沉船沉物所有人作为义务主体负有限期打捞清除沉船沉物的义务,如果到期不履行义务,则由主管机关强制打捞清除,而由沉船沉物所有人承担支付打捞清除费用的义务。

(五)程序不同

强制打捞清除的实施必须遵循严格的程序,这是行政法中程序合法性原则的要求。强制打捞清除实施的程序主要包括告诫、强制打捞清除、征收强制打捞清除费用三个阶段。首先,主管机关应依法作出限期打捞清除沉船沉物的行政处理决定,并通知其所有人,告知其应承担的义务,督促其限期主动实施打捞清除。其次,如果义务人在规定期限届满之后仍不履行打捞清除义务,主管机关依法作出强制打捞清除执行决定,由其自身或其委托的第三人强制执行对沉船沉物的打捞清除。最后,由主管机关向沉船沉物所有人征收强制打捞清除费用。而商业打捞清除则没有上述严格的程序上的规定。

【相关法条】

1.《中华人民共和国海商法》(1993年7月1日施行)

第一百七十条 船舶因操纵不当或者不遵守航行规章,虽然实际上没有同其他船舶发生碰撞,但是使其他船舶以及船上的人员、货物或者其他财产遭受损失的,适用本章的规定。

2.《中华人民共和国海上交通安全法》(1984年1月1日施行)

第四十条 对影响安全航行、航道整治以及有潜在爆炸危险的沉没物、漂浮物，其所有人、经营人应当在主管机关限定的时间内打捞清除。否则，主管机关有权采取措施强制打捞清除，其全部费用由沉没物、漂浮物的所有人、经营人承担。

本条规定不影响沉没物、漂浮物的所有人、经营人向第三方索赔的权利。

对应新法：

《中华人民共和国海上交通安全法》(2021年4月29日修订)

第五十一条 碍航物的所有人、经营人或者管理人应当按照有关强制性标准和技术规范的要求及时设置警示标志，向海事管理机构报告碍航物的名称、形状、尺寸、位置和深度，并在海事管理机构限定的期限内打捞清除。碍航物的所有人放弃所有权的，不免除其打捞清除义务。

不能确定碍航物的所有人、经营人或者管理人的，海事管理机构应当组织设置标志、打捞或者采取相应措施，发生的费用纳入部门预算。

承办人：黄永申
编写人：庄雪莉 宋仪倩

共同海损

53. 敏某公司诉中某宁波集团股份有限公司、中国某财产保险股份有限公司宁波市分公司共同海损纠纷案
——共同海损中的过失认定与共损分担

【合规提示】

本案系一起原告作为船舶所有权人在船舶遭遇共同危险并支付部分共损费用后,请求被告受益方分摊共损费用的共同海损纠纷案件。双方当事人对共损分摊的适格主体和责任认定问题存在争议。对于船东而言,共同海损分摊请求权不以双方存在合同关系为必要条件,只要提出共损分摊的请求人证明其牺牲或费用列入共损费用,即有权要求受益方分摊。对于受益方,若对共同海损理算报告存在异议的,只能就异议部分申请补充理算或重新理算,而不能要求委托其他理算机构重新理算。

【案件信息】

1. 裁判文书字号

(2014)青海法海事初字第 56 号

2. 当事人

原告:敏某公司

被告:中某宁波集团股份有限公司、中国某财产保险股份有限公司宁波市分公司

3. 关键词

民事　共同海损　海上货物运输　共损理算报告　共损分担

【裁判要旨】

1. 在共同海损法律关系中，利益关系人、受益方构成共损分摊权利义务的主体，即只要提出共损分摊的请求人证明其牺牲或费用列入了共损费用，就有权要求受益方分摊，而不以双方存在合同关系为必要条件。

2. 共同海损制度下的过失判断应当根据引起共同海损事故原因与一方责任及行为间的关联度，当无证据证明引起共同海损是由一方过失所致，则另一方无权拒绝分摊共损。

【基本案情】

2010年11月11日，原告所有的船舶"海某"轮装载提单数量为83 972.099吨的铁矿砂从伊朗的阿巴斯港启航，计划驶往中国某一主要港口卸货。2010年11月18日1919时，当船舶行驶至约北纬06°39′.7，东经078°12′.7，距离斯里兰卡科伦坡港约9.7海里的距离时，船舶中间轴突然断裂，主机停止运转，船舶失去动力，情况危急。

原告诉称，为了船货的共同安全和共同利益，船方及时采取各种合理且有效的措施，并支付了共同海损费用，最终船舶于2011年2月2日抵达中国青岛港锚地，并于2011年5月13日卸货完毕。原告于2011年5月16日收到二被告分别提交的共同海损协议书及共同海损担保函。共损理算人国际某海损理算事务所（以下简称某事务所）于2013年1月7日作出理算报告。根据该理算报告，货物应承担的共同海损分摊额为2 261 358.67美元。根据货物分摊价值8 858 153.20美元占全部受益财产分摊价值15 528 149.00美元的比例，货方应当分摊的全部共损费用的比例为57.05%。原告作为船东，其为"海某"轮已支付及还需支付的费用中可被列为共同海损的费用连同共损利息和手续费合计为3 062 570.20美元。将货物应分摊的比例与船东已支付及还需支付的共损费用相乘，计算得出货方应向原告船东支付的货物共同海损分摊款为1 747 066.91美元。被告中某宁波集团股份有限公司（以下简称中某公司）作为船载货物的收货人，被告中国某财产保险股份有限公司宁波分公司（以下简称某保险公司）作为货物保险人及共同海损连带责任保证人，应对上述货物的分摊数额及利息承担连带赔偿责任。遂诉至法院，请求判令中某公司向原告支付共同海损分摊款项及相应利息，判令某保险公司与中某公司承担连带赔偿责任，并承担本案全部诉讼费用以及其他法律费。

被告中某公司辩称：被告某保险公司对理算报告和共摊费用若不持有异议，中某公司也表示认可，但中某公司为涉案船舶垫付的480万元人民币靠泊费用应当从共损费用中抵扣。靠泊备忘录是各方当事人真实意思表示，备忘录约定该480万元在共同海损中抵扣，该约定对原告同样产生法律上的约束。

被告某保险公司辩称：（1）原、被告之间不存在合同关系，原告主体不适格；（2）原告没有实际承担其所称损失，无权主张分摊；（3）共损事故系船舶断轴所致，原告未能证明其可以免责；（4）共损理算缺乏依据，报告无效；（5）理算书认定的大部分费用不是为避免共同危险产生，而是为安全完成航程产生；（6）船舶分摊价值依据错误；（7）共损措施、费用合理性缺失；（8）原告将保险人列为共同被告没有法律依据。故，请求法院驳回原告对其提起的诉讼请求。

"海某"轮的船舶登记所有人为原告敏某公司。2008年3月6日，敏某公司与海某公司签订光租合同，将"海某"轮光租给海某公司，租期为3年6个月。"海某"轮的船舶管理人为上海远某船舶管理有限公司。2010年11月11日，"海某"轮装载提单数量为83 972.099吨的铁矿砂从伊朗的阿巴斯港启航，计划驶往中国某一主要港口卸货。提单号为01号，托运人为鑫某有限公司，承运人为海某公司，收货人为被告中某公司，货物保险人为被告某保险公司。提单背面条款第3条载明共同海损按照《1994年约克安特卫普规则》在伦敦理算和解决。

2010年11月18日1919时，船舶在距离斯里兰卡科伦坡港约9.7海里的方位时，船舶中间轴突然断裂，主机停止运转，船舶失去动力。经船员的进一步检查发现中间轴断裂以及轴带滑油泵、后中间轴轴承座、转速传感器和电机等全部遭受了损坏。船方紧急雇佣了拖轮"M×××"轮，拖带"海某"轮到达科伦坡港。后原告与某拖航国际贸易有限公司（以下简称某拖航公司）在新加坡签订国际海上拖航合同和订租确认书，约定由某拖航公司提供"S×××"轮将"海某"轮由斯里兰卡科伦坡安全锚地拖带至中国青岛。

2011年5月4日，原告敏某公司、被告中某公司及承运人海某公司达成协议，各派代表签署了《"海某"轮靠泊备忘录》(以下简称备忘录)，各方均同意靠泊费在中某公司货物应当分摊的共损费用中抵扣。

2011年5月5日，被告某保险公司在船方提供的空白共损担保函中填写了涉案货物信息，并保证将向船方或代表航程中各利益方的共损理算人支付任何经确认应付的货物共损/救助款项/特别费用，并交付船方；2011年5月11日，被告中某公司在船方提供的空白共损保证书中填写了涉案货物信息，并承诺同意支付适当比例的共损/救助款项/特别费用，即依照运输合同的条款作出的理算书，确定为应由货物承担的或其托运人或货主应当承担的部分，并将此共损保证书交付船方。被告某保险公司出具的共损担保函以及被告中某公司出具的共损保证书中均列明海损理算人为某事务所。

2011年5月10日约1700时，"海某"轮被拖进青岛港停泊于76A号泊位，开始卸货。

另查明，根据原告敏某公司的申请，某事务所的理算师×××对本次共同海损事故进行了理算。2013年1月7日，某事务所出具"海某"轮共同海损理算报告。两被告对某事务所出具的共损理算报告有异议，申请对本案共损事故重新委托其他理算机构进行理算。还查明，原、被告对"海某"轮中间轴断裂的原因存有不同意见。

【裁判说理】

争议焦点：（1）原告是否为主张共损分摊的适格主体；（2）原告对本案共损事故的发生是否有过失；（3）关于共损理算报告是否应予采信；（4）被告中某公司垫付的靠泊费用人民币480万元应否抵扣；（5）被告某保险公司应否承担连带保证责任。

青岛海事法院认为：

一、原告是不是主张共损分摊的适格主体

1.关于原告公司主体存续的争议。被告某保险公司庭审中主张原告敏某公司主体资格已被注销，事后恢复的主体与重新注册并无不同，敏某公司主体不连续，不能说明始终处于存续状态。对此，本院认为，根据《涉外民事关系法律适用法》第14条的规定："法人及其分支机构的民事权利能力、民事行为能力、组织机构、股东权利义务等事项，适用登记地法律。"从马绍尔群岛共和国公司登记处的两份公告可以看出，虽然敏某公司一度被宣告终止，但在聘请了合格的登记代理人，并支付了所有的欠款后，该公司的公司章程已经被恢复并且该章程的效力追溯至《关于公司章程失效的公告》作出的日期。因此，可以认定敏某公司符合马绍尔群岛共和国关于公司存续的法律规定，具有相应的民事权利能力和民事行为能力。

2.原告能否成为共损分摊的权利主体。共同海损，是指在同一海上航程中，船舶、货物和其他财产遭遇共同危险，为了共同安全，有意地、合理地采取措施所直接造成的特殊牺牲和支付的特殊费用。《海商法》第十章是关于共同海损的专章规定，该章中并未对主张共同海损的主体作出限制。该法第196条规定："提出共同海损分摊请求的一方应当负举证责任，证明其损失应当列入共同海损。"第199条第1款规定："共同海损应当由受益方按照各自的分摊价值的比例分摊。"第202条第1款规定："经利益关系人要求，各分摊方应当提供共同海损担保。"可见，在共同海损法律关系中，只要提出共损分摊的请求人证明其牺牲或费用列入共损费用，即有权要求受益方分摊，而不以双方存在合同关系为必要条件。利益关系人、受益方构成共损分摊权利义务的主体。本案中，原告作为"海某"轮的船舶所有权人，在船舶遭遇共同危险，支付了部分共损费用后，构成本次共损事故的利益关系人；被告中某公司的货物获救，构成受益方。因此，原告有权就其支付的共损费用要求受益方中某公司予以分摊。被告某保险公司以中某公司与原告不存在海上运输合同关系为由认为原告不具有共损分摊权利主体的抗辩，本院不予采信。

二、原告对本案共损事故的发生是否有过失

原告提交了"海某"轮船舶证书、ABS船级证明、航海日志、轮机日志以及青岛某海事咨询公司《技术咨询报告》等，可以证明船舶在开航前和开航当时是适航的。引起共损事故的原因是船舶中间轴断裂，根据船舶检验的相关规定，对中间轴的检验应是船级社在定期检验时由专业检验人员通过仪器进行检验的项目，此类故障在船员的日常保养过程中是不能发现的；被告也不能证明《PSC检查记录》中所列船舶缺陷与中间轴的断裂有关联性，因此，不能认定船方对于中间轴断裂的发生有过错。

中间轴断裂后，"海某"轮船货处于共同的海上危险当中，构成共同海损；为了船货的共同安全，将船舶拖至安全港口并且进行修理以使其能够安全完成航次所产生的费用，应当列入共同海损分摊费用。

三、关于共损理算报告

被告中某公司作为收货人，在其向原告出具的共损保证书中列明理算机构为某事务所，并同意依照运输合同的条款作出的理算书。原告敏某公司虽然不是海上货物运输合同的一方当事人，但是中某公司向敏某公司出具的共损保证书中列明了涉案货物的提单信息，敏某公司接受该保证书，则表明其同意接受该提单所证明的运输合同条款的约束。由此可以认定原告与被告中某公司就共同海损的理算规则达成合意，适用《1994 年约克 – 安特卫普规则》作为本次共损事故的理算规则。因此，某事务所根据原告的委托依据《1994 年约克 – 安特卫普规则》出具理算报告，并无不当。

关于两被告对理算报告提出的异议，本院认为，根据《海事诉讼特别程序法》第 89 条的规定，理算机构作出的共同海损理算报告，当事人提出异议的，由海事法院决定是否采纳。《最高人民法院关于适用〈中华人民共和国海事诉讼特别程序法〉若干问题的解释》第 63 条的规定："当事人对共同海损理算报告提出异议，经海事法院审查异议成立，需要补充理算或者重新理算的，应当由原委托人通知理算人进行理算。原委托人不通知理算的，海事法院可以通知理算人重新理算，有关费用由异议人垫付；异议人拒绝垫付费用的，视为撤销异议。"由该条可以看出，如果两被告对理算报告有异议，只能就异议部分申请补充理算或重新理算，而不能要求委托其他理算机构重新理算。理算报告中对被告提出的船舶分摊价值、拖航费用的合理性、替代费用等几个理算问题均作了说明。在被告不同意由某事务所补充理算或重新理算的情况下，应当采信某事务所出具的理算报告。

根据理算报告，原告可索赔的共损费用为 1 609 690.10 美元；海某公司可索赔的共损费用为 11 802.23 美元，上述两项合计为 1 621 492.33 美元。该费用分别应由货方中某公司及货物保险人某保险公司分摊 1 600 132.90 美元，由期租人某航运有限公司分摊 21 359.43 美元。因原告并未证明其有权代表海某公司主张共损分摊的权利，因此海某公司支付的共损费用 11 802.23 美元，原告无权要求货方分摊。扣除海某公司可以要求中某公司承担的共损分摊 11 646.76 美元（11 802.23 ÷ 1 621 492.33 × 1 600 132.90=11 646.76），原告可要求被告中某公司支付的共损分摊为 1 588 486.14 美元（1 600 132.90–11 646.76= 1 588 486.14）。

关于理算报告中将船壳保险人某会社支付的费用视为船方支付的费用，被告抗辩原告作为船东无权直接主张该费用分摊的观点，本院认为，共同海损系海商法特有的一项法律制度，共同海损理算适用合同约定的理算规则。本案中，某事务所按照原、被告双方约定的理算规则进行理算，被告无证据证明理算报告中将船壳保险人某会社支付的费用视为船方支付的费用违反了理算规则或相关的法律规定，因此对于该理算结果，本院予以采信。另外，在本案诉讼中，某会社出具证明称其支付的费用系代原告支付，且在诉讼时效期间内未主张共损理算报告中认定的其代船方支付款项的共损分摊权利。因此，被告的上述抗辩本院不予支持。

四、被告中某公司垫付的靠泊费用人民币480万元应否抵扣

根据理算报告，被告中某公司垫付的靠泊费用人民币480万元（折合738 461.54美元）中的574 773.53美元已经作为货方垫付费用从货方应当承担的共损分摊中予以抵扣。该靠泊费用人民币480万元与理算报告认定的货方垫付费用574 773.53美元的之间的差额部分163 688.01美元能否从原告向被告主张的共损分摊请求款中抵扣？对此，本院认为，虽然在本院（2011）青海法海商初字第73号判决书中，被告中某公司垫付的靠泊费人民币480万元被认定为属于海某公司向被告中某公司的借款，但该费用是本应由承运人海某公司承担的，在海某公司拒不支付的情况下，货方为了船货的共同安全，将货物卸离船舶，不得已垫付的费用。原告垫付拖航费等费用是为了完成本次航程，根据光租的相关规定，该费用的支付应当由承运人海某公司承担；被告中某公司垫付的靠泊费用是为完成本次航程，也应当由海某公司承担。在原告主张的已付或是应付共损费用中，某会社代付的共损费用合计1 384 204.54美元，从某会社的保单来看，原告敏某公司与光租人海某公司均是被保险人，原告主张的共损理算金额包含了属于船方的全部已付及应付款项，而所谓船方，是原告、海某公司及保险人LIG公司的概括；在签署的靠泊备忘录中，各方均同意靠泊费在中某公司货物应当分摊的共损费用中抵扣。综上，在海某公司未支付中某公司为靠泊卸货而垫付的480万元人民币费用的情况下，对于中某公司垫款与理算报告的货方垫付费用的差额部分163 688.01美元，也应当从原告主张的款额中扣除。

五、被告某保险公司应否承担连带保证责任问题

被告某保险公司向原告出具了《共同海损担保函》，写明了担保的主债权为货物的共同海损分摊款，并详细载明了具体的保单号、提单号、货物的数量、价值以及理算机构等信息，原告予以接受，《最高人民法院关于适用〈中华人民共和国担保法〉若干问题的解释》第22条规定："第三人单方以书面形式向债权人出具担保书，债权人接受且未提出异议的，保证合同成立。"据

此，应认定被告某保险公司与原告之间成立保证合同关系。被告某保险公司同意支付确定为应由货物承担的或其托运人或货主应当承担的共损费用，该保证构成连带责任保证。因此，被告某保险公司应当对被告中某公司的共损分摊承担连带支付责任。

综上所述，原告是"海某"轮的船舶所有人，船舶在航行途中，中间轴断裂，船货遭遇共同危险，构成共同海损。在船舶发生共同海损事故后，原告为了船货的共同安全及完成本次航程垫付的共损费用，有权要求船、货、燃油的受益方进行分摊。两被告不能证明原告对于共同海损事故的发生有过错，因此，被告作为货主提出的不分摊的抗辩，不予支持。关于分摊的金额，被告同意原告提出的由某事务所进行共损理算。对该理算报告，被告虽有异议，但未同意由该理算机构重新理算，因此，应当采用该理算报告认定的分摊金额 1 588 486.14 美元；被告中某公司垫付的费用与理算报告认定的构成共损费用之间的差额部分 163 688.01 美元，也应当从原告主张的款额中扣除。综上，被告中某公司还应当向原告承担共损分摊 1 424 798.13 美元。被告某保险公司应当对上述共损分摊费用承担连带支付责任。关于原告主张的自 2013 年 4 月 8 日起至判决生效之日止按照中国人民银行同期贷款利率计算的利息，本院认为，因共损理算报告中并未对共损分摊费用的支付时间及利息作出认定，根据我国的相关法律规定，双方当事人未就费用的支付达成一致意见的情况下，应当从债权方主张权利时起算利息。本院以原告提起诉讼的时间，即 2014 年 1 月 3 日作为利息的起算时间，利率按照中国人民银行同期贷款利率计算。

【法官后语】

本案系共同海损纠纷案件，共同海损是指在同一海上航程中，船舶、货物和其他财产遭遇共同危险，为了共同安全，有意地、合理地采取措施所直接造成的特殊牺牲和支付的特殊费用。在共同海损法律关系中，利益关系人、受益方构成共损分摊权利义务的主体，即只要提出共损分摊的请求人证明其牺牲或费用列入共损费用，就有权要求受益方分摊，而不以双方存在合同关系为必要条件。本案中，"海某"轮装载铁矿砂从伊朗阿巴斯港驶往中国途中，在斯里兰卡科伦坡港附近船舶中间轴断裂，"海某"轮船、货处于共同危险之中，原告作为"海某"轮的船舶所有人，为了船、货共同安全，将船舶拖航至安全港口，进行修理并使其安全完成航程而支付的费用，属于共同海损，原告支付共损费用后构成本次共损事故的利益关系人，被告中某公司因货物受救构成受益方。因此，原告有权就其支付的共损费用要求受益方中某公司予以分摊。

在航行过程中有过失与否直接关系着海上运输当事人的利益，在共同海损损失费用的分摊问题中，一方存在过失将会对共同海损的分摊造成影响。同海损制度下的过失判断应当根据引起共同海损事故原因与一方责任及行为间的关联度，当无证据证明引起共同海损是由一方过失所致，则另一方无权拒绝分摊共损。本案中，引起共损事故的原因是船舶中间轴断裂，根据船舶检验的相关规定，对中间轴的检验应是船级社在定期检验时由专业检验人员通过仪器进行检验的项目，此类故障在船员的日常保养过程中是不能发现的。

被告某保险公司称《PSC 检查记录》中存有缺陷，开航前开航当时船员欠薪，根据《海事劳工公约》，船舶处于不适航状态。本院认为，涉案航次开航时，《海事劳工公约》尚未生效，不能依据该公约认定船舶在开航前开航当时不适航。被告也不能证明《PSC 检查记录》中所列船舶缺陷与中间轴的断裂有关联性，因此，不能认定船方对于中间轴断裂的发生有过错，被告某保险公司无权以航某公司存在过失为由拒绝分摊共损。

关于理算规则的适用问题，法院认为，在共同海损理算领域《1994 年约克－安特卫普规则》具有普遍适用性和权威性，是关于共同海损理算的国际海事惯例，体现了国际上对共同海损及其理算相关问题的共同认识和普遍实践。在本案中，中某公司在共损保证书中同意"依照运输合同的条款（如果没有此条款，根据航程终止地的法律和实践）作出的理算书"分摊共损，敏某公司接受该保证书，表明敏某公司与中某公司就共损理算应适用运输合同中的共损理算条款达成合意。本案所涉提单背面条款载明共同海损按照《1994 年约克－安特卫普规则》在伦敦理算和解决，因此本案适用《1994 年约克－安特卫普规则》作为本次共损事故的理算规则。

《最高人民法院关于适用〈中华人民共和国海事诉讼特别程序法〉若干问题的解释》第 63 条规定，当事人对共同海损理算报告提出异议，经海事法院审查异议成立，需要补充理算或者重新理算的，应当由原委托人通知理算人进行理算。据此，当事人对共同海损理算报告的异议成立的，应由海事法院视需要决定是否补充理算或者重新理算，而非必然导致补充理算或者重新理算。当事人对共同海损理算报告存在异议的，只能就异议部分申请补充理算或重新理算，而不能要求委托其他理算机构重新理算。本案中，理算报告中对被告提出的船舶分摊价值、拖航费用的合理性、替代费用等几个理算问题均作了说明。在被告不同意由某事务所补充理算或重新理算的情况下，应当采信某事务所出具的理算报告。

【相关法条】

1.《中华人民共和国海商法》（1993年7月1日施行）

第一百九十六条 提出共同海损分摊请求的一方应当负举证责任，证明其损失应当列入共同海损。

第一百九十九条 共同海损应当由受益方按照各自的分摊价值的比例分摊。

船舶、货物和运费的共同海损分摊价值，分别依照下列规定确定：

（一）船舶共同海损分摊价值，按照船舶在航程终止时的完好价值，减除不属于共同海损的损失金额计算，或者按照船舶在航程终止时的实际价值，加上共同海损牺牲的金额计算。

（二）货物共同海损分摊价值，按照货物在装船时的价值加保险费加运费，减除不属于共同海损的损失金额和承运人承担风险的运费计算。货物在抵达目的港以前售出的，按照出售净得金额，加上共同海损牺牲的金额计算。

旅客的行李和私人物品，不分摊共同海损。

（三）运费分摊价值，按照承运人承担风险并于航程终止时有权收取的运费，减除为取得该项运费而在共同海损事故发生后，为完成本航程所支付的营运费用，加上共同海损牺牲的金额计算。

第二百零二条 经利益关系人要求，各分摊方应当提供共同海损担保。

以提供保证金方式进行共同海损担保的，保证金应当交由海损理算师以保管人名义存入银行。

保证金的提供、使用或者退还，不影响各方最终的分摊责任。

第二百零三条 共同海损理算，适用合同约定的理算规则；合同未约定的，适用本章的规定。

2.《中华人民共和国海事诉讼特别程序法》（2000年7月1日施行）

第八十九条 理算机构作出的共同海损理算报告，当事人没有提出异议的，可以作为分摊责任的依据；当事人提出异议的，由海事法院决定是否采纳。

3.《最高人民法院关于适用〈中华人民共和国海事诉讼特别程序法〉若干问题的解释》（2003年2月1日施行）

第六十三条 当事人对共同海损理算报告提出异议，经海事法院审查异议成立，需要补充理算或者重新理算的，应当由原委托人通知理算人进行理算。原委托人不通知理算的，海事法院可以通知理算人重新理算，有关费用由异议人垫付；异议人拒绝垫付费用的，视为撤销异议。

承办人：张先立
编写人：查璎娟

54. 黄石市某船务有限责任公司、武汉市某有限责任公司诉丹东某对外贸易有限公司共同海损纠纷案
——共同海损成立及理算与共同海损分摊的认定

【合规提示】

共同海损是指在同一海上航程中，船舶、货物和其他财产遭遇共同危险时，为了共同安全，有意地、合理地采取措施所直接造成的特殊牺牲及支付的特殊费用。共同海损的成立必须满足四个条件：其一，船舶和货物必须遭遇共同的真实危险；其二，采取的措施必须是有意和合理的；其三，作出的牺牲和支付的费用必须是特殊的；其四，措施必须要有船舶和货物共同获救的效果。如发生共同海损事故，货方应积极配合船方进行共同海损理算，但沿海水路运输条件下对承运人实行严格责任制，共同海损的成立及理算并不意味着货方必然承担共同海损项下损失，如非承运人可免责的原因导致的共同海损，受益人（货方）可以拒绝分摊。

【案件信息】

1. 裁判文书字号

（2006）青海法海事初字第 4 号

2. 当事人

原告：黄石市某船务有限责任公司、武汉市某有限责任公司

被告：丹东某对外贸易有限公司

3. 关键词

民事　共同海损　理算　分摊

【裁判要旨】

1. 根据共同海损成立的条件确认本案成立共同海损。

2. 我国沿海运输实行完全过失责任制，承运人有过失就应当承担责任，不存在过失免责的例外，两原告不能证明引发共同海损的火灾事故是其可以免责的原因造成的，因其单方过错造成的共同海损被告有权拒绝分摊。

【基本案情】

2004 年 12 月 12 日，被告丹东某对外贸易有限公司（以下简称丹东公司）作为承租人与出租人潍坊某船务有限公司订立航次水路运输合同，约定由潍坊某船务有限公司自丹东运送至少 4250 吨至满载的煤炭到青岛。2004 年 12 月 22 日，大连某船务代理有限公司作为出租人与作为承租人的潍坊某船务有限公司订立航次水路运输合同，双方约定自丹东运送至少 4250 吨至满载的煤炭到青岛。

2004 年 12 月 24 日，原告黄石市某船务有限责任公司（以下简称黄石公司）所属的"新某 66"轮装载 4200 吨煤炭自丹东港启运。12 月 26 日，该轮航行至青岛前海一号锚地，在准备抛锚时发现机舱起火，部分船员进入机舱救火未果。船长于 1905 时向青岛海上搜救中心求助。1942 时，"拖某 5 号""北某救 195"先后到达但未能有效救助。2120 时，两艘消防船到达控制了火势并最终于次日 0120 时完全熄灭大火，经查找，机工俞某死亡。该轮自行分析造成火灾的原因可能是主机高压油管破裂，燃油喷至主机排烟管膨胀接头所致。当事人未提交海事部门对本案起火原因的最后调查结论。

事后，黄石公司于2004年12月28日授权武汉市某有限责任公司（以下简称武汉公司）具体处理与本次事故有关的事宜。"新某66"轮事故处理人员高某于2005年1月12日在有如下记载内容的协议书上签字："武汉某有限公司所属的'新某66'在青岛港锚地失火，青岛港轮驳公司及有关单位经全力抢险救助，产生拖轮公司及消防救助费用46.5万元，引航站2.4万元，前湾港1.1万元，共计50万元……"

原告向武汉海事法院提起诉讼，武汉海事法院受理后，因被告丹东公司提出管辖权异议，武汉海事法院作出裁定将本案移送青岛海事法院。原告诉称，此次共同海损事故共计产生施救费损失人民币50万元，另船员俞某死亡，船东赔偿23万元。上述海损事故发生后，原告就共同海损的分摊和赔偿事宜与该轮的期租人和该航次租船人被告进行沟通和协商，然被告拒绝承认本次海损事故是共同海损事故，拒绝分摊共同海损损失。现原告诉至法院要求判令被告赔偿原告共同海损损失人民币20万元；本案的诉讼费、共同海损理算费由被告承担。

2006年2月28日，青岛海事法院立案后，于2006年7月14日开庭审理了该案。审理过程中，被告辩称：被告2004年12月22日与潍坊某船务有限公司签订航次水路运输合同，承租该公司"新某66"轮从丹东港向青岛港运输煤炭4270吨，每吨运费52元。同年12月26日，当航行至青岛港海域时，该轮机舱起火。2005年7月间，被告收到两原告的起诉状才知道该轮为两原告所有。首先，本案不具备共同海损的成立条件。这是因为该轮机舱内起火，是由于航行前的检查和机修不到位以及驾驶员的疏忽大意而造成，不是遭遇到海上危险直接引起的海损事故，事故人为造成且并未形成船舶和货物的共同危险，而货物没有任何损失。其次，未经共同海损理算，理算是必备条件。最后，共同海损的损失必须是特殊的和直接的，人为造成机舱起火，为了解除危险和保障人身安全而造成的损失，不是特殊和直接的损失。综上，被告认为原告提起的共同海损诉讼不成立，机舱起火完全是人为的意外事故，不是航行遭遇的海上危险而直接引起的海损事故，无论有无理算机构的理算，被告不承担任何赔偿责任。被告在代理词中指出，本次海损事故是由于被告单方过错造成，所以其不应当承担共同海损分摊。

两原告委托中国国际贸易促进委员会海损理算处对"新某66"轮的海事事故进行了共同海损理算，并出具报告认定共同海损费用分别为拖轮引航费24 000元、拖轮及消防港口费11 000元、抢险施救费465 000元、利息及手续费72 000.44元、理算费8750元（包括通讯、邮寄、打印及复印费用等）合计580 750.44元。第一次海损理算报告以被告确认的4270吨为基础并以467.81元/吨计算货物分摊价值为197 548.7元、以两原告卖船合同的380万元为基础计算船舶分摊价值为396 272.72元。中国国际贸易促进委员会派遣高某某出庭接受了质询。高某某陈述由于理算当时没有看到货物买卖合同，所以在确定货物价值时采纳了原告提供的数字作为理算依据。中国国际贸易促进委员会海损理算处在第一次庭审后采纳被告提供的货物买卖合同约定货物价格407元/吨作为计算货物价值的依据重新出具了理算报告，新报告认定货方4270吨货物应当承担的共同海损分摊为181 231.15元。

两原告认可该报告书的内容。被告认为己方不应当承担该共同海损，所以对共同海损理算报告内容不持异议。

【裁判说理】

争议焦点：（1）共同海损是否成立；（2）丹东公司是否应承担共同海损分摊。

青岛海事法院认为："新某66"轮由于机舱失火船员救助未果致使船、货均处于共同危险境地，该危险真实存在，船长请求救助措施得当避免了发生船货共损，本案案情符合共同海损的成立条件，因而共同海损事实成立。进入诉讼后，两原告申请中国国际贸易促进委员会对共同海损进行了理算，理算人中国国际贸易促进委员会是国内具备共同海损理算资质的专业机构，其海损理算处的理算报告认定了共同海损的事实成立，并对具体费用进行了计算和分摊，虽然第一次理算报告由于受到原告误导发生错误计算，但是根据庭审查明的事实该机构又重新作出了修正，对于新的理算报告内容原、被告均未再提异议，对该报告的内容本院予以确认。虽然武汉公司就本案因救助所发生的50万元费用在证据形式上存在瑕疵，但是不影响该费用应被视为共同海损费用支出的事实。

"新某66"轮有光船租赁登记，但是与大连某船务代理有限公司订立该轮期租合同的仍为船舶所有人黄石公司，而在"新某66"轮青岛遇险获救后，承租人武汉公司处理善后事宜也是在黄石公司授权下进行，但是黄石公司与武汉公司又共同完成了"新某66"轮废钢船买卖，故本院认定两原告可以共同作为船方参与本案的共同海损分摊。

虽然与被告丹东公司订立航次租船合同的相对方并非两原告，但是共同海损的分摊并非以合同作为依据，而是应由代表船、货不同利益的当事方来共同承担。本案被告丹东公司作为货方参与了本次海上货物运输，因而两原告作为船方要求其分摊共同海损并无不当。根据我国《合同法》的有关规定，沿海货物运输实行严格责任制度，"新某66"轮起火没有行政主管部门的原因认定，而无论武汉公司还是黄石公司均不能有效证明该火灾是由于其可以免责的原因造成，因此本院认定引发本案共同海损发生的火灾事故是由船方单方过错造成，在此情况下，即使被告丹东公司分摊了本案的共同海损费用，根据《海商法》第197条的规定，被告仍有权向两原告以损失的形式要求赔偿，因而，根据法律规定，两原告主张的共同海损费用被告可以进行抗辩不予分摊。而被告也提出了本案海损由原告单方过错造成，其不应当分摊的主张，对其主张本院予以支持。

综上，虽然本案共同海损事实成立，但是在两原告不能证明引发共同海损的火灾事故是其可以免责的原因造成的前提下，因其单方过错造成的共同海损被告有权拒绝分摊。原告的诉讼请求证据不足，理由不充分，于法无据，不予支持，应予驳回。

青岛海事法院以判决方式结案。

宣判后，双方当事人均未上诉。

【法官后语】

共同海损，是指在同一海上航程中，船舶、货物和其他财产遭遇共同危险时，为了共同安全，有意地、合理地采取措施所直接造成的特殊牺牲及支付的特殊费用。可见，共同海损的成立必须满足四个条件：其一，船舶和货物必须遭遇共同的真实危险；其二，采取的措施必须是有意和合理的；其三，作出的牺牲和支付的费用必须是特殊的；其四，措施必须要有船舶和货物共同获救的效果。

共同海损成立及理算与共同海损分摊是两个层面的问题，只要符合共同海损成立条件，即可宣布共同海损并请求理算。然而，当进入共同海损分摊阶段时，则应根据不同的情况作出不同的处理：（1）暂不能确定是意外事故还是承运人可免责或不可免责过失导致共同海损，则受益人须先分摊共同海损的牺牲和费用，待查清系承运人不可免责过失致共同海损后，再就分摊金额向承运人追偿。（2）已查清共同海损系承运人不可免责过失所致的，有关损失理应由承运人自行承担，受益人可以拒绝分摊这种损失。本案中，虽然共同海损事实成立，但由于我国沿海运输实行完全过失责任制，承运人有过失就应当承担责任，不存在过失免责的例外，在两原告不能证明引发共同海损的火灾事故是其可以免责的原因造成的前提下，因其单方过错造成的共同海损被告有权拒绝分摊。

【相关法条】

1.《中华人民共和国海商法》（1993年7月1日施行）

第一百九十七条　引起共同海损特殊牺牲、特殊费用的事故，可能是由航程中一方的过失造成的，不影响该方要求分摊共同海损的权利；但是，非过失方或者过失方可以就此项过失提出赔偿请求或者进行抗辩。

2.《中华人民共和国民事诉讼法》（2012年8月3日修订）

第六十四条　当事人对自己提出的主张，有责任提供证据。

当事人及其诉讼代理人因客观原因不能自行收集的证据，或者人民法院认为审理案件需要的证据，人民法院应当调查收集。

人民法院应当按照法定程序，全面地、客观地审查核实证据。

对应新法：

《中华人民共和国民事诉讼法》（2023年9月1日修正）

第六十七条　当事人对自己提出的主张，有责任提供证据。

当事人及其诉讼代理人因客观原因不能自行收集的证据，或者人民法院认为审理案件需要的证据，人民法院应当调查收集。

人民法院应当按照法定程序，全面地、客观地审查核实证据。

承办人：吕延铭
编写人：吕延铭　林　丹

后 记

从初秋到盛夏，300多个伏案的朝暮，近8万件案例的回顾，482个精品案例的研究审定，在敲下最后一个标点时，这项跨过40年光影的历程就画上了句号。时间仿佛从未走开，一次次置身于那紧张而严肃的法庭，法官们的思虑与见解犹在眼前。

透过书页，今天的我们见证了青岛海事法院40年的艰辛和坚守。1985年留置船载货物纠纷案发出"中国海事法院的首次判决"，1987年受理首例海事行政处罚强制执行案，1992年审理首例海事赔偿责任限制案，1994年判决首例海岸侵蚀损害赔偿案，2000年作出首个海事强制令；从我国自主研发的首座大型全潜式深远海智能养殖装备"深蓝一号"案，国内首艘无人驾驶自主航行系统实验船"智腾"轮案，到首起因船舶碰撞导致重大海洋污染刑事案；从"明昕"轮、"大安吉"轮成功解救被困船员，到"尼莉莎"轮带着新名字"尊重"驶向远方。一个个鲜活的案例，印刻了青岛海事法院走过的光辉历程，也见证了中国海事司法40年的发展脉络。

山东省高级人民法院和青岛市委、市政府高度重视涉外涉海企业营商环境建设。山东省高级人民法院党组书记、院长、二级大法官霍敏就文库编写工作提出明确要求并撰写序言。青岛市委常委、政法委书记程德智，青岛市委常委、副市长耿涛高度重视文库编撰及相关课题研究，给予了大力支持。山东大学政治学与公共管理学院充分发挥人才和技术资源优势，成功中标"海事审判典型案例应用导则建设项目"并积极开展研究。青岛海事法院深入挖掘典型案例资源，深度参与典型案例编写。青岛市商务局、财政局全力推动落实，项目成果得以问世。

　　本丛书的编辑出版是有关各方共同努力的结果。感谢山东省高级人民法院副院长吕涛，二级高级法官刘义生，研究室主任刘念虎、副主任冯艳楠，民事审判第四庭庭长张传毅、副庭长康靖、董兵法官、冯玉菡法官、刘福贵法官。感谢青岛市商务局党组书记、局长王志俊，党组成员、副局长于浩，对外贸易处处长吕坤、吕静博，山东大学政治学与公共管理学院程小花博士、边琦博士，青岛海事法院办公室副主任王建军、王洪飞，人民法院出版社副总编辑陈建德、教普编辑部副主任李安尼、责任编辑赵芳慧。感谢各位作者为撰写丛书付出的辛勤劳动和智慧！感谢山东法官培训学院对于本书给予的大力支持！感谢人民法院出版社教普编辑部对案例体例格式、目录编制、内容审校、版式设计等提出的宝贵意见！

　　浩渺行无极，扬帆但信风！诚望广大读者提出宝贵意见，使丛书得以不断完善。

海事司法文库"合规指引与风险防治"课题组

2024 年 6 月